职业技能等级认定学练丛书

铁路机车电工(电力)

中国铁路呼和浩特局集团有限公司　编

中国铁道出版社有限公司

2024年·北 京

内容简介

本书为“职业技能等级认定学练丛书”之一，适用于铁路机车电工(电力)岗位初级工、中级工、高级工、技师、高级技师五个等级日常培训和考试，每一等级包含100道问答题和20道实操题。本书内容具有理论性和实践性，现场实用性强，对铁路机车电工(电力)岗位各等级认定具有指导意义。

本书可作为铁路机车电工(电力)岗位培训用书，也可供相关专业人员学习参考。

图书在版编目(CIP)数据

铁路机车电工.电力/中国铁路呼和浩特局集团有限公司编.—北京:中国铁道出版社有限公司，2024.3
(职业技能等级认定学练丛书)
ISBN 978-7-113-31048-6

Ⅰ.①铁… Ⅱ.①中… Ⅲ.①电力机车-电工-岗位培训-自学参考资料 Ⅳ.①U270.38

中国国家版本馆CIP数据核字(2024)第046770号

书　　名: 铁路机车电工(电力)
作　　者: 中国铁路呼和浩特局集团有限公司

责任编辑: 王晓阳　　**编辑部电话:** (010)51873421　　**电子邮箱:** jiche@tdpress.com
编辑助理: 李晓慧
封面设计: 刘　莎
责任校对: 苗　丹
责任印制: 樊启鹏

出版发行: 中国铁道出版社有限公司(100054，北京市西城区右安门西街8号)
网　　址: http://www.tdpress.com
印　　刷: 北京联兴盛业印刷股份有限公司
版　　次: 2024年3月第1版　2024年3月第1次印刷
开　　本: 787 mm×1 092 mm　1/16　**印张:** 21.75　**字数:** 508千
书　　号: ISBN 978-7-113-31048-6
定　　价: 162.00元

编 委 会

前　言

为进一步提高铁路职工教育培训的针对性和实效性，大力促进全局职工队伍岗位技能达标，2015 年劳动和卫生部组织专业技术人员编写了“铁路特有工种操作技能鉴定学练丛书”。该丛书为同期职业技能鉴定培训提供了有力的支撑，在铁路高技能人才培养选拔、落实全员持证上岗制度和确保运输生产安全稳定发展方面发挥了重大的作用。

随着我国铁路建设的持续发展，新技术、新设备不断更新应用，铁道行业标准、《铁路技术管理规程》等规章标准相应提升变化，丛书的范围和内容已经不能适应新时代铁路职工职业技能等级认定培训学习需求，急需进行修订完善和扩充拓展。

党的二十大报告要求，深入实施人才强国战略。为落实二十大精神，集团公司在技能人才队伍培养方面推出了一系列的新举措。其中，丛书修订完善作为一项重要工作进行落实，在对 62 个铁路特有工种进行修订完善的基础上，将丛书拓展为 90 个铁路特有工种和 8 个通用工种，并更名为“职业技能等级认定学练丛书”。

“职业技能等级认定学练丛书”在编写内容上力求体现以“优化职业活动为导向，以提升职业技能为核心”为指导思想，以“国家职业标准”“铁路特有工种技能培训规范”“高速铁路岗位培训规范”等为标准，以客观评价职工操作技能水平为目标，力求知识的系统性、连贯性和精炼性，突出针对性、典型性和适用性。

“职业技能等级认定学练丛书”是铁路职工职业等级认定操作技能考试前培训和自学教材，对职工各类在职教育和考试也有重要的参考价值。

“职业技能等级认定学练丛书”的编写是一项系统性、全面性的工作，工作难度比较大。在丛书的编写和审定过程中得到了集团公司职培部、各业务部及有关单位的大力支持和帮助，在此表示感谢！由于编写水平有限，加之时间仓促，恳请读者提出宝贵意见和建议。

中国铁路呼和浩特局集团有限公司
2023 年 9 月

目　　录

第一部分　初　级　工

1. HXD_1 型电力机车 C1～C3 修时,怎样对避雷器进行检查? ………… 1
2. 怎样检查 SS_{4G} 型电力机车 ZD105 型牵引电动机接线盒装置? ………… 1
3. 怎样检查 SS_{4G} 型电力机车 ZD105 型牵引电动机刷架圈刷握装置? ………… 1
4. HXD_1 型电力机车 C1～C3 修时,怎样对灯具进行检查? ………… 1
5. HXD_1 型电力机车 C1～C3 修时,怎样对 CMD 系统无动力数据回传功能进行测试? … 1
6. HXD_1 型电力机车 C1～C3 修,怎样对 CMD 系统 TAX 数据通信功能进行试验? ……… 1
7. HXD_1 型电力机车 C1～C3 修,怎样对防寒加热电源控制盒进行检查? ………… 2
8. 怎样检查 SS_{4G} 型电力机车劈相机的转轴? ………… 2
9. HXD_1 型电力机车 C1～C3 修时,怎样对 6A 系统数据进行下载、分析? ………… 2
10. HXD_1 型电力机车 C1～C3 修时,怎样对 6A 系统走行部故障监测子系统进行通电检查? ………… 2
11. 怎样对空气主断路器灭弧室的动触头装置进行解体和清洁? ………… 2
12. HXD_1 型电力机车 C1～C3 修时,怎样对 6A 系统停放制动非正常施加监测模块进行检查? ………… 2
13. SS_{4G} 型电力机车小修作业时,怎样对端子柜进行检查? ………… 3
14. 怎样检查高压电器柜的直流电压、电流传感器? ………… 3
15. HXD_2 型电力机车 C1～C3 修时,怎样对避雷器进行目视检查及测量? ………… 3
16. HXD_2 型电力机车 C1～C3 修时,怎样对接地开关进行动作试验? ………… 3
17. HXD_2 型电力机车 C1～C3 修时,怎样对撒砂加热装置进行检查? ………… 3
18. HXD_2 型电力机车 C3 修作业中,怎样对主压缩机电机进行状态检查及测量? ………… 3
19. HXD_2 型电力机车 C1～C3 修时,怎样对主压缩机电机进行轴承补脂和试验? ………… 3
20. HXD_2 型电力机车 C1～C3 修时,怎样对 6A 系统走行部监测子系统进行上电检查? …… 3
21. SS_{4G} 型电力机车使用电阻制动时出现往复初制动时,该怎样处理? ………… 4
22. HXD_1 型电力机车 C1～C3 修时,怎样对 CMD 系统机车车载综合信息监测装置(LDP 装置)外部进行检查? ………… 4
23. HXD_1 型电力机车 C1～C3 修时,怎样对 6A 系统走行部故障监测子系统外部进行检查? ………… 4

24. 怎样检修 TCK7 型电空接触器吹弧线圈及弧角? …… 4
25. 怎样检查试验 TCK1 型电空接触器? …… 4
26. 怎样对压力继电器进行检查试验? …… 5
27. SS_4 型电力机车小修时,怎样对辅助机组进行外观检查? …… 5
28. HXD_1 型电力机车 C1～C3 修时,怎样对电源柜进行检查? …… 5
29. SS_{4G} 型电力机车小修时,怎样对高压电器柜的电空阀进行检查? …… 5
30. HXD_1 型电力机车 C1～C3 修时,怎样对 6A 系统主机箱外部进行检查? …… 5
31. 怎样用数字式万用表测量直流电压? …… 5
32. 怎样用数字式万用表测量交流电流? …… 6
33. 怎样用数字式万用表测量直流电流? …… 6
34. 怎样用数字式万用表测量电阻? …… 6
35. 当闭合 SS_4 型电力机车压缩机扳钮,两台压缩机均不启动,怎样检查处理? …… 6
36. HXD_2 型电力机车 C1～C3 修作业时,怎样对牵引通风机进行外观及开盖检查? …… 6
37. HXD_2 型电力机车 C1～C3 修作业时,怎样对 6A 系统制动子系统停放监测模块进行外部和上电检查? …… 6
38. HXD_2 型电力机车 C1～C3 修作业时,怎样对 6A 系统视频子系统外部进行检查? …… 7
39. HXD_{3C} 型电力机车 C1 修时,怎样对司机控制器进行检查? …… 7
40. 当 HXD_2 型电力机车牵引无流时,应怎样处理? …… 7
41. 怎样对高压电器柜绝缘电阻进行耐压试验? …… 7
42. 低压电器柜检修时,将屏柜与试验台装置相连接后,怎样按规定的程序进行试验? …… 7
43. 怎样检修位置转换开关的低压控制部分? …… 7
44. 怎样组装调整电磁继电器? …… 8
45. 怎样对硅机组进行绝缘试验? …… 8
46. SS_{4G} 型电力机车小修时,怎样对牵引电动机定子进行检查? …… 8
47. SS_{4G} 型电力机车小修时,怎样对辅助机组进行绝缘性能测定? …… 8
48. SS_{4G} 型电力机车小修时,怎样对真空主断路器进行外观检查及清洁? …… 8
49. SS_{4G} 型电力机车小修时,怎样对低压电器柜电磁接触器和真空接触器进行检查? …… 9
50. SS_{4G} 型电力机车小修时,怎样对信号及照明进行检查? …… 9
51. SS_{4G} 型电力机车小修时,怎样对司机室电器琴键、扳键开关及故障显示屏进行检查? …… 9
52. SS_{4G} 型电力机车小修时,怎样对自动过分相装置进行检查? …… 9
53. HXD_1 型电力机车 C1～C3 修时,怎样对主断路器及高压接地开关进行检查? …… 9
54. 当 SS_{4G} 型电力机车主断路器(空气)断不开时,怎样进行故障检查处理? …… 10
55. 怎样使用双臂电桥? …… 10
56. HXD_2 型电力机车 C1～C3 修时,怎样对 6A 系统主机和板卡指示灯进行检查? …… 10

57. HXD2 型电力机车 C1～C3 修时，怎样对辅助变流柜进行检查？ …… 10
58. HXD3C 型电力机车 C1 修作业中，怎样对扳键开关组进行检查？ …… 10
59. HXD2 型电力机车 C1～C3 修时，怎样对机械间风机进行状态检查？ …… 10
60. 当 HXD3C 型电力机车受电弓无法正常升起时，应怎样对升弓电路进行检查？ …… 11
61. 怎样检修位置转换开关的转鼓？ …… 11
62. SS4G 型电力机车小修时，怎样对避雷器进行检查？ …… 11
63. SS4G 型电力机车小修时，怎样对高压电器柜刀开关进行检查？ …… 11
64. SS4G 型电力机车小修时，怎样对蓄电池进行检查？ …… 12
65. HXD1 型电力机车 C1～C3 修时，怎样对 6A 系统自动视频监控及记录子系统进行通电检查？ …… 12
66. 怎样使用兆欧表？ …… 12
67. 怎样用数字式万用表测量二极管？ …… 13
68. HXD1 型电力机车 C1～C3 修时，怎样对蓄电池进行检查？ …… 13
69. HXD1 型电力机车 C1～C3 修时，怎样对牵引电机进行检查？ …… 13
70. 怎样更换 SS4G 型电力机车牵引电机的电刷？ …… 13
71. 怎样减少触头的接触电阻？ …… 14
72. 怎样组装与检查琴(扳)键开关？ …… 14
73. 怎样对逻辑控制单元(LCU)进行组装试验？ …… 14
74. 怎样检修主辅故障显示屏？ …… 14
75. 怎样对自动过分相装置进行试验？ …… 14
76. HXD2 型电力机车 C1～C3 修时，怎样对受电弓进行试验？ …… 15
77. HXD2 型电力机车 C1～C3 修时，怎样对 6A 系统绝缘检测箱进行外部和上电检查？ …… 15
78. HXD3C 型电力机车 C1 修作业中，怎样对牵引电机进行检查？ …… 15
79. HXD2 型电力机车 C1～C3 修时，怎样对车内电器的线路及其他进行清洁检查？ …… 15
80. 当 HXD3C 型电力机车辅助回路接地故障时，应怎样处理？ …… 16
81. 怎样对弹簧管式压力表进行误差校验？ …… 16
82. 怎样检修轴温监测报警装置的接线盒？ …… 16
83. SS4G 型电力机车小修时，怎样对高压电器柜的电空接触器进行检查？ …… 16
84. 怎样使用测电笔？ …… 17
85. HXD1 型电力机车 C1～C3 修时，怎样对变流器进行检查？ …… 17
86. HXD1 型电力机车 C1～C3 修时，怎样对冷却塔及冷却塔风机进行检查？ …… 17
87. HXD1 型电力机车 C1～C3 修时，怎样对低压电器柜进行检查？ …… 18
88. 怎样清扫检修 SS4G 型电力机车高压连接器？ …… 18
89. 怎样解体电压表、电流表？ …… 19

90. 怎样对控制电源柜进行检查试验？ …… 19
91. SS_{4G} 型电力机车小修时，怎样对互感器及一般变压器进行检查？ …… 19
92. 怎样清洗检查逻辑控制单元(LCU)各插件？ …… 20
93. 怎样对劈相机启动继电器进行检查与试验？ …… 20
94. 怎样对 DK-1 型制动机逻辑控制单元(DKL)各插件进行清洗检查？ …… 20
95. 怎样对空气干燥器电控盒及加热装置进行清扫、检修？ …… 20
96. HXD_2 型电力机车 C1～C3 修时，怎样对 6A 系统主机进行外部检查？ …… 21
97. HXD_2 型电力机车 C1～C3 修时，怎样对主控制器及扳键开关组进行清洁检查？ …… 21
98. HXD_2 型电力机车 C1～C3 修时，怎样对通用柜状态进行检查？ …… 21
99. HXD_{3C} 型电力机车 C1 修作业中，怎样对蓄电池进行检查？ …… 21
100. 当 HXD_2 型电力机车控制单元不在线时，应怎样处理？ …… 22
S1 机车常用控制电器部件识别及安装 …… 23
S2 主断路器的检修 …… 25
S3 6C 系列电磁接触器检修 …… 27
S4 高压连接器的检修 …… 29
S5 TCK1 型电空接触器(磁削)的检修 …… 31
S6 电磁继电器的检修 …… 33
S7 逻辑控制单元(LCU)的检修 …… 35
S8 轮轨润滑装置电空阀的检修 …… 37
S9 自动过分相装置的检修 …… 39
S10 PFC 开关柜的检修 …… 41
S11 压力继电器的检修 …… 43
S12 司机控制器的检修 …… 45
S13 HXD_1 型电力机车 C1～C3 修 6A 系统自动视频监控及记录子系统通电检查 …… 47
S14 HXD_1 型电力机车 C1～C3 修蓄电池检查 …… 49
S15 HXD_1 型电力机车 C1～C3 修牵引电机检查 …… 51
S16 轴温监测报警装置接线盒的检修 …… 53
S17 HXD_1 型电力机车 C1～C3 修冷却塔及冷却塔风机的检查 …… 55
S18 HXD_1 型电力机车 C1～C3 修 6A 系统走行部故障监测子系统的外部检查 …… 57
S19 HXD_1 型电力机车 C1～C3 修电源柜的检查 …… 59
S20 HXD_1 型电力机车 C1～C3 修 6A 系统主机箱的外部检查 …… 61

第二部分 中 级 工

1. 怎样对控制电源柜线束及铜排进行检查？ …… 63

2. HXD$_2$ 型电力机车 C1～C3 修时，怎样对灯具进行检查？ …… 63
3. HXD$_1$ 型电力机车 C1～C3 修时，怎样对取暖器进行检查？ …… 63
4. HXD$_1$ 型电力机车 C1～C3 修时，怎样对限鸣装置进行检查？ …… 63
5. SS$_{4G}$ 型电力机车小修时，怎样对高压电器柜电阻器及电容器进行检查？ …… 63
6. HXD$_1$ 型电力机车 C1～C3 修时，怎样对状态显示屏进行检查？ …… 63
7. SS$_{4G}$ 型电力机车“电子柜预备”灯不灭时，怎样处理？ …… 64
8. SS$_{4G}$ 型电力机车“原边过流”灯亮主断跳闸时，怎样处理？ …… 64
9. SS$_{4G}$ 型电力机车 A/B 组两节窜车时，怎样处理？ …… 64
10. 怎样检修位置转换开关低压控制部分？ …… 64
11. 怎样对轮轨润滑控制箱进行清洁？ …… 64
12. SS$_{4G}$ 型电力机车小修时，怎样对高压电器柜进行外观检查及清洁？ …… 64
13. SS$_{4G}$ 型电力机车小修时，怎样对变流装置进行检查？ …… 65
14. 怎样对辅助司机控制器进行清扫及解体前检查？ …… 65
15. HXD$_2$ 型电力机车 C1～C3 修时，怎样对主变压器进行外观检查？ …… 65
16. HXD$_{3C}$ 型电力机车 C1 修作业中，怎样对插头及端子柜进行检查？ …… 65
17. HXD$_2$ 型电力机车 C1～C3 修时，怎样对 6A 系统电源板卡进行外部和上电检查？ …… 65
18. 怎样对 HXD$_{3C}$ 型电力机车的故障 CI 进行切除？ …… 65
19. 当 HXD$_2$ 型电力机车油泵故障时，应怎样处理？ …… 65
20. HXD$_{3C}$ 型电力机车 C1 修作业中，怎样对主电机通风机进行检查？ …… 66
21. HXD$_1$ 型电力机车 C1～C3 修时，怎样对电源柜进行检查？ …… 66
22. HXD$_{3C}$ 型电力机车 C1 修作业中，怎样对多功能状态组合模块进行检查？ …… 66
23. HXD$_1$ 型电力机车 C1～C3 修时，怎样对 6A 系统主机箱进行通电检查？ …… 66
24. HXD$_1$ 型电力机车 C1～C3 修时，怎样对 CMD 系统机车车载综合信息监测装置（LDP 装置）外部进行检查？ …… 66
25. 两台机车连接后怎样对高压连接器进行检查试验？ …… 67
26. 怎样对位置转换开关进行总组装？ …… 67
27. 怎样检修 TCK1 型电空接触器的主动、静触头？ …… 67
28. 怎样检查硅机组元件电阻？ …… 67
29. HXD$_1$ 型电力机车 C1～C3 修时，怎样对司机室防护罩进行检查？ …… 67
30. SS$_{4G}$ 型电力机车劈相机工作正常各辅机不起动故障，该怎样检查处理？ …… 67
31. SS$_{4G}$ 型电力机车运行中“空转”灯亮，自动撒砂及减载时，应怎样处理？ …… 68
32. 怎样正确使用数字式万用表测量交流电压？ …… 68
33. 怎样检查 SS$_{4G}$ 型电力机车劈相机的转子？ …… 68
34. SS$_{4G}$ 型电力机车小修时，怎样检查 PFC 开关柜？ …… 68

35. HXD_2 型电力机车 C1～C3 修时,怎样对主变流柜进行检查? …… 68
36. HXD_{3C} 型电力机车 C3 修作业中,怎样对高压电压互感器进行检查? …… 68
37. HXD_2 型电力机车 C1～C3 修时,怎样对 6A 系统制动子系统防折关模块进行上电检查? …… 69
38. 当 HXD_{3C} 型电力机车的停车制动(弹停)故障时,应怎样处理? …… 69
39. 当 HXD_{3C} 型电力机车辅助变流器 APU 故障时,应怎样处理? …… 69
40. 当 HXD_2 型电力机车上电钥匙激活司机室后,制动显示屏提示【主控/从控功能故障】,且大闸无法缓解,应怎样排除此故障? …… 69
41. HXD_1 型电力机车 C1～C3 修时,怎样对 6A 系统音视频显示终端进行通电检查? …… 69
42. HXD_1 型电力机车 C1～C3 修时,怎样对主变压器进行检查? …… 70
43. HXD_1 型电力机车 C1～C3 修时,高压试验中怎样对紧急按钮进行试验? …… 70
44. 怎样检查弹簧管式压力表外观状态? …… 70
45. SS_{4G} 型电力机车小修时,怎样对辅助机组的定子进行检查? …… 70
46. SS_{4G} 型电力机车小修时,怎样对高压连接器及高压隔离开关进行检查? …… 70
47. SS_{4G} 型电力机车小修时,怎样对低压电器柜继电器进行检查? …… 71
48. SS_{4G} 型电力机车小修时,怎样对电阻制动柜进行检查? …… 71
49. SS_{4G} 型电力机车小修时,怎样对电子控制柜进行检查? …… 71
50. SS_{4G} 型电力机车小修时,怎样对逻辑控制单元进行检查? …… 71
51. SS_{4G} 型电力机车闭合劈相机扳钮,却无任何声音,怎样检查处理? …… 71
52. SS_{4G} 型电力机车因风速继电器故障造成机车预备不完成,怎样检查处理? …… 72
53. SS_{4G} 型电力机车小修时,怎样对 PFC 电容柜进行检查? …… 72
54. 怎样检查辅助司机控制器的主轴、换向轴? …… 72
55. 怎样检查控制电源柜中的电子板? …… 72
56. 怎样解体检查主司机控制器滚轮及主触指盒? …… 72
57. HXD_2 型电力机车 C1～C3 修时,怎样对 6A 系统外部设备接口卡进行外部和上电检查? …… 73
58. HXD_{3C} 型电力机车 C1 修作业中,怎样对 110 V 电源装置进行检查? …… 73
59. HXD_2 型电力机车 C1～C3 修时,怎样对 6A 系统走行部监测子系统进行外部检查? …… 73
60. HXD_{3C} 型电力机车 C1 修作业中,怎样对轴温报警装置车上部分进行检查? …… 73
61. 怎样检修空气主断路器? …… 74
62. 怎样检查低压电器柜辅助电路库用开关及电阻转换开关? …… 74
63. 怎样对位置转换开关进行解体? …… 74
64. SS_{4G} 型电力机车小修时,怎样对牵引电动机刷架装置进行检查? …… 74
65. SS_{4G} 型电力机车受电弓升不起故障时,应怎样检查处理? …… 75

66. 怎样检查高压电器柜的主接地保护装置电阻、电容？ …… 75
67. 怎样检修辅助司机控制器的阻尼装置？ …… 75
68. 使用双臂电桥时应注意些什么？ …… 76
69. HXD_1 型电力机车 C1～C3 修时，怎样对 6A 系统自动视频监控及记录子系统进行通电检查？ …… 76
70. 怎样对自动过分相进行试验？ …… 76
71. SS_{4G} 型电力机车调速手轮 1.5 级以上电流正常，25 s 后无流预备失败，应怎样处理？ …… 76
72. SS_{4G} 型电力机车辅小修时，怎样对 PFC 开关柜进行检修？ …… 77
73. SS_{4G} 型电力机车辅小修时，怎样对变流装置进行检修？ …… 77
74. SS_{4G} 型电力机车辅小修时，怎样检查辅助机组转子？ …… 77
75. SS_{4G} 型电力机车辅小修时，怎样检查牵引电动机的接线盒？ …… 77
76. 怎样降低触头的接触电阻？ …… 77
77. HXD_2 型电力机车 C3 修作业中，怎样对接地开关进行外观检查？ …… 78
78. HXD_2 型电力机车 C1～C3 修时，怎样对 6A 系统音视频显示终端进行外部和上电检查？ …… 78
79. 当 HXD_{3C} 型电力机车空压机不工作时，应怎样处理？ …… 78
80. HXD_{3C} 型电力机车 C1 修作业中，怎样对 TCMS 进行检查？ …… 78
81. HXD_1 型电力机车 C1～C3 修时，怎样对变流器进行检查？ …… 79
82. 怎样清扫检修高压连接器？ …… 79
83. 怎样检修位置转换开关的触指组件？ …… 80
84. 怎样清洗、检修压力继电器？ …… 80
85. 怎样检修轴温监测报警装置的网络线？ …… 80
86. 怎样对控制电源柜进行检查试验？ …… 80
87. SS_{4G} 型电力机车小修时，怎样对互感器及一般变压器进行检修？ …… 80
88. SS_{4G} 型电力机车小修时，怎样对空气主断路器进行检查？ …… 81
89. SS_{4G} 型电力机车牵引无流（预备灯灭）故障，应怎样检查处理？ …… 81
90. 怎样检修低压电器柜电阻？ …… 81
91. SS_{4G} 型电力机车小修时，怎样对变压器进行检查？ …… 82
92. 怎样清扫、检修空气干燥器的电控盒及加热装置？ …… 82
93. 怎样清洗检查逻辑控制单元（LCU）的各插件？ …… 83
94. SS_{4G} 型电力机车小修时，怎样对司机室电器、司机控制器及电空制动控制器进行检查？ …… 83
95. HXD_1 型电力机车 C1～C3 修时，怎样对低压电器柜进行检查？ …… 83
96. HXD_2 型电力机车 C1～C3 修时，怎样对 6A 系统制动子系统防折关模块进行外部检查？ …… 84

97. HXD_2 型电力机车 C1～C3 修时,怎样对机车牵引力进行试验? …… 84
98. 当 HXD_2 型电力机车压缩机故障(如不启动或排风不止或其干燥器故障等)时,应怎样处理? …… 84
99. HXD_2 型电力机车 C1～C3 修时,怎样对辅助变流柜进行清扫检查? …… 85
100. 当 HXD_{3C} 型电力机车 DC 110 V 电源装置(PSU)不工作时,应怎样处理? …… 85
S1 常用仪表及照明灯具的识别、安装及接线 …… 86
S2 6C 系列电磁接触器的检修 …… 88
S3 小型直流电机的检修 …… 90
S4 位置转换开关的检修 …… 93
S5 TCK1 型电空接触器(磁削)的检修 …… 95
S6 压力继电器的检修 …… 97
S7 逻辑控制单元(LCU)的检修 …… 99
S8 轮轨润滑装置电空阀的检修 …… 101
S9 用电阻法测定异步电机的绕组温升 …… 103
S10 集成元件的识别及应用 …… 105
S11 司机控制器的检修 …… 107
S12 主断路器的检修 …… 109
S13 HXD_1 型电力机车 C1～C3 修 CMD 系统机车车载综合信息监测装置(LDP 装置)的外部检查 …… 111
S14 HXD_1 型电力机车 C1～C3 修司机室防护罩的检查 …… 113
S15 HXD_1 型电力机车 C1～C3 修 6A 系统音视频显示终端通电检查 …… 115
S16 HXD_1 型电力机车 C1～C3 修主变压器的检查 …… 117
S17 HXD_{3C} 型电力机车 C1 修 TCMS 的检查 …… 119
S18 HXD_2 型电力机车 C1～C3 修 6A 系统制动子系统防折关模块的外部检查 …… 121
S19 HXD_2 型电力机车牵引力试验 …… 123
S20 HXD_2 型电力机车 C1～C3 修辅助变流柜的清扫检查 …… 125

第三部分　高　级　工

1. HXD_1 型电力机车 C1～C3 修时,怎样对避雷器进行检查? …… 127
2. HXD_1 型电力机车 C1～C3 修时,怎样对灯具进行检查? …… 127
3. 怎样对叶片式风速继电器进行试验? …… 127
4. 怎样检查控制电源柜的电阻、电容? …… 127
5. SS_{4G} 型电力机车小修时,怎样对牵引电动机的电枢进行检查? …… 127
6. SS_{4G} 型电力机车小修时,怎样对辅助机组的接线盒进行检查? …… 127

7. SS4G 型电力机车小修时,怎样检查变流装置? …… 127
8. SS4G 型电力机车闭合劈相机扳钮,主断路器即跳时,怎样检查处理? …… 128
9. SS4G 型电力机车"电子柜预备"灯不灭,怎样处理? …… 128
10. HXD1 型电力机车 C1～C3 修时,怎样对取暖器进行检查? …… 128
11. HXD1 型电力机车 C1～C3 修时,怎样检查扳键开关箱? …… 128
12. HXD1 型电力机车 C1～C3 修时,怎样检查司机室旋转开关? …… 128
13. HXD1 型电力机车 C1～C3 修时,怎样检查固定重联线缆连接器? …… 128
14. 怎样检查 TCK7 型电空接触器? …… 129
15. 怎样对 HXD3C 型电力机车的故障 APU 进行切除? …… 129
16. 当 HXD3C 型电力机车无动力回送时,应怎样进行车上的操作处理? …… 129
17. HXD3C 型电力机车 C1 修作业中,怎样对车顶绝缘检测装置进行绝缘检测? …… 129
18. HXD2 型电力机车 C1～C3 修时,怎样对空调机组进行清洗试验和检查? …… 129
19. 怎样对 HXD3C 型电力机车的故障弓进行隔离? …… 129
20. 当 HXD2 型电力机车水泵故障时,应怎样处理? …… 129
21. 怎样检修 SS4G 型电力机车劈相机的转子? …… 129
22. 怎样测定低压电器柜整柜的绝缘电阻? …… 130
23. 怎样检修电磁继电器的线圈? …… 130
24. 怎样检查试验琴(扳)键开关? …… 130
25. HXD1 型电力机车 C1～C3 修时,怎样对牵引通风机及辅助变压器柜通风机进行检查? …… 130
26. SS4G 型电力机车小修时,怎样检查辅助机组的转子? …… 130
27. HXD1 型电力机车 C1～C3 修时,怎样检查辅助变压器柜? …… 131
28. SS4G 型电力机车小修时,怎样检查高压电器柜的接地继电器? …… 131
29. SS4G 型电力机车小修时,怎样检查 PFC 开关柜? …… 131
30. SS4G 型电力机车牵引电机隔离开关闸刀、库用闸刀、空载试验闸刀不闭合造成不升弓或无流故障时,应怎样检查处理? …… 131
31. HXD1 型电力机车 C1～C3 修时,怎样检查车顶导电杆、绝缘子及车顶表面? …… 131
32. SS4G 型电力机车劈相机故障,怎样用牵引风机代替劈相机? …… 132
33. SS4G 型电力机车电阻制动灯不亮,电制无流故障时,应怎样检查处理? …… 132
34. HXD1 型电力机车 C1～C3 修时,怎样检查高压隔离开关? …… 132
35. 怎样检修 TCK1 型电空接触器的主动、静触头? …… 132
36. SS4G 型电力机车劈相机工作正常,各辅机不起动故障时,应怎样检查处理? …… 133
37. HXD2 型电力机车 C1～C3 修时,怎样对 6A 系统防火子系统防火监控板进行检查? …… 133
38. HXD3C 型电力机车 C1 修中,怎样对 TCMS 显示屏进行检查? …… 133

39. HXD_{3C} 型电力机车 C1 修作业中,怎样对 IPM 微机处理器进行检查? …………………… 133
40. 当 HXD_{3C} 型电力机车主变流器 CI 故障时,应怎样处理? ………………………………… 133
41. 怎样检查 ZD105 型牵引电动机的机座、磁极绕组及其连线? ……………………………… 133
42. 怎样检查 ZD105 型牵引电动机的端盖、轴承盖、封环等状态? …………………………… 134
43. 怎样拆卸 SS_{4G} 型电力机车的劈相机? ……………………………………………………… 134
44. 怎样进行高压连接器组装? ……………………………………………………………………… 134
45. HXD_1 型电力机车 C1～C3 修时,怎样检查主变压器? ……………………………………… 134
46. 怎样检查 TCK7 型电空接触器的辅助联锁动、静触头? ……………………………………… 135
47. SS_{4G} 型电力机车小修时,怎样检查低压电器柜的其他配件? ………………………………… 135
48. SS_{4G} 型电力机车小修时,怎样检查司机室电器、司机控制器及电空制动控制器?……… 135
49. SS_{4G} 型电力机车小修时,怎样检查 PFC 电容柜? ………………………………………… 135
50. SS_{4G} 型电力机车小修时,怎样检查空调机及暖风机? ……………………………………… 136
51. SS_{4G} 型电力机车小修时,怎样对各仪表进行检查? ………………………………………… 136
52. SS_{4G} 型电力机车运行中(主断在闭合状态)受电弓自动落下并无法升起时,怎样检查处理? ……………………………………………………………………………………………… 136
53. SS_{4G} 型电力机车闭合劈相机扳钮,某节劈相机无启动声音,怎样检查处理? ……… 136
54. SS_{4G} 型机电力车电子柜预备灯亮故障时,怎样检查处理? ………………………………… 137
55. SS_{4G} 型电力机车小修时,怎样检查 PFC 开关柜? ………………………………………… 137
56. HXD_1 型电力机车 C1～C3 修时,怎样检查主断路器及高压接地开关? ……………… 137
57. SS_{4G} 型电力机车小修时,怎样检查辅助机组的辅助机械? ……………………………… 137
58. HXD_{3C} 型电力机车 C1 修作业中,怎样对控制电器柜进行检查? ………………………… 138
59. HXD_{3C} 型电力机车 C1 修作业中,怎样对 6A 系统 JK11430B 型走行部车载检测装置的传感网络进行外部检查及清洁? ……………………………………………………………… 138
60. 当 HXD_2 型电力机车电制无流时,应怎样处理? ………………………………………… 138
61. SS_{4G} 型电力机车 ZD105 型牵引电动机解体前怎样进行检查? ………………………… 138
62. 怎样检查试验 ZD105 型牵引电动机的定子磁极绕组? ……………………………………… 138
63. 怎样检修空气主断路器灭弧室的静触头? …………………………………………………… 139
64. 怎样检修试验避雷器? ………………………………………………………………………… 139
65. 怎样检查高压电器柜主接地保护装置的电阻、电容? ……………………………………… 139
66. HXD_1 型电力机车 C1～C3 修时,怎样检查牵引电机? ……………………………………… 140
67. SS_{4G} 型电力机车小修时,怎样对牵引电动机接线盒进行检查? ………………………… 140
68. SS_{4G} 型电力机车小修时,怎样检查高压电器柜的位置转换开关? ……………………… 140
69. SS_{4G} 型电力机车主断路器合不上时,应怎样检查处理? ………………………………… 141
70. SS_{4G} 型电力机车原边过流故障时,应怎样检查处理? …………………………………… 141

71. SS_{4G} 型电力机车小修时，怎样检查电阻制动柜？ …… 141
72. SS_{4G} 型电力机车小修时，怎样检查逻辑控制单元？ …… 141
73. 怎样正确使用兆欧表？ …… 141
74. SS_{4G} 型电力机车中修时，怎样检查控制电源柜的电子板？ …… 142
75. 怎样检查低压电器柜的辅助电路库用开关及电阻转换开关？ …… 142
76. 怎样组装与检查琴(扳)键开关？ …… 142
77. 怎样检修自动过分相的车感器？ …… 142
78. HXD_{3C} 型电力机车 C1 修作业中，怎样对 6A 系统进行检查？ …… 143
79. HXD_2 型电力机车 C1～C3 修作业中，怎样对微机柜进行检查？ …… 143
80. 当 HXD_2 型电力机车牵引风机故障时，应怎样处理？ …… 143
81. 怎样检查 ZD105 型牵引电动机换向器的状态？ …… 143
82. 受电弓组装后，应怎样进行检查与试验？ …… 144
83. 怎样总体分解空气主断路器？ …… 144
84. 怎样检修空气主断路器的非线性电阻装置？ …… 144
85. 怎样检修低压电器柜的电阻？ …… 145
86. 怎样检修轴温监测报警装置的传感器？ …… 145
87. 怎样测试控制电源柜的电子板？ …… 145
88. SS_{4G} 型电力机车小修时，怎样检查变压器？ …… 146
89. HXD_1 型电力机车 C1～C3 修时，怎样检查冷却塔及冷却塔风机？ …… 147
90. SS_{4G} 型电力机车小修时，怎样对电线路进行检查？ …… 147
91. 使用万用表进行测量时应注意些什么？ …… 147
92. 怎样检修轴温监测报警装置的接线盒？ …… 148
93. SS_{4G} 型电力机车低压电器试验前，要做好哪些准备工作？ …… 148
94. SS_{4G} 型电力机车辅小修时，怎样检修仪表？ …… 148
95. 怎样操纵主断路器？ …… 148
96. SS_{4G} 型电力机车小修时，怎样检查电源柜？ …… 149
97. HXD_2 型电力机车 C1～C3 修时，怎样对 6A 系统走行部监测子系统进行外部和上电检查？ …… 149
98. HXD_{3C} 型电力机车 TCMS 屏异常时，怎样进行人工激活？ …… 149
99. HXD_2 型电力机车 C1～C3 修时，怎样对牵引电机进行外观及状态检查？ …… 150
100. 当 HXD_{3C} 型电力机车主断路器无法闭合时，应怎样处理？ …… 150
S1　司机控制器的检修 …… 151
S2　6C 系列电磁接触器的检修 …… 153
S3　小型直流电机的检修 …… 155

S4 TCK7 型电空接触器的检修 …… 158
S5 低压电器柜的检修 …… 160
S6 电磁继电器的检修 …… 162
S7 压力继电器的检修 …… 164
S8 逻辑控制单元(LCU)的检修 …… 166
S9 DK-1 型制动机逻辑控制单元(DKL)的检修 …… 168
S10 琴(扳)键开关的检修 …… 170
S11 主断路器的检修 …… 172
S12 高压连接器的检修 …… 174
S13 PFC 开关柜的检修 …… 176
S14 自动过分相装置的检修 …… 178
S15 轮轨润滑装置电空阀的检修 …… 180
S16 HXD_{3C} 型电力机车主断路器无法闭合的故障处理 …… 182
S17 HXD_1 型电力机车 C1～C3 修主变压器的检查 …… 184
S18 HXD_1 型电力机车 C1～C3 修冷却塔及冷却塔风机的检查 …… 186
S19 HXD_2 型电力机车 6A 系统走行部监测子系统的外部和上电检查 …… 188
S20 HXD_{3C} 型电力机车 C1 修 6A 系统的检查 …… 190

第四部分 技 师

1. SS_{4G} 型电力机车“电子柜预备”灯不灭时，怎样处理？ …… 192
2. 怎样检修高压电器柜的绝缘板、瓷件及接线柱？ …… 192
3. 怎样吊装 ZD105 型牵引电动机的电枢？ …… 192
4. 怎样清扫、清洗或浸渍 ZD105 型牵引电动机解体后的电机？ …… 192
5. HXD_1 型电力机车 C1～C3 修时，怎样检查仪表？ …… 192
6. SS_{4G} 型电力机车“原边过流”灯亮主断跳闸时，应怎样处理？ …… 193
7. SS_{4G} 型电力机车 A/B 组两节窜车时，应怎样处理？ …… 193
8. HXD_1 型电力机车 C1～C3 修时，怎样对 6A 系统电源箱的外部进行检查？ …… 193
9. 闭合劈相机扳钮后两节车“劈相机”灯均不亮时，怎样处理？ …… 193
10. 闭合劈相机扳钮劈相机灯不灭时，怎样处理？ …… 193
11. HXD_1 型电力机车 C1～C3 修时，怎样检查高压电缆总成？ …… 193
12. SS_{4G} 型电力机车中修时，怎样检修位置转换开关的触片？ …… 193
13. HXD_2 型电力机车 C1～C3 修时，怎样对 6A 系统视频子系统进行上电检查？ …… 194
14. HXD_{3C} 型电力机车 C1 修作业中，怎样对压力仪表语音组合模块进行检查？ …… 194
15. HXD_{3C} 型电力机车 C1 修作业中，怎样对隔离变压器进行检查？ …… 194

16. 当 HXD_2 型电力机车微波炉无电时，应怎样处理？ …… 194
17. 当 HXD_{3C} 型电力机车控制回路接地故障时，应怎样处理？ …… 194
18. HXD_2 型电力机车 C1～C3 修时，怎样对 6A 系统防火子系统感温线缆及智能监视模块进行检查？ …… 194
19. 当 HXD_2 型电力机车干燥器无电时，应怎样处理？ …… 195
20. 当 HXD_2 型电力机车窗加热无电时，应怎样处理？ …… 195
21. 怎样正确使用数字式万用表测量交流电压？ …… 195
22. HXD_1 型电力机车 C1～C3 修时，怎样检查电源柜？ …… 195
23. HXD_1 型电力机车 C1～C3 修时，怎样对 6A 系统主机箱的外部进行检查？ …… 195
24. 怎样检查高压电器柜的插头、电线路？ …… 195
25. 怎样检修 TCK7 型电空接触器的吹弧线圈及弧角？ …… 195
26. HXD_{3C} 型电力机车 C1 修作业中，怎样对 IPM 微机处理器进行检查？ …… 196
27. 两台机车连接后，怎样检查试验高压连接器？ …… 196
28. HXD_1 型电力机车 C1～C3 修时，怎样通电检查 6A 系统重联板卡(LCG)？ …… 196
29. 怎样检修 TCK1 型电空接触器的主动、静触头？ …… 196
30. 怎样检查硅机组元件的电阻？ …… 196
31. 怎样检查试验琴(扳)键开关？ …… 196
32. 怎样检修电磁继电器的线圈？ …… 197
33. SS_{4G} 型电力机车劈相机工作正常，各辅机不起动故障时，应怎样检查处理？ …… 197
34. SS_{4G} 型电力机车小修时，怎样对辅助机组的定子进行检查？ …… 197
35. SS_{4G} 型电力机车牵引无流故障时，怎样处理？ …… 197
36. SS_{4G} 型电力机车主台"辅助回路"、副台"辅接地"灯亮，主断跳闸时，怎样处理？ …… 197
37. HXD_2 型电力机车 C3 修作业中，怎样对高压电流互感器进行检查和测量？ …… 198
38. HXD_2 型电力机车 C1～C3 修作业中，怎样对 6A 系统外部设备接口卡进行外部和上电检查？ …… 198
39. HXD_{3C} 型电力机车 C1 修作业中，怎样对支持绝缘子、高压电缆、软连线进行检查？ …… 198
40. HXD_{3C} 型电力机车 C1 修作业中，怎样对空调进行检查？ …… 198
41. 怎样检测高压电器柜的绝缘电阻及进行耐压试验？ …… 198
42. 怎样检修位置转换开关的低压控制部分？ …… 199
43. 怎样组装调整电磁继电器？ …… 199
44. SS_{4G} 型电力机车小修时，怎样检查辅助机组辅助机械？ …… 199
45. HXD_1 型电力机车 C1～C3 修时，高压试验中怎样对紧急按钮进行试验？ …… 199
46. SS_{4G} 型电力机车小修时，怎样检查低压电器柜的继电器？ …… 199
47. SS_{4G} 型电力机车小修时，怎样检查电子控制柜？ …… 199

48. SS_{4G} 型电力机车小修时,怎样检查 PFC 电容柜? …… 200
49. SS_{4G} 型电力机车小修时,怎样检查空调机及暖风机? …… 200
50. SS_{4G} 型电力机车运行中(主断在闭合状态)受电弓自动落下并无法升起时,怎样检查处理? …… 200
51. SS_{4G} 型电力机车闭合劈相机扳钮,某节劈相机无启动声音时,怎样检查处理? …… 200
52. 怎样处理 SS_{4G} 型电力机车"原边过流"灯亮主断跳闸故障? …… 201
53. SS_{4G} 型电力机车中修时,怎样正确更换牵引电机电刷? …… 201
54. SS_{4G} 型电力机车中修时,怎样检修 AF 系列头灯电磁接触器? …… 201
55. HXD_1 型电力机车 C1～C3 修时,怎样对 6A 系统音视频显示终端进行通电检查? …… 201
56. HXD_2 型电力机车 C1～C3 修时,怎样对 6A 系统电源箱进行外部和上电检查? …… 202
57. 当 HXD_2 型电力机车冷却塔风机故障时,应怎样处理? …… 202
58. HXD_{3C} 型电力机车 C1 修作业中,怎样对辅助压缩机进行检查? …… 202
59. HXD_{3C} 型电力机车 C1 修作业中,怎样对机车防火装置进行检查? …… 202
60. 当 HXD_2 型电力机车主电路回路故障且无法恢复,怎样进行切一节操作? …… 202
61. 怎样解体电压表、电流表? …… 203
62. HXD_1 型电力机车 C1～C3 修时,怎样对 6A 系统自动视频监控及记录子系统进行通电检查? …… 203
63. SS_{4G} 型电力机车小修时,怎样检查牵引电动机的刷架装置? …… 203
64. SS_{4G} 型电力机车受电弓升不起故障,应怎样检查处理? …… 204
65. 怎样检查高压电器柜主接地保护装置的电阻、电容? …… 204
66. 怎样对电压表、电流表进行电气性能检查? …… 204
67. SS_{4G} 型电力机车小修时,怎样检查避雷器? …… 204
68. SS_{4G} 型电力机车小修时,怎样检查蓄电池? …… 205
69. HXD_1 型电力机车 C1～C3 修时,怎样检查蓄电池? …… 205
70. HXD_1 型电力机车 C1～C3 修时,怎样检查牵引电机? …… 205
71. 怎样检修自动过分相的车感器? …… 206
72. 使用双臂电桥时应注意些什么? …… 206
73. SS_{4G} 型电力机车无显示跳主断路器,一合闸就跳故障时,怎样处理? …… 206
74. SS_{4G} 型电力机车辅小修时,怎样检查牵引电机? …… 206
75. 怎样检查试验控制电源柜? …… 206
76. 怎样组装 6C 系列电磁接触器? …… 207
77. HXD_2 型电力机车 C1～C3 修时,怎样对高压电流互感器进行检查和测量? …… 207
78. 当 HXD_2 型电力机车主、辅电路发生接地现象时,应怎样处理? …… 207
79. HXD_{3C} 型电力机车 C1 修作业中,怎样对压力开关模块进行检查? …… 207

80. HXD_{3C} 型电力机车 C1 修作业中，怎样对制动显示器(LCDM)进行检查？ ………… 208
81. SS_{4G} 型电力机车辅小修时，应怎样检修变流装置？ ………… 208
82. HXD_1 型电力机车 C1～C3 修时，怎样检查低压电器柜？ ………… 208
83. 怎样检修试验避雷器？ ………… 209
84. 怎样检查 ZD105 型牵引电动机的电枢轴？ ………… 209
85. 怎样检修位置转换开关的触指组件？ ………… 209
86. 怎样检修轴温监测报警装置的网络线？ ………… 210
87. SS_{4G} 型电力机车小修时，怎样检查互感器及一般变压器？ ………… 210
88. SS_{4G} 型电力机车牵引无流(预备灯灭)故障时，应怎样检查处理？ ………… 210
89. 怎样组装主司机控制器？ ………… 211
90. 怎样清扫、检修空气干燥器的电控盒及加热装置？ ………… 211
91. 怎样清洗检查逻辑控制单元(LCU)各插件？ ………… 211
92. 怎样切除 SS_{4G} 型电力机车故障节，单节车维持运行？ ………… 212
93. 怎样清洗检查 DK-1 型制动机逻辑控制单元(DKL)的各插件？ ………… 212
94. 怎样检查与试验劈相机起动继电器？ ………… 212
95. SS_{4G} 型电力机车小修时，怎样检查电源柜？ ………… 212
96. 怎样检修低压电器柜的电阻？ ………… 213
97. HXD_2 型电力机车 C3 修作业中，怎样对主断路器进行开盖检查？ ………… 213
98. 当 HXD_{3C} 型电力机车提主手柄无牵引力输出时，应怎样处理？ ………… 214
99. HXD_{3C} 型电力机车 C1 修作业中，怎样对制动柜辅助模块进行检查？ ………… 214
100. HXD_2 型电力机车发生辅助变流器隔离类故障时，应怎样正确处理？ ………… 214
S1　司机控制器的检修 ………… 215
S2　主断路器的检修 ………… 217
S3　低压电器屏配线 ………… 219
S4　机车劈相机不能正确启动故障的排除 ………… 221
S5　PFC 开关柜的检修 ………… 223
S6　高压连接器的检修 ………… 225
S7　小型直流电机的检修 ………… 227
S8　受电弓的检修 ………… 230
S9　位置转换开关的检修 ………… 232
S10　TCK7 型电空接触器的检修 ………… 234
S11　TCK1 型电空接触器(磁削)的检修 ………… 236
S12　低压电器柜的检修 ………… 238
S13　劈相机的检修 ………… 240

S14 电磁继电器的检修 …… 242
S15 压力继电器的检修 …… 244
S16 逻辑控制单元(LCU)的检修 …… 246
S17 DK-1 型制动机逻辑控制单元(DKL)的检修 …… 248
S18 电阻制动柜的检修 …… 250
S19 琴(扳)键开关的检修 …… 252
S20 自动过分相装置的检修 …… 254

第五部分 高级技师

1. SS_{4G} 型电力机车 A/B 组两节窜车时,应怎样处理? …… 256
2. HXD_1 型电力机车 C1～C3 修时,怎样对 6A 系统高压绝缘检测子系统进行外部检查? …… 256
3. HXD_1 型电力机车 C1～C3 修时,怎样对 6A 系统停放制动非正常施加监测模块进行检查? …… 256
4. HXD_1 型电力机车 C1～C3 修时,怎样对 6A 系统折角塞门关闭监测模块进行检查? …… 256
5. HXD_1 型电力机车 C1～C3 修时,怎样对 6A 系统走行部故障监测子系统进行通电检查? …… 256
6. SS_{4G} 型电力机车小修时,怎样检查辅助机组的接线盒? …… 257
7. SS_{4G} 型电力机车小修时,怎样检查变流装置? …… 257
8. SS_{4G} 型电力机车"电子柜预备"灯不灭故障时,怎样处理? …… 257
9. HXD_1 型电力机车 C1～C3 修时,怎样对 CMD 系统无动力数据回传进行功能测试? …… 257
10. SS_{4G} 型电力机车"原边过流"灯亮,主断跳闸故障时,该怎样处理? …… 257
11. SS_{4G} 型电力机车中修时,怎样检修位置转换开关的触片? …… 257
12. 怎样检查检修高压电器柜的插头、电线路? …… 257
13. SS_{4G} 型电力机车中修时,怎样检查轮轨润滑控制箱的面板? …… 258
14. SS_{4G} 型电力机车中修时,怎样对控制电源柜进行组装后的检查试验? …… 258
15. HXD_1 型电力机车 C1～C3 修时,怎样对 CMD 系统 TAX 数据通信进行功能试验? …… 258
16. SS_{4G} 型电力机车中修时,怎样组装 TCK7 型电空接触器的动静触头? …… 258
17. HXD_2 型电力机车 C1～C3 修时,怎样对司机室各照明灯进行检查? …… 258
18. 当 HXD_{3C} 型电力机车主回路接地故障时,应怎样处理? …… 258
19. HXD_{3C} 型电力机车 C1 修作业中,怎样对 RIM 继电器接口模块进行检查? …… 259
20. 当 HXD_2 型电力机车操作台 220 V 插座无电时,应怎样处理? …… 259
21. 怎样检修电磁继电器的线圈? …… 259
22. 怎样检修电压表、电流表的轴尖? …… 259
23. 怎样对硅机组元件进行电压测试? …… 259

24. SS4G 型电力机车小修时，怎样检查高压电器柜的接地继电器？ …… 259
25. SS4G 型电力机车小修时，怎样检查 PFC 开关柜？ …… 260
26. SS4G 型电力机车电阻制动灯不亮，电制无流故障时，怎样检查处理？ …… 260
27. HXD1 型电力机车 C1～C3 修时，怎样检查司机室防护罩？ …… 260
28. 怎样检修电压表、电流表的动圈？ …… 260
29. 怎样检查 ZD105 型牵引电动机机座、磁极绕组及其连线？ …… 260
30. HXD1 型电力机车 C1～C3 修时，怎样对 6A 系统重联板卡(LCG)进行通电检查？ …… 261
31. HXD1 型电力机车 C1～C3 修时，怎样对 6A 系统主机箱进行通电检查？ …… 261
32. 怎样检修自动过分相的车感器？ …… 261
33. SS4G 型电力机车中修时，怎样检查辅助电路库用开关及电阻转换开关？ …… 261
34. 怎样对弹簧管式压力表的外观进行检查？ …… 262
35. SS4G 型电力机车中修时，怎样对主司控器电位器进行组装调整？ …… 262
36. HXD2 型电力机车 C1～C3 修时，怎样检查高压连接器？ …… 262
37. HXD2 型电力机车 C1～C3 修作业中，怎样对 6A 系统绝缘检测箱进行外部和上电检查？ …… 262
38. HXD3C 型电力机车 C1 修作业中，怎样对电子制动阀 EBV 进行检查？ …… 262
39. HXD3C 型电力机车 C1 修作业中，怎样对空压机电机进行检查？ …… 263
40. HXD2 型电力机车运行中受电弓非正常降下故障时，应怎样处理？ …… 263
41. HXD1 型电力机车 C1～C3 修时，怎样检查主变压器？ …… 263
42. HXD1 型电力机车 C1～C3 修时，怎样对 6A 系统音视频显示终端进行通电检查？ …… 263
43. 怎样检修电压表、电流表的游丝？ …… 263
44. HXD1 型电力机车 C1～C3 修时，高压试验中怎样对紧急按钮进行试验？ …… 264
45. SS4G 型电力机车小修时，怎样检查低压电器柜的其他配件？ …… 264
46. SS4G 型电力机车小修时，怎样检查司机控制器？ …… 264
47. SS4G 型电力机车小修时，怎样检查 PFC 电容柜？ …… 264
48. 怎样对弹簧管式压力表进行外观检查？ …… 264
49. SS4G 型电力机车小修时，怎样检查空调机及暖风机？ …… 265
50. SS4G 型电力机车小修时，怎样检查辅助机组的辅助机械？ …… 265
51. SS4G 型电力机车小修时，怎样检查低压电器柜的继电器？ …… 265
52. SS4G 型电力机车小修时，怎样检查电子控制柜？ …… 265
53. 怎样检修自动过分相的车感器？ …… 265
54. 怎样检修电磁继电器的线圈？ …… 266
55. SS4G 型电力机车中修时，怎样检修、检测自动降弓装置？ …… 266
56. SS4G 型电力机车中修时，怎样检测 PFC 开关柜的绝缘强度？ …… 266

57. HXD_2 型电力机车需要将制动机从备用模式转正常模式时,该怎样正确操作? …… 266
58. HXD_2 型电力机车 C1～C3 修时,怎样对 6A 系统防火子系统的防火探测器进行检查? …… 266
59. HXD_2 型电力机车 C1～C3 修时,怎样对通用柜进行检查? …… 267
60. 当 HXD_{3C} 型电力机车主变压器原边过流时,应怎样处理? …… 267
61. 怎样对弹簧管式压力表进行误差校验? …… 267
62. HXD_1 型电力机车 C1～C3 修时,怎样检查蓄电池? …… 267
63. 怎样正确使用空载试验台? …… 268
64. 怎样清扫检修高压连接器? …… 268
65. 怎样检修位置转换开关的触指组件? …… 268
66. 怎样检修空气主断路器灭弧室的静触头? …… 268
67. 怎样检修试验避雷器? …… 269
68. 怎样清洗、检修压力继电器? …… 269
69. HXD_1 型电力机车 C1～C3 修时,怎样检查牵引电机? …… 269
70. 怎样检查试验控制电源柜? …… 270
71. HXD_1 型电力机车 C1～C3 修时,怎样对 6A 系统自动视频监控及记录子系统进行通电检查? …… 270
72. SS_{4G} 型电力机车中修时,怎样对辅助司机控制器进行组装后的检查与试验? …… 270
73. 怎样对控制电源柜移相环节进行测试,须符合什么要求? …… 270
74. SS_{4G} 型电力机车中修时,怎样清扫、检修 6C 系列电磁接触器? …… 271
75. SS_{4G} 型电力机车中修时,怎样对制动电阻装置进行组装后的检查? …… 271
76. SS_{4G} 型电力机车中修时,怎样解体、检修琴(扳)键开关? …… 271
77. HXD_2 型电力机车 C1～C3 修时,怎样对 6A 系统主机进行外部检查? …… 272
78. HXD_{3C} 型电力机车 C1 修作业中,怎样对制动柜 EPCU 进行检查? …… 272
79. HXD_2 型电力机车发生主变流器隔离类故障时,应怎样处理? …… 272
80. HXD_2 型电力机车受电弓无法升起故障时,应怎样处理? …… 273
81. HXD_1 型电力机车 C1～C3 修时,怎样检查冷却塔及冷却塔风机? …… 273
82. HXD_1 型电力机车 C1～C3 修时,怎样检查变流器? …… 273
83. 怎样检查试验控制电源柜? …… 274
84. SS_{4G} 型电力机车小修时,怎样检查互感器及一般变压器? …… 274
85. 怎样清洗检查逻辑控制单元(LCU)的各插件? …… 275
86. 怎样对劈相机起动继电器进行检查与试验? …… 275
87. 怎样清洗检查 DK-1 型制动机逻辑控制单元(DKL)的各插件? …… 275
88. SS_{4G} 型电力机车小修时,怎样检查空气主断路器? …… 276

89. SS_{4G} 型电力机车牵引无流(预备灯灭)故障时,应怎样检查处理? …… 276
90. HXD_1 型电力机车 C1～C3 修时,怎样检查低压电器柜? …… 276
91. SS_{4G} 型电力机车小修时,怎样检查高压电器柜的电空接触器? …… 277
92. SS_{4G} 型电力机车中修时,怎样解体低压电器柜? …… 277
93. SS_{4G} 型电力机车中修时,怎样进行整柜绝缘电阻的测定? …… 277
94. SS_{4G} 型电力机车中修时,怎样检查主司机控制器机械联锁性能? …… 278
95. SS_{4G} 型电力机车中修时,怎样对劈相机进行检测试验? …… 278
96. SS_{4G} 型电力机车中修时,怎样对走行部车载监测装置进行清扫、检查? …… 278
97. HXD_{3C} 型电力机车 C1 修作业中,怎样对供电柜进行检查? …… 279
98. 当 HXD_2 型电力机车主断无法闭合时,应怎样处理? …… 279
99. HXD_2 型电力机车 C1～C3 修时,怎样对主变流柜进行检查? …… 280
100. 怎样正确设置 HXD_2 型电力机车的无动力回送模式? …… 280
S1 司机控制器的检修 …… 281
S2 主断路器的检修 …… 283
S3 6C 系列电磁接触器的检修 …… 285
S4 小型直流电机的检修 …… 287
S5 受电弓的检修 …… 290
S6 位置转换开关的检修 …… 292
S7 TCK7 型电空接触器的检修 …… 294
S8 低压电器柜的检修 …… 296
S9 变压器油泵的检修 …… 298
S10 劈相机的检修 …… 300
S11 逻辑控制单元(LCU)的检修 …… 302
S12 DK-1 型制动机逻辑控制单元(DKL)的检修 …… 304
S13 电子控制柜的检修 …… 306
S14 控制电源柜的检修 …… 308
S15 轮轨润滑装置电空阀的检修 …… 310
S16 琴(扳)键开关的检修 …… 312
S17 高压连接器的检修 …… 314
S18 机车电器试验 …… 316
S19 高压电器柜的检修 …… 318
S20 电流表、电压表的检修 …… 320

第一部分　初　级　工

1. HXD_1 型电力机车 C1～C3 修时，怎样对避雷器进行检查？

答：(1)外观检查各部位无裂纹、污渍、烧损、灼痕及铜溜；紧固件齐全、完好、紧固，无松动。

(2)导线连线紧固，编织线断股不许超过原截面的 5%。

(3)绝缘护套材料表面不允许有损伤、裂纹，如有必须更换。

2. 怎样检查 SS_{4G} 型电力机车 ZD105 型牵引电动机接线盒装置？

答：(1)检查接线盒应完好，紧固可靠；绝缘子及接线板清洁，聚四氟乙烯绝缘套不许松动、裂损、放电灼伤等，否则应更新。

(2)用 1 000 V 兆欧表测量绝缘子对地绝缘电阻值应不低于 50 MΩ。

(3)检查外接电缆夹板不得有损伤、裂纹，否则应更换。

3. 怎样检查 SS_{4G} 型电力机车 ZD105 型牵引电动机刷架圈刷握装置？

答：检查刷盒内壁应光滑，无任何疵纹。当刷盒裂损时，允许刷盒内壁焊修，修复后的刷盒方孔表面粗糙度 Ra 值应不高于 1.6 μm，两长边的平行度偏差不大于 0.5 mm。压指与刷握弹簧不许有断裂、退火、变形及疲劳现象，否则应更新。压指绕轴转动应灵活，不许有卡滞，压指支承轴不许有松晃，否则应更新。

4. HXD_1 型电力机车 C1～C3 修时，怎样对灯具进行检查？

答：(1)外观检查各照明灯、标志灯的灯具及附件清洁、齐全，无破损、过热、烧损，固定良好无松动，光照正常，显示正确，车体外部的灯具防雨密封性能良好。

(2)检查前照灯反射镜面不许的污渍及缺损，聚焦良好，照射方向正确。

5. HXD_1 型电力机车 C1～C3 修时，怎样对 CMD 系统无动力数据回传功能进行测试？

答：(1)将 LDP 电源控制开关拨至闭合位。合上低压柜上的 LDP 控制电源开关，查看北斗电源插件上的指示灯 A01、B01、B02 灯常亮，A03 灯闪烁。

(2)将 LDP 电源控制开关拨至断开位。查看北斗电源插件上的指示灯 A01、A04 灯灭，B01、B02 灯常亮，A03 灯闪烁。

6. HXD_1 型电力机车 C1～C3 修，怎样对 CMD 系统 TAX 数据通信功能进行试验？

答：给 LKJ、LDP 装置上电，查看 LDP 装置网络接口插件上的指示灯 A02 应是闪亮状态：

表示 LDP 已接收到 TAX 的数据;主处理器插件上的指示灯 B03 应是闪亮状态:表示与主处理器接收 TAX2 信息正常。

7. HXD_1 型电力机车 C1~C3 修,怎样对防寒加热电源控制盒进行检查?

答:检查电源控制盒安装牢固,脱扣开关作用正常,电源控制盒接线无松动,无绝缘破损,老化变色。每年 10 月 15 日~次年 4 月 15 日开通,停用期间电源控制盒 110 V、220 V 脱扣开关置断开位并粘贴封条。

8. 怎样检查 SS_{4G} 型电力机车劈相机的转轴?

答:(1)轴颈及肩胛不许有毛刺、凹凸不平的伤痕及铁锈斑现象,否则用细锉及细砂布仔细打磨除去。

(2)必要时进行转子铁芯外径对两轴承挡公共轴线的径向圆跳动的检测,其值不大于 0.06 mm。

9. HXD_1 型电力机车 C1~C3 修时,怎样对 6A 系统数据进行下载、分析?

答:机车检修结束后,使用经授权的 U 盘下载 6A 系统中央处理平台数据,并导入到 6A 系统地面软件中,进行数据分析。使用经授权的优盘下载视频监测子系统数据,并导入到视频分析软件中进行分析。使用走行部监测系统设备专用转储设备对走行部监测系统数据进行下载,并导入到走行部监测系统分析软件中进行分析。

10. HXD_1 型电力机车 C1~C3 修时,怎样对 6A 系统走行部故障监测子系统进行通电检查?

答:(1)自检过程和进入工作状态各指示灯显示正确。

(2)音视频显示终端【监控数据】【走行 1】界面显示各测点温度信息和状态信息正常。使用专用维护器查看子系统记录的车型、车号、端号与 CPU 记录信息一致,车载软件版本、配置文件版本为规定使用版本。下载、上传子系统记录数据,数据下载功能正常,分析数据如有报警信息及时下票处理。

11. 怎样对空气主断路器灭弧室的动触头装置进行解体和清洁?

答:(1)依次拆下防雨罩、筛网、孔板,松开螺纹环,取出压盖、复原弹簧、防缓垫、黄铜垫、主动触头。

(2)用汽油清洗各部,用绸布擦拭干净。

12. HXD_1 型电力机车 C1~C3 修时,怎样对 6A 系统停放制动非正常施加监测模块进行检查?

答:(1)音视频显示终端显示各传感器状态良好。

(2)检查 AB 插件工作状态指示灯显示正确。

(3)检查 AB 插件面板指示灯 D8 应正常秒闪(折角塞门关闭模块心跳灯)。

13. SS_{4G} 型电力机车小修作业时，怎样对端子柜进行检查?

答:(1)检查各插座，应无烧损、绝缘破坏、接触不良现象。

(2)检查接线端子排所有导线接头应压接牢靠，螺栓紧固良好。

14. 怎样检查高压电器柜的直流电压、电流传感器?

答:(1)外观检查:检查其外壳，外壳不许有破损之处，其接线端子、插头应完好，作用良好。

(2)用直流电压、电流传感器试验台对传感器进行准确度测试。

15. HXD_2 型电力机车 C1～C3 修时，怎样对避雷器进行目视检查及测量?

答:目视绝缘子清洁无裂纹、破损、放电灼痕。火花放电器各螺母紧固无松动、放电间隙无放电灼痕。测量高压电极与接地电极间距离为 128～132 mm。

16. HXD_2 型电力机车 C1～C3 修时，怎样对接地开关进行动作试验?

答:(1)检查锁组装，钥匙插入、拔出无卡滞，手柄开关动作灵活。

(2)检查传动机构，动作良好，闸刀能准确滑入断路器触头弹簧片内。

17. HXD_2 型电力机车 C1～C3 修时，怎样对撒砂加热装置进行检查?

答:(1)检查固定螺栓紧固。

(2)检查接线状态良好。

(3)检查加热装置绝缘良好、接线紧固。

18. HXD_2 型电力机车 C3 修作业中，怎样对主压缩机电机进行状态检查及测量?

答:(1)检查电机清洁，安装牢固。

(2)打开接线盒，接线板与引接线无松动、盒内无积尘。

(3)用 500 V 兆欧表测量对地绝缘值(≥10 MΩ)。

19. HXD_2 型电力机车 C1～C3 修时，怎样对主压缩机电机进行轴承补脂和试验?

答:(1)轴承补脂要求补脂质量 100 g。

(2)试验电机在运转过程中应无明显振动、异常声音。

20. HXD_2 型电力机车 C1～C3 修时，怎样对 6A 系统走行部监测子系统进行上电检查?

答:(1)检查自检过程和进入工作状态各指示灯显示是否正常。

(2)音视频显示终端查看各测点温度信息正常，故障信息显示正常。

21. SS4G 型电力机车使用电阻制动时出现往复初制动时,该怎样处理?

答:(1)原因判断

①继电器 454KT 晶闸管误触发。

②风速继电器动作不稳定。

(2)故障处理

①更换继电器 454KT,运行中将钮子开关 465QS 置切除位。

②运行中将风速故障开关置故障位。

22. HXD1 型电力机车 C1～C3 修时,怎样对 CMD 系统机车车载综合信息监测装置(LDP 装置)外部进行检查?

答:(1)检查主机箱、各板卡外观状态良好,安装紧固,防缓标识不许有错位。

(2)检查电源板开关动作可靠。除作业需要外必须置闭合位。

(3)检查各连接器及线缆状态良好,安装紧固无松动。

(4)检查北斗电源开关外观良好,动作可靠,安装紧固无松动,禁止断开标识应粘贴到位,无破损。除作业需要外必须置闭合位。

23. HXD1 型电力机车 C1～C3 修时,怎样对 6A 系统走行部故障监测子系统外部进行检查?

答:(1)检查走行部故障监测子系统一插件(AT1 插件)外观良好,安装紧固,清洁板卡。

(2)检查电源复位开关动作可靠。

(3)检查车下各传感器及数据前置处理器、连接器及线缆外观良好,安装紧固,密封状态良好。

(4)检查连线外观是否完整,捆扎是否整齐、牢固;传感器的外观、插头均无损伤,状态不良须更换。

24. 怎样检修 TCK7 型电空接触器吹弧线圈及弧角?

答:检查铁芯外套绝缘管不许有过热、老化、破损等不良现象,否则应更新。吹弧线圈安装应牢固,不得有变形、短路、断路及裂损。灭弧角应清洁,不得有裂损、变形,灭弧角不能与动静触头接磨。测量吹弧线圈匝间距离不小于 0.5 mm。

25. 怎样检查试验 TCK1 型电空接触器?

答:(1)首先进行绝缘电阻测定。用 2 500 V 兆欧表测量主触头对地绝缘电阻不低于 5 MΩ。

(2)动作性能及气密性检查试验。外加 88～121 V 的直流电压,工作风压在 0.375～0.656 MPa 下,断开、闭合动作灵活,状态良好,触头开闭自如,不许有卡滞。气缸及风管路、电空阀不得有泄漏。

26. 怎样对压力继电器进行检查试验?

答:(1)根据压力开关标定调整压力开关动作值为 450 kPa 或 150 kPa,检测微动开关通断应正常。

(2)在最大气压 0.65 MPa 下,在联动机构处涂肥皂液,若有气泡产生,应维持 5 s 内不破裂。

(3)在开关座与螺栓间涂肥皂液,不应有气泡产生。

27. SS_4 型电力机车小修时,怎样对辅助机组进行外观检查?

答:(1)检查电机机座、端盖、油盖不得出现裂损、变形。

(2)各紧固螺栓不得松动,减振垫无松动,牢固可靠。各油管、油堵齐全。

(3)检查辅助机组定子绕组及连线可见部分绝缘完好,无过热、变色。

28. HXD_1 型电力机车 C1～C3 修时,怎样对电源柜进行检查?

答:(1)清洁屏柜各部,外观检查所有组件无破损、安装牢固,各配件齐全,指示灯完整,电气连接紧固到位。

(2)检查自动开关作用良好。

(3)风机、24 V 电源模块、监控单元模块性能正常。

(4)外观检查 AC/DC 各模块性能正常。

(5)通电检查散热风扇运转正常,无异音。

(6)所有组件安装和电气连接紧固到位。

29. SS_{4G} 型电力机车小修时,怎样对高压电器柜的电空阀进行检查?

答:(1)检查电空阀须安装牢固,接线良好,接线柱胶木件无松动裂损,通断正常,无卡滞、泄漏。

(2)电空阀外接过压吸收板清洁,无断线,元件无脱焊、烧损。

30. HXD_1 型电力机车 C1～C3 修时,怎样对 6A 系统主机箱外部进行检查?

答:(1)检查主机机柜、主机箱、接插件及线缆外观良好,安装紧固件齐全,防缓标识不许有错位。主机箱锁闭装置安装到位,无破损,锁闭功能正常。

(2)检查电源开关动作可靠,电源保险管安装紧固、状态良好。除作业需要关闭外,要保证电源开关在闭合位。

(3)检查各插件外观状态良好,紧固件齐全,不许有松动。

(4)检查各连接器状态良好,防松脱螺栓或扎带齐全,安装紧固无松动。

31. 怎样用数字式万用表测量直流电压?

答:(1)将黑色表笔插入“COM”或“－”号的插孔,红色表笔插入标有符号“V”的插孔。

(2)将功能开关置于直流电压“DCV”量程范围;并将表笔并联接在电路被测部分。

(3)测量直流电的时候不必考虑正负极,因为数字表不像指针表,测量直流信号测量反了,表针反打,数字表只是会显示符号,说明信号是从黑表笔进入。

32. 怎样用数字式万用表测量交流电流?

答:(1)将黑色表笔插入“COM”插孔,红色表笔插入标有相应量程的插孔。

(2)将功能开关置于交流电流“ACA”量程范围;并将表笔串接在电路被测部分。

(3)如果测量出来显示1说明过量程,则要增大量程测量。测量大电流的时候,一定要注意时间,正确测量时间应该是在10~15 s,如果长时间测量的话,过热引起阻值变化,引起测量误差。

33. 怎样用数字式万用表测量直流电流?

答:(1)将黑色表笔插入“COM”插孔,红色表笔插入标有相应量程的插孔。

(2)将功能开关置于直流电流“DCA”量程范围,并将表笔串接在电路被测部分。

(3)测量直流电流时,当显示数值带有“-”号时,说明此时红色表笔所接处所为负端。

34. 怎样用数字式万用表测量电阻?

答:(1)将黑色表笔插入“COM”插孔,红色表笔插入标有符号“Ω”的插孔。

(2)接在电阻的两端,不分正负极,因为电阻没有正负极,如果测量中发现万用表显示1,则要使用最大挡测量一遍;如果使用最大挡测量该电阻阻值还是1,则说明该电阻开路;如果测量中发现电阻阻值为001,说明该电阻内部击穿。

35. 当闭合 SS_4 型电力机车压缩机扳钮,两台压缩机均不启动,怎样检查处理?

答:(1)闭合强泵风扳钮(408SK),若两台压缩机启动正常时,可维持运行。

(2)闭合强泵风扳钮后两台压缩机仍不能启动,且牵引风机等其他辅机也不能启动时,可短接劈相机时间继电器533KT常闭触头(561号~577号)。注意:只有劈相机启动正常后,才能闭合其他辅机扳钮,启动辅机。

36. HXD_2 型电力机车C1~C3修作业时,怎样对牵引通风机进行外观及开盖检查?

答:(1)外观检查:风道无变形、无开裂、密封良好,安装牢固;风机安装牢固;接地线紧固,接地良好。

(2)开盖检查:打开接线盒,检查接线紧固,无过热、断裂,接线端子无过热、裂损。

37. HXD_2 型电力机车C1~C3修作业时,怎样对6A系统制动子系统停放监测模块进行外部和上电检查?

答:(1)外部检查:检查板卡外观良好、各安装螺栓紧固;检查各连接插头、插座、传感器安装紧固无松动。

(2)上电检查:系统上电后,在6A系统音视频显示终端查看各传感器状态;检查插件工作状态指示灯显示正常。

38. HXD2型电力机车C1～C3修作业时,怎样对6A系统视频子系统外部进行检查?

答:(1)检查摄像头外观、安装固定状况,清洁镜头表面。

(2)检查各连接插头、插座及线缆有无破损,安装是否正确紧固。

(3)检查各连线外观是否完整,捆扎是否整齐、牢固。

(4)检查板卡螺钉是否正确紧固,硬盘外观是否完整。

39. HXD3C型电力机车C1修时,怎样对司机控制器进行检查?

答:(1)司机控制器清洁。

(2)检查插座连接正确,零部件齐全完整,确认紧固状态良好。

(3)控制手柄在各挡位之间转动灵活,无机械卡阻,相邻两挡位之间不应出现停滞。

(4)换向手柄在各挡位之间转动灵活,无机械卡阻,相邻两挡位之间不应出现停滞。手柄在零位时能顺利卸下。

40. 当HXD2型电力机车牵引无流时,应怎样处理?

答:(1)发生牵引无流时,应将调速手柄回零,再次将手柄置于牵引位,大部分情况下牵引应能恢复。

(2)如果牵引不能恢复,则按下微机复位按钮,并根据主界面提示栏进行操作。

(3)如仍然封锁,停车后进行蓄电池断电复位,隔离故障点维持运行至前方车站或回段后再做处理。

41. 怎样对高压电器柜绝缘电阻进行耐压试验?

答:(1)用2 500 V兆欧表测量主电路对地绝缘电阻值不小于5 MΩ。

(2)用500 V兆欧表测量控制电路对地绝缘电阻值不小于5 MΩ。

(3)进行主电路对地耐电压试验,设定耐压试验台漏泄电流为10 mA(3.8 kV,1 min)。

(4)进行控制电路对地耐电压试验(1.0 kV,1 min)。

42. 低压电器柜检修时,将屏柜与试验台装置相连接后,怎样按规定的程序进行试验?

答:(1)各部件逻辑动作性能检查,其逻辑关系正确。

(2)最低工作电压(88 V)下的动作性能应符合有关技术要求。

(3)时间继电器延时值的测定,延时值应正确。

(4)各联锁接触电阻测试与判定,其值应在规定范围之内。

43. 怎样检修位置转换开关的低压控制部分?

答:(1)用电气清洗剂清洗各部。

(2)打磨触点烧痕,触点表面应光洁。更新烧损严重的触点。

(3)检查安装板、推杆滑块,不许有裂纹、损伤。

(4)测量辅助联锁超程应为 2～3 mm,检查联锁,动作灵活,无卡滞,与外罩不得相碰。

44. 怎样组装调整电磁继电器?

答:(1)衔铁的组装。将圆柱形衔铁装入孔内,盖上盖板,装上指示件,并轻轻按动指示件。要求:不许有卡滞现象,拉力弹簧弹性良好,各部螺钉紧固。

(2)调整触头开距、超程。JT3 型继电器,调整导杆滑动距离之长短,须符合限度表要求。检查 JZ15 型继电器拉力弹簧性能,调整其开距、超程,须符合限度表要求。

(3)触头的组装。用测力计检测继电器触头压力,要求压力适当。

45. 怎样对硅机组进行绝缘试验?

答:(1)用 2 500 V 兆欧表测量耐压试验前与耐压试验后的绝缘电阻,其值应满足禁用限度表的要求。

(2)试验前将母线端子、所有半导体元件的门极、阴极、阳极全部短接;把脉冲变压器原边接地。

(3)试验前将耐压试验台漏电流值设定为 10 mA,在控制电路与地之间加工频 50 Hz、1 000 V 交流电压 1 min,应无击穿闪络现象。在主电路与控制电路和地之间加工频 50 Hz、5 800 V 交流电压 1 min,应无击穿闪络现象。

46. SS4G 型电力机车小修时,怎样对牵引电动机定子进行检查?

答:(1)接线无松动开裂,接线端子无过热、开焊。

(2)软连线不许过热,其断股不得超过原形的 1/20。

(3)端部支撑无松动窜位,绑线无开裂。

(4)磁极绕组、补偿绕组可见部分绝缘无破损,螺栓紧固良好。

47. SS4G 型电力机车小修时,怎样对辅助机组进行绝缘性能测定?

答:(1)用 500 V 兆欧表测量绕组对地绝缘电阻值。

(2)接线板、接线柱间绝缘电阻不小于 50 MΩ。

(3)交流电机定子绕组对地及相间不小于 10 MΩ。

(4)直流电机定子绕组不小于 10 MΩ,电枢绕组不小于 5 MΩ。

48. SS4G 型电力机车小修时,怎样对真空主断路器进行外观检查及清洁?

答:(1)检查瓷瓶及密封件的外观,应无裂纹或瓷釉损坏,线缆无烧痕,固定螺栓齐全良好。

(2)BTE 高压主接地开关连接装置(触头弹簧)无损坏。

(3)用软布擦拭断路器外部,应无污渍。主断路器风缸四周及安装座不得漏雨。

(4)检查紧固状态良好、无松动,传动风缸及管路无漏风,储风缸排水。

49. SS4G 型电力机车小修时,怎样对低压电器柜电磁接触器和真空接触器进行检查?

答:(1)检查接触器动、静触头须无严重烧损。检查低压联锁盒须无裂损、变形。检查灭弧罩内部无裂痕及破损,灭弧栅片无脱落。接触器动作灵活,无卡滞。

(2)检查真空接触器外观无异状,高压开关管无裂损,其防尘罩完好无破损,线圈串联电阻焊接牢固,无过热、变色等现象。

50. SS4G 型电力机车小修时,怎样对信号及照明进行检查?

答:(1)各照明灯、信号灯的灯具及附件完整、齐全,接线及安装牢固、光照良好、显示正确,车体外部的灯具密封良好。

(2)故障显示屏显示醒目、正确,发光二极管无烧损,显示屏固定牢固,矩形插头、插座插接牢固,锁闭挂钩良好。

(3)检查前照灯整体,装置安装牢固,光照良好。前照灯反射镜不得污损,聚焦良好,照射方向正确,保证足够的照明距离。

51. SS4G 型电力机车小修时,怎样对司机室电器琴键、扳键开关及故障显示屏进行检查?

答:(1)清扫开关表面的灰尘及杂物,机械部件及电气线路应无机械损伤、绝缘损伤,检查各扳键开关动作灵活、可靠。

(2)电钥匙安装牢固,机械动作灵活,联锁开闭可靠。

(3)故障显示屏安装牢固,显示正确,插头、插座插接良好。

52. SS4G 型电力机车小修时,怎样对自动过分相装置进行检查?

答:(1)检查感应接收器、接线盒齐全、安装牢固,无异常,连接电缆无断裂,转接插头无松动。

(2)检查信号处理器开关良好,指示灯显示正常。

(3)报警灯、蜂鸣器状态良好。

(4)使用磁铁对自动过分相装置联机试验,指示灯显示正确,蜂鸣器鸣响。

53. HXD1 型电力机车 C1～C3 修时,怎样对主断路器及高压接地开关进行检查?

答:(1)外观检查各部位无裂纹、污渍、烧损、灼痕及铜溜;紧固件齐全、完好、紧固,无松动;各气动部件及管路气密性无泄漏;主断路器绝缘子表面单个缺陷面积应不大于 25 mm^2,深度应小于 1 mm,总缺陷面积应不超过绝缘子总表面的 0.2%。

(2)接地开关接触板与主断接地夹接触良好,无过热、烧损、缺损及变形;动作检查开关摆动灵活,闭合到位,传动机构无阻尼现象;锁闭机构完好、锁紧牢固,无松动现象。编织线断股不许超过原截面的 5%。

(3)高压接地开关清除闸刀片旧油,表面均匀涂新油脂 20 g。

(4)检查主断路器计数器完好,并记录数值,数值不应大于 25 万次。

54. 当 SS_{4G} 型电力机车主断路器(空气)断不开时,怎样进行故障检查处理?

答:(1)故障原因:603QA 跳开或接触不良、琴键不良、4QF 接点不良、分闸线圈本身故障、145 塞门关闭,风压太低或 4KF 接点不良、犯卡、隔离开关机械故障、169 塞门未关闭。

(2)故障现象:按下主断断按键,主断路器不断开,故障显示屏"主断"灯不亮。

(3)故障处理:用升、降弓进行控制,需断主断时降弓;时间允许检查电子柜 603QA。

55. 怎样使用双臂电桥?

答:(1)根据被测电阻的大小选择相应的倍率。

(2)电池电压不足及时更换,否则影响电桥灵敏度。

(3)在测量具有电感的电阻时,应先接通电源再接通检流计,断开时相反。

(4)电桥不用时将检流计锁住。

56. HXD_2 型电力机车 C1～C3 修时,怎样对 6A 系统主机和板卡指示灯进行检查?

答:(1)检查主机机柜、主机箱外观良好,各安装螺栓、卡子紧固,主机电源保险管紧固状态良好。各插件、板卡紧固状态良好,各插件把手良好无丢失。各连接插头、插座安装紧固无松动,线缆无破损。主机及各插件上的液晶屏无破损、显示完整。

(2)检查主机及各子系统板卡指示灯与 6A 系统主机指示灯状态表进行对比,显示正常。

57. HXD_2 型电力机车 C1～C3 修时,怎样对辅助变流柜进行检查?

答:(1)检查柜门锁闭良好。

(2)ACU 装置无松动,控制箱灯显示正常。

(3)断路器门安装牢固,无变形破损。

(4)各自动开关闭合良好,热敏自动开关位置正常。

(5)高压警示灯正常。

58. HXD_{3C} 型电力机车 C1 修作业中,怎样对扳键开关组进行检查?

答:(1)扳钮开关组各部件应清扫干净,零部件齐全完整。

(2)检查各紧固件齐全,确认紧固状态良好。

(3)各扳钮开关应动作灵活。

(4)各扳钮接线紧固,无过热烧损现象,检测扳钮联锁(开关元件)触头接触电阻。

(5)检查扳键开关组机械锁闭作用良好,插头插接紧固。

59. HXD_2 型电力机车 C1～C3 修时,怎样对机械间风机进行状态检查?

答:(1)检查各部清洁、标记正确、清晰。

(2)各附件齐全完整。

(3)各紧固件齐全紧固。

(4)接线正确牢固。

(5)风机转向正确无误。

60. 当 HXD3C 型电力机车受电弓无法正常升起时,应怎样对升弓电路进行检查?

答:(1)受电弓隔离转换开关 SA96 位置应在零位。

(2)检查压力释放阀是否动作,通过 TCMS 确认后(在信号信息画面查看 448 或者 449 是否得电),若动作则需将升弓扳键开关扳回原位进行复位后,再升弓。

(3)检查升弓电磁阀状态,同时确认升弓阀板压力风表有无压力显示,无显示则为电磁阀故障,换弓运行。

61. 怎样检修位置转换开关的转鼓?

答:(1)取下手柄后,用汽油清洗,清洁度符合要求。

(2)外观检查挡圈、圆柱销、胶木座,辅助凸轮、玻璃布板、垫圈等,不许有弯曲、裂损,与挡圈配合良好。

(3)触片检修。锉修打磨触片烧痕,更新烧损严重及到限触指。触片厚度要求不小于 5 mm。触片接触面应光洁。检查沉头螺钉埋入触片量不小于 1 mm。用钢片塞紧胶木座与转轴之间的间隙,要求各胶木座与转轴间不得松动。

(4)解体后转鼓的组装方法。辅助凸轮、触片组件、手柄座的零位标记应在一个方向,并均应向上或在上方。转鼓的组装:轴向尺寸应符合图纸要求,组装后旋削外圆并倒角,转鼓外径不小于 113 mm,允许用电工钢纸板或青壳纸调整轴向尺寸。

62. SS4G 型电力机车小修时,怎样对避雷器进行检查?

答:(1)检查瓷瓶表面应光洁,不许有裂纹,安装牢固。瓷釉表面缺损在 3 cm^2 以下时可涂快干绝缘漆处理。

(2)检查顶盖安装螺栓紧固、密封良好;避雷器单元与上下安装座安装良好,不许开裂;接地片安装牢固。

(3)避雷外露的铁质零件应除锈、涂漆处理。用 2 500 V 兆欧表测量绝缘电阻值应不小于 1 000 MΩ。

63. SS4G 型电力机车小修时,怎样对高压电器柜刀开关进行检查?

答:(1)外观检查闸刀及联锁;清除烧痕,调整压力,更换损坏部分;各闸刀开关光洁,无烧痕;动刀片转动自如,接触线长度大于 80%;夹力适当,刀片缺损宽度不大于原形的 10%;刀片磨耗不大于原形的 1/2。

(2)接触部分涂少量凡士林。检查低压联锁盒无裂损、变形,接线牢固,作用良好。联锁触头接触良好,保证开距 2.5～3.5 mm。

64. SS_{4G}型电力机车小修时,怎样对蓄电池进行检查?

答:(1)检查蓄电池门锁闭状态,应可靠。

(2)外观检查,应无破裂、鼓胀、漏液;擦去元件、绝缘板和铁箱上的灰尘。引出线无过热,绝缘无破损,固定良好。

(3)单节连线完好,线鼻齐全,无松动、过热,连接螺栓应无松动,若有松动应以 15 N·m 扭矩紧固,紧固后涂凡士林防护。

(4)测量各单节电压。若有两只电压低于 2.18 V 则需用均衡充电的方法进行充电,直至浮充电压恢复到 2.18 V。

(5)对整组电池进行均衡充电,(恒压限流)先按 17 A 充电至 115.2 V 恒定电压充电,应符合 106.6～115.2 V。

65. HXD_1型电力机车 C1～C3 修时,怎样对 6A 系统自动视频监控及记录子系统进行通电检查?

答:(1)自检过程和进入工作状态各指示灯显示正确。

(2)音视频显示终端不许有故障信息显示。

(3)所有摄像头显示画面正常、清晰,监控区域无偏移。

(4)音视频显示终端视频字幕时间、速度、公里标、车次、机车号、监控区域、硬盘录像标识(REC)等信息显示正确。

(5)检查拾音器外观完好,连接线缆无老化、破损,连接可靠;安装牢固无松动,清洁表面尘土及污物。检查视频外挂 U 盘装置紧固件齐全、安装牢固,延伸线连接紧固无破损;U 盘接口应无异物、无损坏。拾音器 MIC 孔处应清洁无异物。

(6)检查音视频数据转储装置外观良好,连接牢固。使用专用数据转储 U 盘进行音视频数据转储,转储功能须正常。检查试验拾音器录音功能应正常。检查试验 U 盘转储功能应正常。

66. 怎样使用兆欧表?

答:(1)兆欧表必须水平放置于平稳牢固的地方,以免在摇动时因抖动和倾斜产生测量误差。

(2)在测量电气设备对地绝缘电阻时,“L”用单根导线接设备的待测部位,“E”用单根导线接设备外壳;如测电气设备内两绕组之间的绝缘电阻时,将“L”和“E”分别接两绕组的接线端;当测量电缆的绝缘电阻时,为消除因表面漏电产生的误差,“L”接线芯,“E”接外壳,“G”接线芯与外壳之间的绝缘层。“L”“E”“G”与被测物的连接线必须用单根线,绝缘良好,不得绞合,表面不得与被测物体接触。

(3)摇动手柄的转速要均匀,一般规定为 120 r/min。

(4)测量完毕,应对设备充分放电,否则容易引起触电事故。

(5)禁止在雷电时或附近有高压导体的设备上测量绝缘电阻。只有在设备不带电又不可能受其他电源感应而带电的情况下才可测量。

67. 怎样用数字式万用表测量二极管?

答:把万用表的量程转换到欧姆挡 $R\times100$ 或 $R\times1K$ 挡来测量二极管。不能用 $R\times10$，$R\times10K$ 挡。前为两者一个电阻太小,一个电阻太大,通过二极管的电流太大,易损坏二极管,后者则因为内部电压较高,容易击穿耐压较低的二极管。如果测出的电阻只有几百欧到几千欧(正向电阻),则应把红、黑表笔对换一下再测,如果这时没测出的电阻值应是几百千欧(反向电阻),说明这只二极管可以使用。

68. HXD1 型电力机车 C1～C3 修时,怎样对蓄电池进行检查?

答:(1)检查箱体安装牢固,无损坏,箱门能正常锁闭。

(2)检查各电池单节无积尘,蓄电池外观不许有破裂、鼓胀、漏液;壳体不许有裂纹、变色等现象。各连接螺栓牢固,不许有松动。

(3)检查各连接线连接紧固,无发热熔化、破裂剥落、烧痕割口。

(4)检查充电插座、接线端子状态良好。

(5)检查温度传感器、熔断器、接地断路器、隔离开关及连线作用良好。

(6)测量开路电压。用数字万用表测量各蓄电池单节的开路电压不小于 2.0 V,总电压不低于 96 V。

(7)用 500 V 兆欧表检测整体蓄电池组对地绝缘应不小于 1.5 MΩ。

(8)进行均衡充电。

69. HXD1 型电力机车 C1～C3 修时,怎样对牵引电机进行检查?

答:(1)安装牢固,各紧固件、防松标记状态良好。

(2)牵引电机机体无裂纹、损伤,电机出线连接紧固良好,线端标志及铭牌完好、清晰、牢固,接线盒无脱落、外观无过热、烧损、密封良好,电机外部连线无过热、烧损、引线夹无松脱。

(3)安装牢固,无破损、歪斜、变形,三相电缆引线夹、接线盒不许有脱落。

(4)检查牵引电机温度、速度传感器安装可靠无异常,连线无损坏,连接器连接牢固。

(5)检查牵引电机下部排水孔,不许堵塞。

(6)外观检查轴承附近区域不许有漏油。

(7)检查油嘴不许有松动及破损,油道畅通。

(8)根据前三趟机车车载安全防护系统(6A 系统)地面专家诊断数据分析,轴承不许有异常。发现电机轴承有温升、冲击报警现象的要进行顶轮检测。

70. 怎样更换 SS4G 型电力机车牵引电机的电刷?

答:更换牵引电机电刷时应注意做到:

(1)严禁在同一台电机上混用不同牌号的电刷。

(2)确保电刷与刷握的间隙及电刷弹簧压力应符合规定。

(3)检查电刷不应有裂纹、掉角,刷辫不应松脱,刷辫紧固螺栓不应松动。

(4)对电刷与换向器表面进行清洁,并须保持干燥。

71. 怎样减少触头的接触电阻?

答:(1)为了减少接触电阻,可在电器主触头上装研磨弹簧,保证触头在接触时有足够的研距和超程,增加接触压力和消除氧化膜。

(2)在小型触头表面则采用镀锌或镀银的方法,防止氧化,提高导电性能,以减少接触电阻。

(3)机车上的导线接头采用镀锡或用锡焊接的线鼻子,同时用螺栓紧固,使其接触牢固,增大接触面积,减少接触电阻。

72. 怎样组装与检查琴(扳)键开关?

答:(1)将经过检修试验合格的琴(扳)键开关按解体的反序安装到位。

(2)组装后用万用表测量各触点导通良好,分合关系正确。

(3)要求各紧固件齐全可靠,接线紧固正确。

(4)各开关动作灵活,位置正确,自复、定位及联锁机构作用良好,通断作用可靠。

(5)检查各触指接线正确,布线整齐,线号齐全、清晰,接线环焊接牢固。电线无烧损、老化,断股不大于原形的 1/10,否则应更换。

73. 怎样对逻辑控制单元(LCU)进行组装试验?

答:(1)首先进行逻辑控制单元组装,将冷却风扇装入电子柜,并连接好插头。插入插件板,紧固各插件紧固螺栓。确认一下所有的插头插接良好后,关闭逻辑控制单元盲面板,紧固螺栓。

(2)在专用试验台上,按逻辑控制单元试验大纲要求,对逻辑控制单元进行整体性能试验。

74. 怎样检修主辅故障显示屏?

答:(1)显示屏拆开后,清扫其表面灰尘,检查框架、面板及各部件无损伤、变形、变色及裂纹,确认插座接线无破损、变质,线束无断线、短路及接地,显示屏正面标识清晰。

(2)检查各发光二极管及其限流电阻。若各发光二极管不正常,首先检查电源是否接通,连接插座是否良好,否则更换相同型号的发光二极管(含限流电阻)。

注意:选择二极管型号,用万用表确认其状态和极性,更换发光二极管时用 20 W 电烙铁焊接,要求焊接质量可靠,防止假焊、虚焊。

75. 怎样对自动过分相装置进行试验?

答:(1)手柄置向前、牵引状态,提手柄给电流约 200 A,将试验用磁铁从 T1 车感器下划过,装置接收到预告信号,司机室内蜂鸣器闪光并发出提示声约 6 s,20 s 后微机柜封锁脉冲降电流,30 s 后断主断。

(2)机车状态同上,将信号处理装置上的电源开关开断一次,使装置复位,按压司机台切除按钮后,在 1 min 内将试验用磁铁从 T1 车感器下划过,蜂鸣器闪光并发出提示声,但微机柜不封锁脉冲、不断主断。

(3)机车状态同上,将信号处理装置上的电源开关开断一次,使装置复位,将磁铁从 T2 车感器下划过,装置发出强迫断信号,微机柜立即封锁脉冲、断主断。

76. HXD_2 型电力机车 C1～C3 修时,怎样对受电弓进行试验?

答:(1)闭合操纵节司机台钥匙开关 Z(MES),置于 1 位。

(2)确认主断路器开关 Z-DJ 位于断开位,将受电弓开关 Z-PT 置于升弓位。受电弓升起,确认受电弓升弓时间小于或等于 5.4 s,检查受电弓状态,升弓状态气阀板风表工作压力 380～400 kPa,网压显示正常。试验正常后换升另一节受电弓,降弓时间小于或等于 4 s。

(3)总风缸压力≥650 kPa,受电弓自动升起。

(4)总风缸压力<650 kPa,用辅助压缩机打风,当压力升为 650 kPa 时,升受电弓。

77. HXD_2 型电力机车 C1～C3 修时,怎样对 6A 系统绝缘检测箱进行外部和上电检查?

答:(1)外部检查

①检查机箱外观良好、各安装螺栓,清洁机箱表面灰尘。

②检查检测箱保险管紧固状态良好。

③检查检测箱各插件紧固状态良好,安装把手无丢失。

④检查检测箱各连接插头、插座安装紧固无松动。

⑤检查绝缘检测箱电钥匙动作正常。

(2)上电检查

加电启动后,检查自检正常,各工作指示灯显示正常。

78. HXD_{3C} 型电力机车 C1 修作业中,怎样对牵引电机进行检查?

答:(1)通风罩检查安装牢固,无破损、歪斜和变形。

(2)速度传感器、温度传感器安装孔座正常,无锈蚀和损伤。

(3)检查引出线插头接线良好,螺栓安装牢固。

(4)检查各螺栓紧固,无松动。

(5)电机外部无渗、漏油现象。

(6)封环状态检查。

79. HXD_2 型电力机车 C1～C3 修时,怎样对车内电器的线路及其他进行清洁检查?

答:(1)清扫、检查、紧固各端子排接线,线鼻紧固,导线无松脱,无过热老化,绝缘良好,线号齐全清晰,线束及导线应固定完好,导线不得拉得过紧,检查各穿线孔防磨胶皮安装良好,导线和各框架地板入线无摩擦。

(2)各电空阀应安装牢固、作用良好,接线正确、紧固,无过热烧损。

(3)清扫检查各插头、插座状态良好,连接可靠。各连接插头、插座紧固、无松动缩针现象。

80. 当 HXD3C 型电力机车辅助回路接地故障时,应怎样处理?

答:(1)断开辅变开关 QA47,重新闭合。

(2)切除显示故障的 APU1 或 APU2,继续运行。

(3)故障依然发生,司机断开下列开关:QA25、QA17～QA18、QA21～QA22、QA11～QA16、QA19～QA20。

(4)重新合主断,再依次闭合上述开关,当闭合到某开关时,故障显示屏显示辅助回路接地,司机将该开关断开,维持运行。

81. 怎样对弹簧管式压力表进行误差校验?

答:(1)将表安装在标准压力计上。

(2)缓慢施加压力,观察指针。要求:指针不得有细微跳动和迟滞现象。

(3)逐渐增压,观察指针。要求:指针在整个刻度范围内不得有跳动和迟滞现象。

(4)压力降为零,指针应回零。

(5)在整个刻度范围内,选定几个校验点,往复增压或减压,观察指针。要求:每次在各校验点的误差率和两次在同一校验点的差值率均应小于 1.5%,并记录。

(6)轻敲表壳,观察指针产生的位移(差值)。要求:指针产生的位移小于基本误差绝对值之半,并记录。

82. 怎样检修轴温监测报警装置的接线盒?

答:(1)接线盒外观检查,应无损坏变形,密封性良好。

(2)接线盒的航空插座应完好、无油污异物等,插座各插针应无氧化、腐蚀变形等,否则须更换新品。

(3)接线盒上每个插座的同一引脚应都是相通的,而 1、2、3 脚之间应互不相通,且均不接地,只有 4 脚与外壳相接。

(4)中修装配及喷漆时应注意保护好接线盒的各插座,避免异物进入及油漆喷入。

(5)装配时应注意装好胶垫,确保其密封性能良好。

(6)接线盒的航空插座引脚同传感器插头引脚。

83. SS4G 型电力机车小修时,怎样对高压电器柜的电空接触器进行检查?

答:(1)各部应清洁,牢固,接线无松动,绝缘件不得有裂损及烧痕,触头压力弹簧无裂损及疲劳现象,外观检查良好。接线紧固,灭弧角及触头上无烧痕及铜瘤。

(2)检查各触头限度。TCK7 型符合下述限度:动、静触头左、右接触偏移≤1 mm,主触头(触片)厚度≥1 mm,禁用:≤0.5 mm,原形:3 mm,开距:19～23 mm。TCK1 型符合下述限度:动、静触头左、右接触偏移≤1 mm,主触头(触片)厚度:动≥0.7 mm,静≥2.5 mm,禁用:动≤0.4 mm,静≤1 mm,开距:4～6 mm。

(3)联锁接线紧固,接触良好,联锁胶木滑块不得松动、歪斜,作用良好。灭弧罩不得有裂纹和严重缺损，壁厚不小于原形的1/2，并安装牢固。灭弧线圈安装牢固，不得有短路、断路及裂纹。风缸及管路不得泄漏，电空阀安装、接线牢固，线鼻子、线号齐全、清晰，外接电压抑制器清洁，无断线、元件脱焊、烧损。

84. 怎样使用测电笔？

答：测电笔是一种测试导体、电器和电气设备是否带电的常用电工工具，它由笔尖金属体、电阻、氖管、弹簧和笔尾金属体等组成。常见的测电笔有钢笔式、旋凿式两种。把测电笔的笔尖金属体与带电体接触，笔尾金属体与人手接触，如笔杆小窗内的氖管发光，证明被测的物体带电；如正确使用氖管不发光，就证明被测物体不带电。测电笔在每次使用前，可在带电的相线上预先试一下，确信完好再用。测电笔只能用在对地电压在250 V以下的电路中。

85. HXD_1型电力机车C1～C3修时，怎样对变流器进行检查？

答：(1)外观检查变流柜体盖板安装可靠，无松旷、变形；柜体两侧的插头、插座无破损、过热、烧损，紧固状态良好；接地线齐全紧固。

(2)确认中间直流电压、冷却水温度及压力值显示正常；高压指示灯显示正常。

(3)外部冷却回路不许有渗漏。

(4)检查冷却风扇工作正常，无异音。

(5)外观检查充电电阻、固定放电电阻状态良好，电容无鼓胀、漏液，连接端子不许有松动。

(6)接触器外观良好，不许有机械损伤和金属堆积物；无烧损、阻滞现象；辅助触头动作灵活无松动。

(7)检查接触器主触头状态良好，无烧损、阻滞现象。

(8)外观检查各部件、电线路及连接器可见部分无过热、烧损。各部位及零部件紧固件齐全无松动。

(9)更新门盖板不良密封条，清洁内部灰尘。

(10)检查控制机箱及电子插件、电缆插头无松动，配件齐全；各整流、逆变模块接线牢固，输入输出铜排连接部位无烧损，门极驱动板、光纤、连接器无松动。

(11)外观检查同步变压器、风机隔离变压器无变色、变形、烧损等异常现象。

(12)外观检查电压、电流传感器无破损、开裂，各线路连接状态良好；电流检测板器件功能正常，插头不许有松动。

(13)外观检查水压、温度传感器无破损、开裂。

(14)清洁斩波风机，检查斩波风机紧固可靠，转动正常，无异音。

86. HXD_1型电力机车C1～C3修时，怎样对冷却塔及冷却塔风机进行检查？

答：(1)外观检查风道连接螺栓齐全、紧固，密封良好；油路、水路、水箱无泄漏，水位表、油位表完好，液位正常；呼吸管完好，连接紧固；除湿器完好，安装牢固，干燥剂可见部分变色不超过三分之二；冷却水泵完好，无泄漏，通电检查无异常。

(2)清洗水过滤器。

(3)打开检查孔盖,吹扫散热器,清除表面杂物,检查通风机可见部分无异常,通电检查风机无异音。春鉴、秋整时测试风速须达到 9 m/s。

(4)冷却塔风机轴承补油,28～30 g/套或轴承标注的注油量。

(5)打开冷却风机及水泵接线盒盖,检查盒内清洁,接线板与引接线无松动、过热及烧损。

(6)外观检查布赫继电器完整,无泄漏,接线良好,功能正常。

(7)用 500 V 兆欧表检测冷却塔风机绕组对地绝缘电阻≥10 MΩ。

87. HXD1 型电力机车 C1～C3 修时,怎样对低压电器柜进行检查?

答:(1)外观检查低压柜体盖板安装可靠,无松旷、变形;柜体两侧的插头、插座无破损、过热、烧损,紧固状态良好;接地线齐全紧固;滤尘板清洁无破损,冷风扇无破损,转动正常,无异音。

(2)继电器检查:外观检查各继电器无烧损、防尘罩无破损,指示件齐全,安装牢固;目测内部可见部分触片无变形,线圈无异常;各接线无过热、接磨、断股,紧固良好;各继电器应动作灵活可靠,无卡滞现象。

(3)接触器检查:检查灭弧罩清洁无裂损,基体无裂纹。开盖检查动静触头无熔瘤及严重烧痕,动触头托架及触片无裂纹、变形、开焊(独立式结构灭弧罩);接线无过热、脱落,安装牢固。

(4)辅助触头检查:检查各辅助触头组件安装牢固,外壳无破损、炭化,标识清晰。

(5)接线端子:各接线端子清洁、完好、无烧伤;支持绝缘子清洁完好,无灼伤;接线紧固,无过热、烧损,线鼻子及铜排无破损,过热。电缆线断股不许超过原截面的 5%。

(6)开关:外观检查自动开关及三相开关、旋转开关完整,安装牢固,无破损、过热、烧损,动作灵活无卡滞,通断可靠,接线正确紧固。更换不合格的开关。

(7)外观检查各电阻、电容及二极管等无异常,接线及焊接牢靠。

(8)外观检查接地检测装置无破损,显示屏清洁显示清晰,表面无划伤,按钮(按键)完整,作用良好,接线(连接器)良好,无破损、过热,绝缘无老化。

(9)外观检查电度表清洁无破损,显示屏显示清晰,表面无划伤,接线(连接器)良好,无破损、过热,绝缘无老化。

(10)外观检查单项隔离逆变电源散热器清洁,无积垢、裂损及松动,安装螺栓齐全紧固;连接器良好,无破损及损伤、过热,绝缘无老化。

(11)自动过分相控制盒:外观检查无损坏,安装牢固,接线状态良好。

(12)自动过分相装置下车检查、试验。

88. 怎样清扫检修 SS4G 型电力机车高压连接器?

答:(1)用汽油清扫检查羊角和喇叭形头部,表面清洁,不许有裂损。

(2)用汽油清扫顶杆和轴套、限位键。要求各部件不许有变形、裂损。

(3)用汽油清扫盖板装配,检查盖板、喉箍不许有变形、裂损,弹簧不许有疲劳现象。

(4)用汽油清扫支承座体,检查各部不许有变形、裂损,作用良好。

(5)检查锁止器,不许有变形、裂损。

(6)清扫检查连接线、分流线,不许有过热、氧化及断股现象。否则应更新。

(7)更新波纹管和不良圆弹簧,支持瓷瓶按相关工艺检修。

(8)检查各外露铁件,如有脱漆现象,应重新涂刷瓷漆。

89. 怎样解体电压表、电流表?

答:(1)拆下表壳、表芯,拧下表壳固定螺钉,将表竖放,取出表芯。

(2)焊开游丝引线。用电烙铁焊开上、下游丝引线。

(3)将保护叉插入磁隙,拧下支架固定螺钉,再轻轻提出支架组合件,用软铁块短接磁极。

(4)分解支架组合件。用 25 W 电烙铁从焊片上焊下上、下游丝外端头。拧松锁紧螺母,将轴承拧松,取下动圈,再取下轴承、菊花垫、调零器、游丝焊片。

(5)分解指针组合件。用酒精溶开轴座上的粘胶,取下轴座。

90. 怎样对控制电源柜进行检查试验?

答:(1)将电子板隔离,硅元件正负极短接,用 500 V 兆欧表测量输入、输出回路对地绝缘电阻值应大于 2 MΩ。

(2)测试 110 V 电源的输入交流电压为 $396^{+25\%}_{-30\%}$ V。

(3)测试 110 V 电源的输出直流电压为 110×(1±5%)V(并联蓄电池运行)。

(4)测试 110 V 电源的额定输出直流电流为 50 A。

(5)测量 110 V 电源的静态电压脉动有效值小于 5 V(并联蓄电池运行)。

(6)测量 110 V 电源的限流额定值为 55×(1±10%)A。

91. SS_{4G} 型电力机车小修时,怎样对互感器及一般变压器进行检查?

答:(1)擦拭高压瓷瓶,标准同变压器。

(2)检查高压电流互感器瓷瓶顶盖应密封良好,不得有漏雨,导电杆装配紧固。

(3)各部清洁,接线牢固,铁芯及安装螺栓不得松动。

(4)接线端子应清洁紧固,绝缘良好,线号清晰齐全。

(5)线圈无断路,外部绝缘无变色及破损。

(6)高压电压互感器油位总体应在上刻线(+40 ℃)与最低刻线(−25 ℃及−30 ℃)之间,夏季油位根据环境温度调整在上刻线(+40 ℃)与中间刻线(+20 ℃)之间,冬季油位根据环境温度调整在中刻线(+20 ℃)与最低刻线(−25 ℃及−30 ℃)之间,检查蓝色吸湿剂是否变色,当吸湿剂 2/3 变成白色或淡红色时,应进行干燥处理或更换。

(7)绝缘检测:用 2 500 V 兆欧表测量一、二次线圈对地绝缘,应符合一次线圈不小于 1 000 MΩ,二次线圈不小于 500 MΩ 的要求。

(8)高压电压互感器变压器油按规定进行化验。

92. 怎样清洗检查逻辑控制单元(LCU)各插件?

答:(1)用毛刷和酒精清洗各电子插件,要求无灰尘、积垢,板面光洁。

(2)检查插件正面的元件,元件无烧损、虚焊、开焊及放电痕迹,管脚以及集成块的管座焊接牢固,集成芯片与插座接触良好,连接紧固。

(3)检查插件板上的紧固架,安装牢固,无变形及裂纹。

(4)检查插件各插针、插孔,要求不倾斜,不变形,无放电及烧损痕迹。

(5)检查各插件印刷电路板,要求线路清晰,无脱起,无大面积过热、变色现象,基板无炭化。

(6)在专用试验台上测试各插件性能符合技术要求。

93. 怎样对劈相机启动继电器进行检查与试验?

答:(1)绝缘电阻值的测量。用 500 V 兆欧表测量继电器 A、B 端和 C、N 端对地绝缘电阻值,应不小于 2 MΩ。

(2)继电器参数调整。将 110 V 直流稳压电源接到继电器的 DY 与 G 端(DY 接正)。这时,继电器指示灯应不亮,继电器不动作,用万用表直流电压挡测试 BG3 管集电极(C)对地(G)电压应为 100 V 左右,BG2 管集电极(C)对地(G)电压应为 4 V 左右。符合上述值,则可认为电路基本正常。用小螺丝刀调节电位器 DW(4.7K),先顺时针转到最后,然后逆时针退回,使 DW 值逐渐减小到某一点,BG1 管和 BG2 管应翻转,继电器动作,指示灯应亮。然后,再将 DW 电位器顺时针使电阻增加一点,将继电器返回,指示灯灭为止,继电器调整完毕,可将 DW 封住。

(3)将继电器接到试验台上,在 DY 与 G 间依次加 115.5 V、110 V 和 77 V 三种直流稳压电源,然后在 C、N 间加交流 380 V 电压,在 A、B 间加约 340 V 交流电压,此时继电器应能吸合,否则应调整电位器,使继电器误差参数应符合标准。

94. 怎样对 DK-1 型制动机逻辑控制单元(DKL)各插件进行清洗检查?

答:(1)用毛刷和酒精清洗各电子插件,要求无灰尘、积垢,板面光洁。

(2)检查插件正面的元件,元件无烧损、虚焊、开焊及放电痕迹,管脚以及集成块的管座焊接牢固,集成芯片与插座接触良好,连接紧固。

(3)检查插件板上的紧固架,安装牢固,无变形及裂纹。

(4)检查插件各插针、示灯,要求不倾斜,不变形,无放电及烧损痕迹。

(5)检查各插件印刷电路板,要求线路清晰,无脱起,无大面积过热、变色现象,基板无炭化。

(6)在专用试验台上测试各插件性能符合技术要求。

95. 怎样对空气干燥器电控盒及加热装置进行清扫、检修?

答:(1)用汽油、棉丝擦去控制器表面的污垢。

(2)用毛刷清扫插座清洁,不许有烧痕、变形,插接牢固、定位装置良好,清扫导线、面板、印刷电路板上的灰尘,用汽油擦拭干净。

(3)检查布线。导线清洁,不许有过热、烧损、破损和绝缘老化现象;导线排列整齐,焊接良好,接线紧固,线号齐全,标识清晰、正确。

(4)保险管紧固,各部不许有裂损,用万用表检查保险管应良好。

(5)用万用表检查发光二极管,更换时注意极性。

(6)检查印刷电路板,印刷电路板座应清晰,不许有脱起,板面不许有大面积过热、变色,基板不许有炭化。

96. HXD_2 型电力机车 C1～C3 修时,怎样对 6A 系统主机进行外部检查?

答:(1)检查机柜、主机箱外观良好,各安装螺栓、卡子紧固,清洁机箱表面灰尘。

(2)检查电源开关动作可靠。

(3)检查主机电源保险管紧固状态良好。

(4)检查各插件紧固状态良好,各插件把手良好无丢失。

(5)检查各连接插头、插座安装紧固无松动。

(6)检查主机上的液晶屏无破损,显示完整。

97. HXD_2 型电力机车 C1～C3 修时,怎样对主控制器及扳键开关组进行清洁检查?

答:(1)清扫检查司控器各部灰尘,检查插头、插座插接紧固、无裂损,微动开关接线紧固,控制手柄、换向手柄在各挡位间转动灵活,无机械卡阻,相邻挡位之间不应出现停滞现象,零位、牵引 13 级位,制动 12 级位的电位器固定牢固,引线良好,微动开关接触良好。

(2)扳键开关组铭牌及标识符号齐全、完整、清晰、正确;各部清洁零部件完整齐全;检查插头、插座插接紧固、无裂损,微动开关接线紧固,接触良好,各紧固件齐全,紧固状态良好;各扳键机械联锁状态、转鼓、轴各部件的旷动、弹簧、棘轮状况良好,动作灵活。

98. HXD_2 型电力机车 C1～C3 修时,怎样对通用柜状态进行检查?

答:(1)检查固定支架安装牢固,无变形。

(2)检查钥匙箱接地单元安装牢固,BVR 钥匙插口完好,10 把钥匙齐全,位置正确。

(3)检查入库插座断路器完好,位置正确。

(4)检查门板安装牢固,平整完好,散热网无变形。

(5)检查通用柜无漏风声。

(6)检查通用柜内部可见电阻,变压器无过热烧损,无变色。

99. HXD_{3C} 型电力机车 C1 修作业中,怎样对蓄电池进行检查?

答:(1)外观检查柜体无破损、变形。

(2)蓄电池箱体螺栓紧固到位,防缓标识清晰。

(3)电池单节外壳应无裂纹、鼓包、变色、损坏及漏液现象。

(4)极柱、绝缘垫圈无裂损,螺母和极柱不得松动、断裂、烧损,螺栓紧固。

(5)连接软连线折损不得超过原截面的10%,外包绝缘不得有变形、断裂、烧损,连线与蓄电池箱体及柜体无接磨。

(6)清除电池箱内异物,无积尘,调整电池间、电池与箱体内间距离确保蓄电池不松旷。

100. 当 HXD_2 型电力机车控制单元不在线时,应怎样处理?

答:此种故障一般是由部件自身故障或通信线路故障造成的,当发生此类故障时,可按照如下步骤进行操作。

(1)先通过微机复位按钮进行复位。

(2)检查相关断路器状态。

(3)检查连接器是否松动。

(4)在条件许可的情况下,对单个控制单元进行断电复位。

(5)对整车进行断电复位。

S1　机车常用控制电器部件识别及安装

1. 考场准备

要求场地内准备检修作业平台、SS_4型电力机车电器柜内常用接触器、继电器、万能转换开关、机车电工常用工具和相关配件及材料。

2. 材料工具准备

序　号	名　称	规　格	数　量	备　注
1	电磁接触器		1个	
2	中间继电器		1个	
3	时间继电器		1个	
4	万能转换开关		1个	
5	电流继电器		1个	
6	接地继电器		1个	
7	导线		1根	
8	安装板		1个	
9	接线端子组		1个	
10	压线钳		1把	
11	万用表		1个	
12	电钻及钻头		1套	
13	紧固件		若干	

3. 考核要求

(1)被认定人入考场后，首先由裁判告知题目，其次由被认定人检查准备工具，到实作场地确认作业环境，当被认定人告知裁判可以开始时，由裁判员开始计时。

(2)考核时间为20 min，考核期间，被认定人可以对现场作业和工艺范围要求不符的情况进行说明。

(3)在被认定人检修作业期间，裁判可以依据考评项点向被认定人提问，以确认被认定人检修过程是否有依据。

(4)考核过程若被认定人出现配件、工装机具等毁坏情况和人身伤害时，终止考试，成绩为0。

(5)考核完毕后，由被认定人在评分表上签字确认。

4. 考核评分

(1)考评人员3名以上。

(2)评分程序及规则：考评员根据考生操作情况对照计分标准在评分表上给予记录评分。

(3)算分方法：采用百分制，满分100分，60分及以上为合格。

职业技能等级认定
铁路机车电工(初级工)实作技能考核评分记录表

单位:________ 姓名:________ 准考证号:________ 工种:________ 级别:________

试题名称:机车常用控制电器部件识别及安装

考核时间:20 min

操作开始时间: 时 分 操作结束时间: 时 分

项目	考核内容及评分标准	扣分因素及扣分	得分
作业程序(20分)	1. 未正确执行有关工艺操作规程扣5分		
	2. 作业程序混乱扣5分		
	3. 工作中返工扣10分		
作业质量(50分)	1. 正确识别五种机车电器部件并说明其安装位置及用途。识别错误,一个扣5分;说错安装位置,一个扣5分;用途描述错误,一个扣3分		
	2. 正确识别五种常用低压控制电器并说明其工作原理,各种端子组的功用。识别错误,一个扣5分;说错工作原理,一个扣3分;说错线端子组的功用,一个扣5分		
	3. 查看中间继电器外形,手动检查触头的接触情况及开闭情况。不手动检查扣5分;检查漏相,一处扣2分		
	4. 对中间继电器正确进行安装作业,紧固件使用正确、安装牢固。安装方式不对扣5分;紧固件松动,一处扣2分		
	5. 查看电流继电器外形,手动检查触头的接触情况及开闭情况。不手动检查扣5分;检查漏相,一处扣2分		
	6. 对电流继电器正确进行安装作业。安装方式不对扣5分;紧固件松动,一处扣2分		
	7. 剥线钳的正确使用。不正确使用扣2分		
	8. 螺丝刀、扳手的合理使用。不正确使用扣2分		
工具设备使用(10分)	1. 开工前未检查工、量具及设备,收工时不整理扣2分		
	2. 工、量具及设备使用不当扣2分		
	3. 工、量具脱落扣2分		
	4. 工具、设备损坏扣4分		
考核时间(10分)	每超1 min扣2分,超过10 min失格		
作业安全(10分)	1. 未按规定着装扣2分		
	2. 工作场地不整洁扣2分		
	3. 工件、工具摆放不整齐扣2分		
	4. 违章或违反安全事项扣4分		
	5. 发生事故失格		
合计(100分)			

考评员签名: 认定人: 年 月 日

S2　主断路器的检修

1. 考场准备

要求场地内准备检修作业平台、SS_4 型电力机车主断路器、真空主断路器试验台、75 kV 耐压试验台、回路电阻测试仪、真空断路器检测仪、77～110 V 可调直流电源、400～900 kPa 风源、机车电工常用工具和相关配件及材料。

2. 材料工具准备

序　号	名　称	规　格	数　量	备　注
1	兆欧表	2 500 V	1 块	
2	兆欧表	1 000 V	1 块	
3	机车电工常用工具		1 套	
4	清洗剂		1 瓶	
5	白布		1 块	

3. 考核要求

(1)被认定人入考场后，首先由裁判告知题目，其次由被认定人检查准备工具，到实作场地确认作业环境，当被认定人告知裁判可以开始时，由裁判员开始计时。

(2)考核时间为 20 min，考核期间，被认定人可以对现场作业和工艺范围要求不符的情况进行说明。

(3)在被认定人检修作业期间，裁判可以依据考评项点向被认定人提问，以确认被认定人检修过程是否有依据。

(4)考核过程若被认定人出现配件、工装机具等毁坏情况和人身伤害时，终止考试，成绩为 0。

(5)考核完毕后，由被认定人在评分表上签字确认。

4. 考核评分

(1)考评人员 3 名以上。

(2)评分程序及规则：考评员根据考生操作情况对照计分标准在评分表上给予记录评分。

(3)算分方法：采用百分制，满分 100 分，60 分及以上为合格。

职业技能等级认定
铁路机车电工(初级工)实作技能考核评分记录表

单位:________ 姓名:________ 准考证号:________ 工种:________ 级别:________

试题名称:主断路器的检修

考核时间:20 min

操作开始时间:　　时　　分　　　　操作结束时间:　　时　　分

项　目	考核内容及评分标准	扣分因素及扣分	得　分
作业程序(20分)	1. 工序错乱扣6分		
	2. 工作中返工扣10分		
	3. 作业后未按要求恢复、整理扣4分		
作业质量(50分)	1. 灭弧室检修:动静触头表面光洁,相互接触线长度、接触电阻值符合限度规定。操作、检查、测量、调整方法不当或错误,每次扣2分(总计10分)		
	2. 灭弧室检修:动静触头动作灵活,符合工艺技术要求。违反工艺技术要求,每项扣2分(总计10分)		
	3. 隔离开关检修:各零部件工艺要求、质量要求不符合规定,每次扣2分(总计10分),零部件脱落、损伤扣2分(总计10分)		
	4. 隔离开关检修:零部件脱落、损伤扣5分		
	5. 瓷瓶检修:表面光洁,安装牢固,密封良好。错检、漏检扣5分		
	6. 控制机构检修:零部件不得有裂损、变形、拉伤及磨耗,错检、漏检扣5分		
	7. 控制机构检修:压力继电器及压力表检修符合技术规程要求。否则扣5分		
工具设备使用(10分)	1. 开工前未检查工、量具及设备,收工时不整理扣2分		
	2. 工、量具及设备使用不当扣2分		
	3. 工、量具脱落扣2分		
	4. 工具、设备损坏扣4分		
考核时间(10分)	每超1 min扣1分,超过10 min失格		
作业安全(10分)	1. 未按规定着装扣2分		
	2. 工作场地不整洁扣2分		
	3. 工件、工具摆放不整齐扣2分		
	4. 违章或违反安全事项扣4分		
	5. 发生事故失格		
合计(100分)			

考评员签名:　　　　　　　　　　　　认定人:　　　　　　　　　　　　年　　月　　日

S3　6C系列电磁接触器检修

1. 考场准备

要求场地内准备检修作业平台、SS_4 型电力机车 6C 系列电磁接触器、压缩空气装置、可调直流电源、机车电工常用工具和相关配件及材料。

2. 材料工具准备

序　号	名　称	规　格	数　量	备　注
1	机车电工常用工具		1 套	
2	清洗剂		1 瓶	
3	棉布		1 块	
4	万用表		1 块	
5	内六角扳手		1 把	
6	什锦锉		1 把	
7	测力计		1 个	
8	毛刷		1 把	
9	专用钢卡		1 个	

3. 考核要求

(1)被认定人入考场后，首先由裁判告知题目，其次由被认定人检查准备工具，到实作场地确认作业环境，当被认定人告知裁判可以开始时，由裁判员开始计时。

(2)考核时间为 20 min，考核期间，被认定人可以对现场作业和工艺范围要求不符的情况进行说明。

(3)在被认定人检修作业期间，裁判可以依据考评项点向被认定人提问，以确认被认定人检修过程是否有依据。

(4)考核过程若被认定人出现配件、工装机具等毁坏情况和人身伤害时，终止考试，成绩为 0。

(5)考核完毕后，由被认定人在评分表上签字确认。

4. 考核评分

(1)考评人员 3 名以上。

(2)评分程序及规则：考评员根据考生操作情况对照计分标准在评分表上给予记录评分。

(3)算分方法：采用百分制，满分 100 分，60 分及以上为合格。

职业技能等级认定
铁路机车电工(初级工)实作技能考核评分记录表

单位:________ 姓名:________ 准考证号:________ 工种:________ 级别:________

试题名称:6C系列电磁接触器检修

考核时间:20 min

操作开始时间: 时 分　　　　操作结束时间: 时 分

项　目	考核内容及评分标准	扣分因素及扣分	得　分
作业程序(20分)	1. 工序错乱扣6分		
	2. 工作中返工扣10分		
	3. 作业后未按要求恢复、整理扣4分		
作业质量(50分)	1. 各部清洁,安装、接线牢固,触头接触良好。不符合要求扣5分		
	2. 触桥不得有过热现象。触头不得有熔瘤、裂损,其厚度、压力、开距、超程均符合工艺技术要求。不符合规定扣5分		
	3. 电磁机构良好,线圈不得有短路、断路。不符合规定扣5分		
	4. 电磁机构良好。衔铁支持稳固、动作灵活。不符合规定扣5分		
	5. 杠杆、底座及弹簧盒良好,符合工艺要求。有裂损扣5分		
	6. 杠杆、底座及弹簧盒良好,符合工艺要求。弹簧有断裂或疲劳现象扣5分		
	7. 灭弧罩不得有裂损及严重缺陷。不符合要求扣5分		
	8. 灭弧栅可靠,开距及超程符合限度规定。超限扣5分		
	9. 辅助联锁不得有变形、过热现象。不符合要求扣5分		
	10. 辅助联锁接触可靠。开距及超程符合限度规定。超限扣5分		
工具设备使用(10分)	1. 开工前未检查工、量具及设备,收工时不整理扣2分		
	2. 工、量具及设备使用不当扣2分		
	3. 工、量具脱落扣2分		
	4. 工具、设备损坏扣4分		
考核时间(10分)	每超1 min扣1分,超过10 min失格		
作业安全(10分)	1. 未按规定着装扣2分		
	2. 工作场地不整洁扣2分		
	3. 工件、工具摆放不整齐扣2分		
	4. 违章或违反安全事项扣4分		
	5. 发生事故失格		
合计(100分)			

考评员签名:　　　　认定人:　　　　年　月　日

S4　高压连接器的检修

1. 考场准备

要求场地内准备检修作业平台、SS_4 型电力机车高压连接器，机车电工常用工具和相关配件及材料。

2. 材料工具准备

序　号	名　称	规　格	数　量	备　注
1	机车电工常用工具		1 套	
2	直尺		1 把	
3	油盘		1 个	
4	毛刷		1 把	

3. 考核要求

(1)被认定人入考场后，首先由裁判告知题目，其次由被认定人检查准备工具，到实作场地确认作业环境，当被认定人告知裁判可以开始时，由裁判员开始计时。

(2)考核时间为 20 min，考核期间，被认定人可以对现场作业和工艺范围要求不符的情况进行说明。

(3)在被认定人检修作业期间，裁判可以依据考评项点向被认定人提问，以确认被认定人检修过程是否有依据。

(4)考核过程若被认定人出现配件、工装机具等毁坏情况和人身伤害时，终止考试，成绩为 0。

(5)考核完毕后，由被认定人在评分表上签字确认。

4. 考核评分

(1)考评人员 3 名以上。

(2)评分程序及规则：考评员根据考生操作情况对照计分标准在评分表上给予记录评分。

(3)算分方法：采用百分制，满分 100 分，60 分及以上为合格。

职业技能等级认定
铁路机车电工(初级工)实作技能考核评分记录表

单位:________ 姓名:________ 准考证号:________ 工种:________ 级别:________

试题名称:高压连接器的检修

考核时间:20 min

操作开始时间: 时 分 操作结束时间: 时 分

项 目	考核内容及评分标准	扣分因素及扣分	得 分
作业程序(20分)	1. 工序错乱扣6分		
	2. 工作中返工扣10分		
	3. 作业后未按要求恢复、整理扣4分		
作业质量(50分)	1. 支持瓷瓶表面光洁,不许有裂纹。不符合要求扣5分		
	2. 支持瓷瓶安装牢固。不符合要求扣5分		
	3. 支持瓷瓶如有缺陷,必须进行绝缘处理,缺损面积大于3 cm^2 时,必须进行75 kV的高压耐压实验。未按规定进行更换,错检或漏检扣20分		
	4. 支持瓷瓶如有缺陷,必须进行绝缘处理缺陷面积大于30 cm^2 时应更新。未进行更新失格		
	5. 各种弹簧不许有断裂及疲劳现象。质量不符合规定扣5分		
	6. 顶杆不得有裂损,连接线不许过热,组装后动作灵活、可靠、接触良好。不符合要求扣5分		
	7. 高压连接器对接后电阻值及高低差必须符合限度要求。超限扣10分		
工具设备使用(10分)	1. 开工前未检查工、量具及设备,收工时不整理扣2分		
	2. 工、量具及设备使用不当扣2分		
	3. 工、量具脱落扣2分		
	4. 工具、设备损坏扣4分		
考核时间(10分)	每超1 min扣1分,超过10 min失格		
作业安全(10分)	1. 未按规定着装扣2分		
	2. 工作场地不整洁扣2分		
	3. 工件、工具摆放不整齐扣2分		
	4. 违章或违反安全事项扣4分		
	5. 发生事故失格		
合计(100分)			

考评员签名: 认定人: 年 月 日

S5　TCK1 型电空接触器(磁削)的检修

1. 考场准备

要求场地内准备检修作业平台、SS_4 型电力机车 TCK1 型电空接触器、压缩空气装置、可调直流电源、机车电工常用工具和相关配件及材料。

2. 材料工具准备

序　号	名　称	规　格	数　量	备　注
1	机车电工常用工具		1 套	
2	毛刷		1 把	
3	专用扳手		1 套	
4	测力计		1 个	
5	什锦锉		1 把	

3. 考核要求

(1)被认定人入考场后,首先由裁判告知题目,其次由被认定人检查准备工具,到实作场地确认作业环境,当被认定人告知裁判可以开始时,由裁判员开始计时。

(2)考核时间为 30 min,考核期间,被认定人可以对现场作业和工艺范围要求不符的情况进行说明。

(3)在被认定人检修作业期间,裁判可以依据考评项点向被认定人提问,以确认被认定人检修过程是否有依据。

(4)考核过程若被认定人出现配件、工装机具等毁坏情况和人身伤害时,终止考试,成绩为 0。

(5)考核完毕后,由被认定人在评分表上签字确认。

4. 考核评分

(1)考评人员 3 名以上。

(2)评分程序及规则:考评员根据考生操作情况对照计分标准在评分表上给予记录评分。

(3)算分方法:采用百分制,满分 100 分,60 分及以上为合格。

职业技能等级认定
铁路机车电工(初级工)实作技能考核评分记录表

单位:＿＿＿＿＿　姓名:＿＿＿＿＿　准考证号:＿＿＿＿＿　工种:＿＿＿＿＿　级别:＿＿＿＿＿

试题名称:TCK1 型电空接触器(磁削)的检修

考核时间:30 min

操作开始时间:　　时　　分　　　　　操作结束时间:　　时　　分

项　目	考 核 内 容	扣分因素及扣分	得　分
作业程序(10 分)	1. 考核前未检查安全防护设施扣 2 分 2. 程序错误,不会口述程序及要求,每次扣 2 分 3. 错呼部件状态,未呼被检查部件名称,每次扣 2 分		
作业质量(60 分)	1. 解体:5 分,漏、错一项扣 1 分 2. 清洗:5 分,漏、错一项扣 1 分 3. 检测:10 分,漏、错一项扣 2 分 4. 修复:10 分,漏、错一项扣 2 分 5. 组装:10 分,漏、错一项扣 2 分 6. 调试:10 分,漏、错一项扣 2 分 7. 记录的填写:10 分,漏、错一项扣 1 分		
工具设备使用(10 分)	1. 工具乱放,每次扣 2 分 2. 设备使用不正确,每次扣 2 分 3. 损坏工具扣 10 分		
考核时间(10 分)	1. 超过规定时间每超 1 min,扣 2 分 2. 超过规定时间 3 min 以上(不包括 3 min),每分钟扣 5 分 3. 超过规定时间 5 min 以上(不包括 5 min),停止考试		
作业安全(10 分)	1. 违反安全作业规定,每次扣 2 分,严重者失格 2. 考试中碰伤,失格 3. 未按规定佩戴防护用品,失格		
合计(100 分)			

考评员签名:　　　　　　　　　　认定人:　　　　　　　　　　年　　月　　日

S6 电磁继电器的检修

1. 考场准备

要求场地内准备检修作业平台、SS4 型电力机车电磁继电器、压缩空气装置、电磁继电器综合试验台、机车电工常用工具和相关配件及材料。

2. 材料工具准备

序 号	名 称	规 格	数 量	备 注
1	机车电工常用工具		1 套	
2	毛刷		1 把	
3	兆欧表		1 块	
4	测力计		1 个	
5	万用表		1 块	

3. 考核要求

(1)被认定人入考场后，首先由裁判告知题目，其次由被认定人检查准备工具，到实作场地确认作业环境，当被认定人告知裁判可以开始时，由裁判员开始计时。

(2)考核时间为 20 min，考核期间，被认定人可以对现场作业和工艺范围要求不符的情况进行说明。

(3)在被认定人检修作业期间，裁判可以依据考评项点向被认定人提问，以确认被认定人检修过程是否有依据。

(4)考核过程若被认定人出现配件、工装机具等毁坏情况和人身伤害时，终止考试，成绩为 0。

(5)考核完毕后，由被认定人在评分表上签字确认。

4. 考核评分

(1)考评人员 3 名以上。

(2)评分程序及规则：考评员根据考生操作情况对照计分标准在评分表上给予记录评分。

(3)算分方法：采用百分制，满分 100 分，60 分及以上为合格。

职业技能等级认定
铁路机车电工(初级工)实作技能考核评分记录表

单位:________ 姓名:________ 准考证号:________ 工种:________ 级别:________

试题名称:电磁继电器的检修

考核时间:20 min

操作开始时间: 时 分　　　　操作结束时间: 时 分

项　目	考核内容	扣分因素及扣分	得　分
作业程序(10分)	1. 考核前未检查安全防护设施扣2分		
	2. 程序错误,不会口述程序及要求,每次扣2分		
	3. 错呼部件状态,未呼被检查部件名称,每次扣2分		
作业质量(60分)	1. 解体:5分,漏、错一项扣1分		
	2. 清洗:5分,漏、错一项扣1分		
	3. 检测:10分,漏、错一项扣2分		
	4. 修复:10分,漏、错一项扣2分		
	5. 组装:10分,漏、错一项扣2分		
	6. 调试:10分,漏、错一项扣2分		
	7. 记录的填写:10分,漏、错一项扣1分		
工具设备使用(10分)	1. 工具乱放,每次扣2分		
	2. 设备使用不正确,每次扣2分		
	3. 损坏工具扣10分		
考核时间(10分)	1. 超过规定时间每超1 min,扣2分		
	2. 超过规定时间3 min以上(不包括3 min),每分钟扣5分		
	3. 超过规定时间5 min以上(不包括5 min),停止考试		
作业安全(10分)	1. 违反安全作业规定,每次扣2分,严重者失格		
	2. 考试中碰伤,失格		
	3. 未按规定佩戴防护用品,失格		
合计(100分)			

考评员签名:　　　　认定人:　　　　年　月　日

S7　逻辑控制单元(LCU)的检修

1. 考场准备

要求场地内准备检修作业平台、SS_4型电力机车逻辑控制单元(LCU)、LCU 试验台、机车电工常用工具和相关配件及材料。

2. 材料工具准备

序　号	名　称	规　格	数　量	备　注
1	机车电工常用工具		1套	
2	毛刷		1把	
3	电烙铁		1个	
4	测力计		1个	
5	万用表		1块	

3. 考核要求

(1)被认定人入考场后，首先由裁判告知题目，其次由被认定人检查准备工具，到实作场地确认作业环境，当被认定人告知裁判可以开始时，由裁判员开始计时。

(2)考核时间为 20 min，考核期间，被认定人可以对现场作业和工艺范围要求不符的情况进行说明。

(3)在被认定人检修作业期间，裁判可以依据考评项点向被认定人提问，以确认被认定人检修过程是否有依据。

(4)考核过程若被认定人出现配件、工装机具等毁坏情况和人身伤害时，终止考试，成绩为 0。

(5)考核完毕后，由被认定人在评分表上签字确认。

4. 考核评分

(1)考评人员 3 名以上。

(2)评分程序及规则：考评员根据考生操作情况对照计分标准在评分表上给予记录评分。

(3)算分方法：采用百分制，满分 100 分，60 分及以上为合格。

职业技能等级认定
铁路机车电工(初级工)实作技能考核评分记录表

单位:________ 姓名:________ 准考证号:________ 工种:________ 级别:________

试题名称:逻辑控制单元(LCU)的检修

考核时间:20 min

操作开始时间: 时 分 操作结束时间: 时 分

项 目	考 核 内 容	扣分因素及扣分	得 分
作业程序(10分)	1. 考核前未检查安全防护设施扣2分		
	2. 程序错误,不会口述程序及要求,每次扣2分		
	3. 错呼部件状态,未呼被检查部件名称,每次扣2分		
作业质量(60分)	1. 解体:5分,漏、错一项扣1分		
	2. 清洗:5分,漏、错一项扣1分		
	3. 检测:10分,漏、错一项扣2分		
	4. 修复:10分,漏、错一项扣2分		
	5. 组装:10分,漏、错一项扣2分		
	6. 调试:10分,漏、错一项扣2分		
	7. 记录的填写:10分,漏、错一项扣1分		
工具设备使用(10分)	1. 工具乱放,每次扣2分		
	2. 设备使用不正确,每次扣2分		
	3. 损坏工具扣10分		
考核时间(10分)	1. 超过规定时间每超1 min,扣2分		
	2. 超过规定时间3 min以上(不包括3 min),每分钟扣5分		
	3. 超过规定时间5 min以上(不包括5 min),停止考试		
作业安全(10分)	1. 违反安全作业规定,每次扣2分,严重者失格		
	2. 考试中碰伤,失格		
	3. 未按规定佩戴防护用品,失格		
合计(100分)			

考评员签名: 认定人: 年 月 日

S8　轮轨润滑装置电空阀的检修

1. 考场准备

要求场地内准备检修作业平台、SS_4 型电力机车轮轨润滑装置电空阀、电空阀试验台、压缩空气装置、台钳、机车电工常用工具和相关配件及材料。

2. 材料工具准备

序　号	名　称	规　格	数　量	备　注
1	机车电工常用工具		1 套	
2	毛刷		1 把	
3	兆欧表	500 V	1 块	
4	万用表		1 块	

3. 考核要求

(1)被认定人入考场后，首先由裁判告知题目，其次由被认定人检查准备工具，到实作场地确认作业环境，当被认定人告知裁判可以开始时，由裁判员开始计时。

(2)考核时间为 20 min，考核期间，被认定人可以对现场作业和工艺范围要求不符的情况进行说明。

(3)在被认定人检修作业期间，裁判可以依据考评项点向被认定人提问，以确认被认定人检修过程是否有依据。

(4)考核过程若被认定人出现配件、工装机具等毁坏情况和人身伤害时，终止考试，成绩为 0。

(5)考核完毕后，由被认定人在评分表上签字确认。

4. 考核评分

(1)考评人员 3 名以上。

(2)评分程序及规则：考评员根据考生操作情况对照计分标准在评分表上给予记录评分。

(3)算分方法：采用百分制，满分 100 分，60 分及以上为合格。

职业技能等级认定
铁路机车电工(初级工)实作技能考核评分记录表

单位：________ 姓名：________ 准考证号：________ 工种：________ 级别：________

试题名称：轮轨润滑装置电空阀的检修

考核时间：20 min

操作开始时间： 时 分 操作结束时间： 时 分

项 目	考 核 内 容	扣分因素及扣分	得 分
作业程序(10分)	1. 考核前未检查安全防护设施扣2分		
	2. 程序错误,不会口述程序及要求,每次扣2分		
	3. 错呼部件状态,未呼被检查部件名称,每次扣2分		
作业质量(60分)	1. 解体:5分,漏、错一项扣1分		
	2. 清洗:5分,漏、错一项扣1分		
	3. 检测:10分,漏、错一项扣2分		
	4. 修复:10分,漏、错一项扣2分		
	5. 组装:10分,漏、错一项扣2分		
	6. 调试:10分,漏、错一项扣2分		
	7. 记录的填写:10分,漏、错一项扣1分		
工具设备使用(10分)	1. 工具乱放,每次扣2分		
	2. 设备使用不正确,每次扣2分		
	3. 损坏工具扣10分		
考核时间(10分)	1. 超过规定时间每超1 min,扣2分		
	2. 超过规定时间3 min以上(不包括3 min),每分钟扣5分		
	3. 超过规定时间5 min以上(不包括5 min),停止考试		
作业安全(10分)	1. 违反安全作业规定,每次扣2分,严重者失格		
	2. 考试中碰伤,失格		
	3. 未按规定佩戴防护用品,失格		
合计(100分)			

考评员签名： 认定人： 年 月 日

S9　自动过分相装置的检修

1. 考场准备

要求场地内准备检修作业平台、自动过分相装置、机车电工常用工具和相关配件及材料。

2. 材料工具准备

序　号	名　称	规　格	数　量	备　注
1	机车电工常用工具		1套	
2	毛刷		1把	
3	电烙铁		1个	
4	万用表		1块	

3. 考核要求

(1)被认定人入考场后，首先由裁判告知题目，其次由被认定人检查准备工具，到实作场地确认作业环境，当被认定人告知裁判可以开始时，由裁判员开始计时。

(2)考核时间为 20 min，考核期间，被认定人可以对现场作业和工艺范围要求不符的情况进行说明。

(3)在被认定人检修作业期间，裁判可以依据考评项点向被认定人提问，以确认被认定人检修过程是否有依据。

(4)考核过程若被认定人出现配件、工装机具等毁坏情况和人身伤害时，终止考试，成绩为 0。

(5)考核完毕后，由被认定人在评分表上签字确认。

4. 考核评分

(1)考评人员 3 名以上。

(2)评分程序及规则：考评员根据考生操作情况对照计分标准在评分表上给予记录评分。

(3)算分方法：采用百分制，满分 100 分，60 分及以上为合格。

职业技能等级认定
铁路机车电工(初级工)实作技能考核评分记录表

单位:________ 姓名:________ 准考证号:________ 工种:________ 级别:________

试题名称:自动过分相装置的检修

考核时间:20 min

操作开始时间: 时 分 操作结束时间: 时 分

项 目	考 核 内 容	扣分因素及扣分	得 分
作业程序(10分)	1. 考核前未检查安全防护设施扣2分		
	2. 程序错误,不会口述程序及要求,每次扣2分		
	3. 错呼部件状态,未呼被检查部件名称,每次扣2分		
作业质量(60分)	1. 解体:5分,漏、错一项扣1分		
	2. 清洗:5分,漏、错一项扣1分		
	3. 检测:10分,漏、错一项扣2分		
	4. 修复:10分,漏、错一项扣2分		
	5. 组装:10分,漏、错一项扣2分		
	6. 调试:10分,漏、错一项扣2分		
	7. 记录的填写:10分,漏、错一项扣1分		
工具设备使用(10分)	1. 工具乱放,每次扣2分		
	2. 设备使用不正确,每次扣2分		
	3. 损坏工具扣10分		
考核时间(10分)	1. 超过规定时间每超1 min,扣2分		
	2. 超过规定时间3 min以上(不包括3 min),每分钟扣5分		
	3. 超过规定时间5 min以上(不包括5 min),停止考试		
作业安全(10分)	1. 违反安全作业规定,每次扣2分,严重者失格		
	2. 考试中碰伤,失格		
	3. 未按规定佩戴防护用品,失格		
合计(100分)			

考评员签名: 认定人: 年 月 日

S10 PFC 开关柜的检修

1. 考场准备

要求场地内准备检修作业平台、PFC 开关柜、压缩空气装置、可调电源、机车电工常用工具和相关配件及材料。

2. 材料工具准备

序 号	名 称	规 格	数 量	备 注
1	机车电工常用工具		1 套	
2	兆欧表	2 500 V	1 块	
3	兆欧表	500 V	1 块	
4	电容表		1 块	
5	万用表		1 块	

3. 考核要求

(1)被认定人入考场后,首先由裁判告知题目,其次由被认定人检查准备工具,到实作场地确认作业环境,当被认定人告知裁判可以开始时,由裁判员开始计时。

(2)考核时间为 20 min,考核期间,被认定人可以对现场作业和工艺范围要求不符的情况进行说明。

(3)在被认定人检修作业期间,裁判可以依据考评项点向被认定人提问,以确认被认定人检修过程是否有依据。

(4)考核过程若被认定人出现配件、工装机具等毁坏情况和人身伤害时,终止考试,成绩为 0。

(5)考核完毕后,由被认定人在评分表上签字确认。

4. 考核评分

(1)考评人员 3 名以上。

(2)评分程序及规则:考评员根据考生操作情况对照计分标准在评分表上给予记录评分。

(3)算分方法:采用百分制,满分 100 分,60 分及以上为合格。

职业技能等级认定
铁路机车电工(初级工)实作技能考核评分记录表

单位:________ 姓名:________ 准考证号:________ 工种:________ 级别:________

试题名称:PFC 开关柜的检修

考核时间:20 min

操作开始时间: 时 分 操作结束时间: 时 分

项 目	考 核 内 容	扣分因素及扣分	得 分
作业程序(10分)	1. 考核前未检查安全防护设施扣2分		
	2. 程序错误,不会口述程序及要求,每次扣2分		
	3. 错呼部件状态,未呼被检查部件名称,每次扣2分		
作业质量(60分)	1. 解体:5分,漏、错一项扣1分		
	2. 清洗:5分,漏、错一项扣1分		
	3. 检测:10分,漏、错一项扣2分		
	4. 修复:10分,漏、错一项扣2分		
	5. 组装:10分,漏、错一项扣2分		
	6. 调试:10分,漏、错一项扣2分		
	7. 记录的填写:10分,漏、错一项扣1分		
工具设备使用(10分)	1. 工具乱放,每次扣2分		
	2. 设备使用不正确,每次扣2分		
	3. 损坏工具扣10分		
考核时间(10分)	1. 超过规定时间每超1 min,扣2分		
	2. 超过规定时间3 min以上(不包括3 min),每分钟扣5分		
	3. 超过规定时间5 min以上(不包括5 min),停止考试		
作业安全(10分)	1. 违反安全作业规定,每次扣2分,严重者失格		
	2. 考试中碰伤,失格		
	3. 未按规定佩戴防护用品,失格		
合计(100分)			

考评员签名: 认定人: 年 月 日

S11　压力继电器的检修

1. 考场准备

要求场地内准备检修作业平台、压力继电器、机车电工常用工具和相关配件及材料。

2. 材料工具准备

序　号	名　称	规　格	数　量	备　注
1	机车电工常用工具		1套	
2	油盘		1个	
3	毛刷		1个	
4	挡圈钳		1把	

3. 考核要求

(1)被认定人入考场后，首先由裁判告知题目，其次由被认定人检查准备工具，到实作场地确认作业环境，当被认定人告知裁判可以开始时，由裁判员开始计时。

(2)考核时间为 20 min，考核期间，被认定人可以对现场作业和工艺范围要求不符的情况进行说明。

(3)在被认定人检修作业期间，裁判可以依据考评项点向被认定人提问，以确认被认定人检修过程是否有依据。

(4)考核过程若被认定人出现配件、工装机具等毁坏情况和人身伤害时，终止考试，成绩为 0。

(5)考核完毕后，由被认定人在评分表上签字确认。

4. 考核评分

(1)考评人员 3 名以上。

(2)评分程序及规则：考评员根据考生操作情况对照计分标准在评分表上给予记录评分。

(3)算分方法：采用百分制，满分 100 分，60 分及以上为合格。

职业技能等级认定
铁路机车电工(初级工)实作技能考核评分记录表

单位:________ 姓名:________ 准考证号:________ 工种:________ 级别:________

试题名称:压力继电器的检修

考核时间:20 min

操作开始时间:　　时　　分　　　　　　　　　　操作结束时间:　　时　　分

项　目	考 核 内 容	扣分因素及扣分	得　分
作业程序(10分)	1. 考核前未检查安全防护设施扣2分		
	2. 程序错误,不会口述程序及要求,每次扣2分		
	3. 错呼部件状态,未呼被检查部件名称,每次扣2分		
作业质量(60分)	1. 解体:5分,漏、错一项扣1分		
	2. 清洗:5分,漏、错一项扣1分		
	3. 检测:10分,漏、错一项扣2分		
	4. 修复:10分,漏、错一项扣2分		
	5. 组装:10分,漏、错一项扣2分		
	6. 调试:10分,漏、错一项扣2分		
	7. 记录的填写:10分,漏、错一项扣1分		
工具设备使用(10分)	1. 工具乱放,每次扣2分		
	2. 设备使用不正确,每次扣2分		
	3. 损坏工具扣10分		
考核时间(10分)	1. 超过规定时间每超1 min,扣2分		
	2. 超过规定时间3 min以上(不包括3 min),每分钟扣5分		
	3. 超过规定时间5 min以上(不包括5 min),停止考试		
作业安全(10分)	1. 违反安全作业规定,每次扣2分,严重者失格		
	2. 考试中碰伤,失格		
	3. 未按规定佩戴防护用品,失格		
合计(100分)			

考评员签名:　　　　　　　　　　　　认定人:　　　　　　　　　　年　　月　　日

S12　司机控制器的检修

1. 考场准备

要求场地内准备检修作业平台、司机控制器、试验台、机车电工常用工具和相关配件及材料。

2. 材料工具准备

序　号	名　称	规　格	数　量	备　注
1	机车电工常用工具		1套	
2	万用表		1块	
3	毛刷		1个	
4	兆欧表	500 V	1块	
5	游标卡尺		1把	
6	测力计		1个	

3. 考核要求

(1)被认定人入考场后，首先由裁判告知题目，其次由被认定人检查准备工具，到实作场地确认作业环境，当被认定人告知裁判可以开始时，由裁判员开始计时。

(2)考核时间为 20 min，考核期间，被认定人可以对现场作业和工艺范围要求不符的情况进行说明。

(3)在被认定人检修作业期间，裁判可以依据考评项点向被认定人提问，以确认被认定人检修过程是否有依据。

(4)考核过程若被认定人出现配件、工装机具等毁坏情况和人身伤害时，终止考试，成绩为 0。

(5)考核完毕后，由被认定人在评分表上签字确认。

4. 考核评分

(1)考评人员 3 名以上。

(2)评分程序及规则：考评员根据考生操作情况对照计分标准在评分表上给予记录评分。

(3)算分方法：采用百分制，满分 100 分，60 分及以上为合格。

职业技能等级认定
铁路机车电工(初级工)实作技能考核评分记录表

单位:________ 姓名:________ 准考证号:________ 工种:________ 级别:________

试题名称:司机控制器的检修

考核时间:20 min

操作开始时间:　　时　　分　　　　操作结束时间:　　时　　分

项　目	考核内容及评分标准	扣分因素及扣分	得　分
作业程序(20分)	1. 工序错乱扣6分		
	2. 工作中返工扣10分		
	3. 作业后未按要求恢复、整理扣4分		
作业质量(50分)	1. 凸轮鼓清洁、各联锁开关接线良好。触头有烧痕扣5分		
	2. 凸轮鼓清洁、各联锁开关接线良好。触头压力、开距、厚度及圆鼓磨耗深度不符合技术要求扣5分		
	3. 机械各部不得有裂损、松旷及异常磨耗。各穿销配合良好。不符合要求扣2分		
	4. 机械各部不得有裂损、松旷及异常磨耗。定位螺栓不得有松动。不符合要求扣3分		
	5. 机械各部不得有裂损、松旷及异常磨耗。弹簧不得有断裂及永久变形。不符合要求扣5分		
	6. 各接线紧固,插头、插座清洁完整,不得有烧痕,插接良好。不符合要求扣5分		
	7. 各接线紧固,线号齐全、清晰,绝缘不得有破损、炭化。不符合要求扣5分		
	8. 电位器安装正确。阻值平滑变化、作用良好并符合限度规定。不符合要求扣5分		
	9. 通风机防频繁起动电子元件符合规定技术要求。不符合要求扣5分		
	10. 机械联锁锁闭正确,作用可靠,操作灵活、正确,不得有旷动、过位,并保证在规定的位置才能取出或插入。不符合要求扣5分		
	11. 各联锁开关对地绝缘电阻值不符合要求扣5分		
工具设备使用(10分)	1. 开工前未检查工、量具及设备,收工时不整理扣2分		
	2. 工、量具及设备使用不当扣2分		
	3. 工、量具脱落扣2分		
	4. 工具、设备损坏扣4分		
考核时间(10分)	每超1 min扣1分,超过10 min失格		
作业安全(10分)	1. 未按规定着装扣2分		
	2. 工作场地不整洁扣2分		
	3. 工件、工具摆放不整齐扣2分		
	4. 违章或违反安全事项扣4分		
	5. 发生事故失格		
合计(100分)			

考评员签名:　　　　　　认定人:　　　　　　年　　月　　日

S13　HXD1 型电力机车 C1～C3 修 6A 系统自动视频监控及记录子系统通电检查

1. 考场准备

要求场地内准备检修作业平台、HXD_1 型电力机车、机车电工常用工具和相关配件及材料。

2. 材料工具准备

序　号	名　称	规　格	数　量	备　注
1	机车电工常用工具		1 套	
2	白布		1 块	
3	毛刷		1 个	
4	电气清洗剂		1 瓶	

3. 考核要求

(1)被认定人入考场后，首先由裁判告知题目，其次由被认定人检查准备工具，到实作场地确认作业环境，当被认定人告知裁判可以开始时，由裁判员开始计时。

(2)考核时间为 30 min，考核期间，被认定人可以对现场作业和工艺范围要求不符的情况进行说明。

(3)在被认定人检修作业期间，裁判可以依据考评项点向被认定人提问，以确认被认定人检修过程是否有依据。

(4)考核过程若被认定人出现配件、工装机具等毁坏情况和人身伤害时，终止考试，成绩为 0。

(5)考核完毕后，由被认定人在评分表上签字确认。

4. 考核评分

(1)考评人员 3 名以上。

(2)评分程序及规则：考评员根据考生操作情况对照计分标准在评分表上给予记录评分。

(3)算分方法：采用百分制，满分 100 分，60 分及以上为合格。

职业技能等级认定
铁路机车电工(初级工)实作技能考核评分记录表

单位:________ 姓名:________ 准考证号:________ 工种:________ 级别:________

试题名称:HXD_1型电力机车 C1~C3 修 6A 系统自动视频监控及记录子系统通电检查

考核时间:30 min

操作开始时间: 时 分 操作结束时间: 时 分

项 目	考核内容及评分标准	扣分因素及扣分	得 分
作业程序(20分)	1. 工序错乱扣6分		
	2. 工作中返工扣10分		
	3. 作业后未按要求恢复、整理扣4分		
作业质量(50分)	1. 自检过程和进入工作状态各指示灯显示正确。不符合技术要求扣5分		
	2. 音视频显示终端不许有故障信息显示。不符合技术要求扣5分		
	3. 所有摄像头显示画面正常、清晰,监控区域无偏移。不符合要求扣5分		
	4. 音视频显示终端视频字幕时间、速度、公里标、车次、机车号、监控区域、硬盘录像标识(REC)等信息显示正确。不符合要求扣5分		
	5. 检查拾音器外观完好,连接线缆无老化、破损,连接可靠;安装牢固无松动,清洁表面尘土及污物。拾音器 MIC 孔处应清洁无异物。不符合要求扣5分		
	6. 检查视频外挂U盘装置紧固件齐全、安装牢固,延伸线连接紧固无破损;U盘接口应无异物、无损坏。不符合要求扣5分		
	7. 检查音视频数据转储装置外观良好,连接牢固。不符合要求扣5分		
	8. 使用专用数据转储U盘进行音视频数据转储,转储功能须正常。不符合要求扣5分		
	9. 检查试验拾音器录音功能应正常。不符合要求扣5分		
	10. 检查试验U盘转储功能应正常。不符合要求扣5分		
工具设备使用(10分)	1. 开工前未检查工、量具及设备,收工时不整理扣2分		
	2. 工、量具及设备使用不当扣2分		
	3. 工、量具脱落扣2分		
	4. 工具、设备损坏扣4分		
考核时间(10分)	每超1 min扣1分,超过10 min失格		
作业安全(10分)	1. 未按规定着装扣2分		
	2. 工作场地不整洁扣2分		
	3. 工件、工具摆放不整齐扣2分		
	4. 违章或违反安全事项扣4分		
	5. 发生事故失格		
合计(100分)			

考评员签名: 认定人: 年 月 日

S14　HXD1 型电力机车 C1～C3 修蓄电池检查

1. 考场准备

要求场地内准备检修作业平台、HXD1 型电力机车、机车电工常用工具和相关配件及材料。

2. 材料工具准备

序　号	名　称	规　格	数　量	备　注
1	机车电工常用工具		1 套	
2	白布		1 块	
3	毛刷		1 个	
4	电气清洗剂		1 瓶	
5	兆欧表	500 V	1 块	
6	数字万用表		1 块	

3. 考核要求

(1)被认定人入考场后,首先由裁判告知题目,其次由被认定人检查准备工具,到实作场地确认作业环境,当被认定人告知裁判可以开始时,由裁判员开始计时。

(2)考核时间为 30 min,考核期间,被认定人可以对现场作业和工艺范围要求不符的情况进行说明。

(3)在被认定人检修作业期间,裁判可以依据考评项点向被认定人提问,以确认被认定人检修过程是否有依据。

(4)考核过程若被认定人出现配件、工装机具等毁坏情况和人身伤害时,终止考试,成绩为 0。

(5)考核完毕后,由被认定人在评分表上签字确认。

4. 考核评分

(1)考评人员 3 名以上。

(2)评分程序及规则:考评员根据考生操作情况对照计分标准在评分表上给予记录评分。

(3)算分方法:采用百分制,满分 100 分,60 分及以上为合格。

职业技能等级认定
铁路机车电工(初级工)实作技能考核评分记录表

单位:__________ 姓名:__________ 准考证号:__________ 工种:__________ 级别:__________

试题名称:HXD_1 型电力机车 C1～C3 修蓄电池检查

考核时间:30 min

操作开始时间: 时 分 操作结束时间: 时 分

项　目	考核内容及评分标准	扣分因素及扣分	得　分
作业程序(20 分)	1. 工序错乱扣 6 分		
	2. 工作中返工扣 10 分		
	3. 作业后未按要求恢复、整理扣 4 分		
作业质量(50 分)	1. 检查箱体安装牢固,无损坏。不符合技术要求扣 5 分		
	2. 箱门能正常锁闭。不符合技术要求扣 5 分		
	3. 检查各电池单节无积尘,蓄电池外观不许有破裂、鼓胀、漏液。不符合要求扣 5 分		
	4. 检查各电池单节壳体不许有裂纹、变色等现象。不符合要求扣 5 分		
	5. 各连接螺栓牢固,不许有松动。不符合要求扣 5 分		
	6. 检查各连接线连接紧固,无发热熔化、破裂剥落、烧痕割口。不符合要求扣 5 分		
	7. 检查充电插座、接线端子状态良好。不符合要求扣 5 分		
	8. 检查温度传感器、熔断器、接地断路器、隔离开关及连线作用良好。不符合要求扣 5 分		
	9. 测量开路电压。用数字万用表测量各蓄电池单节的开路电压不小于 2.0 V,总电压不低于 96 V。不符合要求扣 5 分		
	10. 用 500 V 兆欧表检测整体蓄电池组对地绝缘应不小于 1.5 MΩ。不符合要求扣 5 分		
工具设备使用(10 分)	1. 开工前未检查工、量具及设备,收工时不整理扣 2 分		
	2. 工、量具及设备使用不当扣 2 分		
	3. 工、量具脱落扣 2 分		
	4. 工具、设备损坏扣 4 分		
考核时间(10 分)	每超 1 min 扣 1 分,超过 10 min 失格		
作业安全(10 分)	1. 未按规定着装扣 2 分		
	2. 工作场地不整洁扣 2 分		
	3. 工件、工具摆放不整齐扣 2 分		
	4. 违章或违反安全事项扣 4 分		
	5. 发生事故失格		
合计(100 分)			

考评员签名: 认定人: 年 月 日

S15　HXD1 型电力机车 C1～C3 修牵引电机检查

1. 考场准备

要求场地内准备检修作业平台、HXD1 型电力机车、机车电工常用工具和相关配件及材料。

2. 材料工具准备

序　号	名　称	规　格	数　量	备　注
1	机车电工常用工具		1 套	
2	白布		1 块	
3	毛刷		1 个	
4	电气清洗剂		1 瓶	

3. 考核要求

(1)被认定人入考场后，首先由裁判告知题目，其次由被认定人检查准备工具，到实作场地确认作业环境，当被认定人告知裁判可以开始时，由裁判员开始计时。

(2)考核时间为 20 min，考核期间，被认定人可以对现场作业和工艺范围要求不符的情况进行说明。

(3)在被认定人检修作业期间，裁判可以依据考评项点向被认定人提问，以确认被认定人检修过程是否有依据。

(4)考核过程若被认定人出现配件、工装机具等毁坏情况和人身伤害时，终止考试，成绩为 0。

(5)考核完毕后，由被认定人在评分表上签字确认。

4. 考核评分

(1)考评人员 3 名以上。

(2)评分程序及规则：考评员根据考生操作情况对照计分标准在评分表上给予记录评分。

(3)算分方法：采用百分制，满分 100 分，60 分及以上为合格。

职业技能等级认定
铁路机车电工(初级工)实作技能考核评分记录表

单位:________ 姓名:________ 准考证号:________ 工种:________ 级别:________

试题名称:HXD_1型电力机车 C1～C3 修牵引电机检查

考核时间:20 min

操作开始时间:　　时　　分　　　　　　　　操作结束时间:　　时　　分

项 目	考核内容及评分标准	扣分因素及扣分	得 分
作业程序(20分)	1. 工序错乱扣6分		
	2. 工作中返工扣10分		
	3. 作业后未按要求恢复、整理扣4分		
作业质量(50分)	1. 安装牢固,各紧固件、防松标记状态良好。不符合技术要求扣5分		
	2. 牵引电机机体无裂纹、损伤,电机出线连接紧固良好,线端标志及铭牌完好、清晰、牢固。不符合技术要求扣5分		
	3. 接线盒无脱落、外观无过热、烧损、密封良好。不符合要求扣5分		
	4. 电机外部连线无过热、烧损、引线夹无松脱。不符合要求扣5分		
	5. 三相电缆引线夹、接线盒安装牢固,无破损、歪斜、变形,不许有脱落。不符合要求扣5分		
	6. 检查牵引电机温度、速度传感器安装可靠无异常,连线无损坏,连接器连接牢固。不符合要求扣5分		
	7. 检查牵引电机下部排水孔,不许堵塞。不符合要求扣5分		
	8. 外观检查轴承附近区域不许有漏油。不符合要求扣5分		
	9. 检查油嘴不许有松动及破损,油道畅通。不符合要求扣5分		
	10. 根据前三趟机车车载安全防护系统(6A系统)地面专家诊断数据分析,轴承不许有异常。发现电机轴承有温升、冲击报警现象的要进行顶轮检测。不符合要求扣5分		
工具设备使用(10分)	1. 开工前未检查工、量具及设备,收工时不整理扣2分		
	2. 工、量具及设备使用不当扣2分		
	3. 工、量具脱落扣2分		
	4. 工具、设备损坏扣4分		
考核时间(10分)	每超1 min扣1分,超过10 min失格		
作业安全(10分)	1. 未按规定着装扣2分		
	2. 工作场地不整洁扣2分		
	3. 工件、工具摆放不整齐扣2分		
	4. 违章或违反安全事项扣4分		
	5. 发生事故失格		
合计(100分)			

考评员签名:　　　　　　　　　　认定人:　　　　　　　　　　年　月　日

S16　轴温监测报警装置接线盒的检修

1. 考场准备

要求场地内准备检修作业平台、轴温监测报警装置接线盒、机车电工常用工具和相关配件及材料。

2. 材料工具准备

序　号	名　称	规　格	数　量	备　注
1	机车电工常用工具		1套	
2	白布		1块	
3	毛刷		1个	
4	电气清洗剂		1瓶	
5	数字万用表		1块	

3. 考核要求

(1)被认定人入考场后，首先由裁判告知题目，其次由被认定人检查准备工具，到实作场地确认作业环境，当被认定人告知裁判可以开始时，由裁判员开始计时。

(2)考核时间为 30 min，考核期间，被认定人可以对现场作业和工艺范围要求不符的情况进行说明。

(3)在被认定人检修作业期间，裁判可以依据考评项点向被认定人提问，以确认被认定人检修过程是否有依据。

(4)考核过程若被认定人出现配件、工装机具等毁坏情况和人身伤害时，终止考试，成绩为 0。

(5)考核完毕后，由被认定人在评分表上签字确认。

4. 考核评分

(1)考评人员 3 名以上。

(2)评分程序及规则：考评员根据考生操作情况对照计分标准在评分表上给予记录评分。

(3)算分方法：采用百分制，满分 100 分，60 分及以上为合格。

职业技能等级认定
铁路机车电工(初级工)实作技能考核评分记录表

单位:__________ 姓名:__________ 准考证号:__________ 工种:__________ 级别:__________

试题名称:轴温监测报警装置接线盒的检修

考核时间:30 min

操作开始时间: 时 分　　　　操作结束时间: 时 分

项　目	考核内容及评分标准	扣分因素及扣分	得　分
作业程序(20分)	1. 工序错乱扣6分		
	2. 工作中返工扣10分		
	3. 作业后未按要求恢复、整理扣4分		
作业质量(50分)	1. 接线盒外观检查,应无损坏变形,密封性良好。不符合技术要求扣5分		
	2. 接线盒的航空插座应完好、无油污异物等。不符合技术要求扣5分		
	3. 插座各插针应无氧化、腐蚀变形等,否则须更换新品。不符合要求扣5分		
	4. 接线盒上每个插座的同一引脚应都是相通的。不符合要求扣5分		
	5. 1、2、3脚之间应互不相通,且均不接地。不符合要求扣5分		
	6. 只有4脚与外壳相接。不符合要求扣5分		
	7. 中修装配及喷漆时应注意保护好接线盒的各插座。不符合要求扣5分		
	8. 无异物进入及油漆喷入。不符合要求扣5分		
	9. 装配时应注意装好胶垫,确保其密封性能良好。不符合要求扣5分		
	10. 接线盒的航空插座引脚同传感器插头引脚。不符合要求扣5分		
工具设备使用(10分)	1. 开工前未检查工、量具及设备,收工时不整理扣2分		
	2. 工、量具及设备使用不当扣2分		
	3. 工、量具脱落扣2分		
	4. 工具、设备损坏扣4分		
考核时间(10分)	每超1 min扣1分,超过10 min失格		
作业安全(10分)	1. 未按规定着装扣2分		
	2. 工作场地不整洁扣2分		
	3. 工件、工具摆放不整齐扣2分		
	4. 违章或违反安全事项扣4分		
	5. 发生事故失格		
合计(100分)			

考评员签名:　　　　认定人:　　　　年　月　日

S17　HXD1 型电力机车 C1～C3 修冷却塔及冷却塔风机的检查

1. 考场准备

要求场地内准备检修作业平台、HXD1 型电力机车、机车电工常用工具和相关配件及材料。

2. 材料工具准备

序　号	名　称	规　格	数　量	备　注
1	机车电工常用工具		1套	
2	白布		1块	
3	毛刷		1个	
4	电气清洗剂		1瓶	
5	数字万用表		1块	
6	兆欧表	500 V	1块	

3. 考核要求

(1)被认定人入考场后，首先由裁判告知题目，其次由被认定人检查准备工具，到实作场地确认作业环境，当被认定人告知裁判可以开始时，由裁判员开始计时。

(2)考核时间为 30 min，考核期间，被认定人可以对现场作业和工艺范围要求不符的情况进行说明。

(3)在被认定人检修作业期间，裁判可以依据考评项点向被认定人提问，以确认被认定人检修过程是否有依据。

(4)考核过程若被认定人出现配件、工装机具等毁坏情况和人身伤害时，终止考试，成绩为 0。

(5)考核完毕后，由被认定人在评分表上签字确认。

4. 考核评分

(1)考评人员 3 名以上。

(2)评分程序及规则：考评员根据考生操作情况对照计分标准在评分表上给予记录评分。

(3)算分方法：采用百分制，满分 100 分，60 分及以上为合格。

职业技能等级认定
铁路机车电工(初级工)实作技能考核评分记录表

单位：________ 姓名：________ 准考证号：________ 工种：________ 级别：________

试题名称：HXD_1 型电力机车 C1～C3 修冷却塔及冷却塔风机的检查

考核时间：30 min

操作开始时间：　　时　　分　　　　　　操作结束时间：　　时　　分

项　目	考核内容及评分标准	扣分因素及扣分	得　分
作业程序(20分)	1. 工序错乱扣6分		
	2. 工作中返工扣10分		
	3. 作业后未按要求恢复、整理扣4分		
作业质量(50分)	1. 外观检查风道连接螺栓齐全、紧固，密封良好。不符合技术要求扣5分		
	2. 油路、水路、水箱无泄漏，水位表、油位表完好，液位正常；呼吸管完好，连接紧固。不符合技术要求扣5分		
	3. 清洁水过滤器。不符合要求扣5分		
	4. 冷却水泵完好，无泄漏，通电检查无异常。不符合要求扣5分		
	5. 除湿器完好，安装牢固，干燥剂可见部分变色不超过三分之二。不符合要求扣5分		
	6. 打开检查孔盖，吹扫散热器，清除表面杂物，检查通风机可见部分无异常，通电检查风机无异音。春鉴、秋整时测试风速须达到9 m/s。不符合要求扣5分		
	7. 冷却塔风机轴承补油。28～30 g/套或轴承标注的注油量。不符合要求扣5分		
	8. 打开冷却风机及水泵接线盒盖，检查盒内清洁，接线板与引接线无松动、过热及烧损。不符合要求扣5分		
	9. 外观检查布赫继电器完整，无泄漏，接线良好，功能正常。不符合要求扣5分		
	10. 用500 V兆欧表检测冷却塔风机绕组对地绝缘电阻≥10 MΩ。不符合要求扣5分		
工具设备使用(10分)	1. 开工前未检查工、量具及设备，收工时不整理扣2分		
	2. 工、量具及设备使用不当扣2分		
	3. 工、量具脱落扣2分		
	4. 工具、设备损坏扣4分		
考核时间(10分)	每超1 min扣1分，超过10 min失格		
作业安全(10分)	1. 未按规定着装扣2分		
	2. 工作场地不整洁扣2分		
	3. 工件、工具摆放不整齐扣2分		
	4. 违章或违反安全事项扣4分		
	5. 发生事故失格		
合计(100分)			

考评员签名：　　　　　　　　　　认定人：　　　　　　　　　　年　　月　　日

S18 HXD1 型电力机车 C1～C3 修 6A 系统走行部故障监测子系统的外部检查

1. 考场准备

要求场地内准备检修作业平台、HXD1 型电力机车、机车电工常用工具和相关配件及材料。

2. 材料工具准备

序号	名称	规格	数量	备注
1	机车电工常用工具		1 套	
2	白布		1 块	
3	毛刷		1 个	
4	电气清洗剂		1 瓶	

3. 考核要求

(1)被认定人入考场后，首先由裁判告知题目，其次由被认定人检查准备工具，到实作场地确认作业环境，当被认定人告知裁判可以开始时，由裁判员开始计时。

(2)考核时间为 30 min，考核期间，被认定人可以对现场作业和工艺范围要求不符的情况进行说明。

(3)在被认定人检修作业期间，裁判可以依据考评项点向被认定人提问，以确认被认定人检修过程是否有依据。

(4)考核过程若被认定人出现配件、工装机具等毁坏情况和人身伤害时，终止考试，成绩为 0。

(5)考核完毕后，由被认定人在评分表上签字确认。

4. 考核评分

(1)考评人员 3 名以上。

(2)评分程序及规则：考评员根据考生操作情况对照计分标准在评分表上给予记录评分。

(3)算分方法：采用百分制，满分 100 分，60 分及以上为合格。

职业技能等级认定
铁路机车电工(初级工)实作技能考核评分记录表

单位:________ 姓名:________ 准考证号:________ 工种:________ 级别:________

试题名称:HXD_1 型电力机车 C1～C3 修 6A 系统走行部故障监测子系统的外部检查

考核时间:30 min

操作开始时间: 时 分　　　　操作结束时间: 时 分

项 目	考核内容及评分标准	扣分因素及扣分	得 分
作业程序(20分)	1. 工序错乱扣 6 分		
	2. 工作中返工扣 10 分		
	3. 作业后未按要求恢复、整理扣 4 分		
作业质量(50分)	1. 检查走行部故障监测子系统插件(AT1 插件)外观良好。不符合技术要求扣 5 分		
	2. 插件安装紧固。不符合技术要求扣 5 分		
	3. 清洁板卡。不符合要求扣 5 分		
	4. 检查电源复位开关动作可靠。不符合要求扣 5 分		
	5. 检查车下各传感器及数据前置处理器外观良好,安装紧固,密封状态良好。不符合要求扣 5 分		
	6. 检查车下各连接器外观良好,安装紧固,密封状态良好。不符合要求扣 5 分		
	7. 检查车下各线缆外观良好,安装紧固,密封状态良好。不符合要求扣 5 分		
	8. 检查连线外观是否完整。不符合要求扣 5 分		
	9. 捆扎是否整齐、牢固。不符合要求扣 5 分		
	10. 传感器的外观、插头均无损伤,状态不良须更换。不符合要求扣 5 分		
工具设备使用(10分)	1. 开工前未检查工、量具及设备,收工时不整理扣 2 分		
	2. 工、量具及设备使用不当扣 2 分		
	3. 工、量具脱落扣 2 分		
	4. 工具、设备损坏扣 4 分		
考核时间(10分)	每超 1 min 扣 1 分,超过 10 min 失格		
作业安全(10分)	1. 未按规定着装扣 2 分		
	2. 工作场地不整洁扣 2 分		
	3. 工件、工具摆放不整齐扣 2 分		
	4. 违章或违反安全事项扣 4 分		
	5. 发生事故失格		
合计(100分)			

考评员签名:　　　　　　认定人:　　　　　　年　月　日

S19　HXD1 型电力机车 C1～C3 修电源柜的检查

1. 考场准备

要求场地内准备检修作业平台、HXD1 型电力机车、机车电工常用工具和相关配件及材料。

2. 材料工具准备

序　号	名　称	规　格	数　量	备　注
1	机车电工常用工具		1 套	
2	白布		1 块	
3	毛刷		1 个	
4	电气清洗剂		1 瓶	
5	数字万用表		1 块	

3. 考核要求

(1)被认定人入考场后，首先由裁判告知题目，其次由被认定人检查准备工具，到实作场地确认作业环境，当被认定人告知裁判可以开始时，由裁判员开始计时。

(2)考核时间为 30 min，考核期间，被认定人可以对现场作业和工艺范围要求不符的情况进行说明。

(3)在被认定人检修作业期间，裁判可以依据考评项点向被认定人提问，以确认被认定人检修过程是否有依据。

(4)考核过程若被认定人出现配件、工装机具等毁坏情况和人身伤害时，终止考试，成绩为 0。

(5)考核完毕后，由被认定人在评分表上签字确认。

4. 考核评分

(1)考评人员 3 名以上。

(2)评分程序及规则：考评员根据考生操作情况对照计分标准在评分表上给予记录评分。

(3)算分方法：采用百分制，满分 100 分，60 分及以上为合格。

职业技能等级认定
铁路机车电工(初级工)实作技能考核评分记录表

单位:________ 姓名:________ 准考证号:________ 工种:________ 级别:________

试题名称:HXD_1 型电力机车 C1～C3 修电源柜的检查

考核时间:30 min

操作开始时间:　时　分　　　　操作结束时间:　时　分

项　目	考核内容及评分标准	扣分因素及扣分	得　分
作业程序(20分)	1. 工序错乱扣6分		
	2. 工作中返工扣10分		
	3. 作业后未按要求恢复、整理扣4分		
作业质量(50分)	1. 清洁屏柜各部。不符合技术要求扣5分		
	2. 外观检查所有组件无破损、安装牢固。不符合技术要求扣5分		
	3. 各配件齐全,指示灯完整。不符合要求扣5分		
	4. 电气连接紧固到位。不符合要求扣5分		
	5. 检查自动开关作用良好。不符合要求扣5分		
	6. 风机性能正常。不符合要求扣5分		
	7. 24 V电源模块、监控单元模块性能正常。不符合要求扣5分		
	8. 外观检查AC/DC各模块性能正常。不符合要求扣5分		
	9. 通电检查散热风扇运转正常,无异音。不符合要求扣5分		
	10. 所有组件安装紧固到位。不符合要求扣5分		
工具设备使用(10分)	1. 开工前未检查工、量具及设备,收工时不整理扣2分		
	2. 工、量具及设备使用不当扣2分		
	3. 工、量具脱落扣2分		
	4. 工具、设备损坏扣4分		
考核时间(10分)	每超1 min扣1分,超过10 min失格		
作业安全(10分)	1. 未按规定着装扣2分		
	2. 工作场地不整洁扣2分		
	3. 工件、工具摆放不整齐扣2分		
	4. 违章或违反安全事项扣4分		
	5. 发生事故失格		
合计(100分)			

考评员签名:　　　　认定人:　　　　年　月　日

S20　HXD1 型电力机车 C1～C3 修 6A 系统主机箱的外部检查

1. 考场准备

要求场地内准备检修作业平台、HXD_1 型电力机车、机车电工常用工具和相关配件及材料。

2. 材料工具准备

序　号	名　称	规　格	数　量	备　注
1	机车电工常用工具		1 套	
2	白布		1 块	
3	毛刷		1 个	
4	电气清洗剂		1 瓶	

3. 考核要求

(1)被认定人入考场后，首先由裁判告知题目，其次由被认定人检查准备工具，到实作场地确认作业环境，当被认定人告知裁判可以开始时，由裁判员开始计时。

(2)考核时间为 30 min，考核期间，被认定人可以对现场作业和工艺范围要求不符的情况进行说明。

(3)在被认定人检修作业期间，裁判可以依据考评项点向被认定人提问，以确认被认定人检修过程是否有依据。

(4)考核过程若被认定人出现配件、工装机具等毁坏情况和人身伤害时，终止考试，成绩为 0。

(5)考核完毕后，由被认定人在评分表上签字确认。

4. 考核评分

(1)考评人员 3 名以上。

(2)评分程序及规则：考评员根据考生操作情况对照计分标准在评分表上给予记录评分。

(3)算分方法：采用百分制，满分 100 分，60 分及以上为合格。

职业技能等级认定
铁路机车电工(初级工)实作技能考核评分记录表

单位:__________ 姓名:__________ 准考证号:__________ 工种:__________ 级别:__________

试题名称:HXD_1 型电力机车 C1～C3 修 6A 系统主机箱的外部检查

考核时间:30 min

操作开始时间: 时 分 操作结束时间: 时 分

项目	考核内容及评分标准	扣分因素及扣分	得分
作业程序(20分)	1. 工序错乱扣 6 分		
	2. 工作中返工扣 10 分		
	3. 作业后未按要求恢复、整理扣 4 分		
作业质量(50分)	1. 检查主机机柜外观良好,安装紧固件齐全,防缓标识不许有错位。不符合技术要求扣 5 分		
	2. 检查主机箱外观良好,安装紧固件齐全,防缓标识不许有错位。不符合技术要求扣 5 分		
	3. 检查插件外观良好,安装紧固件齐全,防缓标识不许有错位。不符合要求扣 5 分		
	4. 检查线缆外观良好,安装紧固件齐全,防缓标识不许有错位。不符合要求扣 5 分		
	5. 主机箱锁闭装置安装到位,无破损。不符合要求扣 5 分		
	6. 主机箱锁闭装置锁闭功能正常。不符合要求扣 5 分		
	7. 检查电源开关动作可靠,电源保险管安装紧固、状态良好。不符合要求扣 5 分		
	8. 除作业需要关闭外,要保证电源开关在闭合位。不符合要求扣 5 分		
	9. 检查各插件外观状态良好,紧固件齐全,不许有松动。不符合要求扣 5 分		
	10. 检查各连接器状态良好,防松脱螺栓或扎带齐全,安装紧固无松动。不符合要求扣 5 分		
工具设备使用(10分)	1. 开工前未检查工、量具及设备,收工时不整理扣 2 分		
	2. 工、量具及设备使用不当扣 2 分		
	3. 工、量具脱落扣 2 分		
	4. 工具、设备损坏扣 4 分		
考核时间(10分)	每超 1 min 扣 1 分,超过 10 min 失格		
作业安全(10分)	1. 未按规定着装扣 2 分		
	2. 工作场地不整洁扣 2 分		
	3. 工件、工具摆放不整齐扣 2 分		
	4. 违章或违反安全事项扣 4 分		
	5. 发生事故失格		
合计(100分)			

考评员签名: 认定人: 年 月 日

第二部分　中　级　工

1. 怎样对控制电源柜线束及铜排进行检查？

答：(1)各导线应清洁、不许有过热、烧损和绝缘老化的现象；线路排列整齐，线号齐全、清晰正确。线芯断股不得超过原形的10%，单股线芯不许有裂损。

(2)铜排应平直光洁，不许有裂损；局部缺损不得大于原形的5%，搪锡面良好，连接处密贴。

2. HXD_2 型电力机车 C1～C3 修时，怎样对灯具进行检查？

答：(1)外观检查各照明灯、标志灯的灯具及附件清洁、齐全，无破损、过热、烧损，固定良好无松动，光照正常，显示正确，车体外部的灯具防雨密封性能良好。

(2)检查前照灯反射镜面不许的污渍及缺损，聚焦良好，照射方向正确。

3. HXD_1 型电力机车 C1～C3 修时，怎样对取暖器进行检查？

答：(1)外观检查表面及内部清洁，无烧损，紧固件齐全、紧固，外壳无严重变形，可视部分导线及连接器无过热、松脱。

(2)高压试验风机无异音，制热功能正常。

4. HXD_1 型电力机车 C1～C3 修时，怎样对限鸣装置进行检查？

答：(1)外观检查箱体及门无破损、缺损，锁闭装置良好，外部连线及插头插座无破损、过热、烧损，紧固良好，防尘罩完好。

(2)测试电喇叭声响正常，两端副灯光闪正常。

5. SS_{4G} 型电力机车小修时，怎样对高压电器柜电阻器及电容器进行检查？

答：(1)绕线电阻无短路、断路，绕线管无破损，电阻珐琅无过热，接头焊接牢固，变色及剥离超过10%者更换。

(2)电容器应无短路、断路现象，绝缘瓷件清洁完好，接线良好，安装牢固。充油电容器无漏液及箱体膨胀现象。测量各电容参数符合要求。

6. HXD_1 型电力机车 C1～C3 修时，怎样对状态显示屏进行检查？

答：(1)清洁表面，外观检查无裂纹、污渍、烧损及影响观察的划痕，显示数据清晰、完整，紧固件齐全、完好、紧固无松动；手动检查各按键触动有效。校准显示器与监控装置的日期、时间,以监控装置为准不超 15 s。

(2)检查司机室故障下载端口外观良好,性能正常。

(3)交换机功能正常,冷却风扇无异音。

(4)下载分析故障数据无异常信息。

(5)检查外部连线及连接器无破损、松动。

7. SS4G 型电力机车“电子柜预备”灯不灭时,怎样处理?

答:(1)转换电源柜 A/B 组。

(2)控制电压不在 77～130 V 范围内,拉负载闸刀及蓄电池闸刀,合重联闸刀。

(3)检查电子控制自动开关。

(4)两节车电子柜 A、B 开关均置 A 组或 B 组。

(5)如果非操纵节电子柜预备灯不灭,将电子柜转换开关置零位维持运行。

8. SS4G 型电力机车“原边过流”灯亮主断跳闸时,怎样处理?

答:(1)转换电子柜 A/B 组。

(2)“原边过流”灯亮,某位牵引电机过载跳闸,切相应的电机。

(3)合闸就跳,“原边过流”灯亮,确认无异状,重合闸还跳,切除一节车。

(4)手柄离零位或电压上升至 500 V 左右跳闸,原边过流灯亮,切除一节车。

9. SS4G 型电力机车 A/B 组两节窜车时,怎样处理?

答:(1)主司控故障或司控插头松,紧司控插头无效,用副台维持。

(2)操纵节 556KA 卡滞,人为手动解锁。

(3)确认非操纵端钥匙已断,各司控手柄在零位。

10. 怎样检修位置转换开关低压控制部分?

答:(1)用汽油清洗各部。

(2)打磨触点烧痕,触点表面应光洁。更新烧损严重的触点。

(3)检查安装板、推杆滑块,不许有裂纹、损伤。

(4)测量辅助联锁超程应为 2～3 mm,检查联锁,动作灵活,无卡滞,与外罩不得相碰。

11. 怎样对轮轨润滑控制箱进行清洁?

答:(1)用汽油、棉丝擦去控制器表面的污垢。

(2)用毛刷清扫插座清洁,不许有烧痕、变形,插接牢固、定位装置良好,清扫导线、面板、印刷电路板上的灰尘,用汽油擦拭干净。

12. SS4G 型电力机车小修时,怎样对高压电器柜进行外观检查及清洁?

答:(1)检查骨架,各电器设备应无损及灰尘附着;各紧固件应无松动;接线无污损,线鼻子、线号齐全清晰，无松动，绝缘良好。

(2)清洁各电器元件及各端子排、绝缘子灰尘。

13. SS4G 型电力机车小修时，怎样对变流装置进行检查？

答：(1)检查触发线、换相电阻、换相电容外接线，应无过热、放电痕迹，快速熔断器瓷件清洁、完整，指示器无跳出。检查各连接螺栓及母线紧固应无松动和发黑现象。

(2)检查脉冲输出集成块插套应无松动，输入(低压)与输出(高压)导线之间不应相磨，或摆放太近(距离大于 25 mm)。

14. 怎样对辅助司机控制器进行清扫及解体前检查？

答：(1)清扫。用 0.2～0.3 MPa 的压缩空气吹扫各部分及用毛刷清扫各部灰尘。

(2)解体前检查。检查机械联锁状态及主轴、换向轴旷动情况。

15. HXD2 型电力机车 C1～C3 修时，怎样对主变压器进行外观检查？

答：(1)目视检查主变压器呼吸器硅胶是否变色。

(2)检查主变压器安装用螺杆上螺母应紧固无松动。

(3)箱体无裂损、变形、漏油；油管路状态良好、无漏油。

16. HXD3C 型电力机车 C1 修作业中，怎样对插头及端子柜进行检查？

答：(1)端子柜内部清洁，无杂物。

(2)检查导线应可靠插入连接端子、插头及插座中，导线及端子排无过热烧损及严重老化现象。

(3)检查插头插接紧固，锁扣完好。

17. HXD2 型电力机车 C1～C3 修时，怎样对 6A 系统电源板卡进行外部和上电检查？

答：(1)外部检查：①检查电源板卡外观良好，各安装螺栓、卡子紧固。

②检查电源开关动作可靠。

③检查电源卡助拔器完整。

(2)上电检查：上电，检查电源板卡指示灯显示正常。

18. 怎样对 HXD3C 型电力机车的故障 CI 进行切除？

答：在【牵引/制动】主画面，触摸【开放状态】进入开放画面：触摸故障 CI×变为蓝色，按【开放】按钮，原来【正常】变为红色【开放】，按【返回】则切除了故障的 CI×。

19. 当 HXD2 型电力机车油泵故障时，应怎样处理？

答：(1)发生油泵故障时，可到辅变流柜查看相应油泵断路器(DJ-PH)是否跳开，如跳开需闭合断路器。

(2)断路器无法闭合时,若机车功率能满足牵引需要,应维持运行回段报修,不能满足时尽可能运行至站内停车处理。

20. HXD3C 型电力机车 C1 修作业中,怎样对主电机通风机进行检查?

答:(1)检查主电机通风机组各安装螺栓紧固。

(2)电机开接线盒检查接线无松动,接线柱、线鼻子无过热变色。

(3)运转时无异音、异常振动。

21. HXD1 型电力机车 C1～C3 修时,怎样对电源柜进行检查?

答:(1)清洁屏柜各部,外观检查所有组件无破损、安装牢固,各配件齐全,指示灯完整,电气连接紧固到位。

(2)检查自动开关作用良好。

(3)风机、24 V 电源模块、监控单元模块性能正常。

(4)外观检查 AC/DC 各模块性能正常。

(5)通电检查散热风扇运转正常,无异音。

(6)所有组件安装和电气连接紧固到位。

22. HXD3C 型电力机车 C1 修作业中,怎样对多功能状态组合模块进行检查?

答:(1)多功能状态组合模块清洁,各仪表及骨架无缺损。

(2)安装牢固,玻璃完整,刻度清晰,指针无弯曲、卡滞现象,照明良好。

(3)检查故障状态显示组件的显示正常。

23. HXD1 型电力机车 C1～C3 修时,怎样对 6A 系统主机箱进行通电检查?

答:(1)通电,系统自检应正常,各板卡指示灯显示符合要求。CPU 插件面板显示屏显示正常。检查各散热风扇应转动正常、无异音,如有异音则开盖检查。

(2)检查音视频显示终端通信正常,无故障信息报警。

(3)6A 系统音视频显示终端【系统设置】【机车信息】界面上的机车车号、运用车次、辆数、计长等信息与列车运行监控装置(LKJ)显示屏一致。检查中央处理平台(CPU)、各子系统软件版本,软件版本必须为最新规定使用的系统软件版本。

(4)下载 CPU 数据并上传至 6A 系统地面服务器进行分析,如有报警信息及时下票处理。

24. HXD1 型电力机车 C1～C3 修时,怎样对 CMD 系统机车车载综合信息监测装置(LDP 装置)外部进行检查?

答:(1)检查主机箱、各板卡外观状态良好,安装紧固,防缓标识不许有错位。

(2)检查电源板开关动作可靠。除作业需要外必须置闭合位。

(3)检查各连接器及线缆状态良好,安装紧固无松动。

(4)检查北斗电源开关外观良好,动作可靠,安装紧固无松动,禁止断开标识应粘贴到位无破损。除作业需要外必须置闭合位。

25. 两台机车连接后怎样对高压连接器进行检查试验?

答:(1)两台高压连接器对接后高低差不大于 30 mm,最大退程为 240 mm。

(2)对接后导电杆两端之间电阻值不大于 650 μΩ。

(3)对接后母线接线端之间电阻值不大于 850 μΩ。

26. 怎样对位置转换开关进行总组装?

答:按解体相反顺序组装:

(1)转鼓轴与轴套配合处涂适量润滑油。保证转鼓转动灵活,不许有阻滞现象。

(2)保持触指与触片相对高度一致,给主触头接触面涂凡士林。

(3)板后接线按图纸要求进行。

(4)主轴转动位置正确(可通过调整风缸行程达到)。

27. 怎样检修 TCK1 型电空接触器的主动、静触头?

答:锉修主动、静触头,保持原有接触面弧度,动触头接触面为平面。静触头厚度不小于 2.5 mm,动触头厚度不小于 0.7 mm,接触线长不小于 20 mm。更换过热、疲劳、变形及圈距不均的压力弹簧。测量触头开距符合 3～8 mm。

28. 怎样检查硅机组元件电阻?

答:(1)用万用表二极管挡测量整流管的阴极和阳极之间的电阻值正向导通、反向截止,晶闸管还要用 100 Ω 挡测量门极与阴极之间的电阻值,测量结果电阻小或为 0 则元件已降级或完全击穿。

(2)对于降级元件经元件反向测试仪确认。

(3)若晶闸管门极与阴极间电阻很大可能是门极开路(断线),而门极与阴极间电阻为 0,则门极已经烧穿。

29. HXD_1 型电力机车 C1～C3 修时,怎样对司机室防护罩进行检查?

答:检查警惕隔离防护罩、微机大复位防护罩、监控隔离防护罩、紧急制动防护罩、定速按钮防护罩、自动换端按钮防护罩、受电弓扳键防护罩、电钥匙挡板、安全联锁箱防关闭装置、电空转换阀防护罩,安装牢固、外观良好、功能正常、无破损变形。

30. SS_{4G} 型电力机车劈相机工作正常各辅机不起动故障,该怎样检查处理?

答:(1)故障原因:533KT 常闭触头不良或 533KT 卡在吸合位。

(2)故障现象:劈相机起动及工作正常,其他辅机不工作。

(3)故障处理:短接劈相机时间继电器533KT(1号低压柜561~577号线),甩故障单节。

31. SS4G型电力机车运行中“空转”灯亮,自动撒砂及减载时,应怎样处理?

答:(1)电流较大,黏着不良空转,适当减载,加大撒砂量,机车起动可用B组。

(2)空转保护误动作,将电子柜A/B组开关转置B组运行(要注意机车空转)。

(3)若B组故障,转A组将电子柜防空转插件故障开关扳至故障位。

32. 怎样正确使用数字式万用表测量交流电压?

答:(1)将黑色表笔插入“COM”或”或“－”号的插孔,红色表笔插入标有符号“V”的插孔。

(2)将功能开关置于交流电压“ACV”量程范围;并将表笔并联接在电路被测部分。

(3)如果不知道被测信号有多大,则要选择最大量程测量。

33. 怎样检查SS4G型电力机车劈相机的转子?

答:(1)检查转子铁芯无松弛,无位移及扫膛现象。

(2)检查转子铸铝导条、端环不许有断裂、开裂,检查铁芯槽部不许有烧痕。

(3)检查铸铝自冷风叶应良好,平衡块牢固。

34. SS4G型电力机车小修时,怎样检查PFC开关柜?

答:(1)外观检查骨架、各电器设备应无损坏及灰尘附着。

(2)检查柜子内部各部件紧固应牢固无松动。

(3)检查柜子内部各部件接线端子牢固无烧损现象,接线断股不超过10%,外包绝缘无破损,铜母线无变形,线地、线间绝缘距离足够,满足要求则用毛刷及棉丝沾汽油清洗外表,否则进行调整及更换。

35. HXD2型电力机车C1~C3修时,怎样对主变流柜进行检查?

答:(1)外观检查柜体无损坏,漆面无损伤,铭牌完好、清晰,安装牢固,各紧固螺栓紧固到位,各柜门紧固锁扣锁闭到位(内四方开口和外圆开口对齐为锁闭到位)。

(2)检查安全保护锁外观良好,无变形。

(3)检查TCU箱体安装牢固,插件及护板、显示面板安装螺栓紧固,接地软连线安装紧固,断路器良好、无跳开。高压警示灯正常。

(4)检查冷却回路无泄漏现象,冷却剂在刻度范围内。

36. HXD3C型电力机车C3修作业中,怎样对高压电压互感器进行检查?

答:(1)外观检查表面无损伤,对外部进行擦拭。

(2)检查紧固一次引线连接件是否有松动及表面氧化接触不良现象。如有表面氧化现象则必须清除氧化层，涂抹导电膏，达到接线端子无氧化层连接可靠。二次侧插头插接紧固。

(3)检查安装板是否有松动现象，如有松动用专用工具重新紧固。紧固力矩：75 N·m。

37. HXD_2 型电力机车 C1～C3 修时，怎样对 6A 系统制动子系统防折关模块进行上电检查？

答：(1)观察制动主板面板指示灯 D8 是否正常秒闪。

(2)观察音视频显示终端【监控数据】【制动】界面：数据存储器应显示正常，压力变送器应显示正常，流量变送器应显示正常。

(3)保持机车无充排风操作，稳定 30 s 后，在音视频显示终端【监控数据】【制动】界面，当前状态为无充排风，当前流量为 0～5 L/s。

38. 当 HXD_{3C} 型电力机车的停车制动(弹停)故障时，应怎样处理？

答：(1)按下操纵台停放缓解按钮状态指示灯上，停车制动灯亮。

(2)若无效，手推弹停双向脉动阀的缓解阀杆。

(3)灯仍不熄灭，停车后，关闭弹停塞门 B40.06，将制动缸压力缓解到 0 并保持。车下手动缓解(1、6 轮)弹停制动。

(4)确认夹钳释放，如夹钳不能释放，用工具将制动缸侧调整螺母顺时针旋转到不能旋转为止，将夹钳间隙调至最大。

39. 当 HXD_{3C} 型电力机车辅助变流器 APU 故障时，应怎样处理？

答：(1)主手柄和换向手柄回零位，10 s 后重合主断，故障消失后继续运行。

(2)其中一组 APU 故障时，确认微机自动切换。

(3)微机自动转换无效，切除故障 APU4，断开 QA47 进行复位转换。注意：2 min 内连续发生多次，该辅助变流器将被锁死，必须断开 QA47 后重新闭合，隔离故障的 APU。

40. 当 HXD_2 型电力机车上电钥匙激活司机室后，制动显示屏提示【主控/从控功能故障】，且大闸无法缓解，应怎样排除此故障？

答：(1)将操作端制动柜上的平均管塞门 RB-EQ 打到主控位。

(2)将非操作端制动柜上的平均管塞门 RB-EQ 打到从控位。

(3)确认制动屏上的故障提示自动消除，然后将大闸推至抑制位 1 s 以上，再拉回运转位进行缓解。

41. HXD_1 型电力机车 C1～C3 修时，怎样对 6A 系统音视频显示终端进行通电检查？

答：(1)检查屏幕亮度上下一致，字符、图形显示正确清晰。

(2)检查按键状态良好，触摸灵敏；背光调节、音量调节、触摸屏、复位按键功能正常。

(3)检查语音提示正确清晰。音视频显示终端与 6A 主机通信正常。

(4)以监控器时钟为准,调整时钟(误差不得大于 15 s)。

(5)检查各视频摄像头、防火探测器应定义准确,严禁屏蔽。

(6)对 6A 系统自检应状态良好,如有故障应及时提票处理。

42. HXD1 型电力机车 C1～C3 修时,怎样对主变压器进行检查?

答:(1)外观检查各部位可见部分安装、连接紧固件齐全、无松动;所有密封件、箱体、放油阀及管路无泄漏;出线套管、蝶阀及其他连接件可见部分无松动、破损、渗油、过热及烧损;压力释放阀良好,无喷油痕迹;油泵状态良好,用 500 V 兆欧表测量油泵三相绕组对地绝缘值(≥10 MΩ),通电转动正常;油流继电器、电阻温度计状态良好,性能正常,接线牢固无松脱、折断。高压 A 端子表面无放电痕迹。

(2)油样检验(耐压及理化)符合 GB/T 7595—2017《运行中变压器油质量》要求。

(3)油样检验(色谱)符合 DL/T 722—2014《变压器油中溶解气体分析和判断导则》要求。

43. HXD1 型电力机车 C1～C3 修时,高压试验中怎样对紧急按钮进行试验?

答:把方向开关转到向前位,把自动制动手柄置于运行位,制动管压力充到 500(600)kPa,按下紧急制动按钮,可以听到制动柜内的排气声,制动管压力为 0,控制显示器上的状态信息:紧急制动,微机显示屏显示:主断断开、受电弓降下。恢复紧急制动按钮,大闸在紧急位 60 s 后至运转位缓解大闸,拔出电钥匙,主控机车同时起惩罚制动,人为施加停发制动,试验结束。

44. 怎样检查弹簧管式压力表外观状态?

答:(1)用棉丝将外壳擦干净,用毛刷及汽油清洗表接头油垢。要求:表面清洁,不许有油垢。

(2)目视检查表玻璃、表壳不许有裂损,玻璃与表壳密封良好。

(3)用手轻轻摇动连接嘴,检查表壳与连接嘴不许有松动。

(4)外观检查表针不松动,不许有不回零现象,油漆完好;表盘刻度清晰,油漆不许有脱落。

45. SS4G 型电力机车小修时,怎样对辅助机组的定子进行检查?

答:(1)直流电机磁极铁芯固定螺栓不得松动,磁极绕组无松动、变形,绝缘良好;各连线固定可靠,绝缘良好,引线、连线及刷辫截面积缺损面积不大于 10%。

(2)直流电机刷架安装牢固,各部清洁无裂损,刷握、压指及弹簧作用良好。

(3)直流电机电刷在刷盒内无卡滞,电刷长度大于 20 mm,同一电机必须使用同一厂家同牌号的电刷。

46. SS4G 型电力机车小修时,怎样对高压连接器及高压隔离开关进行检查?

答:(1)检查各紧固件应无松动。伸张弹簧、波纹管无疲劳、破损。

(2)清洁并仔细观察瓷瓶表面,是否有可见裂纹,有裂纹者必须更换,检查轴套应无裂损。

(3)检查隔离闸刀与刀夹的接触性能是否良好。将隔离闸刀打开,检测刀夹在自由状态下两弹簧片间的距离≤7.5 mm,闸刀接触部分厚度≥9 mm。分、合闸动作灵活,定位及锁闭良好。

47. SS4G 型电力机车小修时,怎样对低压电器柜继电器进行检查?

答:(1)检查紧固各继电器及接线,各部应清洁。

(2)安装、按线牢固正确,线号齐全、清晰。

(3)触头无烧痕过热、变形、铜瘤,联锁、胶木架无裂损,外罩完好无损。

(4)过流继电器指示件及复原装置作用良好,与触头动作配合准确,各调整部分漆封完好。

48. SS4G 型电力机车小修时,怎样对电阻制动柜进行检查?

答:(1)吹扫清洁各元件及连线,应无灰尘。检查风速继电器安装牢固,动作灵活可靠。动作值为 294×(1±5%)Pa。微动开关动作灵活,接点可靠,接线紧固,作用良好。

(2)制动电阻外部检查应无变形,无裂纹、短路和放电痕迹,紧固无松动。

(3)电阻带阻值测量,用开尔文电桥测量电阻值应符合 0.90×(1±5%)Ω(归算至 20 ℃时的电阻值)。

(4)绝缘检测。用 2 500 V 兆欧表检查电阻带,对地绝缘电阻应不低于 10 MΩ,用 500 V 兆欧表检查风速继电器对地绝缘电阻应不低于 0.5 MΩ。

49. SS4G 型电力机车小修时,怎样对电子控制柜进行检查?

答:(1)电路板清洁,印刷电路清晰,不得有过热、变色。金属箔无脱起基板现象,框架安装牢固,不得松动。插件上元件无过热变色,电容无鼓包。

(2)检查各电子插件及冷却风扇信号灯显示正确。

(3)线束整洁,线号齐全,不得有短路过热现象,与机体无碰磨。接线端子完好。

(4)开盖检查清扫插件箱,背面连线无松脱、破损、互磨,清扫冷却风扇。

50. SS4G 型电力机车小修时,怎样对逻辑控制单元进行检查?

答:(1)外观检查应安装牢固,无外部损伤。各插件安装正确,各钮子开关作用良好,各连线、插座连接良好。检查各插件无烧损、放电痕迹。

(2)检查面板各钮子开关位置正确,电源指示灯、输出指示灯应显示正常。

(3)进行电空闸试验时,应注意各电空阀作用良好。

(4)测试装置 110 V、12 V、5 V 电压正常。

51. SS4G 型电力机车闭合劈相机扳钮,却无任何声音,怎样检查处理?

答:(1)检查现象:闭合劈相机扳钮,两台劈相机均不启动,各辅机时间继电器均未吸合。

(2)检查处理:

①检查操纵节自动开关605QA(辅机控制)跳时,重新合上。

②将司机台自起劈相机隔离开关591QS置另一位置,恢复正常,维持运行。

③若不行,可更换劈相机扳钮。更换劈相机扳钮有困难时,可短接劈相机扳钮(560～562号线)并将591QS打自动位,维持运行。

52. SS4G型电力机车因风速继电器故障造成机车预备不完成,怎样检查处理?

答:(1)故障现象:低级位机车电流正常,高级位(1.5级以上)"预备"灯亮,机车无流。

(2)故障处理:

①检查辅机脱扣是否动作,断电后恢复。

②观察辅台故障显示屏是否有辅机显示灯长亮,在确认该辅机工作后,将对应风速故障开关扳置故障位。

③各辅机工作正常,短接风速延时时间继电器530KT,429～432号线。

53. SS4G型电力机车小修时,怎样对PFC电容柜进行检查?

答:(1)检查装配螺栓、螺母,若发现松动,紧固。检查配线端子螺栓、母线固定螺栓等发现松动,紧固。检查电容发现漏油或外壳膨胀,更换。

(2)检查柜子内部各部件紧固件应清洁、牢固无松动。

(3)检查柜子内部各部件接线端子牢固无烧损现象,接线断股不超过10%,外包绝缘无破损,铜母线无变形,线地、线间绝缘距离足够。

(4)测量各电容参数符合要求。

54. 怎样检查辅助司机控制器的主轴、换向轴?

答:(1)外观检查主轴、换向轴不许有裂损、变形及过量磨耗。测量凸轮片和主轴、换向轴的配合间隙,不得松旷,间隙不大于0.2 mm,允许加垫调整,旷动严重时更换新凸轮片。

(2)凸轮片不许有裂损,变形。镶件牢固、完好。垫片不许裂损。更换凸轮片时解体前在零位须做一标记,以免装错。

55. 怎样检查控制电源柜中的电子板?

答:(1)检查电子板不许有过热变质,金属箔不许脱离基板。

(2)元件各焊点应牢固,不许有虚焊、短路现象。

(3)电阻不许有变形、短路、断路或过热变色、严重剥离现象,否则应更新。

(4)电容不许有过热、变形、内部短路、断路现象,否则应更新;导线布线整齐,插件插接灵活、可靠。

56. 怎样解体检查主司机控制器滚轮及主触指盒?

答:(1)外观检查滚轮,不许有变形、裂纹、破损。

(2)用螺丝刀拆下主触指各部,并用汽油清洗,清洁度符合有关规定。

(3)用锉刀清除触指烧痕。

(4)检查触头闭合情况,触指应接触良好,不许有烧痕。

57. HXD2 型电力机车 C1～C3 修时,怎样对 6A 系统外部设备接口卡进行外部和上电检查?

答:(1)外部检查:

①检查外部设备接口卡外观良好、各安装螺栓紧固。

②检查各连接插头、插座安装紧固无松动。

(2)上电检查:

①系统上电后,在 6A 系统音视频显示终端【系统设置】【机车信息】界面查看 LKJ 系统和微机系统的信息显示,确认机车车号、车次、辆数、计长信息与 LKJ 显示屏上所显示一致。

②检查 EXT 插件工作状态指示灯显示正常。

58. HXD3C 型电力机车 C1 修作业中,怎样对 110 V 电源装置进行检查?

答:(1)装置外观无异常。

(2)透过柜体侧面检查变压器、电抗器安装良好,外观无过热、烧损、放电痕迹。各接线连接良好,绝缘层无老化、破损、过热痕迹,线束防接磨良好。

(3)各转换开关动作灵活、外观良好。自动开关外观良好,处于闭合位。单元选择开关在自动位。

(4)两组装置工作时蓄电池充电正常。

59. HXD2 型电力机车 C1～C3 修时,怎样对 6A 系统走行部监测子系统进行外部检查?

答:(1)检查走行部监测子系统主机模块箱外观、安装固定状况状态良好。

(2)检查电源复位开关动作是否可靠;清洁插件面板(数码管等),检查插件紧固状态,检查插件把手是否完整。

(3)检查各传感器外观、安装固定状况,检查数据前置处理器的插头、插座紧固;检查连接插头、插座及线缆有无破损,安装是否正确紧固。

(4)检查连线外观是否完整,捆扎是否整齐、牢固;传感器的外观、插头均无损伤,状态不良须更换。

60. HXD3C 型电力机车 C1 修作业中,怎样对轴温报警装置车上部分进行检查?

答:(1)连接主机各电缆,线卡及防护件安装紧固,插头、插座安装状态良好。

(2)通电检查试验主机作用良好,指示灯显示正确。

(3)报警功能试验:将Ⅰ架和Ⅱ架的线缆 A1 或 A2 断开,微机显示屏应有对应转向架故障的报警信息发出。

(4)在 TCMS 微机屏上查阅轴报装置有无报警记录(试验记录除外),如有报警记录则按相关要求进行检修作业。

61. 怎样检修空气主断路器?

答:(1)检查连杆、风管,不许有裂损、变形,支架螺杆螺纹完好。

(2)用游标卡尺测量连杆销径向尺寸不小于 11 mm。

(3)外观检查主气缸体、缓冲气缸体、隔板、套筒,要求套筒表面、气缸体内壁光洁,无拉伤,轻微拉伤可修复,内径中修限度不大于 63.1 mm。用游标卡尺测量风缸体,其椭圆度不大于 0.3 mm。

(4)外观检查活塞环、活塞及活塞杆,要求表面光洁、无裂损。活塞环弹性良好,测量活塞环合口间隙不大于 0.5 mm。活塞及活塞杆不许有拉伤,活塞杆不许有弯曲。

(5)更新进风管接头内的弹簧、挡圈,更换不良活塞环、铜套。

62. 怎样检查低压电器柜辅助电路库用开关及电阻转换开关?

答:(1)刀片、刀夹应光洁,刀片的缺损宽度不大于原形的 1/10,缺损厚度不大于原形的 1/3。

(2)动刀片的紧固压力适当,转动灵活,动刀片与刀夹接触良好,其接触线长度应大于 80%,夹力正常。

(3)检查手柄不许有破损,紧固手柄;检查后部接线应紧固,不许有烧痕,紧固安装螺栓。

(4)用万用表检查辅助联锁通断情况。

63. 怎样对位置转换开关进行解体?

答:(1)拆除连接母线、电空阀、盖板及底座上的连接板的各固定螺栓,使牵制鼓与方向鼓各自独立。电空阀按相关工艺检修。

(2)拆除固定螺栓,取下联锁盒及传动风缸。松开拔叉螺钉,拆卸时不得损伤螺纹。用紫铜棒敲出圆锥销,拔出夹叉。

(3)松开触指组件下安装螺栓,取下触指组件。

(4)拆下转鼓。检查盖板及底座上尼龙套与转轴配合,其旷动量不大于 1 mm,过大时应更新尼龙轴套,拆除四根支柱下端螺母,将盖板与支柱一起取下,再拆除四根支柱、尼龙轴套,然后拆下转鼓。

64. SS4G 型电力机车小修时,怎样对牵引电动机刷架装置进行检查?

答:(1)用高压风吹去刷握内的粉尘,并用干净的白布仔细擦拭。刷握、绝缘杆及聚四氟乙烯套管清洁,无松动、裂损及放电痕迹,固定可靠。

(2)压指与弹簧不得有断裂或疲劳现象,压指支承轴不许有松晃。

(3)检查弹簧作用正常。

(4)电刷应无裂纹,刷辫无过热、松脱;电刷接触面缺损小于 10%,电刷长度不小于 35 mm,电刷与换向器接触面积不小于 85%,同一副电刷两片长度差不大于 0.5 mm,同一刷握电刷长度差不大于 5 mm,同一电机必须使用同一厂家同牌号的电刷否则更换。

(5)刷握连线固定可靠、绝缘良好,不许有断裂;绑线杆齐全无断裂。

(6)刷架圈无松动,定位螺栓、胀紧螺栓、锁紧螺母紧固良好。

65. SS4G 型电力机车受电弓升不起故障时,应怎样检查处理?

答:(1)故障原因:高压室门未关好、门联锁不良、琴键开关不良、风压低、143 塞门关闭、147 塞门关闭或 515KF 接点不良、587QS 在故障位、1YV 故障。

(2)故障现象:按升弓琴键开关后,网压表无网压显示,故障显示屏显示"零压"。

(3)故障处理:

①控制电压正常,换弓操作(车顶部风管破损、琴键开关不良)。

②检查高压室门,门联锁恢复位置。

③强迫升弓(风压正常,风管完整)。用专用卡子卡住 1YV(Ⅰ端电器室上部)、287YV(制动屏柜内)。

66. 怎样检查高压电器柜的主接地保护装置电阻、电容?

答:(1)外观检查电阻绕线管不许有破损、放电、烧损等不良现象,电阻表面珐琅不许有过热变色,剥离不超过原形的 1/10,否则应更新,有轻微剥离应用环氧树脂涂封处理,检查各引接线不许有破损、过热、老化,截面折损不大于原形的 1/20,检查各紧固件应齐全、可靠。

(2)外观检查电容不许有破损、放电烧痕及渗漏绝缘介质液,焊接及安装牢固可靠。

(3)分别用万用表及电容表测量电阻、电容值须符合下列要求:

电阻(191、192R)电阻值为 500×(1±10%)Ω。

电阻(193、194R)电阻值为 300×(1±10%)Ω。

电阻(195、196R)电阻值为 7.5×(1±10%)kΩ。

电容(197、198C)电容值为 5×(1±10%)μF。

67. 怎样检修辅助司机控制器的阻尼装置?

答:(1)用尖嘴钳取下弹簧,用卡簧钳取下挡圈,取下杠杆,并用汽油清洗。

(2)检查弹簧不许有断裂,弹性应良好。

(3)检查杠杆不许有变形,裂纹。清洗垫块,检查垫块不许有破损。

(4)检查插座、电线路。外观检查插座应完好,不许有烧损;导线不许有过热烧损,绝缘不许老化;导线焊接、压接良好,接线紧固,线号正确、清晰、齐全。

(5)检查电位器。外观检查电位器安装牢固,各线焊接良好,手动无阻滞现象。用万用表测量电位器总阻值应为 250×(1±5%)Ω。观察电阻值上升,下降应平稳,不得有冲击现象。

68. 使用双臂电桥时应注意些什么?

答:(1)根据被测电阻的大小选择相应的倍率。

(2)电池电压不足及时更换,否则影响电桥灵敏度。

(3)在测量具有电感的电阻时,应先接通电源再接通检流计,断开时相反。

(4)电桥不用时将检流计锁住。

(5)接线:将被测电阻的一对电压端(P)接在一对电流端(C)的内侧,即:$C_1P_1—P_2C_2$。

69. HXD_1 型电力机车 C1～C3 修时,怎样对 6A 系统自动视频监控及记录子系统进行通电检查?

答:(1)自检过程和进入工作状态各指示灯显示正确。

(2)音视频显示终端不许有故障信息显示。

(3)所有摄像头显示画面正常、清晰,监控区域无偏移。

(4)音视频显示终端视频字幕时间、速度、公里标、车次、机车号、监控区域、硬盘录像标识(REC)等信息显示正确。

(5)检查拾音器外观完好,连接线缆无老化、破损,连接可靠;安装牢固无松动,清洁表面尘土及污物。检查视频外挂 U 盘装置紧固件齐全、安装牢固,延伸线连接紧固无破损;U 盘接口应无异物、无损坏。拾音器 MIC 孔处应清洁无异物。

(6)检查音视频数据转储装置外观良好,连接牢固。使用专用数据转储 U 盘进行音视频数据转储,转储功能须正常。检查试验拾音器录音功能应正常。检查试验 U 盘转储功能应正常。

70. 怎样对自动过分相进行试验?

答:(1)手柄置向前、牵引状态,提手柄给电流约 200 A,将试验用磁铁从 T1 车感器下划过,装置接收到预告信号,司机室内蜂鸣器闪光并发出提示声约 6 s,20 s 后微机柜封锁脉冲降电流,30 s 后断主断。

(2)机车状态同上,将信号处理装置上的电源开关开断一次,使装置复位,按压司机台切除按钮后,在 1 min 内将试验用磁铁从 T1 车感器下划过,蜂鸣器闪光并发出提示声,但微机柜不封锁脉冲、不断主断。

(3)机车状态同上,将信号处理装置上的电源开关开断一次,使装置复位,将磁铁从 T2 车感器下划过,装置发出强迫断信号,微机柜立即封锁脉冲、断主断。

71. SS_{4G} 型电力机车调速手轮 1.5 级以上电流正常,25 s 后无流预备失败,应怎样处理?

答:(1)确认显示屏是否有某一辅机灯亮,恢复相对应的三相自动开关。

(2)确认风机工作正常,处理相应风速环节或人为顶死 556KA。

(3)确认风机故障,将其对应的风机隔离开关置于故障位。甩掉故障风机后,要使用电阻制动,须将其对应的两台电机隔离闸刀置下合位。

72. SS4G 型电力机车辅小修时,怎样对 PFC 开关柜进行检修?

答:(1)外观检查骨架、各电器设备应无损坏及灰尘附着。

(2)检查柜子内部各部件紧固应牢固无松动。

(3)检查柜子内部各部件接线端子牢固无烧损现象,接线断股不超过 10%,外包绝缘无破损,铜母线无变形,线地、线间绝缘距离足够,满足要求则用毛刷及棉丝沾汽油清洗外表,否则进行调整及更换。

(4)检查各绝缘件应无污损。

(5)检查电流互感器、电压传感器精度须分别符合 0.5 级,1 级的要求,不许有破损、变形以及绝缘损坏,满足要求则用毛刷及棉丝沾汽油清洗外表,否则更换。

73. SS4G 型电力机车辅小修时,怎样对变流装置进行检修?

答:(1)检查触发线、换相电阻、换相电容外接线,应无过热、放电痕迹,快速熔断器瓷件清洁、完整,指示器无跳出。

(2)检查各连接螺栓及母线紧固应无松动和发黑现象。

(3)检查脉冲输出集成块插套应无松动,输入(低压)与输出(高压)导线之间不应相磨,或摆放太近(距离大于 25 mm)。

(4)检查风速继电器动作应灵活可靠。

(5)检查护头、杆座连接可靠。清扫风道、元件、面板、各电阻、电容、触发脉冲模块,支持绝缘子等处的灰尘。

74. SS4G 型电力机车辅小修时,怎样检查辅助机组转子?

答:(1)转子转动灵活,无阻滞及摩擦现象,自冷风叶完好。

(2)直流电机换向器工作面光洁,无毛刺、放电、拉伤痕迹,并清除沟槽内污垢。

(3)直流电机换向器升高片无开焊及甩锡现象。

(4)直流电机换向器前压圈外包绝缘良好,无油垢及放电痕迹。

(5)直流电机电枢可见部分绝缘良好,无纬带无缺损、松动及过热、变色。

75. SS4G 型电力机车辅小修时,怎样检查牵引电动机的接线盒?

答:(1)开盖检查,接线柱线头应完整,接触良好,无过热、放电痕迹。

(2)引出线固定可靠,绝缘子及套管清洁,无松动、裂损、灼伤现象。

(3)各螺栓、螺母齐全,紧固良好,防缓件齐全良好。

(4)接线盒盖、密封毡垫及安装螺栓齐全、紧固良好。

(5)测量引出线与机座引线孔距离应不小于 10 mm。

76. 怎样降低触头的接触电阻?

答:(1)两个导体相接触,在它们之间产生的电阻称为接触电阻。

(2)接触电阻的大小与导体的接触情况及导体的材料有直接关系。

(3)为减少接触电阻,在电器主触头上装有研磨弹簧,以保证触头在接触时有足够的研距和超程,增加接触压力和消除氧化膜。

(4)在小型触头表面,则采用镀锌或镀银的方法,防止氧化,提高导电性能,以减少接触电阻。

(5)另外,机车上的导线接头采用镀锡,或用锡焊接的线鼻子,同时用螺栓紧固,使其接触牢固,增大接触面积,减少接触电阻。

77. HXD2 型电力机车 C3 修作业中,怎样对接地开关进行外观检查?

答:(1)接地开关安装牢固,无松动。

(2)检查各接地钥匙齐全作用良好。

(3)检查接地操纵杆,外观良好,安装牢固。

(4)检查软连线,无断裂、磨损。电气回路接线端子紧固无松动。

(5)检查闸刀、触头弹簧片的外观、磨损和清洁度,闸刀受损或触头弹簧片变形或断裂,或磨耗较大(接触板在主断路器接触部分的厚度<9.3 mm)应及时更换。

78. HXD2 型电力机车 C1～C3 修时,怎样对 6A 系统音视频显示终端进行外部和上电检查?

答:(1)外部检查:

①检查音视频显示终端外观良好、各安装螺栓,清洁表面灰尘。

②检查各连接插头、插座安装紧固无松动。

(2)上电检查:

①检查屏幕上下亮度一致,字符、图形显示正确清晰。

②检查按键状态良好,触摸灵敏,背光调节和音量调节功能正常。

③检查触摸屏各功能正常,按键背光正常,保险管正常,复位按键正常。

④检查语音提示功能:语音提示、报警音正确、清晰。

79. 当 HXD3C 型电力机车空压机不工作时,应怎样处理?

答:(1)将空压机自动开关 QA19、QA20 重新闭合,然后查看 TCMS 屏【空气压缩机故障】信息是否消除、多功能状态显示灯“空压机”红灯灭。

(2)将操纵台上压缩机扳键开关打至强泵风位,确认显示屏内空压机工作状态。

(3)只有一台空压机工作,仍可维持运行。

(4)如两台压缩机仍然不工作,停车请求救援。

80. HXD3C 型电力机车 C1 修作业中,怎样对 TCMS 进行检查?

答:(1)控制柜内部清洁无积尘。连接器、配线等无松动,连接器插接基板安装良好,绑扎牢固,外观良好,无过热、烧损。

(2)各插件、机箱安装牢固,外观良好。

(3)各继电器安装良好,固定装置作用良好,继电器无过热、裂损。

(4)网关插头紧固,连线等无松动。

(5)利用专业软件下载 TCMS 故障记录并分析保存。

81. HXD1 型电力机车 C1～C3 修时,怎样对变流器进行检查?

答:(1)外观检查变流柜体盖板安装可靠,无松旷、变形;柜体两侧的插头、插座无破损、过热、烧损,紧固状态良好;接地线齐全紧固。

(2)确认中间直流电压、冷却水温度及压力值显示正常;高压指示灯显示正常。

(3)外部冷却回路不许有渗漏。

(4)检查冷却风扇工作正常,无异音。

(5)外观检查充电电阻、固定放电电阻状态良好,电容无鼓胀、漏液,连接端子不许有松动。

(6)接触器外观良好,不许有机械损伤和金属堆积物;无烧损、阻滞现象;辅助触头动作灵活无松动。

(7)检查接触器主触头状态良好,无烧损、阻滞现象。

(8)外观检查各部件、电线路及连接器可见部分无过热、烧损。各部位及零部件紧固件齐全无松动。

(9)更新门盖板不良密封条,清洁内部灰尘。

(10)检查控制机箱及电子插件、电缆插头无松动,配件齐全;各整流、逆变模块接线牢固,输入输出铜排连接部位无烧损,门极驱动板、光纤、连接器无松动。

(11)外观检查同步变压器、风机隔离变压器无变色、变形、烧损等异常现象。

(12)外观检查电压、电流传感器无破损、开裂,各线路连接状态良好;电流检测板器件功能正常,插头不许有松动。

(13)外观检查水压、温度传感器无破损、开裂。

(14)清洁斩波风机,检查斩波风机紧固可靠,转动正常,无异音。

82. 怎样清扫检修高压连接器?

答:(1)用汽油清扫检查羊角和喇叭形头部,表面清洁,不许有裂损。

(2)用汽油清扫顶杆和轴套、限位键。要求各部件不许有变形、裂损。

(3)用汽油清扫盖板装配,检查盖板、喉箍不许有变形、裂损,弹簧不许有疲劳现象。

(4)用汽油清扫支承座体,检查各部不许有变形、裂损,作用良好。

(5)检查锁止器,不许有变形、裂损。

(6)清扫检查连接线、分流线,不许有过热、氧化及断股现象,否则应更新。

(7)更新波纹管和不良圆弹簧。

(8)支持瓷瓶按相关工艺检修。

(9)检查各外露铁件,如有脱漆现象,应重新涂刷瓷漆。

83. 怎样检修位置转换开关的触指组件?

答:(1)用汽油、毛刷清洗触指组件,清洁度符合有关规定。

(2)检查软连线,其折损截面积不大于原形的5%,否则应更新。检查弹簧,不许有变形、疲劳、裂损,否则应更新。检查触头弹簧螺杆及止钉,不许有开焊,止钉铆接牢固,不许有松动。

(3)锉修打磨触指烧痕,更新烧损严重及到限的触指,触指厚度不小于6 mm,接触良好。每组两触指位置应与安装板垂直,相互间不应有卡滞与不平行现象。

84. 怎样清洗、检修压力继电器?

答:(1)用汽油清洗各部件(橡胶件除外)用0.2~0.3 MPa干燥的压缩空气吹干,用白绸布擦净。

(2)更新微动开关。

(3)更新不良橡胶膜板。

(4)外观检查活塞、压板、不许有裂损、变形、锈蚀。

(5)外观检查弹簧状态良好,不许有疲劳及断裂现象,否则应更新。

(6)检查压力开关的通风孔道应畅通,否则清除堵塞物。

85. 怎样检修轴温监测报警装置的网络线?

答:(1)各线外观无磨损、挤压等现象,否则更新。

(2)各航空插头(座)表面如有油污等异物应予以处理或更新。

(3)各航空插头(座)各插孔(针)应无腐蚀、氧化现象,否则予以更换。

(4)各线的导通性能应可靠,否则予以修复或更新。

(5)航空插件的各芯之间应互不相通。

(6)如网络线上的航空插件损坏更换时,应保证焊接质量装好尾部防水组件,确保其防水性能。

(7)网络连线的航空插头(座)的引脚定义同传感器插头,各引脚确保1、2、3、4脚之间不短路。

86. 怎样对控制电源柜进行检查试验?

答:(1)将电子板隔离,硅元件正负极短接,用500 V兆欧表测量输入、输出回路对地绝缘电阻值应大于2 MΩ。

(2)测试110 V电源的输入交流电压为$396^{+25\%}_{-30\%}$ V。

(3)测试110 V电源的输出直流电压为110×(1±5%)V(并联蓄电池运行)。

(4)测试110 V电源的额定输出直流电流为50 A。

(5)测量110 V电源的静态电压脉动有效值小于5 V(并联蓄电池运行)。

(6)测量110 V电源的限流额定值为55×(1±10%)A。

87. SS4G型电力机车小修时,怎样对互感器及一般变压器进行检修?

答:(1)擦拭高压瓷瓶,标准同变压器。

(2)检查高压电流互感器瓷瓶顶盖应密封良好,不得有漏雨,导电杆装配紧固。

(3)各部清洁,接线牢固,铁芯及安装螺栓不得松动。

(4)接线端子应清洁紧固,绝缘良好,线号清晰齐全。

(5)线圈无断路,外部绝缘无变色及破损。

(6)高压电压互感器油位总体应在上刻线(+40 ℃)与最低刻线(−25 ℃及−30 ℃)之间,夏季油位根据环境温度调整在上刻线(+40 ℃)与中间刻线(+20 ℃)之间,冬季油位根据环境温度调整在中刻线(+20 ℃)与最低刻线(−25 ℃及−30 ℃)之间,检查蓝色吸湿剂是否变色,当吸湿剂 2/3 变成白色或淡红色时,应进行干燥处理或更换。

(7)绝缘检测:用 2 500 V 兆欧表测量一、二次线圈对地绝缘,应符合一次线圈不小于 1 000 MΩ,二次线圈不小于 500 MΩ 的要求。

(8)高压电压互感器变压器油按规定进行化验。

88. SS4G 型电力机车小修时,怎样对空气主断路器进行检查?

答:(1)检查瓷瓶无破损,清洁瓷瓶表面。瓷瓶表面破损面积小于 3 cm^2,涂快干绝缘漆处理,否则下车检修。

(2)隔离开关动作灵活,触头接触良好,动触杆安装牢固无裂纹、松动及变形,动、静触头中心轴线接触偏差、接触长度、隔离开关动静触头厚度,隔离开关闭合位时两动触头的间隙,均应符合要求。

(3)风缸、主阀及各管接头无泄漏,各密封圈无裂损、老化及变形。

(4)外观检查法兰盘与轴配合无松旷,鼠尾销安装牢固,弹簧无断裂现象。

(5)连接插座及辅助联锁各部清洁,无裂纹、变形,传动机构作用良好,触头接触良好。

(6)分、合闸线圈安装及接线无松动,绝缘无破损及过热,衔铁动作灵活无卡滞,衔铁与起动阀阀杆的间隙为 5～10 mm。

89. SS4G 型电力机车牵引无流(预备灯灭)故障,应怎样检查处理?

答:(1)故障现象:预备灯灭,手轮进级全车无牵引电流。

(2)故障处理:

①将两节车电子柜开关同时打 B 组。操纵时注意:牵引时无恒流限压,应缓慢进级,电阻制动时注意控制励磁电流过载和制动电流超过最大值。

②用辅台操纵(将两节车电子柜开关同时打 B 组)。

③运行监控记录器故障,短接 558～1558 号线(操纵节司机室主机侧)。标准化司机室在 2 号低压柜卸载中间继电器 668KA 上。

④零位延时继电器 532KT 故障,短接 503～531 号线。

⑤检查操纵节 569KA 应在失电状态,非操纵节 569KA 应在吸和状态。

90. 怎样检修低压电器柜电阻?

答:(1)不许有烧痕、放电现象。管形电阻珐琅有过热变色及剥离超过 1/10 者应更新。劈相机起动电阻不许有变形、裂损、短路、断路,抽头、接头焊接牢固,截面缺损不得超过原形的1/10,各电阻安装及紧固螺栓应良好,用电桥或万用表测量电阻值。

(2)劈相机起动电阻(263R),在20 ℃的电阻值为0.79×(1±10%)Ω。

辅助电路过压保护电阻(260R),在20 ℃时的电阻值为5×(1±10%)Ω。

分相起动电阻(264R)电阻值为1×(1±10%)kΩ。

零压保护电阻(261R)电阻值为200×(1±10%)Ω。

辅助接地电阻(262R)电阻值为200×(1±10%)Ω。

91. SS4G型电力机车小修时,怎样对变压器进行检查?

答:(1)擦拭高压瓷瓶,表面光洁,无裂纹漏油及放电痕迹。表面缺损面积小于3 cm^2时,可涂快干绝缘漆处理,否则更换。

(2)油箱体、箱盖、储油柜、油位表、冷却柜、波纹管、油流继电器、套筒及各阀(压力释放阀)接头均不得漏油。油位表玻璃管清洁,主变压器油位总体应在上刻线(+40 ℃)与最低刻线(-25 ℃及-30 ℃)之间,夏季油位根据环境温度调整在上刻线(+40 ℃)与中间刻线(+20 ℃)之间,冬季油位根据环境温度调整在中刻线(+20 ℃)与最低刻线(-25 ℃及-30 ℃)之间。

(3)检查蓝色吸湿剂是否变色。硅胶罐无破裂,各部安装良好。当吸湿剂2/3变成白色或淡红色时应进行干燥处理或更换。

(4)各连接母线螺栓固定可靠,铜排、母线无过热,绝缘良好,标志清晰齐全。

(5)信号温度计安装牢固,状态良好,显示温度与环境一致。

(6)各端子板清洁干净,无放电烧损现象,安装牢固。

(7)检查油流继电器,外观无损,安装牢固,接线紧固可靠,作用良好。

(8)一次测绕组接地线完好、紧固、不过热。按规定对变压器油进行化验。

(9)升弓前必须对主变压器网侧绕组(主变原边)进行相应对地绝缘检测,主变压器网侧绕组(主变原边)对地绝缘要求:用2 500 V兆欧表测量,大于100 MΩ。

(10)测量主变压器冷态直流电阻。

92. 怎样清扫、检修空气干燥器的电控盒及加热装置?

答:(1)用汽油、棉丝擦去控制器表面的污垢。

(2)用毛刷清扫插座清洁,不许有烧痕、变形,插接牢固、定位装置良好,清扫导线、面板、印刷电路板上的灰尘,用汽油擦拭干净。

(3)检查布线。导线清洁,不许有过热、烧损、破损和绝缘老化现象;导线排列整齐,焊接良好,接线紧固,线号齐全,标识清晰、正确。

(4)保险管紧固,各部不许有裂损。用万用表检查保险管应良好。

(5)用万用表检查发光二极管。更换时注意极性。

(6)检查印刷电路板,印刷电路板座应清晰,不许有脱起,板面不许有大面积过热、变色,基板不许有炭化。

93. 怎样清洗检查逻辑控制单元(LCU)的各插件?

答:(1)用毛刷和酒精清洗各电子插件,要求无灰尘、积垢,板面光洁。

(2)检查插件正面的元件,元件无烧损、虚焊、开焊及放电痕迹,管脚以及集成块的管座焊接牢固,集成芯片与插座接触良好,连接紧固。

(3)检查插件板上的紧固架,安装牢固,无变形及裂纹。

(4)检查插件各插针、插孔,要求不倾斜,不变形,无放电及烧损痕迹。

(5)检查各插件印刷电路板,要求线路清晰,无脱起,无大面积过热、变色现象,基板无炭化。

(6)在专用试验台上测试各插件性能符合技术要求。

94. SS_{4G}型电力机车小修时,怎样对司机室电器、司机控制器及电空制动控制器进行检查?

答:(1)用干净的干棉布擦除司机控制器的污垢,直观检查应状态良好,各操作手柄应灵活,无过紧、卡滞或松旷现象。

(2)用0.2～0.3 MPa的压缩空气吹扫各部及用毛刷清扫各部灰尘。检查各紧固件应无松动,外表面镀层、油漆无脱落,绝缘件无裂纹。检查定位簧片和定位杠杆应无松动变形,定位凸轮应无磨损过度。

(3)检查主轴和换向轴凸轮应无裂纹、变形或脱落。检查辅助触头盒应无烧损,插件应无异常。检查电位器上的联轴器应无松动、脱落。

(4)检查各连接线,接线应牢固,接线端子、线号齐全,标牌完整清晰,导线不得与其他机件碰磨,绝缘无破损。

95. HXD_1型电力机车C1～C3修时,怎样对低压电器柜进行检查?

答:(1)外观检查低压柜体盖板安装可靠,无松旷、变形;柜体两侧的插头、插座无破损、过热、烧损,紧固状态良好;接地线齐全紧固;滤尘板清洁无破损,冷风扇无破损,转动正常,无异音。

(2)继电器检查:外观检查各继电器无烧损,防尘罩无破损,指示件齐全,安装牢固;目测内部可见部分触片无变形,线圈无异常;各接线无过热、接磨、断股,紧固良好;各继电器应动作灵活可靠,无卡滞现象。

(3)接触器检查:检查灭弧罩清洁无裂损,基体无裂纹。开盖检查动静触头无熔瘤及严重烧痕,动触头托架及触片无裂纹、变形、开焊(独立式结构灭弧罩);接线无过热、脱落,安装牢固。

(4)辅助触头检查:检查各辅助触头组件安装牢固,外壳无破损、炭化,标识清晰。

(5)接线端子:各接线端子清洁、完好、无烧伤;支持绝缘子清洁、完好、无灼伤;接线紧固,无过热、烧损,线鼻子及铜排无破损,过热。电缆线断股不许超过原截面的5%。

(6)开关:外观检查自动开关及三相开关、旋转开关完整,安装牢固,无破损、过热、烧损,动作灵活无卡滞,通断可靠,接线正确紧固。更换不合格的开关。

(7)外观检查各电阻、电容及二极管等无异常,接线及焊接牢靠。

(8)外观检查接地检测装置无破损,显示屏清洁显示清晰,表面无划伤,按钮(按键)完整,作用良好,接线(连接器)良好,无破损、过热,绝缘无老化。

(9)外观检查电度表清洁无破损,显示屏显示清晰,表面无划伤,接线(连接器)良好,无破损、过热,绝缘无老化。

(10)外观检查单项隔离逆变电源散热器清洁,无积垢、裂损及松动,安装螺栓齐全紧固;连接器良好,无破损及损伤、过热,绝缘无老化。

(11)自动过分相控制盒:外观检查无损坏,安装牢固,接线状态良好。

(12)自动过分相装置下车检查、试验。

96. HXD_2 型电力机车 C1～C3 修时,怎样对 6A 系统制动子系统防折关模块进行外部检查?

答:(1)检查制动子板与母板插座接触可靠无松动。

(2)检查子板和主板之间的铜柱和固定螺钉无松动。

(3)检查板卡外观清洁良好。

(4)检查流量变送器外观良好,螺栓无松动。

(5)检查连接插头、插座及线缆外观,安装是否正确紧固,线缆有无破损,捆扎是否整齐、牢固。

(6)检查风路连接状态,无泄漏。

(7)定压状态下,对变送器壳体两端和上盖等结合部涂肥皂水,观察应无泄漏。

97. HXD_2 型电力机车 C1～C3 修时,怎样对机车牵引力进行试验?

答:(1)试验前应将机车制动,制动缸压力为 300 kPa。

(2)选择方向向前,制动手柄解锁按钮,推动手柄向前,看牵引力显示不超过 25%(向前、非零、牵引),开走廊门听各风机无异音。

(3)将调速手柄向前缓缓推向牵引区,观察二个转向架的绿色牵引力的产生(静止试验牵引力的总和不得超过 70 kN)。

(4)调速手柄回零位。

(5)换向手柄置(向后、非零、牵引),试验牵引力的方法同前进位。

(6)切除辅助变流器 2,听主变流风机和牵引通风机无异音,试验完成后恢复。

98. 当 HXD_2 型电力机车压缩机故障(如不启动或排风不止或其干燥器故障等)**时,应怎样处理?**

答:(1)可先将主压缩机扳键开关(Z-CPR)置于强位并保持,看压缩机是否启动,如启动则是压力开关问题。

(2)其次可看微机柜上压缩机断路器是否跳开，如跳开需闭合断路器；如果是单节压缩机或其干燥器故障，可在显示屏【控制—隔离】界面将故障节压缩机隔离，运用时要注意结合使用强泵操作，使总风压力保持在 800 kPa 以上。

(3)有条件停车后，可在安全解锁后，打开辅变流柜，查看相应的压缩机断路器(DJ-CPR)是否跳开，如跳开可对其进行恢复，重新投入工作后如果断路器仍跳开，需报修。

99. HXD$_2$ 型电力机车 C1～C3 修时，怎样对辅助变流柜进行清扫检查？

答：(1)柜内清洁，各电器件外观有无异常，各触器、断路器状态正常。

(2)各模块和组装件紧固件齐全，完好，无松动。

(3)清扫柜体内部灰尘、异物，检查接线螺栓是否完好，无松动。

(4)目视检查电压信号氖灯(欠电压)。

(5)检查各连接器及接线部位有无烧损，是否需要更换。

(6)充电机模块散热器吹扫。

(7)二极管模块散热器吹扫。

(8)三相逆变器模块散热器检查、清扫。

(9)降压斩波模块散热器吹扫。

100. 当 HXD$_{3C}$ 型电力机车 DC 110 V 电源装置(PSU)不工作时，应怎样处理？

答：(1)断主断、QA47、QA63 后，然后重新闭合 QA47、QA63，再合主断，观察控制电压显示 110 V 且不下降后，继续运行。

(2)上述方法处理无效时，按下列方法处理：

①PSU 装有外置转换开关的机车。前方站停车；断主断、降弓，断蓄电池开关；将充电装置转换开关打另一组；间隔 1 min 后，闭合 QA61 开关，升弓、合主断，观察控制电压显示 110 V 且不下降后，继续运行。

②观察 TCMS 与电源柜之间通信是否正常，若不正常则需进行大复位，若不影响机车正常充电，则可回段里后再做相应处理。如果两组充电装置都不工作，请求救援。

S1　常用仪表及照明灯具的识别、安装及接线

1. 考场准备

要求场地内准备检修作业平台、电压表、电流表、速度表、机车照明灯具、机车前照灯、司机控制操作台、机车电工常用工具和相关配件及材料。

2. 材料工具准备

序　号	名　称	规　格	数　量	备　注
1	机车电工常用工具		1套	
2	万用表		1块	
3	压线钳		1把	
4	扳手		1把	

3. 考核要求

(1)被认定人入考场后,首先由裁判告知题目,其次由被认定人检查准备工具,到实作场地确认作业环境,当被认定人告知裁判可以开始时,由裁判员开始计时。

(2)考核时间为 20 min,考核期间,被认定人可以对现场作业和工艺范围要求不符的情况进行说明。

(3)在被认定人检修作业期间,裁判可以依据考评项点向被认定人提问,以确认被认定人检修过程是否有依据。

(4)考核过程若被认定人出现配件、工装机具等毁坏情况和人身伤害时,终止考试,成绩为 0。

(5)考核完毕后,由被认定人在评分表上签字确认。

4. 考核评分

(1)考评人员 3 名以上。

(2)评分程序及规则:考评员根据考生操作情况对照计分标准在评分表上给予记录评分。

(3)算分方法:采用百分制,满分 100 分,60 分及以上为合格。

职业技能等级认定
铁路机车电工(中级工)实作技能考核评分记录表

单位：＿＿＿＿＿　姓名：＿＿＿＿＿　准考证号：＿＿＿＿＿　工种：＿＿＿＿＿　级别：＿＿＿＿＿

试题名称：常用仪表及照明灯具的识别、安装及接线

考核时间：20 min

操作开始时间：　时　分　　　　操作结束时间：　时　分

项　目	考核内容及评分标准	扣分因素及扣分	得　分
作业程序(20分)	1. 工序错乱扣6分		
	2. 工作中返工扣10分		
	3. 作业后未按要求恢复、整理扣4分		
作业质量(50分)	1. 识别常用型号的电压、电流表、电度表、速度表等，并简要说明其用途、安装方法。识别错误扣5分；用途、安装、接线错误，一个扣5分		
	2. 识别常用型号的机车照明灯具，并简要说明其安装位置、安装方法、接线方法。识别错误，一个扣5分；安装位置、安装方法、接线方法叙述错误，一个扣5分		
	3. 按电压表的安装和接线图纸正确安装和接线。安装方法错误扣5分；接线方法错误扣5分；安装、接线螺栓松动，一处扣2分		
	4. 按前照明灯的安装及接线图纸正确进行安装和接线。安装方法错误扣5分；接线方法错误扣5分；接线螺栓松动，一处扣2分；前照明灯不能正常工作扣10分		
	5. 剥线钳子、螺丝刀、扳手正确使用。不正确使用扣2分		
工具设备使用(10分)	1. 开工前未检查工、量具及设备，收工时不整理扣2分		
	2. 工、量具及设备使用不当扣2分		
	3. 工、量具脱落扣2分		
	4. 工具、设备损坏扣4分		
考核时间(10分)	每超1 min扣2分，超过10 min失格		
作业安全(10分)	1. 未按规定着装扣2分		
	2. 工作场地不整洁扣2分		
	3. 工件、工具摆放不整齐扣2分		
	4. 违章或违反安全事项扣4分		
	5. 发生事故失格		
合计(100分)			

考评员签名：　　　　　　　　认定人：　　　　　　　　年　月　日

S2　6C 系列电磁接触器的检修

1. 考场准备

要求场地内准备检修作业平台、SS_4 型电力机车 6C 系列电磁接触器、压缩空气装置、可调直流电源、机车电工常用工具和相关配件及材料。

2. 材料工具准备

序　号	名　称	规　格	数　量	备　注
1	机车电工常用工具		1 套	
2	万用表		1 块	
3	内六角扳手		1 把	
4	什锦锉		1 把	
5	测力计		1 个	
6	毛刷		1 把	
7	专用钢卡		1 个	

3. 考核要求

(1)被认定人入考场后,首先由裁判告知题目,其次由被认定人检查准备工具,到实作场地确认作业环境,当被认定人告知裁判可以开始时,由裁判员开始计时。

(2)考核时间为 20 min,考核期间,被认定人可以对现场作业和工艺范围要求不符的情况进行说明。

(3)在被认定人检修作业期间,裁判可以依据考评项点向被认定人提问,以确认被认定人检修过程是否有依据。

(4)考核过程若被认定人出现配件、工装机具等毁坏情况和人身伤害时,终止考试,成绩为 0。

(5)考核完毕后,由被认定人在评分表上签字确认。

4. 考核评分

(1)考评人员 3 名以上。

(2)评分程序及规则:考评员根据考生操作情况对照计分标准在评分表上给予记录评分。

(3)算分方法:采用百分制,满分 100 分,60 分及以上为合格。

职业技能等级认定
铁路机车电工(中级工)实作技能考核评分记录表

单位:_________　姓名:_________　准考证号:_________　工种:_________　级别:_________

试题名称:6C 系列电磁接触器的检修

考核时间:20 min

操作开始时间:　时　分　　操作结束时间:　时　分

项　目	考核内容及评分标准	扣分因素及扣分	得　分
作业程序(20 分)	1. 工序错乱扣 6 分		
	2. 工作中返工扣 10 分		
	3. 作业后未按要求恢复、整理扣 4 分		
作业质量(50 分)	1. 各部清洁,安装、接线牢固,触头接触良好。不符合要求扣 5 分		
	2. 触桥不得有过热现象。触头不得有熔瘤、裂损,其厚度、压力、开距、超程均符合工艺技术要求。不符合规定扣 5 分		
	3. 电磁机构良好,线圈不得有短路、断路。不符合规定扣 5 分		
	4. 电磁机构良好。衔铁支持稳固、动作灵活。不符合规定扣 5 分		
	5. 杠杆、底座及弹簧盒良好,符合工艺要求。有裂损扣 5 分		
	6. 杠杆、底座及弹簧盒良好,符合工艺要求。弹簧有断裂或疲劳现象扣 5 分		
	7. 灭弧罩不得有裂损及严重缺陷。不符合要求扣 5 分		
	8. 灭弧栅可靠,开距及超程符合限度规定。超限扣 5 分		
	9. 辅助联锁不得有变形、过热现象。不符合要求扣 5 分		
	10. 辅助联锁接触可靠。开距及超程符合限度规定。超限扣 5 分		
工具设备使用(10 分)	1. 开工前未检查工、量具及设备,收工时不整理扣 2 分		
	2. 工、量具及设备使用不当扣 2 分		
	3. 工、量具脱落扣 2 分		
	4. 工具、设备损坏扣 4 分		
考核时间(10 分)	每超 1 min 扣 1 分,超过 10 min 失格		
作业安全(10 分)	1. 未按规定着装扣 2 分		
	2. 工作场地不整洁扣 2 分		
	3. 工件、工具摆放不整齐扣 2 分		
	4. 违章或违反安全事项扣 4 分		
	5. 发生事故失格		
合计(100 分)			

考评员签名:　　认定人:　　年　月　日

S3 小型直流电机的检修

1. 考场准备

要求场地内准备检修作业平台、小型直流电机、压缩空气装置、可调直流电源、电机短路测试仪、百分表及磁性表座、定温电热油槽、机车电工常用工具和相关配件及材料。

2. 材料工具准备

序 号	名 称	规 格	数 量	备 注
1	机车电工常用工具		1套	
2	轴承拔出器		1瓶	
3	套筒扳手		1把	
4	开口扳手		1把	
5	兆欧表	500 V	1块	
6	毫伏表		1块	
7	电桥		1个	
8	毛刷		1把	
9	手锤		1把	
10	钢板尺		1把	
11	黄铜棒		1把	
12	外径千分尺		1把	
13	木锤		1把	
14	游标卡尺		1把	
15	弹簧秤		1个	
16	内径百分表		1个	
17	石棉手套		1副	
18	塞尺		1把	

3. 考核要求

(1)被认定人入考场后,首先由裁判告知题目,其次由被认定人检查准备工具,到实作场地确认作业环境,当被认定人告知裁判可以开始时,由裁判员开始计时。

(2)考核时间为 30 min,考核期间,被认定人可以对现场作业和工艺范围要求不符的情况进行说明。

(3)在被认定人检修作业期间,裁判可以依据考评项点向被认定人提问,以确认被认定人检修过程是否有依据。

(4)考核过程若被认定人出现配件、工装机具等毁坏情况和人身伤害时,终止考试,成绩为 0。

(5)考核完毕后,由被认定人在评分表上签字确认。

4. 考核评分

(1)考评人员 3 名以上。

(2)评分程序及规则:考评员根据考生操作情况对照计分标准在评分表上给予记录评分。

(3)算分方法:采用百分制,满分 100 分,60 分及以上为合格。

职业技能等级认定
铁路机车电工(中级工)实作技能考核评分记录表

单位:________ 姓名:________ 准考证号:________ 工种:________ 级别:________

试题名称:小型直流电机的检修

考核时间:30 min

操作开始时间: 时 分 操作结束时间: 时 分

项目	考核内容及评分标准	扣分因素及扣分	得分
作业程序(20分)	1. 工序错乱扣6分		
	2. 工作中返工扣10分		
	3. 作业后未按要求恢复、整理扣4分		
作业质量(50分)	1. 电动机机座、端盖、轴承检修:机座、端盖不得有裂损、变形,油管及油堵齐全畅通。不符合要求扣3分		
	2. 电动机机座、端盖、轴承检修:接线板清洁,不得有裂损。接线柱不得松动、歪斜及过热烧痕,螺栓完好。不符合要求扣5分		
	3. 电动机机座、端盖、轴承检修:接线柱间及接线柱对地绝缘电阻符合限度要求。超限扣5分		
	4. 电动机机座、端盖、轴承检修:轴承转动灵活、平稳、无异音。滚道及滚道体不得有裂损、剥离、碾堆、麻面及锈蚀现象。不符合要求扣3分		
	5. 电动机机座、端盖、轴承检修:轴承内外圈分别与轴、端盖轴承室的配合及端盖与机座的配合不得有松旷,松旷时严禁以滚花或加垫方式处理。不符合要求扣3分		
	6. 电动机定子检修:定子铁芯不得有松动、移位、裂损。各主极之间的距离相互偏差不许超限。不符合要求扣2分		
	7. 电动机定子检修:绕组清洁、紧固、绝缘状态良好。引接线固定可靠,折损面积不许超限,连接状态良好。不符合要求扣2分		
	8. 电动机定子检修:定子绕组对地绝缘值和对地耐电压实验应符合限度固定。不符合要求扣2分		
	9. 电枢检修:电枢铁芯与轴不得有松弛、移位。不符合要求扣2分		
	10. 电枢检修:电枢轴配合面光洁。不符合要求扣2分		
	11. 电枢检修:电枢绕组端部绝缘清洁、完好,绑线不得拉伤、松动。不符合要求扣3分		

续上表

项　目	考核内容及评分标准	扣分因素及扣分	得　分
作业质量(50分)	12. 电枢检修:换向器表面光滑。有拉伤扣3分		
	13. 电枢检修:换向器片间不得有短路、断路。不符合要求扣2分		
	14. 刷架检修:刷架各部分清洁,无裂纹。不符合要求扣3分		
	15. 刷架检修:电刷各零部件符合规定技术限度要求。不符合要求扣3分		
	16. 组装:机组内外清洁,标记正确、清晰,附件齐全,各紧固件紧固,接线正确、牢固。不符合要求扣2分		
	17. 组装:电枢转动灵活,轴伸部分中点的圆跳动量不得超限。不符合要求扣2分		
	18. 组装:电刷与换向器的接触面积必须符合工艺要求。不符合要求扣3分		
	19. 同一电机必须使用同一牌号的电刷。否则失格		
工具设备使用(10分)	1. 开工前未检查工、量具及设备,收工时不整理扣2分		
	2. 工、量具及设备使用不当扣2分		
	3. 工、量具脱落扣2分		
	4. 工具、设备损坏扣4分		
考核时间(10分)	每超1 min扣1分,超过10 min失格		
作业安全(10分)	1. 未按规定着装扣2分		
	2. 工作场地不整洁扣2分		
	3. 工件、工具摆放不整齐扣2分		
	4. 违章或违反安全事项扣4分		
	5. 发生事故失格		
合计(100分)			

考评员签名:　　　　认定人:　　　　年　　月　　日

S4　位置转换开关的检修

1. 考场准备

要求场地内准备检修作业平台、位置转换开关、压缩空气装置、机车电工常用工具和相关配件及材料。

2. 材料工具准备

序　号	名　称	规　格	数　量	备　注
1	机车电工常用工具		1套	
2	弹簧秤	0～98 N	1个	
3	钢板尺		1把	
4	毛刷		1把	
5	兆欧表	2 500 V	1块	
6	紫铜棒	300 mm	1根	
7	塞尺		1把	

3. 考核要求

(1)被认定人入考场后，首先由裁判告知题目，其次由被认定人检查准备工具，到实作场地确认作业环境，当被认定人告知裁判可以开始时，由裁判员开始计时。

(2)考核时间为 30 min，考核期间，被认定人可以对现场作业和工艺范围要求不符的情况进行说明。

(3)在被认定人检修作业期间，裁判可以依据考评项点向被认定人提问，以确认被认定人检修过程是否有依据。

(4)考核过程若被认定人出现配件、工装机具等毁坏情况和人身伤害时，终止考试，成绩为 0。

(5)考核完毕后，由被认定人在评分表上签字确认。

4. 考核评分

(1)考评人员 3 名以上。

(2)评分程序及规则：考评员根据考生操作情况对照计分标准在评分表上给予记录评分。

(3)算分方法：采用百分制，满分 100 分，60 分及以上为合格。

职业技能等级认定
铁路机车电工(中级工)实作技能考核评分记录表

单位:________ 姓名:________ 准考证号:________ 工种:________ 级别:________

试题名称:位置转换开关的检修

考核时间:30 min

操作开始时间: 时 分 操作结束时间: 时 分

项 目	考核内容及评分标准	扣分因素及扣分	得 分
作业程序(20分)	1. 工序错乱扣6分		
	2. 工作中返工扣10分		
	3. 作业后未按要求恢复、整理扣4分		
作业质量(50分)	1. 转鼓及方轴检修:各触头表面状态良好,接触位置正确并符合工艺技术要求。操作、检查、测量、调整方法不当或错误扣5分		
	2. 转鼓及方轴检修:绝缘板不得有烧痕及过热、变色。不符合要求扣5分		
	3. 转鼓及方轴检修:板后接线正确、牢固、标记清晰。不符合要求扣5分		
	4. 转鼓及方轴检修:鼓形转换开关的动触头片及胶木座不得松动,转鼓外径符合限度要求。不符合要求扣5分		
	5. 传动风缸检修:风缸、活塞不得有裂损、变形及拉伤。皮碗不许有裂损、老化及永久变形。工艺要求、质量不符合规定扣5分		
	6. 辅助联锁装置检修:触头不得有烧痕、松动、断裂、接触应良好,超程符合限度规定。不符合要求扣5分		
	7. 辅助联锁装置检修:超程符合限度规定。不符合要求扣5分		
	8. 位置开关动作正常,转动灵活。有阻滞现象扣5分		
	9. 绝缘电阻值符合限度规定。否则扣5分		
	10. 耐压实验值符合限度规定。否则扣5分		
工具设备使用(10分)	1. 开工前未检查工、量具及设备,收工时不整理扣2分		
	2. 工、量具及设备使用不当扣2分		
	3. 工、量具脱落扣2分		
	4. 工具、设备损坏扣4分		
考核时间(10分)	每超1 min扣1分,超过10 min失格		
作业安全(10分)	1. 未按规定着装扣2分		
	2. 工作场地不整洁扣2分		
	3. 工件、工具摆放不整齐扣2分		
	4. 违章或违反安全事项扣4分;发生较大事故取消成绩		
合计(100分)			

考评员签名: 认定人: 年 月 日

S5　TCK1 型电空接触器（磁削）的检修

1. 考场准备

要求场地内准备检修作业平台、SS_4 型电力机车 TCK1 型电空接触器、压缩空气装置、可调直流电源、机车电工常用工具和相关配件及材料。

2. 材料工具准备

序　号	名　称	规　格	数　量	备　注
1	机车电工常用工具		1套	
2	毛刷		1把	
3	专用扳手		1套	
4	测力计		1个	
5	什锦锉		1把	

3. 考核要求

（1）被认定人入考场后，首先由裁判告知题目，其次由被认定人检查准备工具，到实作场地确认作业环境，当被认定人告知裁判可以开始时，由裁判员开始计时。

（2）考核时间为 30 min，考核期间，被认定人可以对现场作业和工艺范围要求不符的情况进行说明。

（3）在被认定人检修作业期间，裁判可以依据考评项点向被认定人提问，以确认被认定人检修过程是否有依据。

（4）考核过程若被认定人出现配件、工装机具等毁坏情况和人身伤害时，终止考试，成绩为 0。

（5）考核完毕后，由被认定人在评分表上签字确认。

4. 考核评分

（1）考评人员 3 名以上。

（2）评分程序及规则：考评员根据考生操作情况对照计分标准在评分表上给予记录评分。

（3）算分方法：采用百分制，满分 100 分，60 分及以上为合格。

职业技能等级认定
铁路机车电工(中级工)实作技能考核评分记录表

单位:__________ 姓名:__________ 准考证号:__________ 工种:__________ 级别:__________

试题名称:TCK1 型电空接触器(磁削)的检修

考核时间:30 min

操作开始时间: 时 分 操作结束时间: 时 分

项 目	考 核 内 容	扣分因素及扣分	得 分
作业程序(10分)	1. 考核前未检查安全防护设施扣 2 分		
	2. 程序错误,不会口述程序及要求,每次扣 2 分		
	3. 错呼部件状态,未呼被检查部件名称,每次扣 2 分		
作业质量(60分)	1. 解体:5 分,漏、错一项扣 1 分		
	2. 清洗:5 分,漏、错一项扣 1 分		
	3. 检测:10 分,漏、错一项扣 2 分		
	4. 修复:10 分,漏、错一项扣 2 分		
	5. 组装:10 分,漏、错一项扣 2 分		
	6. 调试:10 分,漏、错一项扣 2 分		
	7. 记录的填写:10 分,漏、错一项扣 1 分		
工具设备使用(10分)	1. 工具乱放,每次扣 2 分		
	2. 设备使用不正确,每次扣 2 分		
	3. 损坏工具扣 10 分		
考核时间(10分)	1. 超过规定时间每超 1 min,扣 2 分		
	2. 超过规定时间 3 min 以上(不包括 3 min),每分钟扣 5 分		
	3. 超过规定时间 5 min 以上(不包括 5 min),停止考试		
作业安全(10分)	1. 违反安全作业规定,每次扣 2 分,严重者失格		
	2. 考试中碰伤,失格		
	3. 未按规定佩戴防护用品,失格		
合计(100分)			

考评员签名: 认定人: 年 月 日

S6　压力继电器的检修

1. 考场准备

要求场地内准备检修作业平台、压力继电器、机车电工常用工具和相关配件及材料。

2. 材料工具准备

序　号	名　称	规　格	数　量	备　注
1	机车电工常用工具		1套	
2	油盘		1个	
3	毛刷		1个	
4	挡圈钳		1把	

3. 考核要求

(1)被认定人入考场后，首先由裁判告知题目，其次由被认定人检查准备工具，到实作场地确认作业环境，当被认定人告知裁判可以开始时，由裁判员开始计时。

(2)考核时间为20 min，考核期间，被认定人可以对现场作业和工艺范围要求不符的情况进行说明。

(3)在被认定人检修作业期间，裁判可以依据考评项点向被认定人提问，以确认被认定人检修过程是否有依据。

(4)考核过程若被认定人出现配件、工装机具等毁坏情况和人身伤害时，终止考试，成绩为0。

(5)考核完毕后，由被认定人在评分表上签字确认。

4. 考核评分

(1)考评人员3名以上。

(2)评分程序及规则：考评员根据考生操作情况对照计分标准在评分表上给予记录评分。

(3)算分方法：采用百分制，满分100分，60分及以上为合格。

职业技能等级认定
铁路机车电工(中级工)实作技能考核评分记录表

单位:__________ 姓名:__________ 准考证号:__________ 工种:__________ 级别:__________

试题名称:压力继电器的检修

考核时间:20 min

操作开始时间:　　时　　分　　　　　　操作结束时间:　　时　　分

项目	考核内容	扣分因素及扣分	得分
作业程序(10分)	1. 考核前未检查安全防护设施扣2分		
	2. 程序错误,不会口述程序及要求,每次扣2分		
	3. 错呼部件状态,未呼被检查部件名称,每次扣2分		
作业质量(60分)	1. 解体:5分,漏、错一项扣1分		
	2. 清洗:5分,漏、错一项扣1分		
	3. 检测:10分,漏、错一项扣2分		
	4. 修复:10分,漏、错一项扣2分		
	5. 组装:10分,漏、错一项扣2分		
	6. 调试:10分,漏、错一项扣2分		
	7. 记录的填写:10分,漏、错一项扣1分		
工具设备使用(10分)	1. 工具乱放,每次扣2分		
	2. 设备使用不正确,每次扣2分		
	3. 损坏工具扣10分		
考核时间(10分)	1. 超过规定时间每超1 min,扣2分		
	2. 超过规定时间3 min以上(不包括3 min),每分钟扣5分		
	3. 超过规定时间5 min以上(不包括5 min),停止考试		
作业安全(10分)	1. 违反安全作业规定,每次扣2分,严重者失格		
	2. 考试中碰伤,失格		
	3. 未按规定佩戴防护用品,失格		
合计(100分)			

考评员签名:　　　　　　　　　　认定人:　　　　　　　　　　年　　月　　日

S7　逻辑控制单元(LCU)的检修

1. 考场准备

要求场地内准备检修作业平台、SS_4 型电力机车逻辑控制单元(LCU)、LCU 试验台、机车电工常用工具和相关配件及材料。

2. 材料工具准备

序　号	名　称	规　格	数　量	备　注
1	机车电工常用工具		1 套	
2	毛刷		1 把	
3	电烙铁		1 个	
4	测力计		1 个	
5	万用表		1 块	

3. 考核要求

(1)被认定人入考场后，首先由裁判告知题目，其次由被认定人检查准备工具，到实作场地确认作业环境，当被认定人告知裁判可以开始时，由裁判员开始计时。

(2)考核时间为 20 min，考核期间，被认定人可以对现场作业和工艺范围要求不符的情况进行说明。

(3)在被认定人检修作业期间，裁判可以依据考评项点向被认定人提问，以确认被认定人检修过程是否有依据。

(4)考核过程若被认定人出现配件、工装机具等毁坏情况和人身伤害时，终止考试，成绩为 0。

(5)考核完毕后，由被认定人在评分表上签字确认。

4. 考核评分

(1)考评人员 3 名以上。

(2)评分程序及规则：考评员根据考生操作情况对照计分标准在评分表上给予记录评分。

(3)算分方法：采用百分制，满分 100 分，60 分及以上为合格。

职业技能等级认定
铁路机车电工(中级工)实作技能考核评分记录表

单位:________ 姓名:________ 准考证号:________ 工种:________ 级别:________

试题名称:逻辑控制单元(LCU)的检修

考核时间:20 min

操作开始时间: 时 分 操作结束时间: 时 分

项 目	考 核 内 容	扣分因素及扣分	得 分
作业程序(10分)	1. 考核前未检查安全防护设施扣2分		
	2. 程序错误,不会口述程序及要求,每次扣2分		
	3. 错呼部件状态,未呼被检查部件名称,每次扣2分		
作业质量(60分)	1. 解体:5分,漏、错一项扣1分		
	2. 清洗:5分,漏、错一项扣1分		
	3. 检测:10分,漏、错一项扣2分		
	4. 修复:10分,漏、错一项扣2分		
	5. 组装:10分,漏、错一项扣2分		
	6. 调试:10分,漏、错一项扣2分		
	7. 记录的填写:10分,漏、错一项扣1分		
工具设备使用(10分)	1. 工具乱放,每次扣2分		
	2. 设备使用不正确,每次扣2分		
	3. 损坏工具扣10分		
考核时间(10分)	1. 超过规定时间每超1 min,扣2分		
	2. 超过规定时间3 min以上(不包括3 min),每分钟扣5分		
	3. 超过规定时间5 min以上(不包括5 min),停止考试		
作业安全(10分)	1. 违反安全作业规定,每次扣2分,严重者失格		
	2. 考试中碰伤,失格		
	3. 未按规定佩戴防护用品,失格		
合计(100分)			

考评员签名: 认定人: 年 月 日

S8　轮轨润滑装置电空阀的检修

1. 考场准备

要求场地内准备检修作业平台、SS_4 型电力机车轮轨润滑装置电空阀、电空阀试验台、压缩空气装置、台钳、机车电工常用工具和相关配件及材料。

2. 材料工具准备

序　号	名　称	规　格	数　量	备　注
1	机车电工常用工具		1 套	
2	毛刷		1 把	
3	兆欧表	500 V	1 块	
4	万用表		1 块	

3. 考核要求

(1)被认定人入考场后，首先由裁判告知题目，其次由被认定人检查准备工具，到实作场地确认作业环境，当被认定人告知裁判可以开始时，由裁判员开始计时。

(2)考核时间为 30 min，考核期间，被认定人可以对现场作业和工艺范围要求不符的情况进行说明。

(3)在被认定人检修作业期间，裁判可以依据考评项点向被认定人提问，以确认被认定人检修过程是否有依据。

(4)考核过程若被认定人出现配件、工装机具等毁坏情况和人身伤害时，终止考试，成绩为 0。

(5)考核完毕后，由被认定人在评分表上签字确认。

4. 考核评分

(1)考评人员 3 名以上。

(2)评分程序及规则：考评员根据考生操作情况对照计分标准在评分表上给予记录评分。

(3)算分方法：采用百分制，满分 100 分，60 分及以上为合格。

职业技能等级认定
铁路机车电工(中级工)实作技能考核评分记录表

单位:__________ 姓名:__________ 准考证号:__________ 工种:__________ 级别:__________

试题名称:轮轨润滑装置电空阀的检修

考核时间:30 min

操作开始时间: 时 分 操作结束时间: 时 分

项目	考核内容	扣分因素及扣分	得分
作业程序(10分)	1. 考核前未检查安全防护设施扣2分		
	2. 程序错误,不会口述程序及要求,每次扣2分		
	3. 错呼部件状态,未呼被检查部件名称,每次扣2分		
作业质量(60分)	1. 解体:5分,漏、错一项扣1分		
	2. 清洗:5分,漏、错一项扣1分		
	3. 检测:10分,漏、错一项扣2分		
	4. 修复:10分,漏、错一项扣2分		
	5. 组装:10分,漏、错一项扣2分		
	6. 调试:10分,漏、错一项扣2分		
	7. 记录的填写:10分,漏、错一项扣1分		
工具设备使用(10分)	1. 工具乱放,每次扣2分		
	2. 设备使用不正确,每次扣2分		
	3. 损坏工具扣10分		
考核时间(10分)	1. 超过规定时间每超1 min,扣2分		
	2. 超过规定时间3 min以上(不包括3 min),每分钟扣5分		
	3. 超过规定时间5 min以上(不包括5 min),停止考试		
作业安全(10分)	1. 违反安全作业规定,每次扣2分,严重者失格		
	2. 考试中碰伤,失格		
	3. 未按规定佩戴防护用品,失格		
合计(100分)			

考评员签名: 认定人: 年 月 日

S9　用电阻法测定异步电机的绕组温升

1. 考场准备

要求场地内准备检修作业平台、电机试验台、三相感应电机、机车电工常用工具和相关配件及材料。

2. 材料工具准备

序　号	名　称	规　格	数　量	备　注
1	机车电工常用工具		1套	
2	双电桥		1个	
3	导线		若干	
4	万用表		1块	

3. 考核要求

(1)被认定人入考场后，首先由裁判告知题目，其次由被认定人检查准备工具，到实作场地确认作业环境，当被认定人告知裁判可以开始时，由裁判员开始计时。

(2)考核时间为 30 min，考核期间，被认定人可以对现场作业和工艺范围要求不符的情况进行说明。

(3)在被认定人检修作业期间，裁判可以依据考评项点向被认定人提问，以确认被认定人检修过程是否有依据。

(4)考核过程若被认定人出现配件、工装机具等毁坏情况和人身伤害时，终止考试，成绩为 0。

(5)考核完毕后，由被认定人在评分表上签字确认。

4. 考核评分

(1)考评人员 3 名以上。

(2)评分程序及规则：考评员根据考生操作情况对照计分标准在评分表上给予记录评分。

(3)算分方法：采用百分制，满分 100 分，60 分及以上为合格。

职业技能等级认定
铁路机车电工(中级工)实作技能考核评分记录表

单位:________ 姓名:________ 准考证号:________ 工种:________ 级别:________

试题名称:用电阻法测定异步电机的绕组温升

考核时间:30 min

操作开始时间: 时 分 操作结束时间: 时 分

项目	考核内容及评分标准	扣分因素及扣分	得分
作业程序(20分)	1. 工序错乱扣6分		
	2. 工作中返工扣10分		
	3. 作业后未按要求恢复、整理扣4分		
作业质量(50分)	1. 正确准备并检查试验需要的其他仪器、试验装备及连接导线。试验所需要的仪器、仪表、工艺装备、连接导线等漏备一项扣3分,有一项不合使用要求扣2分		
	2. 冷态电阻的测量及环境温度测算,电桥检测导线连接正确、牢固,根据理论数据正确预置电桥。导线连接错误扣5分;连接不牢固扣2分		
	3. 电桥检测及调整过程操作正确规范,冷态电阻需检测三次求平均值。电桥预置不对扣5分;检测过程每出现一次操作失误扣2分;不进行三次检测扣10分		
	4. 绕组冷电阻计算、环境温度检测,数据正确。三次平均计算不正确扣3分;环温检测数据不准确扣2分		
	5. 热态电阻的测量,电桥检测导线连接正确、牢固。导线连接错误扣5分;连接不牢固扣2分		
	6. 电桥预置正确,电桥检测及调整过程操作正确、规范、检测重复三次。电桥预置不对扣5分;检测过程每出现一次操作失误扣2分;不进行三次检测扣10分		
	7. 热态电阻计算及环境检测数据正确。三次平均计算不正确扣2分;环温检测数据不准确扣2分		
	8. 绕组温升的计算(不要求修正),方法正确,结果准确。计算结果不正确扣2分		
工具设备使用(10分)	1. 电桥的正确选用、使用,不正确扣2分		
	2. 电工工具的正确使用,不正确扣2分		
	3. 工具脱落扣2分		
	4. 工具、仪表损坏扣4分		
考核时间(10分)	每超1 min扣2分,超过10 min失格		
作业安全(10分)	1. 未按规定着装扣2分		
	2. 工作场地不整洁扣2分		
	3. 工件、工具摆放不整齐扣2分		
	4. 违章或违反安全事项扣4分		
	5. 发生事故失格		
合计(100分)			

考评员签名: 认定人: 年 月 日

S10　集成元件的识别及应用

1. 考场准备

要求场地内准备检修作业平台、常用集成电路元件、集成电路手册、直流稳压电源、集成电路测试仪、机车电工常用工具和相关配件及材料。

2. 材料工具准备

序　号	名　称	规　格	数　量	备　注
1	机车电工常用工具		1 套	
2	电烙铁		1 个	
3	焊接材料		若干	
4	万用表		1 块	

3. 考核要求

(1)被认定人入考场后，首先由裁判告知题目，其次由被认定人检查准备工具，到实作场地确认作业环境，当被认定人告知裁判可以开始时，由裁判员开始计时。

(2)考核时间为 30 min，考核期间，被认定人可以对现场作业和工艺范围要求不符的情况进行说明。

(3)在被认定人检修作业期间，裁判可以依据考评项点向被认定人提问，以确认被认定人检修过程是否有依据。

(4)考核过程若被认定人出现配件、工装机具等毁坏情况和人身伤害时，终止考试，成绩为 0。

(5)考核完毕后，由被认定人在评分表上签字确认。

4. 考核评分

(1)考评人员 3 名以上。

(2)评分程序及规则：考评员根据考生操作情况对照计分标准在评分表上给予记录评分。

(3)算分方法：采用百分制，满分 100 分，60 分及以上为合格。

职业技能等级认定
铁路机车电工(中级工)实作技能考核评分记录表

单位:__________ 姓名:__________ 准考证号:__________ 工种:__________ 级别:__________

试题名称:集成元件的识别及应用

考核时间:30 min

操作开始时间: 时 分　　　　操作结束时间: 时 分

项 目	考核内容及评分标准	扣分因素及扣分	得 分
作业程序(20分)	1. 工序错乱扣6分		
	2. 工作中返工扣10分		
	3. 作业后未按要求恢复、整理扣4分		
作业质量(50分)	1. 常用集成元件的识别,识别常用的五种型号集成元件的类型,指出其管脚排列和各管脚功能(可翻阅有关手册)。类型识别错误,一个扣2分;管脚排列及功能不能正确描述,每个扣5分		
	2. 故障线性放大器的更换,线性放大器的型号选择正确,管脚排列正确,元件安装过程方法正确,安装过程不损坏元件。型号选择错误扣5分;管脚排列不对扣5分;安装过程操作不当,每次扣3分;元件损坏扣5分		
	3. 故障TTL集成逻辑门电路的更换,TTL集成电路型号选择正确,管脚排列正确,元件安装操作过程方法正确,安装过程不损坏元件,型号选择错误扣5分;管脚排列不对扣3分;安装过程操作不当,每次扣3分;元件损坏扣5分		
	4. 故障CMOS集成电路的更换,CMOS集成电路型号选择正确,管脚排列正确,元件安装操作过程方法正确,安装过程不损坏元件。型号选择错误扣5分;管脚排列不对扣3分;安装过程操作不当,每次扣3分;元件损坏扣5分		
工具设备使用(10分)	1. 仪表的正确选择、使用。不正确扣2分		
	2. 电工工具的正确使用。不正确使用扣2分		
	3. 工具、仪表、元件脱落扣2分		
	4. 工具、仪表损坏扣4分		
考核时间(10分)	每超1 min扣2分,超过10 min失格		
作业安全(10分)	1. 未按规定着装扣2分		
	2. 工作场地不整洁扣2分		
	3. 工件、工具摆放不整齐扣2分		
	4. 违章或违反安全事项扣4分		
	5. 发生事故失格		
合计(100分)			

考评员签名:　　　　认定人:　　　　年 月 日

S11　司机控制器的检修

1. 考场准备

要求场地内准备检修作业平台、司机控制器、试验台、机车电工常用工具和相关配件及材料。

2. 材料工具准备

序　号	名　称	规　格	数　量	备　注
1	机车电工常用工具		1套	
2	万用表		1块	
3	毛刷		1个	
4	兆欧表	500 V	1块	
5	游标卡尺		1把	
6	测力计		1个	

3. 考核要求

(1)被认定人入考场后，首先由裁判告知题目，其次由被认定人检查准备工具，到实作场地确认作业环境，当被认定人告知裁判可以开始时，由裁判员开始计时。

(2)考核时间为 30 min，考核期间，被认定人可以对现场作业和工艺范围要求不符的情况进行说明。

(3)在被认定人检修作业期间，裁判可以依据考评项点向被认定人提问，以确认被认定人检修过程是否有依据。

(4)考核过程若被认定人出现配件、工装机具等毁坏情况和人身伤害时，终止考试，成绩为 0。

(5)考核完毕后，由被认定人在评分表上签字确认。

4. 考核评分

(1)考评人员 3 名以上。

(2)评分程序及规则：考评员根据考生操作情况对照计分标准在评分表上给予记录评分。

(3)算分方法：采用百分制，满分 100 分，60 分及以上为合格。

职业技能等级认定
铁路机车电工(中级工)实作技能考核评分记录表

单位:________ 姓名:________ 准考证号:________ 工种:________ 级别:________

试题名称:司机控制器的检修

考核时间:30 min

操作开始时间:　　时　　分　　　　　　操作结束时间:　　时　　分

项　目	考核内容及评分标准	扣分因素及扣分	得　分
作业程序(20分)	1. 工序错乱扣6分		
	2. 工作中返工扣10分		
	3. 作业后未按要求恢复、整理扣4分		
作业质量(50分)	1. 凸轮鼓清洁、各联锁开关接线良好。触头有烧痕扣5分		
	2. 凸轮鼓清洁、各联锁开关接线良好。触头压力、开距、厚度及圆鼓磨耗深度不符合技术要求扣5分		
	3. 机械各部不得有裂损、松旷及异常磨耗。各穿销配合良好。不符合要求扣2分		
	4. 机械各部不得有裂损、松旷及异常磨耗。定位螺栓不得有松动。不符合要求扣3分		
	5. 机械各部不得有裂损、松旷及异常磨耗。弹簧不得有断裂及永久变形。不符合要求扣5分		
	6. 各接线紧固,插头、插座清洁完整,不得有烧痕,插接良好。不符合要求扣5分		
	7. 各接线紧固,线号齐全、清晰,绝缘不得有破损、炭化,不符合要求扣5分		
	8. 电位器安装正确。阻值平滑变化、作用良好并符合限度规定。不符合要求扣5分		
	9. 通风机防频繁起动电子元件符合规定技术要求。不符合要求扣5分		
	10. 机械联锁锁闭正确,作用可靠,操作灵活、正确,不得有旷动、过位,并保证在规定的位置才能取出或插入。不符合要求扣5分		
	11. 各联锁开关对地绝缘电阻值不符合要求扣5分		
工具设备使用(10分)	1. 开工前未检查工、量具及设备,收工时不整理扣2分		
	2. 工、量具及设备使用不当扣2分		
	3. 工、量具脱落扣2分		
	4. 工具、设备损坏扣4分		
考核时间(10分)	每超1 min扣1分,超过10 min失格		
作业安全(10分)	1. 未按规定着装扣2分		
	2. 工作场地不整洁扣2分		
	3. 工件、工具摆放不整齐扣2分		
	4. 违章或违反安全事项扣4分		
	5. 发生事故失格		
合计(100分)			

考评员签名:　　　　　　　　认定人:　　　　　　　　年　　月　　日

S12　主断路器的检修

1. 考场准备

要求场地内准备检修作业平台、SS_4 型电力机车主断路器、真空主断路器试验台、75 kV 耐压试验台、回路电阻测试仪、真空断路器检测仪、77～110 V 可调直流电源、400～900 kPa 风源、机车电工常用工具和相关配件及材料。

2. 材料工具准备

序　号	名　称	规　格	数　量	备　注
1	兆欧表	2 500 V	1 块	
2	兆欧表	1 000 V	1 块	
3	机车电工常用工具		1 套	
4	清洗剂		1 瓶	
5	白布		1 块	

3. 考核要求

(1)被认定人入考场后，首先由裁判告知题目，其次由被认定人检查准备工具，到实作场地确认作业环境，当被认定人告知裁判可以开始时，由裁判员开始计时。

(2)考核时间为 30 min，考核期间，被认定人可以对现场作业和工艺范围要求不符的情况进行说明。

(3)在被认定人检修作业期间，裁判可以依据考评项点向被认定人提问，以确认被认定人检修过程是否有依据。

(4)考核过程若被认定人出现配件、工装机具等毁坏情况和人身伤害时，终止考试，成绩为 0。

(5)考核完毕后，由被认定人在评分表上签字确认。

4. 考核评分

(1)考评人员 3 名以上。

(2)评分程序及规则：考评员根据考生操作情况对照计分标准在评分表上给予记录评分。

(3)算分方法：采用百分制，满分 100 分，60 分及以上为合格。

职业技能等级认定
铁路机车电工(中级工)实作技能考核评分记录表

单位:________ 姓名:________ 准考证号:________ 工种:________ 级别:________

试题名称:主断路器的检修

考核时间:30 min

操作开始时间:　时　分　　　　操作结束时间:　时　分

项　目	考核内容及评分标准	扣分因素及扣分	得　分
作业程序(20分)	1. 工序错乱扣6分		
	2. 工作中返工扣10分		
	3. 作业后未按要求恢复、整理扣4分		
作业质量(50分)	1. 灭弧室检修:动静触头表面光洁,相互接触线长度、接触电阻值符合限度规定。操作、检查、测量、调整方法不当或错误,每次扣2分(总计10分)		
	2. 灭弧室检修:动静触头动作灵活,符合工艺技术要求。违反工艺技术要求,每项扣2分(总计10分)		
	3. 隔离开关检修:各零部件工艺要求、质量要求不符合规定每次扣2分(总计10分),零部件脱落、损伤扣2分(总计10分)		
	4. 隔离开关检修:零部件脱落、损伤扣5分		
	5. 瓷瓶检修:表面光洁,安装牢固,密封良好。错检、漏检扣5分		
	6. 控制机构检修:零部件不得有裂损、变形、拉伤及磨耗。错检、漏检扣5分		
	7. 控制机构检修:压力继电器及压力表检修符合技术规程要求。否则扣5分		
工具设备使用(10分)	1. 开工前未检查工、量具及设备,收工时不整理扣2分		
	2. 工、量具及设备使用不当扣2分		
	3. 工、量具脱落扣2分		
	4. 工具、设备损坏扣4分		
考核时间(10分)	每超1 min扣1分,超过10 min失格		
作业安全(10分)	1. 未按规定着装扣2分		
	2. 工作场地不整洁扣2分		
	3. 工件、工具摆放不整齐扣2分		
	4. 违章或违反安全事项扣4分		
	5. 发生事故失格		
合计(100分)			

考评员签名:　　　　　　认定人:　　　　　　年　月　日

S13　HXD1 型电力机车 C1～C3 修 CMD 系统机车车载综合信息监测装置(LDP 装置)的外部检查

1. 考场准备

要求场地内准备检修作业平台、HXD1 型电力机车、机车电工常用工具和相关配件及材料。

2. 材料工具准备

序　号	名　称	规　格	数　量	备　注
1	机车电工常用工具		1 套	
2	白布		1 块	
3	毛刷		1 个	
4	电气清洗剂		1 瓶	

3. 考核要求

(1)被认定人入考场后，首先由裁判告知题目，其次由被认定人检查准备工具，到实作场地确认作业环境，当被认定人告知裁判可以开始时，由裁判员开始计时。

(2)考核时间为 20 min，考核期间，被认定人可以对现场作业和工艺范围要求不符的情况进行说明。

(3)在被认定人检修作业期间，裁判可以依据考评项点向被认定人提问，以确认被认定人检修过程是否有依据。

(4)考核过程若被认定人出现配件、工装机具等毁坏情况和人身伤害时，终止考试，成绩为 0。

(5)考核完毕后，由被认定人在评分表上签字确认。

4. 考核评分

(1)考评人员 3 名以上。

(2)评分程序及规则：考评员根据考生操作情况对照计分标准在评分表上给予记录评分。

(3)算分方法：采用百分制，满分 100 分，60 分及以上为合格。

职业技能等级认定
铁路机车电工(中级工)实作技能考核评分记录表

单位：________ 姓名：________ 准考证号：________ 工种：________ 级别：________

试题名称：HXD_1 型电力机车 C1～C3 修 CMD 系统机车车载综合信息监测装置(LDP 装置)的外部检查

考核时间：20 min

操作开始时间： 时 分 操作结束时间： 时 分

项 目	考核内容及评分标准	扣分因素及扣分	得 分
作业程序(20分)	1. 工序错乱扣 6 分		
	2. 工作中返工扣 10 分		
	3. 作业后未按要求恢复、整理扣 4 分		
作业质量(50分)	1. 检查主机箱外观状态良好。不符合技术要求扣 5 分		
	2. 检查各板卡外观状态良好。不符合技术要求扣 5 分		
	3. 检查主机箱、各板卡安装紧固。不符合要求扣 5 分		
	4. 检查主机箱、各板卡防缓标识不许有错位。不符合要求扣 5 分		
	5. 检查电源板开关动作可靠。不符合要求扣 5 分		
	6. 检查电源板开关除作业需要外必须置闭合位。不符合要求扣 5 分		
	7. 检查各连接器状态良好,安装紧固无松动。不符合要求扣 5 分		
	8. 检查各线缆状态良好,安装紧固无松动。不符合要求扣 5 分		
	9. 检查北斗电源开关外观良好,动作可靠,安装紧固无松动。不符合要求扣 5 分		
	10. 检查北斗电源开关禁止断开标识应粘贴到位无破损。除作业需要外必须置闭合位。不符合要求扣 5 分		
工具设备使用(10分)	1. 开工前未检查工、量具及设备,收工时不整理扣 2 分		
	2. 工、量具及设备使用不当扣 2 分		
	3. 工、量具脱落扣 2 分		
	4. 工具、设备损坏扣 4 分		
考核时间(10分)	每超 1 min 扣 1 分,超过 10 min 失格		
作业安全(10分)	1. 未按规定着装扣 2 分		
	2. 工作场地不整洁扣 2 分		
	3. 工件、工具摆放不整齐扣 2 分		
	4. 违章或违反安全事项扣 4 分		
	5. 发生事故失格		
合计(100分)			

考评员签名： 认定人： 年 月 日

S14　HXD1 型电力机车 C1～C3 修司机室防护罩的检查

1. 考场准备

要求场地内准备检修作业平台、HXD1 型电力机车、机车电工常用工具和相关配件及材料。

2. 材料工具准备

序　号	名　称	规　格	数　量	备　注
1	机车电工常用工具		1 套	
2	白布		1 块	
3	毛刷		1 个	
4	电气清洗剂		1 瓶	

3. 考核要求

(1)被认定人入考场后，首先由裁判告知题目，其次由被认定人检查准备工具，到实作场地确认作业环境，当被认定人告知裁判可以开始时，由裁判员开始计时。

(2)考核时间为 20 min，考核期间，被认定人可以对现场作业和工艺范围要求不符的情况进行说明。

(3)在被认定人检修作业期间，裁判可以依据考评项点向被认定人提问，以确认被认定人检修过程是否有依据。

(4)考核过程若被认定人出现配件、工装机具等毁坏情况和人身伤害时，终止考试，成绩为 0。

(5)考核完毕后，由被认定人在评分表上签字确认。

4. 考核评分

(1)考评人员 3 名以上。

(2)评分程序及规则：考评员根据考生操作情况对照计分标准在评分表上给予记录评分。

(3)算分方法：采用百分制，满分 100 分，60 分及以上为合格。

职业技能等级认定
铁路机车电工(中级工)实作技能考核评分记录表

单位:＿＿＿＿　姓名:＿＿＿＿　准考证号:＿＿＿＿　工种:＿＿＿＿　级别:＿＿＿＿

试题名称:HXD_1 型电力机车 C1～C3 修司机室防护罩的检查

考核时间:20 min

操作开始时间:　　时　　分　　　　操作结束时间:　　时　　分

项　目	考核内容及评分标准	扣分因素及扣分	得　分
作业程序(20分)	1. 工序错乱扣 6 分		
	2. 工作中返工扣 10 分		
	3. 作业后未按要求恢复、整理扣 4 分		
作业质量(50分)	1. 检查警惕隔离防护罩安装牢固、外观良好、功能正常、无破损变形。不符合技术要求扣 5 分		
	2. 检查微机大复位防护罩安装牢固、外观良好、功能正常、无破损变形。不符合技术要求扣 5 分		
	3. 检查监控隔离防护罩安装牢固、外观良好、功能正常、无破损变形。不符合要求扣 5 分		
	4. 检查紧急制动防护罩安装牢固、外观良好、功能正常、无破损变形。不符合要求扣 5 分		
	5. 检查定速按钮防护罩安装牢固、外观良好、功能正常、无破损变形。不符合要求扣 5 分		
	6. 检查自动换端按钮防护罩安装牢固、外观良好、功能正常、无破损变形。不符合要求扣 5 分		
	7. 检查受电弓扳键防护罩安装牢固、外观良好、功能正常、无破损变形。不符合要求扣 5 分		
	8. 检查电钥匙挡板安装牢固、外观良好、功能正常、无破损变形。不符合要求扣 5 分		
	9. 检查安全联锁箱防关闭装置安装牢固、外观良好、功能正常、无破损变形。不符合要求扣 5 分		
	10. 检查电空转换阀防护罩安装牢固、外观良好、功能正常、无破损变形。不符合要求扣 5 分		
工具设备使用(10分)	1. 开工前未检查工、量具及设备,收工时不整理扣 2 分		
	2. 工、量具及设备使用不当扣 2 分		
	3. 工、量具脱落扣 2 分		
	4. 工具、设备损坏扣 4 分		
考核时间(10分)	每超 1 min 扣 1 分,超过 10 min 失格		
作业安全(10分)	1. 未按规定着装扣 2 分		
	2. 工作场地不整洁扣 2 分		
	3. 工件、工具摆放不整齐扣 2 分		
	4. 违章或违反安全事项扣 4 分		
	5. 发生事故失格		
合计(100分)			

考评员签名:　　　　　　　认定人:　　　　　　　年　　月　　日

S15　HXD1 型电力机车 C1～C3 修 6A 系统音视频显示终端通电检查

1. 考场准备

要求场地内准备检修作业平台、HXD1 型电力机车、机车电工常用工具和相关配件及材料。

2. 材料工具准备

序　号	名　称	规　格	数　量	备　注
1	机车电工常用工具		1 套	
2	白布		1 块	
3	毛刷		1 个	
4	电气清洗剂		1 瓶	

3. 考核要求

(1)被认定人入考场后，首先由裁判告知题目，其次由被认定人检查准备工具，到实作场地确认作业环境，当被认定人告知裁判可以开始时，由裁判员开始计时。

(2)考核时间为 20 min，考核期间，被认定人可以对现场作业和工艺范围要求不符的情况进行说明。

(3)在被认定人检修作业期间，裁判可以依据考评项点向被认定人提问，以确认被认定人检修过程是否有依据。

(4)考核过程若被认定人出现配件、工装机具等毁坏情况和人身伤害时，终止考试，成绩为 0。

(5)考核完毕后，由被认定人在评分表上签字确认。

4. 考核评分

(1)考评人员 3 名以上。

(2)评分程序及规则：考评员根据考生操作情况对照计分标准在评分表上给予记录评分。

(3)算分方法：采用百分制，满分 100 分，60 分及以上为合格。

职业技能等级认定
铁路机车电工(中级工)实作技能考核评分记录表

单位：＿＿＿＿＿＿　姓名：＿＿＿＿＿＿　准考证号：＿＿＿＿＿＿　工种：＿＿＿＿＿＿　级别：＿＿＿＿＿＿

试题名称：HXD_1 型电力机车 C1～C3 修 6A 系统音视频显示终端通电检查

考核时间：20 min

操作开始时间：　时　分　　　　操作结束时间：　时　分

项　目	考核内容及评分标准	扣分因素及扣分	得　分
作业程序(20 分)	1. 工序错乱扣 6 分		
	2. 工作中返工扣 10 分		
	3. 作业后未按要求恢复、整理扣 4 分		
作业质量(50 分)	1. 检查屏幕亮度上下一致，字符、图形显示正确清晰。不符合要求扣 5 分		
	2. 检查按键状态良好，触摸灵敏。不符合技术要求扣 5 分		
	3. 背光调节、音量调节、触摸屏、复位按键功能正常。不符合要求扣 5 分		
	4. 检查语音提示正确清晰。不符合要求扣 5 分		
	5. 音视频显示终端与 6A 主机通信正常。不符合要求扣 5 分		
	6. 以监控器时钟为准，调整时钟(误差不得大于 15 s)。不符合要求扣 5 分		
	7. 检查各视频摄像头应定义准确。不符合要求扣 5 分		
	8. 检查各视频防火探测器应定义准确。不符合要求扣 5 分		
	9. 检查各视频摄像头、防火探测器严禁屏蔽。不符合要求扣 5 分		
	10. 对 6A 系统自检应状态良好，如有故障应及时处理。不符合要求扣 5 分		
工具设备使用(10 分)	1. 开工前未检查工、量具及设备，收工时不整理扣 2 分		
	2. 工、量具及设备使用不当扣 2 分		
	3. 工、量具脱落扣 2 分		
	4. 工具、设备损坏扣 4 分		
考核时间(10 分)	每超 1 min 扣 1 分，超过 10 min 失格		
作业安全(10 分)	1. 未按规定着装扣 2 分		
	2. 工作场地不整洁扣 2 分		
	3. 工件、工具摆放不整齐扣 2 分		
	4. 违章或违反安全事项扣 4 分		
	5. 发生事故失格		
合计(100 分)			

考评员签名：　　　　　　认定人：　　　　　　年　　月　　日

S16 HXD1型电力机车C1～C3修主变压器的检查

1. 考场准备

要求场地内准备检修作业平台、HXD1型电力机车、机车电工常用工具和相关配件及材料。

2. 材料工具准备

序号	名称	规格	数量	备注
1	机车电工常用工具		1套	
2	白布		1块	
3	毛刷		1个	
4	电气清洗剂		1瓶	
5	兆欧表	500 V	1块	

3. 考核要求

(1)被认定人入考场后，首先由裁判告知题目，其次由被认定人检查准备工具，到实作场地确认作业环境，当被认定人告知裁判可以开始时，由裁判员开始计时。

(2)考核时间为20 min，考核期间，被认定人可以对现场作业和工艺范围要求不符的情况进行说明。

(3)在被认定人检修作业期间，裁判可以依据考评项点向被认定人提问，以确认被认定人检修过程是否有依据。

(4)考核过程若被认定人出现配件、工装机具等毁坏情况和人身伤害时，终止考试，成绩为0。

(5)考核完毕后，由被认定人在评分表上签字确认。

4. 考核评分

(1)考评人员3名以上。

(2)评分程序及规则：考评员根据考生操作情况对照计分标准在评分表上给予记录评分。

(3)算分方法：采用百分制，满分100分，60分及以上为合格。

职业技能等级认定
铁路机车电工(中级工)实作技能考核评分记录表

单位:________ 姓名:________ 准考证号:________ 工种:________ 级别:________

试题名称:HXD_1 型电力机车 C1～C3 修主变压器的检查

考核时间:20 min

操作开始时间:　　时　　分　　　　　　　　操作结束时间:　　时　　分

项　目	考核内容及评分标准	扣分因素及扣分	得　分
作业程序(20分)	1. 工序错乱扣6分		
	2. 工作中返工扣10分		
	3. 作业后未按要求恢复、整理扣4分		
作业质量(50分)	1. 外观检查各部位可见部分安装、连接紧固件齐全、无松动。不符合要求扣5分		
	2. 所有密封件、箱体、放油阀及管路无泄漏。不符合要求扣5分		
	3. 出线套管、蝶阀及其他连接件可见部分无松动、破损、渗油、过热及烧损。不符合要求扣5分		
	4. 压力释放阀良好,无喷油痕迹。不符合要求扣5分		
	5. 油泵状态良好,用500 V兆欧表测量油泵三相绕组对地绝缘值(≥10 MΩ),通电转动正常。不符合要求扣5分		
	6. 油流继电器、电阻温度计状态良好,性能正常。不符合要求扣5分		
	7. 油流继电器、电阻温度计接线牢固无松脱、折断。不符合要求扣5分		
	8. 高压A端子表面无放电痕迹。不符合要求扣5分		
	9. 油样检验(耐压及理化)符合GB/T 7595—2017《运行中变压器油质量》中的相关要求。不符合要求扣5分		
	10. 油样检验(色谱)符合DL/T 722—2014《变压器油中溶解气体分析和判断导则》中的相关要求。不符合要求扣5分		
工具设备使用(10分)	1. 开工前未检查工、量具及设备,收工时不整理扣2分		
	2. 工、量具及设备使用不当扣2分		
	3. 工、量具脱落扣2分		
	4. 工具、设备损坏扣4分		
考核时间(10分)	每超1 min扣1分,超过10 min失格		
作业安全(10分)	1. 未按规定着装扣2分		
	2. 工作场地不整洁扣2分		
	3. 工件、工具摆放不整齐扣2分		
	4. 违章或违反安全事项扣4分		
	5. 发生事故失格		
合计(100分)			

考评员签名:　　　　　　　　　　　认定人:　　　　　　　　　　　年　　月　　日

S17　HXD3C 型电力机车 C1 修 TCMS 的检查

1. 考场准备

要求场地内准备检修作业平台、HXD3C 型电力机车、机车电工常用工具和相关配件及材料。

2. 材料工具准备

序　号	名　称	规　格	数　量	备　注
1	机车电工常用工具		1 套	
2	白布		1 块	
3	毛刷		1 个	
4	电气清洗剂		1 瓶	

3. 考核要求

(1)被认定人入考场后，首先由裁判告知题目，其次由被认定人检查准备工具，到实作场地确认作业环境，当被认定人告知裁判可以开始时，由裁判员开始计时。

(2)考核时间为 20 min，考核期间，被认定人可以对现场作业和工艺范围要求不符的情况进行说明。

(3)在被认定人检修作业期间，裁判可以依据考评项点向被认定人提问，以确认被认定人检修过程是否有依据。

(4)考核过程若被认定人出现配件、工装机具等毁坏情况和人身伤害时，终止考试，成绩为 0。

(5)考核完毕后，由被认定人在评分表上签字确认。

4. 考核评分

(1)考评人员 3 名以上。

(2)评分程序及规则：考评员根据考生操作情况对照计分标准在评分表上给予记录评分。

(3)算分方法：采用百分制，满分 100 分，60 分及以上为合格。

职业技能等级认定
铁路机车电工(中级工)实作技能考核评分记录表

单位:________ 姓名:________ 准考证号:________ 工种:________ 级别:________

试题名称:HXD_{3C}型电力机车 C1 修 TCMS 的检查

考核时间:20 min

操作开始时间: 时 分 操作结束时间: 时 分

项目	考核内容及评分标准	扣分因素及扣分	得分
作业程序(20分)	1. 工序错乱扣6分		
	2. 工作中返工扣10分		
	3. 作业后未按要求恢复、整理扣4分		
作业质量(50分)	1. 控制柜内部清洁无积尘。不符合要求扣5分		
	2. 连接器、配线等无松动。不符合要求扣5分		
	3. 连接器插接基板安装良好。不符合要求扣5分		
	4. 绑扎牢固,外观良好,无过热、烧损。不符合要求扣5分		
	5. 各插件、机箱外观良好。不符合要求扣5分		
	6. 各插件、机箱安装牢固。不符合要求扣5分		
	7. 各继电器安装良好,固定装置作用良好。不符合要求扣5分		
	8. 继电器无过热、裂损。不符合要求扣5分		
	9. 网关插头紧固,连线等无松动。不符合要求扣5分		
	10. 利用专业软件下载 TCMS 故障记录并分析保存。不符合要求扣5分		
工具设备使用(10分)	1. 开工前未检查工、量具及设备,收工时不整理扣2分		
	2. 工、量具及设备使用不当扣2分		
	3. 工、量具脱落扣2分		
	4. 工具、设备损坏扣4分		
考核时间(10分)	每超1 min扣1分,超过10 min失格		
作业安全(10分)	1. 未按规定着装扣2分		
	2. 工作场地不整洁扣2分		
	3. 工件、工具摆放不整齐扣2分		
	4. 违章或违反安全事项扣4分		
	5. 发生事故失格		
合计(100分)			

考评员签名: 认定人: 年 月 日

S18　HXD2 型电力机车 C1～C3 修 6A 系统制动子系统防折关模块的外部检查

1. 考场准备

要求场地内准备检修作业平台、HXD2 型电力机车、机车电工常用工具和相关配件及材料。

2. 材料工具准备

序　号	名　称	规　格	数　量	备　注
1	机车电工常用工具		1 套	
2	白布		1 块	
3	毛刷		1 个	
4	电气清洗剂		1 瓶	
5	肥皂水		若干	

3. 考核要求

(1)被认定人入考场后，首先由裁判告知题目，其次由被认定人检查准备工具，到实作场地确认作业环境，当被认定人告知裁判可以开始时，由裁判员开始计时。

(2)考核时间为 20 min，考核期间，被认定人可以对现场作业和工艺范围要求不符的情况进行说明。

(3)在被认定人检修作业期间，裁判可以依据考评项点向被认定人提问，以确认被认定人检修过程是否有依据。

(4)考核过程若被认定人出现配件、工装机具等毁坏情况和人身伤害时，终止考试，成绩为 0。

(5)考核完毕后，由被认定人在评分表上签字确认。

4. 考核评分

(1)考评人员 3 名以上。

(2)评分程序及规则：考评员根据考生操作情况对照计分标准在评分表上给予记录评分。

(3)算分方法：采用百分制，满分 100 分，60 分及以上为合格。

职业技能等级认定
铁路机车电工(中级工)实作技能考核评分记录表

单位:__________ 姓名:__________ 准考证号:__________ 工种:__________ 级别:__________

试题名称:HXD_2 型电力机车 C1～C3 修 6A 系统制动子系统防折关模块的外部检查

考核时间:20 min

操作开始时间: 时 分 操作结束时间: 时 分

项 目	考核内容及评分标准	扣分因素及扣分	得 分
作业程序(20 分)	1. 工序错乱扣 6 分		
	2. 工作中返工扣 10 分		
	3. 作业后未按要求恢复、整理扣 4 分		
作业质量(50 分)	1. 检查制动子板与母板插座接触可靠无松动。不符合技术要求扣 5 分		
	2. 检查子板和主板之间的铜柱和固定螺钉无松动。不符合技术要求扣 5 分		
	3. 检查板卡外观状态良好。不符合要求扣 5 分		
	4. 检查板卡清洁良好。不符合要求扣 5 分		
	5. 检查流量变送器外观良好,螺栓无松动。不符合要求扣 5 分		
	6. 检查连接插头、插座外观状态。不符合要求扣 5 分		
	7. 检查连接线缆外观状态。不符合要求扣 5 分		
	8. 检查风路连接状态,无泄漏。不符合要求扣 5 分		
	9. 定压状态下,对变送器壳体两端和上盖等结合部涂肥皂水,观察应无泄漏。不符合要求扣 5 分		
	10. 安装是否正确紧固,线缆有无破损,捆扎是否整齐、牢固。不符合要求扣 5 分		
工具设备使用(10 分)	1. 开工前未检查工、量具及设备,收工时不整理扣 2 分		
	2. 工、量具及设备使用不当扣 2 分		
	3. 工、量具脱落扣 2 分		
	4. 工具、设备损坏扣 4 分		
考核时间(10 分)	每超 1 min 扣 1 分,超过 10 min 失格		
作业安全(10 分)	1. 未按规定着装扣 2 分		
	2. 工作场地不整洁扣 2 分		
	3. 工件、工具摆放不整齐扣 2 分		
	4. 违章或违反安全事项扣 4 分		
	5. 发生事故失格		
合计(100 分)			

考评员签名: 认定人: 年 月 日

S19 HXD2 型电力机车牵引力试验

1. 考场准备

要求场地内准备检修作业平台、HXD_2 型电力机车、机车电工常用工具和相关配件及材料。

2. 材料工具准备

序 号	名 称	规 格	数 量	备 注
1	机车电工常用工具		1 套	

3. 考核要求

(1)被认定人入考场后，首先由裁判告知题目，其次由被认定人检查准备工具，到实作场地确认作业环境，当被认定人告知裁判可以开始时，由裁判员开始计时。

(2)考核时间为 30 min，考核期间，被认定人可以对现场作业和工艺范围要求不符的情况进行说明。

(3)在被认定人检修作业期间，裁判可以依据考评项点向被认定人提问，以确认被认定人检修过程是否有依据。

(4)考核过程若被认定人出现配件、工装机具等毁坏情况和人身伤害时，终止考试，成绩为 0。

(5)考核完毕后，由被认定人在评分表上签字确认。

4. 考核评分

(1)考评人员 3 名以上。

(2)评分程序及规则：考评员根据考生操作情况对照计分标准在评分表上给予记录评分。

(3)算分方法：采用百分制，满分 100 分，60 分及以上为合格。

职业技能等级认定
铁路机车电工(中级工)实作技能考核评分记录表

单位:________ 姓名:________ 准考证号:________ 工种:________ 级别:________

试题名称:HXD_2 型电力机车牵引力试验

考核时间:30 min

操作开始时间: 时 分 操作结束时间: 时 分

项 目	考核内容及评分标准	扣分因素及扣分	得 分
作业程序(20分)	1. 工序错乱扣6分		
	2. 工作中返工扣10分		
	3. 作业后未按要求恢复、整理扣4分		
作业质量(50分)	1. 试验前应将机车制动,制动缸压力为300 kPa。不符合要求扣5分		
	2. 选择方向向前,制动手柄解锁按钮,推动手柄向前。不符合要求扣5分		
	3. 看牵引力显示不超过25%(向前、非零、牵引)。不符合要求扣5分		
	4. 开走廊门听各风机无异音。不符合要求扣5分		
	5. 将调速手柄向前缓缓推向牵引区,观察二个转向架的绿色牵引力的产生(静止试验牵引力的总和不得超过70 kN)。不符合要求扣5分		
	6. 调速手柄回零位。不符合要求扣5分		
	7. 换向手柄置向后、非零、牵引,试验牵引力的方法同前进位。不符合要求扣5分		
	8. 切除辅助变流器2。不符合要求扣5分		
	9. 听主变流风机和牵引通风机无异音。不符合要求扣5分		
	10. 试验完成后恢复。不符合要求扣5分		
工具设备使用(10分)	1. 开工前未检查工、量具及设备,收工时不整理扣2分		
	2. 工、量具及设备使用不当扣2分		
	3. 工、量具脱落扣2分		
	4. 工具、设备损坏扣4分		
考核时间(10分)	每超1 min扣1分,超过10 min失格		
作业安全(10分)	1. 未按规定着装扣2分		
	2. 工作场地不整洁扣2分		
	3. 工件、工具摆放不整齐扣2分		
	4. 违章或违反安全事项扣4分		
	5. 发生事故失格		
合计(100分)			

考评员签名: 认定人: 年 月 日

S20　HXD2 型电力机车 C1～C3 修辅助变流柜的清扫检查

1. 考场准备

要求场地内准备检修作业平台、HXD2 型电力机车、压缩空气装置、机车电工常用工具和相关配件及材料。

2. 材料工具准备

序　号	名　称	规　格	数　量	备　注
1	机车电工常用工具		1套	
2	白布		1块	
3	毛刷		1个	
4	电气清洗剂		1瓶	

3. 考核要求

(1)被认定人入考场后，首先由裁判告知题目，其次由被认定人检查准备工具，到实作场地确认作业环境，当被认定人告知裁判可以开始时，由裁判员开始计时。

(2)考核时间为 20 min，考核期间，被认定人可以对现场作业和工艺范围要求不符的情况进行说明。

(3)在被认定人检修作业期间，裁判可以依据考评项点向被认定人提问，以确认被认定人检修过程是否有依据。

(4)考核过程若被认定人出现配件、工装机具等毁坏情况和人身伤害时，终止考试，成绩为 0。

(5)考核完毕后，由被认定人在评分表上签字确认。

4. 考核评分

(1)考评人员 3 名以上。

(2)评分程序及规则：考评员根据考生操作情况对照计分标准在评分表上给予记录评分。

(3)算分方法：采用百分制，满分 100 分，60 分及以上为合格。

职业技能等级认定
铁路机车电工(中级工)实作技能考核评分记录表

单位:________ 姓名:________ 准考证号:________ 工种:________ 级别:________

试题名称:HXD_2 型电力机车 C1～C3 修辅助变流柜的清扫检查

考核时间:20 min

操作开始时间: 时 分 操作结束时间: 时 分

项 目	考核内容及评分标准	扣分因素及扣分	得 分
作业程序(20分)	1. 工序错乱扣6分		
	2. 工作中返工扣10分		
	3. 作业后未按要求恢复、整理扣4分		
作业质量(50分)	1. 清扫柜体内部灰尘、异物柜。不符合要求扣5分		
	2. 各电器件外观有无异常,各触器、断路器状态正常。不符合要求扣5分		
	3. 各模块和组装件紧固件齐全、完好、无松动。不符合要求扣5分		
	4. 检查接线螺栓是否完好,无松动。不符合要求扣5分		
	5. 目视检查电压信号氖灯(欠电压)状态良好。不符合要求扣5分		
	6. 检查各连接器及接线部位有无烧损,是否需要更换。不符合要求扣5分		
	7. 充电机模块散热器吹扫保洁。不符合要求扣5分		
	8. 二极管模块散热器吹扫保洁。不符合要求扣5分		
	9. 三相逆变器模块散热器检查、清扫保洁。不符合要求扣5分		
	10. 降压斩波模块散热器吹扫保洁。不符合要求扣5分		
工具设备使用(10分)	1. 开工前未检查工、量具及设备,收工时不整理扣2分		
	2. 工、量具及设备使用不当扣2分		
	3. 工、量具脱落扣2分		
	4. 工具、设备损坏扣4分		
考核时间(10分)	每超1 min扣1分,超过10 min失格		
作业安全(10分)	1. 未按规定着装扣2分		
	2. 工作场地不整洁扣2分		
	3. 工件、工具摆放不整齐扣2分		
	4. 违章或违反安全事项扣4分		
	5. 发生事故失格		
合计(100分)			

考评员签名: 认定人: 年 月 日

第三部分 高 级 工

1. HXD_1型电力机车C1～C3修时,怎样对避雷器进行检查?

答:(1)外观检查各部位无裂纹、污渍、烧损、灼痕及铜溜;紧固件齐全、完好、紧固,无松动。

(2)导线连线紧固,编织线断股不许超过原截面的5%。

(3)绝缘护套材料表面不允许有损伤、裂纹,如有必须更换。

2. HXD_1型电力机车C1～C3修时,怎样对灯具进行检查?

答:(1)外观检查各照明灯、标志灯的灯具及附件清洁、齐全,无破损、过热、烧损,固定良好无松动,光照正常,显示正确,车体外部的灯具防雨密封性能良好。

(2)检查前照灯反射镜面不许的污渍及缺损,聚焦良好,照射方向正确。

3. 怎样对叶片式风速继电器进行试验?

答:(1)绝缘电阻的测量:用500 V兆欧表测量导电部分对地绝缘电阻值应大于2 MΩ。

(2)性能试验:将风速继电器装在试验台上,调节风速,达到继电器额定值。

(3)要求:风速继电器闭合、断开状态良好,动作灵活,不许有卡滞现象。

4. 怎样检查控制电源柜的电阻、电容?

答:(1)检查电阻不许有变形、裂损、短路、断路,接头应焊接牢固;管形电阻和珐琅电阻不得有过热变色及严重剥离。如接头处有轻微破损,允许用环氧树脂涂封处理。

(2)检查电容内部不许有短路、断路,绝缘应良好,接线应紧固。

5. SS_{4G}型电力机车小修时,怎样对牵引电动机的电枢进行检查?

答:(1)换向器表面应光洁,无拉伤、放电痕迹;片间无毛刺和积尘;端头无环火痕迹。升高片应无开焊、过热及片间短路。

(2)前压圈外包绝缘良好,无油垢及放电痕迹。无纬带、换向器前端绝缘包扎不得开裂。

6. SS_{4G}型电力机车小修时,怎样对辅助机组的接线盒进行检查?

答:(1)打开接线盒盖,接线板清洁、无裂损,接线柱无松动,固定可靠。

(2)内外接线端子紧固、防缓件齐全,无过热;接线绝缘良好,导线折损面积不大于原形的10%。接线盒盖齐全、完好,螺栓紧固良好。

7. SS_{4G}型电力机车小修时,怎样检查变流装置?

答:(1)检查触发线、换相电阻、换相电容外接线,应无过热、放电痕迹,快速熔断器瓷件清洁、完整，指示器无跳出。检查各连接螺栓及母线紧固应无松动和发黑现象。

(2)检查脉冲输出集成块插套应无松动，输入(低压)与输出(高压)导线之间不应相磨，或摆放太近(距离大于 25 mm)。

8. SS_{4G} 型电力机车闭合劈相机扳钮，主断路器即跳时，怎样检查处理?

答:(1)故障现象:闭合劈相机扳钮主断即跳，显示屏显示零压，劈相机不启动。

(2)检查处理:

①将前节车零压故障隔离开关 236QS 置故障位，若恢复正常，维持运行。

②仍跳主断时，将前节车 236QS 恢复正常位，将后节车 236QS 置故障位，若恢复正常，维持运行。

9. SS_{4G} 型电力机车"电子柜预备"灯不灭，怎样处理?

答:(1)转换电源柜 A/B 组。

(2)控制电压不在 77～130 V 范围内，拉负载闸刀及蓄电池闸刀，合重联闸刀。

(3)检查电子控制自动开关。

(4)两节车电子柜 A、B 开关均置 A 组或 B 组。

(5)如果非操纵节电子柜预备灯不灭，将电子柜转换开关置零位维持运行。

10. HXD_1 型电力机车 C1～C3 修时，怎样对取暖器进行检查?

答:(1)外观检查表面及内部清洁，无烧损，紧固件齐全、紧固，外壳无严重变形，可视部分导线及连接器无过热、松脱。

(2)高压试验风机无异音，制热功能正常。

11. HXD_1 型电力机车 C1～C3 修时，怎样检查扳键开关箱?

答:(1)外观检查各部件无裂纹、灼伤、缺损、变形，紧固件齐全紧固，导线及连接器无过热、松脱。手动检查开关、钥匙动作性能、自复性能及电气联锁开关的锁闭性能正常。

(2)外观检查联锁滚轮与滚轮架侧边不许有摩擦，自复性能良好。

12. HXD_1 型电力机车 C1～C3 修时，怎样检查司机室旋转开关?

答:(1)外观检查无破损、缺损、烧损，接入线无松脱、过热、烧损、断股，紧固良好。

(2)手动检查转动正常，无阻滞和松旷现象。

13. HXD_1 型电力机车 C1～C3 修时，怎样检查固定重联线缆连接器?

答:(1)检查固定重联线缆连接器防尘、防水护套完整，无破损;插芯清洁良好，无变形、过热、烧损及松动现象，插接可靠。

(2)检查线缆绝缘无破损、老化、鼓包，固定卡子完好紧固。

14. 怎样检查 TCK7 型电空接触器?

答:(1)绝缘电阻测定。用 2 500 V 兆欧表测量主触头对地绝缘电阻不低于 5 MΩ。

(2)动作性能及气密性检查试验。在控制电压 77 V 及 137.5 V(2002 年底前生产的电器按 88 V 及 121 V 执行),工作风压在 0.375～0.656 MPa 下,断开、闭合动作灵活,状态良好,触头开闭自如,不许有卡滞。气缸及风管路电空阀不得有泄漏。

15. 怎样对 HXD_{3C} 型电力机车的故障 APU 进行切除?

答:(1)在【牵引/制动】主画面,触摸【开放状态】进入开放画面。

(2)触摸故障 APUx 变为蓝色,按【开放】按钮,原来【正常】变为红色【开放】,按【返回】则切除了故障的 APUx。

16. 当 HXD_{3C} 型电力机车无动力回送时,应怎样进行车上的操作处理?

答:(1)大闸置重联位,小闸置运转位制动系统断电。

(2)将 ERCP 模块上无动力回送塞门转到投入位。

(3)排放总风缸空气至 250 kPa 以下。

(4)关闭停放制动控制塞门(B40.06),应有排风现象。

17. HXD_{3C} 型电力机车 C1 修作业中,怎样对车顶绝缘检测装置进行绝缘检测?

答:按压出库检测按钮,绝缘检测灯亮,观察检测电压上升情况,检测结束后显示屏应显示检测结果及相应的检测电压。

18. HXD_2 型电力机车 C1～C3 修时,怎样对空调机组进行清洗试验和检查?

答:(1)春鉴整修机车检查滤尘网,无变形、破损、堵塞,清洗机组滤尘网,无积尘,滤尘网装车前应晾干。

(2)外观检查,各部清洁度良好。检查司机室空调开关及接线良好。检查出风口安装牢固,无破损、堵塞。

19. 怎样对 HXD_{3C} 型电力机车的故障弓进行隔离?

答:当一组受电弓损坏且存在接地的情况下,通过电气控制柜上的受电弓隔离开关(SA96)将相应的受电弓隔离,并关闭该受电弓的供风塞门,继续运行。

20. 当 HXD_2 型电力机车水泵故障时,应怎样处理?

答:发生水泵故障时,可到辅变流柜查看相应水泵断路器(DJ-PE)是否跳开,如跳开需闭合断路器。断路器无法闭合时,若机车功率能满足牵引需要,应维持运行回段报修,不能满足时尽可能运行至站内停车处理。

21. 怎样检修 SS_{4G} 型电力机车劈相机的转子?

答:(1)检查转子铁芯无松弛、位移及扫膛现象。

(2)检查转子铸铝导条、端环不许有断裂、开裂及铁芯槽部不许有烧痕。

(3)检查铸铝自冷风叶应良好,平衡块牢固。

22. 怎样测定低压电器柜整柜的绝缘电阻?

答:(1)测量低压电器柜辅助回路对地绝缘电阻值。用过渡插头短接各接插件插头引出线并接地,用细铜丝短接各辅助电路接线端子,用 500 V 兆欧表测量辅助回路对地绝缘电阻值应不小于 5 MΩ。如有接地或绝缘低时应查找故障处所,进行必要的处理。

(2)测量控制回路对地绝缘电阻值。将控制回路接线端子短接,用 500 V 兆欧表测量插头引出线对地绝缘电阻值应不小于 2 MΩ,否则应查找故障,进行必要的处理。

23. 怎样检修电磁继电器的线圈?

答:(1)用万用表测线圈的电阻值。

JZ15 系列中间继电器,R(20 ℃)=1 000 Ω。

JT3 系列时间继电器,R(20 ℃)=644 Ω。

TJJ2 系列接地继电器,R(20 ℃)=120 Ω。

(2)检查绝缘包扎情况,破损者应用玻璃丝带包扎并补漆,线圈引出端子牢固、清洁。

(3)检查各连接导线,导线应完好,断股大于原形的 1/10 者应更换。

24. 怎样检查试验琴(扳)键开关?

答:(1)将琴(扳)键开关组装插头与试验台连接好,接通电源。

(2)依次检查各开关触点开断正常、接触良好,试验次数不少于 5 次。

(3)将接线端子短接,用 500 V 兆欧表测量插头引出线对地绝缘电阻值应不小于 2 MΩ,否则应查找故障、进行必要的处理。

25. HXD_1 型电力机车 C1～C3 修时,怎样对牵引通风机及辅助变压器柜通风机进行检查?

答:(1)外观检查上、下法兰密封状态良好,无漏风,各安装、连接螺栓齐全、紧固,轴承补充油脂(注油式),轴承补油 24～26 g/套。通电检查风机运转正常,无异音。

(2)打开接线盒盖,检查盒内清洁,接线板与引接线无松动、过热及烧损。

(3)用 500 V 兆欧表检测绕组对地绝缘电阻≥10 MΩ。

26. SS_{4G} 型电力机车小修时,怎样检查辅助机组的转子?

答:(1)转子转动灵活,无阻滞及摩擦现象,自冷风叶完好。

(2)直流电机换向器工作面光洁,无毛刺、放电、拉伤痕迹,并清除沟槽内污垢。直流电机换向器升高片无开焊及甩锡现象。

(3)直流电机换向器前压圈外包绝缘良好,无油垢及放电痕迹。直流电机电枢可见部分绝缘良好,无纬带无缺损、松动及过热、变色。

27. HXD1 型电力机车 C1～C3 修时，怎样检查辅助变压器柜？

答：(1)外观检查旋风除尘器无破损，清洁除尘器。检查柜门安装紧固，无变形，密封良好。

(2)打开检查门：外观检查各电器部件无破损、裂损、烧损，安装牢固，电气性能良好，动作可靠；变压器线圈可视部分清洁无杂物，电阻温度计功能正常，连接牢靠；各引线、接线紧固、不许有破损。

28. SS4G 型电力机车小修时，怎样检查高压电器柜的接地继电器？

答：(1)外观检查；各部清洁，安装螺栓、接线紧固，联锁作用良好；衔铁动作灵活，无卡滞，整定值符合段规要求，指示件作用可靠，整定值调整螺杆之防缓帽齐全紧固。弹簧无变形，漆封良好。

(2)清扫、打磨触头，触头无变形、过热、熔瘤，接触良好，开距不小于 4 mm，超程不小于 1.5 mm；线圈无过热、断路、短路，试验时，恢复线圈通电时间不超过 1 min；外罩完整。恢复线圈：阻值 190～216 Ω；吸合线圈：阻值 110～125 Ω。

29. SS4G 型电力机车小修时，怎样检查 PFC 开关柜？

答：(1)外观检查骨架、各电器设备应无损坏及灰尘附着。

(2)检查柜子内部各部件紧固应牢固无松动。

(3)检查柜子内部各部件接线端子牢固无烧损现象，接线断股不超过 10%，外包绝缘无破损，铜母线无变形，线地、线间绝缘距离足够，满足要求则用毛刷及棉丝沾汽油清洗外表，否则进行调整及更换。

30. SS4G 型电力机车牵引电机隔离开关闸刀、库用闸刀、空载试验闸刀不闭合造成不升弓或无流故障时，应怎样检查处理？

答：(1)故障现象：

①合电钥匙 287YV 不动作。

②机车牵引无流，牵引电机电空接触器未动作。

③某一牵引电机无流。

(2)故障处理：

①将闸刀 20QP、50QP 闭合到位。

②将空载试验闸刀 10QP、60QP 闭合到位。

③将相应电机隔离闸刀闭合到位。

31. HXD1 型电力机车 C1～C3 修时，怎样检查车顶导电杆、绝缘子及车顶表面？

答：(1)外观检查各导电杆无弯曲变形，表面无铜绿、锈蚀，各连接线无松动、折损，防缓件齐全。软编织线及电缆线断股不超过 5%。

(2)外观检查绝缘子紧固件齐全、完好、紧固;绝缘子表面清洁,不允许有损伤、裂纹,如有需更换。

(3)清除车顶防污闪胶质涂层表面异物,胶质涂层状态良好,不允许有龟裂、破损。

32. SS_{4G} 型电力机车劈相机故障,怎样用牵引风机代替劈相机?

答:(1)故障现象:劈相机起动不了,检查处理无效,故障显示屏显示"劈相机"灯亮。

(2)故障处理:

①将劈相机隔离开关 242QS 置 1FD 位(2 低面板)。

②将起动电阻转换开关 296QS(2 低)置下合位。

③将辅机保护装置 215QA(2 低)置故障位。

④确认网压 22 kV 以上,此时,合劈相机琴键,故障显示屏劈相机灯常亮。

33. SS_{4G} 型电力机车电阻制动灯不亮,电制无流故障时,应怎样检查处理?

答:(1)故障原因:制动缸压力高或 516KF 接点不良,线路接触器未吸合,制动风机未工作或 209KM、210KM 常开联锁不良,91KM 或 92KM 本身故障,559KA 常闭不良,91KM 常开不良。

(2)故障现象:

①主台显示屏预备灯不灭,电阻制动无制动无流。

②电阻制动灯不亮,电阻制动无制动无流。

(3)故障处理:

①检查两位置开关到位情况下,手动 556KA。

②观察制动缸压力,如过高及时缓解。

34. HXD_1 型电力机车 C1～C3 修时,怎样检查高压隔离开关?

答:(1)外观检查各部位无裂纹、污渍、烧损、灼痕及铜溜;紧固件齐全、完好、紧固,无松动;隔离开关动杆与静触片接触面无过热、烧痕;动作检查开关摆动灵活,闭合到位,传动机构无阻尼现象;锁闭机构完好、锁紧牢固,无松动现象。

(2)外观检查复合绝缘子无松动,表面清洁,无裂纹、灼伤、变形,表面有可见明显缺陷则更换。

(3)清除闸刀片旧油,表面均匀涂新油脂 5 g。

35. 怎样检修 TCK1 型电空接触器的主动、静触头?

答:锉修主动、静触头,保持原有接触面弧度,动触头接触面为平面。静触头厚度不小于 2.5 mm,动触头厚度不小于 0.7 mm,接触线长不小于 20 mm。更换过热、疲劳、变形及圈距不均的压力弹簧。测量触头开距符合 3～8 mm。

36. SS_{4G} 型电力机车劈相机工作正常，各辅机不起动故障时，应怎样检查处理？

答：(1)故障原因：533KT 常闭触头不良或 533KT 卡在吸合位造成。

(2)故障现象：劈相机起动及工作正常，其他辅机不工作。

(3)故障处理：

①短接劈相机时间继电器 533KT(1 号低压柜 561～577 号线)。

②甩故障单节。

37. HXD_2 型电力机车 C1～C3 修时，怎样对 6A 系统防火子系统防火监控板进行检查？

答：(1)检查子板与母板插座接触可靠无松动。

(2)检查子板和主板之间的铜柱和固定螺钉无松动。

(3)检查板卡外观清洁良好。

(4)上电自检完成后，各板卡面板指示灯正常，观察中央控制平台中防火界面是否有故障、火警信息提示。

(5)在音视频显示终端【监控数据】【防火】界面看到数据接收时间更新，传感器的数量与实车方案一致。

38. HXD_{3C} 型电力机车 C1 修中，怎样对 TCMS 显示屏进行检查？

答：(1)检查显示器外观完好，表面清洁。

(2)主画面显示正常，按键作用良好，TCMS 屏系统时间与监控时间相差±15 s，查阅故障记录并及时处理故障履历中故障信息。

(3)微机复位按钮外观良好，动作灵活。

39. HXD_{3C} 型电力机车 C1 修作业中，怎样对 IPM 微机处理器进行检查？

答：(1)外观检查处理器安装紧固状态良好，电缆组件的电气接口连接正确，插头没有松动。电气接口没有出现如热负荷或绝缘损坏等损伤。

(2)检查 IPM 工作状态正常情况下，只有 CPU 和 POWER 两个绿灯亮。

(3)利用专业下载软件下载 IPM 故障记录并分析保存。

40. 当 HXD_{3C} 型电力机车主变流器 CI 故障时，应怎样处理？

答：(1)主手柄置零位，换向手柄置零位。

(2)按复位按钮，重合主断，加载试验(此时注意 TCMS 提示的内容，包括故障信息和电机牵引力情况)。

(3)复位不能消除故障时，切除相应 CI 单元，再合主断加载。当故障严重时，在机械间可能伴有很大的放炮声音或冒烟现象，司机果断处置。

41. 怎样检查 ZD105 型牵引电动机的机座、磁极绕组及其连线？

答：(1)检查机座不得有裂损，机座各螺孔状态应良好，抱轴承孔不许有变形，键槽须完好，磁极固定螺栓不许松动。

(2)检查主极、换向极及补偿绕组应清洁,不许有松动及变形,外包绝缘良好;端箍不许有开裂、过热现象,绑扎须牢固;补偿绕组槽楔不许松动、裂纹。不许有与转子接磨迹象,补偿绕组端部应低于铁芯 3～5 mm。

(3)检查绕组各部分连线及引线须良好;软连线部分不许过热,接头端子平整,搪锡完好。断股不许超过原形的 1/20,否则应换新;测量引出线与引线孔距离换向端不小于 10 mm;主极连线及连线接头与机座距离不小于 5 mm;固定卡子应牢固。

42. 怎样检查 ZD105 型牵引电动机的端盖、轴承盖、封环等状态?

答:(1)目视检查端盖不得有裂纹,中修时测量端盖与机座、端盖轴承室与轴承外圈的配合尺寸须符合下列限度要求:端盖与机座配合,对换向器端最大过盈量为 0.138 mm,非换向器端最大过盈量为 0.156 mm。轴承外圈与端盖轴承室配合,最大间隙为 0.079 mm,最大过盈为 0.018 mm。

(2)检查轴承盖、封环不许有损伤、变形,均压孔应畅通。

(3)清除油管内旧油,必须保证油管、油堵完好,油路畅通。

(4)检查换向器检查孔盖,不许有裂损、变形,密封毡垫和弹簧须良好,锁销动作灵活。检查进风口防护网应完好。

43. 怎样拆卸 SS_{4G} 型电力机车的劈相机?

答:(1)拆油杯,退出键。

(2)端盖、轴承外盖、拆卸:将两端轴承外盖螺钉拧松卸下,并用其中两条螺栓拧入轴承外盖顶丝孔,使两端轴承外盖分离止口,卸下两端轴承外盖,将端盖螺栓拧松卸下,拧进顶丝,使两端端盖分离止口,取出两端端盖,取出挡圈。

(3)转子拆卸:将引出转子工具套装在转子一轴端,使转子保持水平,并使定、转子轴线对齐,将转子从定子内平行移出,置于转子托架上,引出时不要碰伤转子与铁芯。

(4)轴承拆卸:卸下轴承内盖,用螺丝刀拆卸两端轴承挡圈后,再用轴承拔出专用机具分别拔下两端轴承,取下轴承内盖。拔出时应使轴承内圈受力,注意保护好轴端中心孔。

(5)拆接线罩。

44. 怎样进行高压连接器组装?

答:(1)按解体相反顺序进行组装。

(2)摩擦副、顶杆、圆弹簧组装前涂轴承脂。

(3)组装后要求各部件动作灵活,接触可靠良好。

(4)检查高压连接器,应能够在左右 34°,高低 8°30′的范围内摆动,并能自行复位。

45. HXD_1 型电力机车 C1～C3 修时,怎样检查主变压器?

答:(1)外观检查各部位可见部分安装、连接紧固件齐全、无松动;所有密封件、箱体、放油阀及管路无泄漏；出线套管、蝶阀及其他连接件可见部分无松动、破损、渗油、过热及烧损；压力释放阀良好，无喷油痕迹；油泵状态良好，用 500 V 兆欧表测量油泵三相绕组对地绝缘值(≥10 MΩ)，通电转动正常；油流继电器、电阻温度计状态良好，性能正常，接线牢固无松脱、折断。高压 A 端子表面无放电痕迹。

(2)油样检验(耐压及理化)符合 GB/T 7595—2017《运行中变压器油质量》要求。

(3)油样检验(色谱)符合 DL/T 722—2014《变压器油中溶解气体分析和判断导则》要求。

46. 怎样检查 TCK7 型电空接触器的辅助联锁动、静触头？

答：(1)动、静触头安装应牢固正确，用砂布打磨其烧痕处。

(2)更新严重烧损、过热的触头及其压力弹簧，联锁触头厚度不小于 1.3 mm。

(3)检查联锁板不许有剥离及过量磨耗。滚轮转动应灵活，不许有过量磨耗，杠杆滑动灵活，不得有卡滞、变形、裂损，变形者应更新。弹簧不许有裂损、变形，弹性良好。联锁盒不得破损。用万用表测量联锁通断情况。

47. SS4G 型电力机车小修时，怎样检查低压电器柜的其他配件？

答：(1)检查自动开关绝缘不许有裂损，手动断开和闭合正常。

(2)检查行灯插座、接线排、各电容、二极管座清洁紧固良好，导线压接牢固，线号齐全，标志清晰；外壳无裂损；插接牢靠，簧片压力正常；无短路、断路现象，绝缘瓷件清洁完好。

(3)检查、紧固各电阻、整流器、控制变压器、电容器、万能转换开关及接线应清洁，无烧痕、断裂及变形，接线良好，安装牢固。万能转换开关动作灵活，无卡滞。

48. SS4G 型电力机车小修时，怎样检查司机室电器、司机控制器及电空制动控制器？

答：(1)用干净的干棉布擦除司机控制器的污垢，直观检查应状态良好，各操作手柄应灵活，无过紧、卡滞或松旷现象。

(2)用 0.2～0.3 MPa 的压缩空气吹扫各部及用毛刷清扫各部灰尘。检查各紧固件应无松动，外表面镀层、油漆无脱落，绝缘件无裂纹。检查定位簧片和定位杠杆应无松动变形，定位凸轮应无磨损过度。

(3)检查主轴和换向轴凸轮应无裂纹、变形或脱落。检查辅助触头盒应无烧损，插件应无异常。检查电位器上的联轴器应无松动、脱落。

(4)检查各连接线，接线应牢固，接线端子、线号齐全，标牌完整清晰，导线不得与其他机件碰磨，绝缘无破损。

49. SS4G 型电力机车小修时，怎样检查 PFC 电容柜？

答：(1)检查装配螺栓、螺母，若发现松动，紧固。检查配线端子螺栓、母线固定螺栓等，发现松动，紧固。检查电容，发现漏油或外壳膨胀，更换。

(2)检查柜子内部各部件紧固件应清洁、牢固、无松动。

(3)检查柜子内部各部件接线端子牢固,无烧损现象,接线断股不超过 10%,外包绝缘无破损,铜母线无变形,线地、线间绝缘距离足够。

(4)测量各电容参数符合要求。

50. SS4G 型电力机车小修时,怎样检查空调机及暖风机?

答:(1)各紧固件紧固,空调机安装牢固,不漏雨。各部接线正确,无短路、断路现象。

(2)检查"冷、热"选择开关、风量选择开关、温度控制器等开关位置正确、作用良好。

(3)压缩机电机、冷凝风机电机、蒸发风机电机、暖风机工作正常、无异音。

(4)暖风机接线良好,外罩完好无损,开关、指示灯显示正常,取暖效果良好。

51. SS4G 型电力机车小修时,怎样对各仪表进行检查?

答:(1)各仪表显示正确,安装牢固,接线可靠,插头、插座连接良好。各仪表外壳、玻璃完整,刻度清晰,指针无弯曲、卡滞现象,照明良好。更换不良仪表。

(2)检查司机室各风压表不超 3 个月,否则下车校验。

(3)检查各种电表及其他风压表不超 9 个月,否则下车校验。

(4)电压传感器、电流传感器清洁良好,安装牢固,作用良好。

52. SS4G 型电力机车运行中(主断在闭合状态)受电弓自动落下并无法升起时,怎样检查处理?

答:现象:主断路器跳开,显示屏显示零压,受电弓落下。

处理:(1)换弓运行。

(2)另一受电弓也无法升起时,应检查门联锁是否动作。

(3)若门联锁不动作,应检查两节车保护阀,发现保护阀不吸合时,人工闭合保护阀 287YV 维持运行。

(4)若人工闭合保护阀,某节门联锁仍不动作时,可用检点锤轻敲门联锁使之动作。若门联锁机械卡死,敲击无效时,可短接故障节 515KF 联锁(533~534 号线)。此时应注意:禁止进入故障节高压室。

53. SS4G 型电力机车闭合劈相机扳钮,某节劈相机无启动声音,怎样检查处理?

答:现象:闭合劈相机扳钮,某节显示屏"劈相机"灯长亮(或亮 8 s 后灭),各辅机时间继电器吸合正常。

处理:(1)启动劈相机时该节"劈相机"灯常亮,应在 3 s 内立即断开劈相机或主断扳钮(防止劈相机烧损)。

(2)检查该节劈相机三极自动开关 215QA 是否跳开,跳开时人工闭合(必须在主断分闸状态下进行)。215QA 一时无法合上时,应急处理可立即转 1FD 位电容分相起动。

(3)闭合"劈相机"扳钮,检查故障节劈相机起动电阻接触器 213KM 未吸合时,可人工闭合 213KM,待劈相机启动 3~5 s 后松开。如 213KM 故障时,甩故障节处理。

(4)若 213KM 吸合正常而劈相机仍不能启动时，可将故障节劈相机开关 242QS 置通风机位、296QS 置电容位，改用一位牵引风机电容分相起动，在网压不低于 22 kV 时，即可投入其他辅机运行。

54. SS_{4G} 型机电力车电子柜预备灯亮故障时，怎样检查处理？

答：(1)故障原因：一组插件箱(含插件)不良、电子控制脱扣跳、一节控制电压低。

(2)故障现象：显示屏“电子柜预备”灯亮，机车无电流。

(3)故障处理：

①转换电源柜 A/B 组。

②控制电压低于 77 V，将 668QS 置重联位。

③检查“电子控制”自动开关是否脱落。

④转换电子柜 A/B 组。

55. SS_{4G} 型电力机车小修时，怎样检查 PFC 开关柜？

答：(1)外观检查骨架、各电器设备应无损坏及灰尘附着。

(2)检查柜子内部各部件紧固应牢固无松动。

(3)检查柜子内部各部件接线端子牢固无烧损现象，接线断股不超过 10%，外包绝缘无破损，铜母线无变形，线地、线间绝缘距离足够，满足要求则用毛刷及棉丝沾汽油清洗外表，否则进行调整及更换。

56. HXD_1 型电力机车 C1～C3 修时，怎样检查主断路器及高压接地开关？

答：(1)外观检查各部位无裂纹、污渍、烧损、灼痕及铜溜；紧固件齐全、完好、紧固，无松动；各气动部件及管路气密性无泄漏；主断路器绝缘子表面单个缺陷面积应不大于 25 mm^2，深度应小于 1 mm，总缺陷面积应不超过绝缘子总表面的 0.2%。

(2)接地开关接触板与主断接地夹接触良好，无过热、烧损、缺损及变形；动作检查开关摆动灵活，闭合到位，传动机构无阻尼现象；锁闭机构完好、锁紧牢固，无松动现象。编织线断股不许超过原截面的 5%。

(3)高压接地开关清除闸刀片旧油，表面均匀涂新油脂 20 g。

(4)检查主断路器计数器完好，并记录数值，数值不应大于 25 万次。

57. SS_{4G} 型电力机车小修时，怎样检查辅助机组的辅助机械？

答：(1)通风机风叶与风筒应完好，无裂纹、变形，风筒安装牢固、密贴，轴流风机风叶与风筒不得摩擦，转动平稳、无异音。

(2)联轴器螺栓紧固良好，动作灵活、无卡滞。

(3)油泵各部及各管接头完好，不得漏油。

(4)冷风扇风叶无裂损，网罩无断条变形；外接电源无破损，绝缘良好。

58. HXD_{3C} 型电力机车 C1 修作业中,怎样对控制电器柜进行检查?

答:(1)自动开关:外观状态完好,无过热烧损现象。

(2)万能转换开关:检查转换作用良好,各部齐全完好。

(3)各库用转换开关安装良好,动作灵活可靠。

(4)端子排、连接器各部完好,无烧损、过热,接线紧固。

(5)电子式单相交流电能表外观检查良好,各项查询功能查询正常。

59. HXD_{3C} 型电力机车 C1 修作业中,怎样对 6A 系统 JK11430B 型走行部车载检测装置的传感网络进行外部检查及清洁?

答:(1)外观良好、安装紧固,表面清洁。

(2)数据前置处理器(接线盒)插头、插座清洁干净。

(3)连接插头、插座及线缆无破损,安装正确并紧固。

(4)连线外观完整良好,捆扎整齐、牢固。

(5)传感器外观、插头无损伤,状态不良须更换。

60. 当 HXD_2 型电力机车电制无流时,应怎样处理?

答:(1)机车发生电制无流时,应将调速手柄回零位,再次将手柄置于电制位,大部分情况下电制应能恢复。

(2)如果电制不能恢复,则按下微机复位按钮,并根据主界面提示栏进行操作。

(3)如仍然封锁,停车后进行蓄电池断电复位,隔离故障点维持运行至前方车站或回段后再做处理。

61. SS_{4G} 型电力机车 ZD105 型牵引电动机解体前怎样进行检查?

答:(1)检查电机零部件是否齐全或破损;检查换向器表面是否有烧痕、凹凸、隔片发黑、环火现象等;检查电机有无窜油现象。

(2)用 1 000 V 兆欧表测量主极、换向极、补偿绕组对地绝缘电阻值。

(3)将百分表用磁性表座固定在机座上,测量换向器表面圆跳动量。

(4)检查电枢轴向窜动量。将电机吊具装到电机轴头上,将百分表磁座定位在端盖上,测头触及传动端轴头端面,用撬棍插入吊具的圆孔中,沿轴向来回推拉电枢,则百分表的摆动量即为电枢轴向窜动量。

(5)空转检查:接通低压直流电,使电机运转(转速 50～150 r/min),检查电机轴承状态和电机振动状态。

62. 怎样检查试验 ZD105 型牵引电动机的定子磁极绕组?

答:(1)用双臂电桥(或微欧表)测量主极、换向极及补偿绕阻的内阻值,应符合下列要求:

主极:$0.006\,6\times(1\pm10\%)\Omega$。

换向极与补偿绕阻：0.013 95×(1±10%)Ω。

测量时，同时用橡皮锤或木锤轻敲各接头，如果电桥之检流计指针偏转，说明接头虚接或折断，则应剥开绝缘，检查处理。

(2)在常温下用 1 000 V 兆欧表测量主极及换向极绕阻对地及相互间绝缘，均不得低于 50 MΩ，低于上述值时，不得进行绕阻的绝缘介电强度检查，应重新送入烘箱干燥，但不应超过 110 ℃。在绝缘电阻符合上述要求后，将耐压试验台漏电流设置为 20 mA，以工频 4 500 V 电压作主极、换向极及补偿绕阻对地及相互间的绝缘介电强度检查，持续 1 min 应无击穿、闪络现象；或用 TY 型绝缘测试仪进行直流测试，每 500 V 测量一次，直至升到 8 kV，泄漏电流呈线性增加，不突变、摆动，且不超过 80 μA 为合格。

63. 怎样检修空气主断路器灭弧室的静触头？

答：(1)检修静触头座连接板齿纹应完好、平整，用铁刷子清除齿纹内异物，触板轻微烧痕可修复(原形厚度 10 mm，中修限度不少于 8.4 mm)，严重烧损时应更新。

(2)更新密封圈(静触头座与风道接头连接处、风道接头与灭弧瓷瓶连接处、风道接头与支持瓷瓶连接处)，更换弹性销。

(3)检查套筒、挡圈应良好。

(4)检查压指无烧损、变形，弹簧片应安装牢固，触头杆应平直、表面光洁。

(5)更新主静触头。

64. 怎样检修试验避雷器？

答：(1)用 2 500 V 兆欧表测量避雷器对地绝缘电阻，应不小于 5 000 MΩ。

(2)直流参考电压测定。当流过避雷器的电流达到规定的 1 mA 时，读取避雷器两端间的电压不小于 58 kV。

(3)直流泄漏电流测定，在避雷器两端施加 43.5 kV，读取流过避雷器的泄漏电流，其值不得超过 50 μA。

(4)交流参考电压测定，对避雷器的阻性电流 1 mA 时，读取电压的峰值，其值不得小于 56 kV。

注意：试验时瓷瓶应该是干燥、清洁的。以上试验读取数值后应立即降低电压，切断电源。在读数时不允许长时间停留。测参考电压时不得超过 1 min，测试过程应尽可能快。

65. 怎样检查高压电器柜主接地保护装置的电阻、电容？

答：(1)外观检查电阻绕线管不许有破损、放电、烧损等不良现象，电阻表面珐琅不许有过热变色，剥离不超过原形的 1/10，否则应更新，有轻微剥离应用环氧树脂涂封处理，检查各引接线不许有破损、过热、老化，截面折损不大于原形的 1/20，检查各紧固件应齐全、可靠。

(2)外观检查电容不许有破损、放电烧痕及渗漏绝缘介质液，焊接及安装牢固可靠。

(3)分别用万用表及电容表测量电阻、电容值须符合下列要求:

电阻(191R、192R)电阻值为 500×(1±10%)Ω。

电阻(193R、194R)电阻值为 300×(1±10%)Ω。

电阻(195R、196R)电阻值为 7.5×(1±10%)kΩ。

电容(197C、198C)电容值为 5×(1±10%)μF。

66. HXD_1 型电力机车 C1~C3 修时,怎样检查牵引电机?

答:(1)安装牢固,各紧固件、防松标记状态良好。

(2)牵引电机机体无裂纹、损伤,电机出线连接紧固良好,线端标志及铭牌完好、清晰、牢固,接线盒无脱落,外观无过热、烧损,密封良好,电机外部连线无过热、烧损、引线夹无松脱。

(3)安装牢固,无破损、歪斜、变形,三相电缆引线夹、接线盒不许有脱落。

(4)检查牵引电机温度、速度传感器安装可靠无异常,连线无损坏,连接器连接牢固。

(5)检查牵引电机下部排水孔,不许堵塞。

(6)外观检查轴承附近区域,不许有漏油。

(7)检查油嘴,不许有松动及破损,油道畅通。

(8)根据前 3 趟机车车载安全防护系统(6A 系统)地面专家诊断数据分析,轴承不许有异常。发现电机轴承有温升、冲击报警现象的要进行顶轮检测。

67. SS_{4G} 型电力机车小修时,怎样对牵引电动机接线盒进行检查?

答:(1)开盖检查,接线柱线头应完整,接触良好,无过热、放电痕迹。

(2)引出线固定可靠,绝缘子及套管清洁,无松动、裂损、灼伤现象。

(3)各螺栓、螺母齐全,紧固良好,防缓件齐全良好。

(4)接线盒盖、密封毡垫及安装螺栓齐全、紧固良好。

(5)测量引出线与机座引线孔距离应不小于 10 mm。

68. SS_{4G} 型电力机车小修时,怎样检查高压电器柜的位置转换开关?

答:(1)检查触头表面状态,接触线长度不小于 80%。消除触头烧痕及铜瘤,静触头调整螺栓、螺母漆封完好。主触头检修后应符合规定要求,并加适量导电膏或凡士林润滑等。

(2)转换开关的动触片及胶木座不得松动,应无放电、烧损、炭化现象。转动灵活,清洁无污垢。

(3)辅助联锁触头无烧痕、松动,接触良好,压力适当,安装板及胶木件无裂损,弹簧无断裂,联锁推杆动作灵活。

(4)各螺栓紧固,接线正确,铜排无裂损、软辫线无过热、折损面积不超过原形的 10%。各部清洁,各线号标志齐全清晰。

(5)手按电空阀检查动作及漏风情况,应动作灵活,无卡滞,无漏风。

69. SS_{4G}型电力机车主断路器合不上时，应怎样检查处理？

答：现象是闭合主断路器扳钮全车无合闸声，显示屏“主断”不灭，辅助电压指示为零。

(1)检查操纵节调速手柄不在零位时，将其移回零位。

(2)检查操纵节劈相机扳钮未断开时，将其断开。

(3)确认调速手柄回零，劈相机扳钮断开仍不能合闸时，应检查568KA是否得电，567KA是否失电。如发现568KA不得电时，可人工闭合568KA，等主断闭合后再松开568KA；发现567KA未失电时，可将司机台591QS打自动位，再闭合合闸扳钮。

(4)处理后仍不能合闸时，可采用人工合主断路器，关辅机降弓过分相方法，维持运行。

70. SS_{4G}型电力机车原边过流故障时，应怎样检查处理？

答：故障现象：突然跳主断路器，故障显示屏“原边过流”灯亮。

故障处理：(1)重新合主断。

(2)将两节车电子柜开关同时打B组。

(3)甩故障单节，如操纵节电子柜故障，甩操纵节无效。

(4)如在站内停车，降弓、断电钥匙，试拔故障节整流柜上部82.77号或76、78号插头，甩掉一个转向架，机车保留3/4牵引力继续运行。

71. SS_{4G}型电力机车小修时，怎样检查电阻制动柜？

答：(1)吹扫清洁各元件及连线，应无灰尘。检查风速继电器安装牢固，动作灵活可靠。动作值为294×(1±5%)Pa。微动开关动作灵活，接点可靠，接线紧固，作用良好。

(2)制动电阻外部检查应无变形、裂纹、短路和放电痕迹，紧固无松动。

(3)电阻带阻值测量，用开尔文电桥测量电阻值应符合0.90×(1±5%)Ω(归算至20 ℃时的电阻值)。

(4)绝缘检测。用2 500 V兆欧表检查电阻带，对地绝缘电阻应不低于10 MΩ，用500 V兆欧表检查风速继电器对地绝缘电阻应不低于0.5 MΩ。

72. SS_{4G}型电力机车小修时，怎样检查逻辑控制单元？

答：(1)外观检查应安装牢固，无外部损伤。各插件安装正确，各钮子开关作用良好，各连线、插座连接良好。检查各插件无烧损、放电痕迹。

(2)检查面板各钮子开关位置正确，电源指示灯、输出指示灯应显示正常。

(3)进行电空闸试验时，应注意各电空阀作用良好。

(4)测试装置110 V、12 V、5 V电压正常。

73. 怎样正确使用兆欧表？

答：(1)兆欧表必须水平放置于平稳牢固的地方，以免在摇动时因抖动和倾斜产生测量误差。

(2)在测量电气设备对地绝缘电阻时，“L”用单根导线接设备的待测部位，“E”用单根导线接设备外壳;在测量电气设备内两绕组之间的绝缘电阻时,将“L”和“E”分别接两绕组的接线端;在测量电缆的绝缘电阻时,为消除因表面漏电产生的误差,“L”接线芯,“E”接外壳,“G”接线芯与外壳之间的绝缘层。“L”“E”“G”与被测物的连接线必须用单根线,绝缘良好,不得绞合,表面不得与被测物体接触。

(3)摇动手柄的转速要均匀,一般规定为 120 r/min。

(4)测量完毕,应对设备充分放电,否则容易引起触电事故。

(5)禁止在雷电时或附近有高压导体的设备上测量绝缘电阻。只有在设备不带电又不可能受其他电源感应而带电的情况下才可测量。

74. SS4G 型电力机车中修时,怎样检查控制电源柜的电子板?

答:检查电子板不许有过热变质,金属箔不许脱离基板;元件各焊点应牢固,不许有虚焊,短路现象。电阻不许有变形、短路、断路或过热变色、严重剥离现象,否则应更新;电容不许有过热、变形、内部短路、断路现象,否则应更新;导线布线整齐,插件插接灵活、可靠。

75. 怎样检查低压电器柜的辅助电路库用开关及电阻转换开关?

答:刀片、刀夹应光洁,刀片的缺损宽度不大于原形的 1/10,缺损厚度不大于原形的 1/3;动刀片的紧固压力适当,转动灵活,动刀片与刀夹接触良好,其接触线长度应大于 80%,夹力正常;检查手柄不许有破损,紧固手柄;检查后部接线应紧固,不许有烧痕,紧固安装螺栓;用万用表检查辅助联锁通断情况。

76. 怎样组装与检查琴(扳)键开关?

答:(1)将经过检修试验合格的琴(扳)键开关按解体的反序安装到位。

(2)组装后用万用表测量各触点导通良好,分合关系正确。

(3)要求各紧固件齐全可靠,接线紧固正确。

(4)各开关动作灵活,位置正确,自复、定位及联锁机构作用良好,通断作用可靠。

(5)检查各触指接线正确,布线整齐,线号齐全、清晰,接线环焊接牢固。电线无烧损、老化,断股不大于原形的 1/10,否则应更换。

77. 怎样检修自动过分相的车感器?

答:(1)车感器从安装支架拆下清洁。

(2)用万用表测量车感器的内阻 620×(1±5%)Ω,用 500 V 兆欧表测对外壳绝缘电阻大于等于 500 MΩ。

(3)检查导线、电缆:绝缘导线清洁,不得有过热烧损,绝缘老化,油浸变质。线芯断股不得超过原形十分之一,导线压接良好。插针及插座体良好。

(4)检查感应器安装支架应无裂纹、无开焊。

(5)测量车感器中心位置距钢轨内侧工作面水平距离为 335 mm,距钢轨表面 110～120 mm。

78. HXD3C 型电力机车 C1 修作业中，怎样对 6A 系统进行检查？

答：(1)清扫、检查漏流监测模块、电源线、通信线、插头表面清洁无积尘。模块安装牢固，外观无过热、烧损，指示灯无裂损。电源线、通信线外观无过热烧损，防护良好，插头连接安装牢固。

(2)清扫、检查外部接口板(EXT 板)、供电监测板(AP 板)插件安装良好。

(3)检查 6A 主机插头、线束插头连接牢固，插头外观无过热、烧损。线束外观良好，防护良好。

(4)直供电试验时确认 6A 系统显示屏【列供】显示界面显示情况，【列供】显示界面显示正常。

(5)操作 6A 系统显示屏查看故障记录并分析处理。

(6)操作 6A 系统显示屏进行自检并打印自检报告。

79. HXD2 型电力机车 C1～C3 修作业中，怎样对微机柜进行检查？

答：(1)微机柜外观及面板清洁。

(2)TCMS 装置紧固件状态，外观清洁。

(3)各接线螺栓安装牢固，各连接器插接紧固。

(4)导线及连接器无腐蚀、烧损。

(5)各按钮和开关性能良好。

(6)检查 110 V 电压表显示正常。

(7)检查继电器、断路器、接触器、电源性能良好。

80. 当 HXD2 型电力机车牵引风机故障时，应怎样处理？

答：(1)当某个牵引风机发生故障时，相应的 2 个逆变器和 2 台牵引电机停止工作，其他电机可正常工作。

(2)若机车功率能满足牵引需要，应维持运行回段报修，不能满足时尽可能运行至站内停车处理。

(3)停车后，可在安全解锁后，打开辅变流柜，查看相应的牵引风机热继电器(Q-TH-VT-MT)是否跳开，如跳开可对其进行恢复，重新投入工作后如果热继电器仍跳开，需报修。

81. 怎样检查 ZD105 型牵引电动机换向器的状态？

答：(1)检查换向器紧固螺栓状态，如松动应用力矩扳手对称均匀拧紧，当松动螺栓超过 1/3 时应进行烘热，并在热态及冷态下分别进行多次紧固螺栓。

(2)换向器表面用白布、酒精擦拭，清除轻微铜斑痕迹和云母沟内的污垢。

(3)用外径千分尺测量换向器直径应符合限度要求(中修不小于 522 mm，禁用不小于 520 mm)。

(4)若换向器出现凸片或工作面磨耗大于 0.15 mm 时，应上床旋削，换向器旋修应在带有强力顶尖的专用车床上进行,推荐采用宝石车刀进行精旋,旋修后表面粗糙度为 Ra 值应不高于 1.6 μm。严禁用砂布打磨换向器表面,表面圆跳动量不大于 0.05 mm,前后端应倒圆角 $R2$,换向器退刀槽宽度、深度应为:宽不小于(9±0.5)mm、深 4~4.12 mm,并在专用云母槽下刻机上进行换向器云母槽下刻和换向片倒角,云母槽深度 1.3~1.7 mm,倒角 0.3×45°,前后需开坡口 1×45°,倒角后不得有飞刺,云母槽内不得有铜屑,槽壁不得有残存云母。聚四氟乙烯套表面应光洁,不许有裂损、灼痕及松动,否则应更新。换向器退刀槽处(含升高片端面)应涂绝缘漆。旋修后的换向器工作面,应戴上保护罩以免破坏。

82. 受电弓组装后,应怎样进行检查与试验?

答:(1)最大升弓高度,在 0.5 MPa 气压下,受电弓应能顺利升至最大有效高度为不小于 2 600 mm 而不呆滞现象,且传动风缸杆不得有抖动。

(2)在专用试验台上按规定的要求进行测量、调整静态接触压力应为(75±10)N,亦可在 0.7 MPa 气压下,在滑板中央挂上 8.5 kg 的重锤,并将其置于 2 500 mm 的工作高度位置放开手,在不加任何外力状态下,滑板应平衡降至 300 mm 高度位置;然后将重锤换成 6.5 kg,重复上述试验。

(3)在专用试验台上测定受电弓上升与下降至同一高度处静态接触压力差应小于 15 N(中修限度)。

(4)在最小工作气压 0.5 MPa 条件下,滑板从止挡(0)升至 1.8 m 高度处,升弓时间为不大于 8 s 或从 1.8 m 降至止挡(0)处,降弓时间为不大于 7 s,并要求动作平稳无卡滞现象。

(5)观察受电弓各部动作状态,各部动作应协调,不许有异音、卡滞和碰擦现象。

(6)测量弓头横向摆动幅度不大于 30 mm。

(7)泄漏试验。在 1 MPa 气压条件下,测试检查风缸及各部不许有泄漏现象(保持 10 mm 泄漏量不大于 0.05 MPa)。

83. 怎样总体分解空气主断路器?

答:(1)松开固定螺栓,取下各连接风管。

(2)取下传动风缸连杆装置和定位弹簧。

(3)松开各固定螺栓,依次取下传动风缸、主阀、启动阀、延时阀、辅助开关、风压表及分合闸线圈。

(4)松开固定螺栓,取下防雨罩,拆下非线性电阻及动触头装置。

(5)拆下隔离开关触板、连接板、主静触头装置。

(6)松开固定螺栓,取下灭弧室瓷瓶、风道盖板及支持瓷瓶。

(7)拆下储风缸。

(8)拆下隔离开关及旋转瓷瓶。

84. 怎样检修空气主断路器的非线性电阻装置?

答:(1)检查防雨罩无变形、裂损。弹簧弹性良好,弹簧自由高度为(40±2) mm,否则应更新。

(2)干燥剂盒无变形，更新干燥剂。

(3)接触片、非线性电阻片不得有烧痕及损坏，片间接触良好。允许用细砂布打磨轻微烧痕。非线性电阻片应在 80 ℃恒温下烘干 24 h。

(4)更新两个密封圈。

(5)使用 1 000 V 兆欧表测量非线性电阻值。参考值为 5～100 MΩ。

(6)按解体相反顺序组装。检查干燥剂盒距绝缘子端面距离不大于 15 mm，不足时允许加垫调整。

85. 怎样检修低压电器柜的电阻？

答：(1)不许有烧痕、放电现象。管形电阻珐琅有过热变色及剥离超过 1/10 者应更新。劈相机起动电阻不许有变形、裂损、短路、断路，抽头、接头焊接牢固，截面缺损不得超过原形的 1/10，各电阻安装及紧固螺栓应良好，用电桥或万用表测量电阻值。

(2)劈相机起动电阻(263R)，在 20 ℃的电阻值为 0.79×(1±10%)Ω。

辅助电路过压保护电阻(260R)，在 20 ℃时的电阻值为 5×(1±10%)Ω。

分相起动电阻(264R)电阻值为 1×(1±10%)kΩ。

零压保护电阻(261R)电阻值为 200×(1±10%)Ω。

辅助接地电阻(262R)电阻值为 200×(1±10%)Ω。

86. 怎样检修轴温监测报警装置的传感器？

答：(1)传感器的探头须安装牢固，采用安装座安装的，安装座必须焊接牢固，使之接触充分。

(2)检查传感器与各接线连接是否可靠。

(3)安装传感器时，传感器探头与第一个接线架(线夹)之间边线应留有余量，避免车体振动时将线拉断。

(4)检查传感器连线应无明显磨损、挤压痕迹，否则修复或更新。

(5)传感器插头应保证能够接触良好，如发现油污应处理干净，如有腐蚀、松动应更新。

(6)在轴报装置综合试验台上对全车传感器进行检测筛选，确保整套系统测温误差小于±2 ℃。

(7)对传感器进行编码、读码操作。

87. 怎样测试控制电源柜的电子板？

答：(1)将电源板和稳压触发板与 DYT-1 型综合试验台连接，按试验大纲对各板进行试验。

(2)对稳压触发板要求脉冲输出环节、限压环节、限流环节、恒压环节符合如下要求：

脉冲输出：脉冲宽度在 250 μs 左右，幅度约 15 V；

限压值调整：当支流电源调到 120 V 左右时，脉冲消失，由 120 V 调到 100 V 左右时，脉冲应重新出现；

限流值调整：当输出电流为 55×(1±10%)A 时，限流环节作用良好；

限压输出环节：要求输入交流电压为 167～255 V 时，输出直流电为(110±2)V。

(3)调整 W1 使正基准电压为 4 V。

(4)对移相环节测试须符合如下要求:

用示波器测试同步电压超前主电路的角度为 90°。

用示波器从测试孔 CS1、CS2 测试正负半波脉冲波形。

脉冲峰值电压≥22 V,宽度约为 200 μs。

调整电位器,校定 α 角的对称性,要求良好,换向角限制角度最小为 10°左右。

测试 U_c 在+7～−3 V 变化,ε 角度应在 170°～10°间变化,U_d 相应在零到最大间变化。

调整电位器,使输出电压为 110×(1±5%)V。

当输出电流为 55×(1±10%)A 时,I_m 限制环节作用良好。

(5)调试 110/48,110/24/15 V 直流电源变换器。

(6)输入电压在 77～137.5 V 范围内应能正常启动。

(7)用万用表测量输出电压应恒定在(48±2)V;(24±2)V;(15±1)V。

(8)保护参数:

48 V 输出欠压保护值约为 42 V,过压保护值约为 54 V;

24 V 输出欠压保护值约为 20 V,过压保护值约为 28 V;

15 V 输出欠压保护值约为 13 V,过压保护值约为 17 V;

装置各路输出对地短接,输出电压为零,延时约 1 s 后能自动切断输出。

88. SS4G 型电力机车小修时,怎样检查变压器?

答:(1)擦拭高压瓷瓶,表面光洁,无裂纹漏油及放电痕迹。表面缺损面积小于 3 cm^2 时,可涂快干绝缘漆处理,否则更换。

(2)油箱体、箱盖、储油柜、油位表、冷却柜、波纹管、油流继电器、套筒及各阀(压力释放阀)接头均不得漏油。油位表玻璃管清洁,主变压器油位总体应在上刻线(+40 ℃)与最低刻线(−25 ℃及−30 ℃)之间,夏季油位根据环境温度调整在上刻线(+40 ℃)与中间刻线(+20 ℃)之间,冬季油位根据环境温度调整在中刻线(+20 ℃)与最低刻线(−25 ℃及−30 ℃)之间。

(3)检查蓝色吸湿剂是否变色。硅胶罐无破裂,各部安装良好。当吸湿剂 2/3 变成白色或淡红色时应进行干燥处理或更换。

(4)各连接母线螺栓固定可靠,铜排、母线无过热,绝缘良好,标志清晰齐全。

(5)信号温度计安装牢固,状态良好,显示温度与环境一致。

(6)各端子板清洁干净,无放电烧损现象,安装牢固。

(7)检查油流继电器,外观无损,安装牢固,接线紧固可靠,作用良好。

(8)一次侧绕组接地线完好,紧固,不过热。按规定对变压器油进行化验。

(9)升弓前必须对主变压器网侧绕组(主变原边)进行相应对地绝缘检测,主变压器网侧绕组(主变原边)对地绝缘要求:用 2 500 V 兆欧表测量,大于 100 MΩ。

(10)测量主变压器冷态直流电阻。

89. HXD1 型电力机车 C1～C3 修时，怎样检查冷却塔及冷却塔风机？

答：(1)外观检查风道连接螺栓齐全、紧固，密封良好；油路、水路、水箱无泄漏，水位表、油位表完好，液位正常；呼吸管完好，连接紧固；除湿器完好，安装牢固，干燥剂可见部分变色不超过 2/3；冷却水泵完好，无泄漏，通电检查无异常。

(2)清洗水过滤器。

(3)打开检查孔盖，吹扫散热器，清除表面杂物，检查通风机可见部分无异常，通电检查风机无异音。春鉴、秋整时测试风速须达到 9 m/s。

(4)冷却塔风机轴承补油。28～30 g/套或轴承标注的注油量。

(5)打开冷却风机及水泵接线盒盖，检查盒内清洁，接线板与引接线无松动、过热及烧损。

(6)外观检查布赫继电器完整，无泄漏，接线良好，功能正常。

(7)用 500 V 兆欧表检测冷却塔风机绕组对地绝缘电阻≥10 MΩ。

90. SS4G 型电力机车小修时，怎样对电线路进行检查？

答：(1)各部件线号齐全清晰、清洁，排列整齐，接线紧固。线卡、绝缘件完好，防缓件齐全。

(2)各母线、铜排无裂纹、过热，局部缺损不大于 10%，连接处应密贴，接触面搪锡。铜排间及对地距离符合有关规定。

(3)各绝缘导线应清洁，无过热、老化、油浸变质等现象，线芯及编织线断股不大于 10%，端部搪锡良好，线鼻子无过热现象，单股导线不得有裂纹。

(4)检查各屏柜、中央端子排、重联线端子排绝缘无老化、破损，断股不大于 10%，线鼻子与导线压接牢固，状态良好。

(5)线道可见部分和线盒内均应清洁干燥，线束穿过隔板护板处的防护完好。

(6)检查测量主、辅回路绝缘阻值：

主回路用 2 500 V 兆欧表检测：不小于 2 MΩ。辅助回路用 500 V 兆欧表检测：不小于 0.3 MΩ。

91. 使用万用表进行测量时应注意些什么？

答：(1)使用时将万用表放置平稳。

(2)使用万用表时严禁带电转换量程，特别是高电压、大电流。

(3)使用万用表时，当被测之量不能确定其大约数值时，将量程转换开关旋到最大量程。

(4)使用万用表测量电流时，仪表与被测电路串联。

(5)使用万用表测量电流、电压时注意“＋－”极性不能接错。

(6)使用万用表测量电压时，先确认电源是直流还是交流(直流——DC；交流——AC)，同时将万用表与电路并联。

(7)使用万用表测量电阻时，被测电路应断开，电路中有电容时，应先放电。

(8)使用万用表测量后，最好将选择开关旋至交直流电压的 1 000 V 位置上。

92. 怎样检修轴温监测报警装置的接线盒?

答:(1)接线盒外观检查,应无损坏变形,密封性良好。

(2)接线盒的航空插座应完好、无油污异物等,插座各插针应无氧化、腐蚀变形等,否则须更换新品。

(3)接线盒上每个插座的同一引脚应都是相通的,而1、2、3脚之间应互不相通,且均不接地,只有4脚与外壳相接。

(4)中修装配及喷漆时应注意保护好接线盒的各插座,避免异物进入及油漆喷入。

(5)装配时应注意装好胶垫,确保其密封性能良好。

(6)接线盒的航空插座引脚同传感器插头引脚。

93. SS4G型电力机车低压电器试验前,要做好哪些准备工作?

答:(1)确认车顶无人后锁闭车顶门。

(2)各管路塞门在正常工作位置,总风缸压力不小于700 kPa,机车闸缸压力300 kPa。

(3)高声呼唤:合110 V整流输出闸刀开关666 QS、蓄电池输出闸刀开关667 QS、蓄电池单极自动开关601 QA,各自动开关均在正常工作位,控制电压不小于92.5 V。

(4)将零压保护隔离开关236 QS,牵引风速故障开关573 QS、574 QS及制动风速故障隔离开关589 QS、590 QS置故障位,其他各故障隔离开关在正常工作位。

(5)电子柜转换开关置A位。

(6)自起劈相机隔离开关放手动位,司机控制器手柄置零位,辅助司机控制器置取出位。

94. SS4G型电力机车辅小修时,怎样检修仪表?

答:(1)各仪表显示正确,安装牢固,接线可靠,插头、插座连接良好。各仪表外壳、玻璃完整,刻度清晰,指针无弯曲、卡滞现象,照明良好。更换不良仪表。

(2)检查司机室各风压表不超3个月,否则下车校验。

(3)检查各种电表及其他风压表不超6个月,否则下车校验。

(4)电压传感器、电流传感器清洁良好,安装牢固,作用良好。

(5)制动缸压力传感器清扫,安装牢固,动作灵活可靠。

(6)辅助空压机压力传感器、列车管压力传感器、均衡风缸压力传感器清扫,安装牢固,动作灵活可靠。

(7)下车校验制动缸压力传感器。

95. 怎样操纵主断路器?

答:(1)闭合主断路器前,应确认全车司机控制器在零位,零位灯亮。按扳钮时间不少于2 s。断、合闸间隔时间不少于3 s。

(2)合闸后,如发现辅助电压表显示低于310 V,应断电、降弓。断、合几次主断路器,再升弓、合闸,防止因主断路器闭合不到位,烧损主触头,引起瓷瓶爆炸。

(3)合闸后,应注意听主变压器交流声是否正常,故障显示屏显示有无异常。发现异常应立即断电、降弓,妥善处理。

96. SS_{4G} 型电力机车小修时,怎样检查电源柜?

答:(1)检查各紧固件和接线端子应无松动、松线、掉线现象。

(2)线束、铜排和导线应清洁,不许有过热、烧损和绝缘老化现象;线号齐全,清晰正确。线芯断股不得超过原形的10%,单股线芯不许有裂损。

(3)电源变压器、电抗器必须表面清洁。外部绝缘不许有变色、裂损、过热现象;接线须正确、紧固,线号清晰,无线圈短路、断路现象;铁芯及安装螺钉紧固。

(4)检查电压表和电流表,在无电状态下,电压表和电流表的指针均应在零位,如果不在零位,将指针调至零位。

(5)检查刀开关:刀片与刀夹光洁,压力适当,转动自如,接触线长度应在80%以上,夹力正常。刀片缺损宽度不大于原形的1/3。手柄不得松动。

(6)插座及端子排应清洁、完整,不许有裂损、烧伤,导线压接良好,接线紧固;插座插接牢靠,定位作用良好。

(7)检查电阻、电容,电阻不许有变形、裂损、短路、断路,接头应焊接牢固,不许有过热变色及严重剥离,否则必须更换。

(8)110 V电源控制箱检查。各电路板、电子插件洁净,插接可靠。20芯插头簧片无断裂、过热现象。

97. HXD_2 型电力机车C1～C3修时,怎样对6A系统走行部监测子系统进行外部和上电检查?

答:(1)外部检查:

①检查走行部监测子系统主机模块箱外观、安装固定状况状态良好。

②检查电源复位开关动作是否可靠;清洁插件面板(数码管等),检查插件紧固状态,检查插件把手是否完整。

③检查各传感器外观、安装固定状况,检查数据前置处理器的插头、插座紧固;检查连接插头、插座及线缆有无破损,安装是否正确紧固。

④检查连线外观是否完整,捆扎是否整齐、牢固;传感器的外观、插头均无损伤,状态不良须更换。

(2)上电检查:

①检查自检过程和进入工作状态各指示灯显示是否正常。

②音视频显示终端查看各测点温度信息正常,故障信息显示正常。

98. HXD_{3C} 型电力机车TCMS屏异常时,怎样进行人工激活?

答:(1)确认TCMS屏上无异物,断开微机控制电源开关,用手指一直按住触摸屏,此时按住触摸屏的手指不要拿开。

(2)闭合微机控制电源开关,大约 10 s,屏幕右上角出现一个白色小光标,按住光标约两三秒,此处光标消失(发出噼的声音),触摸屏左下角出现同样的光标,按住此处光标约两三秒,光标消失(发出噼的声音)。

(3)接着进入 TCMS 英文黑白菜单界面,按左下角 write config(写入)触摸按钮。

(4)再按右下角重启触摸按钮,重启电源,待微机启动后,再试 TCMS 触摸屏各触摸按钮作用是否良好。

99. HXD2 型电力机车 C1～C3 修时,怎样对牵引电机进行外观及状态检查?

答:(1)检查电机安装牢固,防脱落块及穿销的状态良好、各螺栓紧固。

(2)机座无裂纹、损伤,电机出线、引线夹紧固,线端标志及铭牌完好、清晰,接线盒外观无过热、烧损密封良好,电机外部连线无过热、烧损、松脱。

(3)检查牵引电动机通风罩安装牢固,无破损、歪斜、变形。

(4)检查牵引电机的温度、速度传感器安装可靠无异常,连线无损坏,连接器连接牢固。

(5)检查牵引电机下部排水孔,不许堵塞。

(6)检查端盖通风孔不许堵塞。

100. 当 HXD3C 型电力机车主断路器无法闭合时,应怎样处理?

答:(1)确认司机控制器调速手柄处于零位。

(2)观察在故障显示屏是否出现故障提示,若出现相应的提示则需要把故障问题处理后再闭合主断。

(3)牵引变流器控制单元 MPU1～6 中,至少保证 1 台以上运转正常。

(4)若制动显示屏幕左上方显示【动力切除】,检查【紧急停车】按钮,确保在弹起位。

(5)控制电源柜上 CI 试验开关 SA75 位置在零位。

(6)确认主、辅库用开关处于正常位。

(7)检查总风缸或控制风缸压力,(还可通过 TCMS 观察 812 是否得电),KP58 动作,压力低于 650 kPa 时,需使用使用辅助压缩机打风。

(8)观察牵引变流器控制单元 MPU1～6 中的光纤插头是否有松动或者脱落(通过 TCMS 显示屏也可查看到相应的故障提示)。

(9)确认半自动过分相按钮 SB67(68)、自动过分相装置试验按钮(自复式)位置在弹起位。如自动过分相装置故障,关闭电源,手动过分相。

(10)自动过分相后主断合不上,采用手动合主断。

(11)如按上述方法处理后主断仍不能闭合,如条件允许维持进站,采用大复位的方法处理。

S1　司机控制器的检修

1. 考场准备

要求场地内准备检修作业平台、司机控制器、试验台、机车电工常用工具和相关配件及材料。

2. 材料工具准备

序　号	名　称	规　格	数　量	备　注
1	机车电工常用工具		1 套	
2	万用表		1 块	
3	毛刷		1 个	
4	兆欧表	500 V	1 块	
5	游标卡尺		1 把	
6	测力计		1 个	

3. 考核要求

(1)被认定人入考场后，首先由裁判告知题目，其次由被认定人检查准备工具，到实作场地确认作业环境，当被认定人告知裁判可以开始时，由裁判员开始计时。

(2)考核时间为 40 min，考核期间，被认定人可以对现场作业和工艺范围要求不符的情况进行说明。

(3)在被认定人检修作业期间，裁判可以依据考评项点向被认定人提问，以确认被认定人检修过程是否有依据。

(4)考核过程若被认定人出现配件、工装机具等毁坏情况和人身伤害时，终止考试，成绩为 0。

(5)考核完毕后，由被认定人在评分表上签字确认。

4. 考核评分

(1)考评人员 3 名以上。

(2)评分程序及规则：考评员根据考生操作情况对照计分标准在评分表上给予记录评分。

(3)算分方法：采用百分制，满分 100 分，60 分及以上为合格。

职业技能等级认定
铁路机车电工(高级工)实作技能考核评分记录表

单位:________ 姓名:________ 准考证号:________ 工种:________ 级别:________

试题名称:司机控制器的检修

考核时间:40 min

操作开始时间:　　时　　分　　　　　　　　操作结束时间:　　时　　分

项　目	考核内容及评分标准	扣分因素及扣分	得　分
作业程序(20分)	1. 工序错乱扣6分		
	2. 工作中返工扣10分		
	3. 作业后未按要求恢复、整理扣4分		
作业质量(50分)	1. 凸轮鼓清洁、各联锁开关接线良好。触头有烧痕扣5分		
	2. 凸轮鼓清洁、各联锁开关接线良好。触头压力、开距、厚度及圆鼓磨耗深度不符合技术要求扣5分		
	3. 机械各部不得有裂损、松旷及异常磨耗。各穿销配合良好。不符合要求扣2分		
	4. 机械各部不得有裂损、松旷及异常磨耗。定位螺栓不得有松动。不符合要求扣3分		
	5. 机械各部不得有裂损、松旷及异常磨耗。弹簧不得有断裂及永久变形。不符合要求扣5分		
	6. 各接线紧固,插头、插座清洁完整,不得有烧痕,插接良好。不符合要求扣5分		
	7. 各接线紧固,线号齐全、清晰,绝缘不得有破损、炭化。不符合要求扣5分		
	8. 电位器安装正确。阻值平滑变化、作用良好并符合限度规定。不符合要求扣5分		
	9. 通风机防频繁起动电子元件符合规定技术要求。不符合要求扣5分		
	10. 机械联锁锁闭正确,作用可靠,操作灵活、正确,不得有旷动、过位,并保证在规定的位置才能取出或插入。不符合要求扣5分		
	11. 各联锁开关对地绝缘电阻值不符合要求扣5分		
工具设备使用(10分)	1. 开工前未检查工、量具及设备,收工时不整理扣2分		
	2. 工、量具及设备使用不当扣2分		
	3. 工、量具脱落扣2分		
	4. 工具、设备损坏扣4分		
考核时间(10分)	每超1 min扣1分,超过10 min失格		
作业安全(10分)	1. 未按规定着装扣2分		
	2. 工作场地不整洁扣2分		
	3. 工件、工具摆放不整齐扣2分		
	4. 违章或违反安全事项扣4分		
	5. 发生事故失格		
合计(100分)			

考评员签名:　　　　　　　　　　认定人:　　　　　　　　　　年　　月　　日

S2　6C 系列电磁接触器的检修

1. 考场准备

要求场地内准备检修作业平台、SS_4 型电力机车 6C 系列电磁接触器、压缩空气装置、可调直流电源、机车电工常用工具和相关配件及材料。

2. 材料工具准备

序　号	名　称	规　格	数　量	备　注
1	机车电工常用工具		1 套	
2	万用表		1 块	
3	内六角扳手		1 把	
4	什锦锉		1 把	
5	测力计		1 个	
6	毛刷		1 把	
7	专用钢卡		1 个	

3. 考核要求

(1)被认定人入考场后，首先由裁判告知题目，其次由被认定人检查准备工具，到实作场地确认作业环境，当被认定人告知裁判可以开始时，由裁判员开始计时。

(2)考核时间为 30 min，考核期间，被认定人可以对现场作业和工艺范围要求不符的情况进行说明。

(3)在被认定人检修作业期间，裁判可以依据考评项点向被认定人提问，以确认被认定人检修过程是否有依据。

(4)考核过程若被认定人出现配件、工装机具等毁坏情况和人身伤害时，终止考试，成绩为 0。

(5)考核完毕后，由被认定人在评分表上签字确认。

4. 考核评分

(1)考评人员 3 名以上。

(2)评分程序及规则：考评员根据考生操作情况对照计分标准在评分表上给予记录评分。

(3)算分方法：采用百分制，满分 100 分，60 分及以上为合格。

职业技能等级认定
铁路机车电工(高级工)实作技能考核评分记录表

单位:________ 姓名:________ 准考证号:________ 工种:________ 级别:________

试题名称:6C 系列电磁接触器的检修

考核时间:30 min

操作开始时间:　时　分　　　　操作结束时间:　时　分

项　目	考核内容及评分标准	扣分因素及扣分	得　分
作业程序(20 分)	1. 工序错乱扣 6 分		
	2. 工作中返工扣 10 分		
	3. 作业后未按要求恢复、整理扣 4 分		
作业质量(50 分)	1. 各部清洁,安装、接线牢固,触头接触良好。不符合要求扣 5 分		
	2. 触桥不得有过热现象。触头不得有熔瘤、裂损,其厚度、压力、开距、超程均符合工艺技术要求。不符合规定扣 5 分		
	3. 电磁机构良好,线圈不得有短路、断路。不符合规定扣 5 分		
	4. 电磁机构良好,衔铁支持稳固、动作灵活。不符合规定扣 5 分		
	5. 杠杆、底座及弹簧盒良好,符合工艺要求。有裂损扣 5 分		
	6. 杠杆、底座及弹簧盒良好,符合工艺要求。弹簧有断裂或疲劳现象扣 5 分		
	7. 灭弧罩不得有裂损及严重缺陷。不符合要求扣 5 分		
	8. 灭弧栅可靠,开距及超程符合限度规定。超限扣 5 分		
	9. 辅助联锁不得有变形、过热现象。不符合要求扣 5 分		
	10. 辅助联锁接触可靠,开距及超程符合限度规定。超限扣 5 分		
工具设备使用(10 分)	1. 开工前未检查工、量具及设备,收工时不整理扣 2 分		
	2. 工、量具及设备使用不当扣 2 分		
	3. 工、量具脱落扣 2 分		
	4. 工具、设备损坏扣 4 分		
考核时间(10 分)	每超 1 min 扣 1 分,超过 10 min 失格		
作业安全(10 分)	1. 未按规定着装扣 2 分		
	2. 工作场地不整洁扣 2 分		
	3. 工件、工具摆放不整齐扣 2 分		
	4. 违章或违反安全事项扣 4 分		
	5. 发生事故失格		
合计(100 分)			

考评员签名:　　　　　　　　认定人:　　　　　　　　年　月　日

S3 小型直流电机的检修

1. 考场准备

要求场地内准备检修作业平台、小型直流电机、压缩空气装置、可调直流电源、电机短路测试仪、百分表及磁性表座、定温电热油槽、机车电工常用工具和相关配件及材料。

2. 材料工具准备

序 号	名 称	规 格	数 量	备 注
1	机车电工常用工具		1套	
2	轴承拔出器		1瓶	
3	套筒扳手		1把	
4	开口扳手		1把	
5	兆欧表	500 V	1块	
6	毫伏表		1块	
7	电桥		1个	
8	毛刷		1把	
9	手锤		1把	
10	钢板尺		1把	
11	黄铜棒		1把	
12	外径千分尺		1把	
13	木锤		1把	
14	游标卡尺		1把	
15	弹簧秤		1个	
16	内径百分表		1个	
17	石棉手套		1副	
18	塞尺		1把	

3. 考核要求

(1)被认定人入考场后，首先由裁判告知题目，其次由被认定人检查准备工具，到实作场地确认作业环境，当被认定人告知裁判可以开始时，由裁判员开始计时。

(2)考核时间为 40 min，考核期间，被认定人可以对现场作业和工艺范围要求不符的情况进行说明。

(3)在被认定人检修作业期间，裁判可以依据考评项点向被认定人提问，以确认被认定人检修过程是否有依据。

(4)考核过程若被认定人出现配件、工装机具等毁坏情况和人身伤害时，终止考试，成绩为 0。

(5)考核完毕后，由被认定人在评分表上签字确认。

4. 考核评分

(1)考评人员 3 名以上。

(2)评分程序及规则：考评员根据考生操作情况对照计分标准在评分表上给予记录评分。

(3)算分方法：采用百分制，满分 100 分，60 分及以上为合格。

职业技能等级认定
铁路机车电工(高级工)实作技能考核评分记录表

单位：________ 姓名：________ 准考证号：________ 工种：________ 级别：________

试题名称：小型直流电机的检修

考核时间：40 min

操作开始时间：　时　分　　　　操作结束时间：　时　分

项　目	考核内容及评分标准	扣分因素及扣分	得　分
作业程序(20分)	1. 工序错乱扣6分		
	2. 工作中返工扣10分		
	3. 作业后未按要求恢复、整理扣4分		
作业质量(50分)	1. 电动机机座、端盖、轴承检修：机座、端盖不得有裂损、变形，油管及油堵齐全畅通。不符合要求扣3分		
	2. 电动机机座、端盖、轴承检修：接线板清洁，不得有裂损。接线柱不得松动、歪斜及过热烧痕，螺栓完好。不符合要求扣5分		
	3. 电动机机座、端盖、轴承检修：接线柱间及接线柱对地绝缘电阻符合限度要求。超限扣5分		
	4. 电动机机座、端盖、轴承检修：轴承转动灵活、平稳、无异音。滚道及滚道体不得有裂损、剥离、碾堆、麻面及锈蚀现象。不符合要求扣3分		
	5. 电动机机座、端盖、轴承检修：轴承内外圈分别与轴、端盖轴承室的配合及端盖与机座的配合不得有松旷，松旷时严禁以滚花或加垫方式处理。不符合要求扣3分		
	6. 电动机定子检修：定子铁芯不得有松动、移位、裂损。各主极之间的距离相互偏差不许超限。不符合要求扣2分		
	7. 电动机定子检修：绕组清洁、紧固、绝缘状态良好。引接线固定可靠，折损面积不许超限，连接状态良好。不符合要求扣2分		
	8. 电动机定子检修：定子绕组对地绝缘值和对地耐电压实验应符合限度固定。不符合要求扣2分		
	9. 电枢检修：电枢铁芯与轴不得有松弛、移位。不符合要求扣2分		
	10. 电枢检修：电枢轴配合面光洁。不符合要求扣2分		
	11. 电枢检修：电枢绕组端部绝缘清洁、完好，绑线不得拉伤、松动。不符合要求扣3分		
	12. 电枢检修：换向器表面光滑。有拉伤扣3分		
	13. 电枢检修：换向器片间不得有短路、断路。不符合要求扣2分		

续上表

项　目	考核内容及评分标准	扣分因素及扣分	得　分
作业质量（50分）	14. 刷架检修：刷架各部分清洁，无裂纹。不符合要求扣 3 分		
	15. 刷架检修：电刷各零部件符合规定技术限度要求。不符合要求扣 3 分		
	16. 组装：机组内外清洁，标记正确、清晰，附件齐全，各紧固件紧固，接线正确、牢固。不符合要求扣 2 分		
	17. 组装：电枢转动灵活，轴伸部分中点的圆跳动量不得超限。不符合要求扣 2 分		
	18. 组装：电刷与换向器的接触面积必须符合工艺要求。不符合要求扣 3 分		
	19. 同一电机必须使用同一牌号的电刷。否则失格		
工具设备使用（10分）	1. 开工前未检查工、量具及设备，收工时不整理扣 2 分		
	2. 工、量具及设备使用不当扣 2 分		
	3. 工、量具脱落扣 2 分		
	4. 工具、设备损坏扣 4 分		
考核时间（10分）	每超 1 min 扣 1 分，超过 10 min 失格		
作业安全（10分）	1. 未按规定着装扣 2 分		
	2. 工作场地不整洁扣 2 分		
	3. 工件、工具摆放不整齐扣 2 分		
	4. 违章或违反安全事项扣 4 分		
	5. 发生事故失格		
合计（100分）			

考评员签名：　　　　　　　　　　认定人：　　　　　　　　　　年　　月　　日

S4　TCK7 型电空接触器的检修

1. 考场准备

要求场地内准备检修作业平台、TCK7 型电空接触器、压缩空气装置、可调直流电源、机车电工常用工具和相关配件及材料。

2. 材料工具准备

序　号	名　称	规　格	数　量	备　注
1	机车电工常用工具		1 套	
2	兆欧表		1 块	
3	专用扳手		1 把	
4	什锦锉		1 把	
5	测力计		1 个	
6	毛刷		1 把	

3. 考核要求

(1)被认定人入考场后,首先由裁判告知题目,其次由被认定人检查准备工具,到实作场地确认作业环境,当被认定人告知裁判可以开始时,由裁判员开始计时。

(2)考核时间为 30 min,考核期间,被认定人可以对现场作业和工艺范围要求不符的情况进行说明。

(3)在被认定人检修作业期间,裁判可以依据考评项点向被认定人提问,以确认被认定人检修过程是否有依据。

(4)考核过程若被认定人出现配件、工装机具等毁坏情况和人身伤害时,终止考试,成绩为 0。

(5)考核完毕后,由被认定人在评分表上签字确认。

4. 考核评分

(1)考评人员 3 名以上。

(2)评分程序及规则:考评员根据考生操作情况对照计分标准在评分表上给予记录评分。

(3)算分方法:采用百分制,满分 100 分,60 分及以上为合格。

职业技能等级认定
铁路机车电工(高级工)实作技能考核评分记录表

单位：__________　姓名：__________　准考证号：__________　工种：__________　级别：__________

试题名称：TCK7 型电空接触器的检修

考核时间：30 min

操作开始时间：　时　分　　　　操作结束时间：　时　分

项　目	考 核 内 容	扣分因素及扣分	得　分
作业程序(10 分)	1. 考核前未检查安全防护设施扣 2 分		
	2. 程序错误,不会口述程序及要求,每次扣 2 分		
	3. 错呼部件状态,未呼被检查部件名称,每次扣 2 分		
作业质量(60 分)	1. 解体:5 分,漏、错一项扣 1 分		
	2. 清洗:5 分,漏、错一项扣 1 分		
	3. 检测:10 分,漏、错一项扣 2 分		
	4. 修复:10 分,漏、错一项扣 2 分		
	5. 组装:10 分,漏、错一项扣 2 分		
	6. 调试:10 分,漏、错一项扣 2 分		
	7. 记录的填写:10 分,漏、错一项扣 1 分		
工具设备使用(10 分)	1. 工具乱放,每次扣 2 分		
	2. 设备使用不正确,每次扣 2 分		
	3. 损坏工具扣 10 分		
考核时间(10 分)	1. 超过规定时间每超 1 min,扣 2 分		
	2. 超过规定时间 3 min 以上(不包括 3 min),每分钟扣 5 分		
	3. 超过规定时间 5 min 以上(不包括 5 min),停止考试		
作业安全(10 分)	1. 违反安全作业规定,每次扣 2 分,严重者失格		
	2. 考试中碰伤,失格		
	3. 未按规定佩戴防护用品,失格		
合计(100 分)			

考评员签名：　　　　　　认定人：　　　　　　年　月　日

S5 低压电器柜的检修

1. 考场准备

要求场地内准备检修作业平台、SS_4型电力机车低压电器柜、综合试验台、压缩空气装置、机车电工常用工具和相关配件及材料。

2. 材料工具准备

序号	名称	规格	数量	备注
1	机车电工常用工具		1套	
2	兆欧表	2 500 V	1块	
3	喷枪		1把	
4	万用表		1把	
5	电容表		1个	
6	电桥		1把	

3. 考核要求

(1)被认定人入考场后,首先由裁判告知题目,其次由被认定人检查准备工具,到实作场地确认作业环境,当被认定人告知裁判可以开始时,由裁判员开始计时。

(2)考核时间为 40 min,考核期间,被认定人可以对现场作业和工艺范围要求不符的情况进行说明。

(3)在被认定人检修作业期间,裁判可以依据考评项点向被认定人提问,以确认被认定人检修过程是否有依据。

(4)考核过程若被认定人出现配件、工装机具等毁坏情况和人身伤害时,终止考试,成绩为 0。

(5)考核完毕后,由被认定人在评分表上签字确认。

4. 考核评分

(1)考评人员 3 名以上。

(2)评分程序及规则:考评员根据考生操作情况对照计分标准在评分表上给予记录评分。

(3)算分方法:采用百分制,满分 100 分,60 分及以上为合格。

职业技能等级认定
铁路机车电工(高级工)实作技能考核评分记录表

单位:__________　姓名:__________　准考证号:__________　工种:__________　级别:__________

试题名称:低压电器柜的检修

考核时间:40 min

操作开始时间:　　时　　分　　　　　　　　操作结束时间:　　时　　分

项　目	考核内容	扣分因素及扣分	得　分
作业程序(10分)	1. 考核前未检查安全防护设施扣2分		
	2. 程序错误,不会口述程序及要求,每次扣2分		
	3. 错呼部件状态,未呼被检查部件名称,每次扣2分		
作业质量(60分)	1. 解体:5分,漏、错一项扣1分		
	2. 清洗:5分,漏、错一项扣1分		
	3. 检测:10分,漏、错一项扣2分		
	4. 修复:10分,漏、错一项扣2分		
	5. 组装:10分,漏、错一项扣2分		
	6. 调试:10分,漏、错一项扣2分		
	7. 记录的填写:10分,漏、错一项扣1分		
工具设备使用(10分)	1. 工具乱放每次扣2分		
	2. 设备使用不正确每次扣2分		
	3. 损坏工具扣10分		
考核时间(10分)	1. 超过规定时间每超1 min,扣2分		
	2. 超过规定时间3 min以上(不包括3 min),每分钟扣5分		
	3. 超过规定时间5 min以上(不包括5 min),停止考试		
作业安全(10分)	1. 违反安全作业规定,每次扣2分,严重者失格		
	2. 考试中碰伤,失格		
	3. 未按规定佩戴防护用品,失格		
合计(100分)			

考评员签名:　　　　　　　　　　　　认定人:　　　　　　　　　　　　年　　月　　日

S6　电磁继电器的检修

1. 考场准备

要求场地内准备检修作业平台、SS_4型电力机车电磁继电器、压缩空气装置、电磁继电器综合试验台、机车电工常用工具和相关配件及材料。

2. 材料工具准备

序　号	名　称	规　格	数　量	备　注
1	机车电工常用工具		1套	
2	毛刷		1把	
3	兆欧表		1块	
4	测力计		1个	
5	万用表		1块	

3. 考核要求

(1)被认定人入考场后,首先由裁判告知题目,其次由被认定人检查准备工具,到实作场地确认作业环境,当被认定人告知裁判可以开始时,由裁判员开始计时。

(2)考核时间为30 min,考核期间,被认定人可以对现场作业和工艺范围要求不符的情况进行说明。

(3)在被认定人检修作业期间,裁判可以依据考评项点向被认定人提问,以确认被认定人检修过程是否有依据。

(4)考核过程若被认定人出现配件、工装机具等毁坏情况和人身伤害时,终止考试,成绩为0。

(5)考核完毕后,由被认定人在评分表上签字确认。

4. 考核评分

(1)考评人员3名以上。

(2)评分程序及规则:考评员根据考生操作情况对照计分标准在评分表上给予记录评分。

(3)算分方法:采用百分制,满分100分,60分及以上为合格。

职业技能等级认定
铁路机车电工(高级工)实作技能考核评分记录表

单位:__________ 姓名:__________ 准考证号:__________ 工种:__________ 级别:__________

试题名称:电磁继电器的检修

考核时间:30 min

操作开始时间: 时 分 操作结束时间: 时 分

项 目	考 核 内 容	扣分因素及扣分	得 分
作业程序(10分)	1. 考核前未检查安全防护设施扣2分		
	2. 程序错误,不会口述程序及要求,每次扣2分		
	3. 错呼部件状态,未呼被检查部件名称,每次扣2分		
作业质量(60分)	1. 解体:5分,漏、错一项扣1分		
	2. 清洗:5分,漏、错一项扣1分		
	3. 检测:10分,漏、错一项扣2分		
	4. 修复:10分,漏、错一项扣2分		
	5. 组装:10分,漏、错一项扣2分		
	6. 调试:10分,漏、错一项扣2分		
	7. 记录的填写:10分,漏、错一项扣1分		
工具设备使用(10分)	1. 工具乱放,每次扣2分		
	2. 设备使用不正确,每次扣2分		
	3. 损坏工具扣10分		
考核时间(10分)	1. 超过规定时间每超1 min,扣2分		
	2. 超过规定时间3 min以上(不包括3 min),每分钟扣5分		
	3. 超过规定时间5 min以上(不包括5 min),停止考试		
作业安全(10分)	1. 违反安全作业规定,每次扣2分,严重者失格		
	2. 考试中碰伤,失格		
	3. 未按规定佩戴防护用品,失格		
合计(100分)			

考评员签名: 认定人: 年 月 日

S7 压力继电器的检修

1. 考场准备

要求场地内准备检修作业平台、压力继电器(TJY 型)、机车电工常用工具和相关配件及材料。

2. 材料工具准备

序 号	名 称	规 格	数 量	备 注
1	机车电工常用工具		1套	
2	油盘		1个	
3	毛刷		1个	
4	挡圈钳		1把	

3. 考核要求

(1)被认定人入考场后,首先由裁判告知题目,其次由被认定人检查准备工具,到实作场地确认作业环境,当被认定人告知裁判可以开始时,由裁判员开始计时。

(2)考核时间为 30 min,考核期间,被认定人可以对现场作业和工艺范围要求不符的情况进行说明。

(3)在被认定人检修作业期间,裁判可以依据考评项点向被认定人提问,以确认被认定人检修过程是否有依据。

(4)考核过程若被认定人出现配件、工装机具等毁坏情况和人身伤害时,终止考试,成绩为 0。

(5)考核完毕后,由被认定人在评分表上签字确认。

4. 考核评分

(1)考评人员 3 名以上。

(2)评分程序及规则:考评员根据考生操作情况对照计分标准在评分表上给予记录评分。

(3)算分方法:采用百分制,满分 100 分,60 分及以上为合格。

职业技能等级认定
铁路机车电工(高级工)实作技能考核评分记录表

单位:__________ 姓名:__________ 准考证号:__________ 工种:__________ 级别:__________

试题名称:压力继电器的检修

考核时间:30 min

操作开始时间: 时 分 操作结束时间: 时 分

项 目	考 核 内 容	扣分因素及扣分	得 分
作业程序(10分)	1. 考核前未检查安全防护设施扣2分		
	2. 程序错误,不会口述程序及要求,每次扣2分		
	3. 错呼部件状态,未呼被检查部件名称,每次扣2分		
作业质量(60分)	1. 解体:5分,漏、错一项扣1分		
	2. 清洗:5分,漏、错一项扣1分		
	3. 检测:10分,漏、错一项扣2分		
	4. 修复:10分,漏、错一项扣2分		
	5. 组装:10分,漏、错一项扣2分		
	6. 调试:10分,漏、错一项扣2分		
	7. 记录的填写:10分,漏、错一项扣1分		
工具设备使用(10分)	1. 工具乱放,每次扣2分		
	2. 设备使用不正确,每次扣2分		
	3. 损坏工具扣10分		
考核时间(10分)	1. 超过规定时间每超1 min,扣2分		
	2. 超过规定时间3 min以上(不包括3 min),每分钟扣5分		
	3. 超过规定时间5 min以上(不包括5 min),停止考试		
作业安全(10分)	1. 违反安全作业规定,每次扣2分,严重者失格		
	2. 考试中碰伤,失格		
	3. 未按规定佩戴防护用品,失格		
合计(100分)			

考评员签名: 认定人: 年 月 日

S8 逻辑控制单元(LCU)的检修

1. 考场准备

要求场地内准备检修作业平台、SS_4 型电力机车逻辑控制单元(LCU)、LCU 试验台、机车电工常用工具和相关配件及材料。

2. 材料工具准备

序 号	名 称	规 格	数 量	备 注
1	机车电工常用工具		1 套	
2	毛刷		1 把	
3	电烙铁		1 个	
4	测力计		1 个	
5	万用表		1 块	

3. 考核要求

(1)被认定人入考场后,首先由裁判告知题目,其次由被认定人检查准备工具,到实作场地确认作业环境,当被认定人告知裁判可以开始时,由裁判员开始计时。

(2)考核时间为 30 min,考核期间,被认定人可以对现场作业和工艺范围要求不符的情况进行说明。

(3)在被认定人检修作业期间,裁判可以依据考评项点向被认定人提问,以确认被认定人检修过程是否有依据。

(4)考核过程若被认定人出现配件、工装机具等毁坏情况和人身伤害时,终止考试,成绩为 0。

(5)考核完毕后,由被认定人在评分表上签字确认。

4. 考核评分

(1)考评人员 3 名以上。

(2)评分程序及规则:考评员根据考生操作情况对照计分标准在评分表上给予记录评分。

(3)算分方法:采用百分制,满分 100 分,60 分及以上为合格。

职业技能等级认定
铁路机车电工(高级工)实作技能考核评分记录表

单位:＿＿＿＿＿　姓名:＿＿＿＿＿　准考证号:＿＿＿＿＿　工种:＿＿＿＿＿　级别:＿＿＿＿＿

试题名称:逻辑控制单元(LCU)的检修

考核时间:30 min

操作开始时间:　　时　　分　　　　　　　操作结束时间:　　时　　分

项　目	考核内容	扣分因素及扣分	得　分
作业程序(10分)	1. 考核前未检查安全防护设施扣2分		
	2. 程序错误,不会口述程序及要求,每次扣2分		
	3. 错呼部件状态,未呼被检查部件名称,每次扣2分		
作业质量(60分)	1. 解体:5分,漏、错一项扣1分		
	2. 清洗:5分,漏、错一项扣1分		
	3. 检测:10分,漏、错一项扣2分		
	4. 修复:10分,漏、错一项扣2分		
	5. 组装:10分,漏、错一项扣2分		
	6. 调试:10分,漏、错一项扣2分		
	7. 记录的填写:10分,漏、错一项扣1分		
工具设备使用(10分)	1. 工具乱放,每次扣2分		
	2. 设备使用不正确,每次扣2分		
	3. 损坏工具扣10分		
考核时间(10分)	1. 超过规定时间每超1 min,扣2分		
	2. 超过规定时间3 min以上(不包括3 min),每分钟扣5分		
	3. 超过规定时间5 min以上(不包括5 min),停止考试		
作业安全(10分)	1. 违反安全作业规定,每次扣2分,严重者失格		
	2. 考试中碰伤,失格		
	3. 未按规定佩戴防护用品,失格		
合计(100分)			

考评员签名:　　　　　　　　　　认定人:　　　　　　　　　　年　　月　　日

S9　DK-1型制动机逻辑控制单元(DKL)的检修

1. 考场准备

要求场地内准备检修作业平台、DK-1型制动机逻辑控制单元(DKL)、DKL逻辑控制单元试验台、机车电工常用工具和相关配件及材料。

2. 材料工具准备

序　号	名　称	规　格	数　量	备　注
1	机车电工常用工具		1套	
2	毛刷		1把	
3	电烙铁		1个	
4	焊锡		若干	
5	万用表		1块	

3. 考核要求

(1)被认定人入考场后,首先由裁判告知题目,其次由被认定人检查准备工具,到实作场地确认作业环境,当被认定人告知裁判可以开始时,由裁判员开始计时。

(2)考核时间为30 min,考核期间,被认定人可以对现场作业和工艺范围要求不符的情况进行说明。

(3)在被认定人检修作业期间,裁判可以依据考评项点向被认定人提问,以确认被认定人检修过程是否有依据。

(4)考核过程若被认定人出现配件、工装机具等毁坏情况和人身伤害时,终止考试,成绩为0。

(5)考核完毕后,由被认定人在评分表上签字确认。

4. 考核评分

(1)考评人员3名以上。

(2)评分程序及规则:考评员根据考生操作情况对照计分标准在评分表上给予记录评分。

(3)算分方法:采用百分制,满分100分,60分及以上为合格。

职业技能等级认定
铁路机车电工(高级工)实作技能考核评分记录表

单位:________ 姓名:________ 准考证号:________ 工种:________ 级别:________

试题名称:DK-1 型制动机逻辑控制单元(DKL)的检修

考核时间:30 min

操作开始时间: 时 分 操作结束时间: 时 分

项 目	考 核 内 容	扣分因素及扣分	得 分
作业程序(10分)	1. 考核前未检查安全防护设施扣 2 分		
	2. 程序错误,不会口述程序及要求,每次扣 2 分		
	3. 错呼部件状态,未呼被检查部件名称,每次扣 2 分		
作业质量(60分)	1. 解体:5 分,漏、错一项扣 1 分		
	2. 清洗:5 分,漏、错一项扣 1 分		
	3. 检测:10 分,漏、错一项扣 2 分		
	4. 修复:10 分,漏、错一项扣 2 分		
	5. 组装:10 分,漏、错一项扣 2 分		
	6. 调试:10 分,漏、错一项扣 2 分		
	7. 记录的填写:10 分,漏、错一项扣 1 分		
工具设备使用(10分)	1. 工具乱放,每次扣 2 分		
	2. 设备使用不正确,每次扣 2 分		
	3. 损坏工具扣 10 分		
考核时间(10分)	1. 超过规定时间每超 1 min,扣 2 分		
	2. 超过规定时间 3 min 以上(不包括 3 min),每分钟扣 5 分		
	3. 超过规定时间 5 min 以上(不包括 5 min),停止考试		
作业安全(10分)	1. 违反安全作业规定,每次扣 2 分,严重者失格		
	2. 考试中碰伤,失格		
	3. 未按规定佩戴防护用品,失格		
合计(100分)			

考评员签名: 认定人: 年 月 日

S10 琴(扳)键开关的检修

1. 考场准备

要求场地内准备检修作业平台、琴(扳)键开关、机车电工常用工具和相关配件及材料。

2. 材料工具准备

序　号	名　称	规　格	数　量	备　注
1	机车电工常用工具		1套	
2	毛刷		1把	
3	电烙铁		1个	
4	焊锡		若干	
5	万用表		1块	

3. 考核要求

(1)被认定人入考场后,首先由裁判告知题目,其次由被认定人检查准备工具,到实作场地确认作业环境,当被认定人告知裁判可以开始时,由裁判员开始计时。

(2)考核时间为 30 min,考核期间,被认定人可以对现场作业和工艺范围要求不符的情况进行说明。

(3)在被认定人检修作业期间,裁判可以依据考评项点向被认定人提问,以确认被认定人检修过程是否有依据。

(4)考核过程若被认定人出现配件、工装机具等毁坏情况和人身伤害时,终止考试,成绩为 0。

(5)考核完毕后,由被认定人在评分表上签字确认。

4. 考核评分

(1)考评人员 3 名以上。

(2)评分程序及规则:考评员根据考生操作情况对照计分标准在评分表上给予记录评分。

(3)算分方法:采用百分制,满分 100 分,60 分及以上为合格。

职业技能等级认定
铁路机车电工(高级工)实作技能考核评分记录表

单位:＿＿＿＿＿　姓名:＿＿＿＿＿　准考证号:＿＿＿＿＿　工种:＿＿＿＿＿　级别:＿＿＿＿＿

试题名称:琴(扳)键开关的检修

考核时间:30 min

操作开始时间:　　时　　分　　　　　　操作结束时间:　　时　　分

项　目	考 核 内 容	扣分因素及扣分	得　分
作业程序(10分)	1. 考核前未检查安全防护设施,扣2分		
	2. 程序错误,不会口述程序及要求,每次扣2分		
	3. 错呼部件状态,未呼被检查部件名称,每次扣2分		
作业质量(60分)	1. 解体:5分,漏、错一项扣1分		
	2. 清洗:5分,漏、错一项扣1分		
	3. 检测:10分,漏、错一项扣2分		
	4. 修复:10分,漏、错一项扣2分		
	5. 组装:10分,漏、错一项扣2分		
	6. 调试:10分,漏、错一项扣2分		
	7. 记录的填写:10分,漏、错一项扣1分		
工具设备使用(10分)	1. 工具乱放,每次扣2分		
	2. 设备使用不正确,每次扣2分		
	3. 损坏工具扣10分		
考核时间(10分)	1. 超过规定时间每超1 min,扣2分		
	2. 超过规定时间3 min以上(不包括3 min),每分钟扣5分		
	3. 超过规定时间5 min以上(不包括5 min),停止考试		
作业安全(10分)	1. 违反安全作业规定,每次扣2分,严重者失格		
	2. 考试中碰伤,失格		
	3. 未按规定佩戴防护用品,失格		
合计(100分)			

考评员签名:　　　　　　　　　　认定人:　　　　　　　　　　年　　月　　日

S11　主断路器的检修

1. 考场准备

要求场地内准备检修作业平台、SS4 型电力机车主断路器、真空主断路器试验台、75 kV 耐压试验台、回路电阻测试仪、真空断路器检测仪、77～110 V 可调直流电源、400～900 kPa 风源、机车电工常用工具和相关配件及材料。

2. 材料工具准备

序　号	名　称	规　格	数　量	备　注
1	兆欧表	2 500 V	1 块	
2	兆欧表	1 000 V	1 块	
3	机车电工常用工具		1 套	
4	清洗剂		1 瓶	
5	白布		1 块	

3. 考核要求

(1)被认定人入考场后,首先由裁判告知题目,其次由被认定人检查准备工具,到实作场地确认作业环境,当被认定人告知裁判可以开始时,由裁判员开始计时。

(2)考核时间为 30 min,考核期间,被认定人可以对现场作业和工艺范围要求不符的情况进行说明。

(3)在被认定人检修作业期间,裁判可以依据考评项点向被认定人提问,以确认被认定人检修过程是否有依据。

(4)考核过程若被认定人出现配件、工装机具等毁坏情况和人身伤害时,终止考试,成绩为 0。

(5)考核完毕后,由被认定人在评分表上签字确认。

4. 考核评分

(1)考评人员 3 名以上。

(2)评分程序及规则:考评员根据考生操作情况对照计分标准在评分表上给予记录评分。

(3)算分方法:采用百分制,满分 100 分,60 分及以上为合格。

职业技能等级认定
铁路机车电工(高级工)实作技能考核评分记录表

单位:________　姓名:________　准考证号:________　工种:________　级别:________

试题名称:主断路器的检修

考核时间:30 min

操作开始时间:　　时　　分　　　　　　操作结束时间:　　时　　分

项　目	考核内容及评分标准	扣分因素及扣分	得　分
作业程序(20分)	1. 工序错乱扣6分		
	2. 工作中返工扣10分		
	3. 作业后未按要求恢复、整理扣4分		
作业质量(50分)	1. 灭弧室检修:动静触头表面光洁,相互接触线长度、接触电阻值符合限度规定。操作、检查、测量、调整方法不当或错误每次扣2分(总计10分)		
	2. 灭弧室检修:动静触头动作灵活,符合工艺技术要求。违反工艺技术要求,每项扣2分(总计10分)		
	3. 隔离开关检修:各零部件工艺要求、质量要求不符合规定每次扣2分(总计10分),零部件脱落、损伤扣2分(总计10分)		
	4. 隔离开关检修:零部件脱落、损伤扣5分		
	5. 瓷瓶检修:表面光洁,安装牢固,密封良好。错检、漏检扣5分		
	6. 控制机构检修:零部件不得有裂损、变形、拉伤及磨耗。错检、漏检扣5分		
	7. 控制机构检修:压力继电器及压力表检修符合技术规程要求。否则扣5分		
工具设备使用(10分)	1. 开工前未检查工、量具及设备,收工时不整理扣2分		
	2. 工、量具及设备使用不当扣2分		
	3. 工、量具脱落扣2分		
	4. 工具、设备损坏扣4分		
考核时间(10分)	每超1 min扣1分,超过10 min失格		
作业安全(10分)	1. 未按规定着装扣2分		
	2. 工作场地不整洁扣2分		
	3. 工件、工具摆放不整齐扣2分		
	4. 违章或违反安全事项扣4分		
	5. 发生事故失格		
合计(100分)			

考评员签名:　　　　　　认定人:　　　　　　年　　月　　日

S12　高压连接器的检修

1. 考场准备

要求场地内准备检修作业平台、SS4 型电力机车高压连接器,机车电工常用工具和相关配件及材料。

2. 材料工具准备

序　号	名　称	规　格	数　量	备　注
1	机车电工常用工具		1 套	
2	直尺		1 把	
3	油盘		1 个	
4	毛刷		1 把	

3. 考核要求

(1)被认定人入考场后,首先由裁判告知题目,其次由被认定人检查准备工具,到实作场地确认作业环境,当被认定人告知裁判可以开始时,由裁判员开始计时。

(2)考核时间为 30 min,考核期间,被认定人可以对现场作业和工艺范围要求不符的情况进行说明。

(3)在被认定人检修作业期间,裁判可以依据考评项点向被认定人提问,以确认被认定人检修过程是否有依据。

(4)考核过程若被认定人出现配件、工装机具等毁坏情况和人身伤害时,终止考试,成绩为 0。

(5)考核完毕后,由被认定人在评分表上签字确认。

4. 考核评分

(1)考评人员 3 名以上。

(2)评分程序及规则:考评员根据考生操作情况对照计分标准在评分表上给予记录评分。

(3)算分方法:采用百分制,满分 100 分,60 分及以上为合格。

职业技能等级认定
铁路机车电工(高级工)实作技能考核评分记录表

单位:__________ 姓名:__________ 准考证号:__________ 工种:__________ 级别:__________

试题名称:高压连接器的检修

考核时间:30 min

操作开始时间:　　时　　分　　　　　　　　操作结束时间:　　时　　分

项　目	考核内容及评分标准	扣分因素及扣分	得　分
作业程序(20分)	1. 工序错乱扣6分		
	2. 工作中返工扣10分		
	3. 作业后未按要求恢复、整理扣4分		
作业质量(50分)	1. 支持瓷瓶表面光洁,不许有裂纹。不符合要求扣5分		
	2. 支持瓷瓶安装牢固。不符合要求扣5分		
	3. 支持瓷瓶如有缺陷,必须进行绝缘处理,缺损面积大于3 cm^2 时,必须进行75 kV的高压耐压实验。未按规定进行更换,错检或漏检扣20分		
	4. 支持瓷瓶如有缺陷,必须进行绝缘处理,缺陷面积大于30 cm^2 时应更新。未进行更新失格		
	5. 各种弹簧不许有断裂及疲劳现象。质量不符合规定扣5分		
	6. 顶杆不得有裂损,连接线不许过热,组装后动作灵活、可靠、接触良好。不符合要求扣5分		
	7. 高压连接器对接后电阻值及高低差必须符合限度要求。超限扣10分		
工具设备使用(10分)	1. 开工前未检查工、量具及设备,收工时不整理扣2分		
	2. 工、量具及设备使用不当扣2分		
	3. 工、量具脱落扣2分		
	4. 工具、设备损坏扣4分		
考核时间(10分)	每超1 min扣1分,超过10 min失格		
作业安全(10分)	1. 未按规定着装扣2分		
	2. 工作场地不整洁扣2分		
	3. 工件、工具摆放不整齐扣2分		
	4. 违章或违反安全事项扣4分		
	5. 发生事故失格		
合计(100分)			

考评员签名:　　　　　　　　　　　　认定人:　　　　　　　　　　年　　月　　日

S13 PFC 开关柜的检修

1. 考场准备

要求场地内准备检修作业平台、PFC 开关柜、压缩空气装置、可调电源、机车电工常用工具和相关配件及材料。

2. 材料工具准备

序号	名称	规格	数量	备注
1	机车电工常用工具		1套	
2	兆欧表	2 500 V	1块	
3	兆欧表	500 V	1块	
4	电容表		1块	
5	万用表		1块	

3. 考核要求

(1)被认定人入考场后,首先由裁判告知题目,其次由被认定人检查准备工具,到实作场地确认作业环境,当被认定人告知裁判可以开始时,由裁判员开始计时。

(2)考核时间为 30 min,考核期间,被认定人可以对现场作业和工艺范围要求不符的情况进行说明。

(3)在被认定人检修作业期间,裁判可以依据考评项点向被认定人提问,以确认被认定人检修过程是否有依据。

(4)考核过程若被认定人出现配件、工装机具等毁坏情况和人身伤害时,终止考试,成绩为 0。

(5)考核完毕后,由被认定人在评分表上签字确认。

4. 考核评分

(1)考评人员 3 名以上。

(2)评分程序及规则:考评员根据考生操作情况对照计分标准在评分表上给予记录评分。

(3)算分方法:采用百分制,满分 100 分,60 分及以上为合格。

职业技能等级认定
铁路机车电工(高级工)实作技能考核评分记录表

单位:__________　姓名:__________　准考证号:__________　工种:__________　级别:__________

试题名称:PFC 开关柜的检修

考核时间:30 min

操作开始时间:　　时　　分　　　　　　　　操作结束时间:　　时　　分

项　目	考 核 内 容	扣分因素及扣分	得　分
作业程序(10分)	1. 考核前未检查安全防护设施扣2分		
	2. 程序错误,不会口述程序及要求,每次扣2分		
	3. 错呼部件状态,未呼被检查部件名称,每次扣2分		
作业质量(60分)	1. 解体:5分,漏、错一项扣1分		
	2. 清洗:5分,漏、错一项扣1分		
	3. 检测:10分,漏、错一项扣2分		
	4. 修复:10分,漏、错一项扣2分		
	5. 组装:10分,漏、错一项扣2分		
	6. 调试:10分,漏、错一项扣2分		
	7. 记录的填写:10分,漏、错一项扣1分		
工具设备使用(10分)	1. 工具乱放,每次扣2分		
	2. 设备使用不正确,每次扣2分		
	3. 损坏工具扣10分		
考核时间(10分)	1. 超过规定时间每超1 min,扣2分		
	2. 超过规定时间3 min以上(不包括3 min),每分钟扣5分		
	3. 超过规定时间5 min以上(不包括5 min),停止考试		
作业安全(10分)	1. 违反安全作业规定,每次扣2分,严重者失格		
	2. 考试中碰伤,失格		
	3. 未按规定佩戴防护用品,失格		
合计(100分)			

考评员签名:　　　　　　　　　　　　认定人:　　　　　　　　　　　　年　　月　　日

S14 自动过分相装置的检修

1. 考场准备

要求场地内准备检修作业平台、自动过分相装置、机车电工常用工具和相关配件及材料。

2. 材料工具准备

序 号	名 称	规 格	数 量	备 注
1	机车电工常用工具		1套	
2	毛刷		1把	
3	电烙铁		1个	
4	万用表		1块	

3. 考核要求

(1)被认定人入考场后,首先由裁判告知题目,其次由被认定人检查准备工具,到实作场地确认作业环境,当被认定人告知裁判可以开始时,由裁判员开始计时。

(2)考核时间为30 min,考核期间,被认定人可以对现场作业和工艺范围要求不符的情况进行说明。

(3)在被认定人检修作业期间,裁判可以依据考评项点向被认定人提问,以确认被认定人检修过程是否有依据。

(4)考核过程若被认定人出现配件、工装机具等毁坏情况和人身伤害时,终止考试,成绩为0。

(5)考核完毕后,由被认定人在评分表上签字确认。

4. 考核评分

(1)考评人员3名以上。

(2)评分程序及规则:考评员根据考生操作情况对照计分标准在评分表上给予记录评分。

(3)算分方法:采用百分制,满分100分,60分及以上为合格。

职业技能等级认定
铁路机车电工(高级工)实作技能考核评分记录表

单位:__________　姓名:__________　准考证号:__________　工种:__________　级别:__________

试题名称:自动过分相装置的检修

考核时间:30 min

操作开始时间:　　时　　分　　　　　　　　操作结束时间:　　时　　分

项　目	考 核 内 容	扣分因素及扣分	得　分
作业程序(10分)	1. 考核前未检查安全防护设施扣2分		
	2. 程序错误,不会口述程序及要求,每次扣2分		
	3. 错呼部件状态,未呼被检查部件名称,每次扣2分		
作业质量(60分)	1. 解体:5分,漏、错一项扣1分		
	2. 清洗:5分,漏、错一项扣1分		
	3. 检测:10分,漏、错一项扣2分		
	4. 修复:10分,漏、错一项扣2分		
	5. 组装:10分,漏、错一项扣2分		
	6. 调试:10分,漏、错一项扣2分		
	7. 记录的填写:10分,漏、错一项扣1分		
工具设备使用(10分)	1. 工具乱放,每次扣2分		
	2. 设备使用不正确,每次扣2分		
	3. 损坏工具扣10分		
考核时间(10分)	1. 超过规定时间每超1 min,扣2分		
	2. 超过规定时间3 min以上(不包括3 min),每分钟扣5分		
	3. 超过规定时间5 min以上(不包括5 min),停止考试		
作业安全(10分)	1. 违反安全作业规定,每次扣2分,严重者失格		
	2. 考试中碰伤,失格		
	3. 未按规定佩戴防护用品,失格		
合计(100分)			

考评员签名:　　　　　　　　　　　　认定人:　　　　　　　　　　　　年　　月　　日

S15　轮轨润滑装置电空阀的检修

1. 考场准备

要求场地内准备检修作业平台、SS_4型电力机车轮轨润滑装置电空阀、电空阀试验台、压缩空气装置、台钳、机车电工常用工具和相关配件及材料。

2. 材料工具准备

序　号	名　称	规　格	数　量	备　注
1	机车电工常用工具		1套	
2	毛刷		1把	
3	兆欧表	500 V	1块	
4	万用表		1块	

3. 考核要求

(1)被认定人入考场后,首先由裁判告知题目,其次由被认定人检查准备工具,到实作场地确认作业环境,当被认定人告知裁判可以开始时,由裁判员开始计时。

(2)考核时间为 30 min,考核期间,被认定人可以对现场作业和工艺范围要求不符的情况进行说明。

(3)在被认定人检修作业期间,裁判可以依据考评项点向被认定人提问,以确认被认定人检修过程是否有依据。

(4)考核过程若被认定人出现配件、工装机具等毁坏情况和人身伤害时,终止考试,成绩为 0。

(5)考核完毕后,由被认定人在评分表上签字确认。

4. 考核评分

(1)考评人员 3 名以上。

(2)评分程序及规则:考评员根据考生操作情况对照计分标准在评分表上给予记录评分。

(3)算分方法:采用百分制,满分 100 分,60 分及以上为合格。

职业技能等级认定
铁路机车电工(高级工)实作技能考核评分记录表

单位:＿＿＿＿＿　姓名:＿＿＿＿＿　准考证号:＿＿＿＿＿　工种:＿＿＿＿＿　级别:＿＿＿＿＿

试题名称:轮轨润滑装置电空阀的检修

考核时间:30 min

操作开始时间:　　时　　分　　　　　　　　操作结束时间:　　时　　分

<table>
<tr><th>项　目</th><th>考 核 内 容</th><th>扣分因素及扣分</th><th>得　分</th></tr>
<tr><td rowspan="3">作业程序(10分)</td><td>1. 考核前未检查安全防护设施扣2分</td><td rowspan="3"></td><td rowspan="3"></td></tr>
<tr><td>2. 程序错误,不会口述程序及要求,每次扣2分</td></tr>
<tr><td>3. 错呼部件状态,未呼被检查部件名称,每次扣2分</td></tr>
<tr><td rowspan="7">作业质量(60分)</td><td>1. 解体:5分,漏、错一项扣1分</td><td rowspan="7"></td><td rowspan="7"></td></tr>
<tr><td>2. 清洗:5分,漏、错一项扣1分</td></tr>
<tr><td>3. 检测:10分,漏、错一项扣2分</td></tr>
<tr><td>4. 修复:10分,漏、错一项扣2分</td></tr>
<tr><td>5. 组装:10分,漏、错一项扣2分</td></tr>
<tr><td>6. 调试:10分,漏、错一项扣2分</td></tr>
<tr><td>7. 记录的填写:10分,漏、错一项扣1分</td></tr>
<tr><td rowspan="3">工具设备使用(10分)</td><td>1. 工具乱放,每次扣2分</td><td rowspan="3"></td><td rowspan="3"></td></tr>
<tr><td>2. 设备使用不正确,每次扣2分</td></tr>
<tr><td>3. 损坏工具扣10分</td></tr>
<tr><td rowspan="3">考核时间(10分)</td><td>1. 超过规定时间每超1 min,扣2分</td><td rowspan="3"></td><td rowspan="3"></td></tr>
<tr><td>2. 超过规定时间3 min以上(不包括3 min),每分钟扣5分</td></tr>
<tr><td>3. 超过规定时间5 min以上(不包括5 min),停止考试</td></tr>
<tr><td rowspan="3">作业安全(10分)</td><td>1. 违反安全作业规定,每次扣2分,严重者失格</td><td rowspan="3"></td><td rowspan="3"></td></tr>
<tr><td>2. 考试中碰伤,失格</td></tr>
<tr><td>3. 未按规定佩戴防护用品,失格</td></tr>
<tr><td>合计(100分)</td><td colspan="3"></td></tr>
</table>

考评员签名:　　　　　　　　认定人:　　　　　　　　年　　月　　日

S16 HXD3C 型电力机车主断路器无法闭合的故障处理

1. 考场准备

要求场地内准备检修作业平台、HXD3C 型电力机车、机车电工常用工具和相关配件及材料。

2. 材料工具准备

序号	名称	规格	数量	备注
1	机车电工常用工具		1套	
2	白布		1块	
3	毛刷		1个	
4	电气清洗剂		1瓶	

3. 考核要求

(1)被认定人入考场后,首先由裁判告知题目,其次由被认定人检查准备工具,到实作场地确认作业环境,当被认定人告知裁判可以开始时,由裁判员开始计时。

(2)考核时间为 30 min,考核期间,被认定人可以对现场作业和工艺范围要求不符的情况进行说明。

(3)在被认定人检修作业期间,裁判可以依据考评项点向被认定人提问,以确认被认定人检修过程是否有依据。

(4)考核过程若被认定人出现配件、工装机具等毁坏情况和人身伤害时,终止考试,成绩为 0。

(5)考核完毕后,由被认定人在评分表上签字确认。

4. 考核评分

(1)考评人员 3 名以上。

(2)评分程序及规则:考评员根据考生操作情况对照计分标准在评分表上给予记录评分。

(3)算分方法:采用百分制,满分 100 分,60 分及以上为合格。

职业技能等级认定
铁路机车电工(高级工)实作技能考核评分记录表

单位:________　姓名:________　准考证号:________　工种:________　级别:________

试题名称:HXD_{3C}型电力机车主断路器无法闭合的故障处理

考核时间:30 min

操作开始时间:　　时　　分　　　　　　　　操作结束时间:　　时　　分

项　目	考核内容及评分标准	扣分因素及扣分	得　分
作业程序(20分)	1. 工序错乱扣6分		
	2. 工作中返工扣10分		
	3. 作业后未按要求恢复、整理扣4分		
作业质量(50分)	1. 确认司机控制器调速手柄处于零位。不符合要求扣5分		
	2. 观察在故障显示屏是否出现故障提示,若出现相应的提示则需要把故障问题处理后再闭合主断。不符合要求扣5分		
	3. 牵引变流器控制单元MPU1～6中,至少保证1台以上运转正常。不符合要求扣5分		
	4. 若制动显示屏幕左上方显示【动力切除】,检查【紧急停车】按钮,确保在弹起位。不符合要求扣5分		
	5. 控制电源柜上CI试验开关SA75位置在零位。不符合要求扣5分		
	6. 确认主、辅库用开关处于正常位。不符合要求扣5分		
	7. 检查总风缸或控制风缸压力,(还可通过TCMS观察812是否得电),KP58动作,压力低于650 kPa时,需使用使用辅助压缩机打风。不符合要求扣5分		
	8. 观察牵引变流器控制单元MPU1～6中的光纤插头是否有松动或者脱落(通过TCMS显示屏也可查看到相应的故障提示)。不符合要求扣5分		
	9. 确认半自动过分相按钮SB67(68)、自动过分相装置试验按钮(自复式)位置在弹起位。如自动过分相装置故障,关闭电源,手动过分相。不符合要求扣5分		
	10. 自动过分相后主断合不上,采用手动合主断。如按上述方法处理后主断仍不能闭合,采用大复位的方法处理。不符合要求扣5分		
工具设备使用(10分)	1. 开工前未检查工、量具及设备,收工时不整理扣2分		
	2. 工、量具及设备使用不当扣2分		
	3. 工、量具脱落扣2分		
	4. 工具、设备损坏扣4分		
考核时间(10分)	每超1 min扣1分,超过10 min失格		
作业安全(10分)	1. 未按规定着装扣2分		
	2. 工作场地不整洁扣2分		
	3. 工件、工具摆放不整齐扣2分		
	4. 违章或违反安全事项扣4分		
	5. 发生事故失格		
合计(100分)			

考评员签名:　　　　　　　　　　　　认定人:　　　　　　　　　　　　年　　月　　日

S17　HXD1 型电力机车 C1～C3 修主变压器的检查

1. 考场准备

要求场地内准备检修作业平台、HXD1 型电力机车、机车电工常用工具和相关配件及材料。

2. 材料工具准备

序　号	名　称	规　格	数　量	备 注
1	机车电工常用工具		1套	
2	白布		1块	
3	毛刷		1个	
4	电气清洗剂		1瓶	

3. 考核要求

(1)被认定人入考场后,首先由裁判告知题目,其次由被认定人检查准备工具,到实作场地确认作业环境,当被认定人告知裁判可以开始时,由裁判员开始计时。

(2)考核时间为 20 min,考核期间,被认定人可以对现场作业和工艺范围要求不符的情况进行说明。

(3)在被认定人检修作业期间,裁判可以依据考评项点向被认定人提问,以确认被认定人检修过程是否有依据。

(4)考核过程若被认定人出现配件、工装机具等毁坏情况和人身伤害时,终止考试,成绩为 0。

(5)考核完毕后,由被认定人在评分表上签字确认。

4. 考核评分

(1)考评人员 3 名以上。

(2)评分程序及规则:考评员根据考生操作情况对照计分标准在评分表上给予记录评分。

(3)算分方法:采用百分制,满分 100 分,60 分及以上为合格。

职业技能等级认定
铁路机车电工(高级工)实作技能考核评分记录表

单位:__________ 姓名:__________ 准考证号:__________ 工种:__________ 级别:__________

试题名称:HXD_1 型电力机车 C1～C3 修主变压器的检查

考核时间:20 min

操作开始时间: 时 分 操作结束时间: 时 分

项 目	考核内容及评分标准	扣分因素及扣分	得 分
作业程序(20分)	1. 工序错乱扣6分		
	2. 工作中返工扣10分		
	3. 作业后未按要求恢复、整理扣4分		
作业质量(50分)	1. 外观检查各部位可见部分安装、连接紧固件齐全、无松动。不符合要求扣5分		
	2. 所有密封件、箱体、放油阀及管路无泄漏。不符合要求扣5分		
	3. 出线套管、蝶阀及其他连接件可见部分无松动、破损、渗油、过热及烧损。不符合要求扣5分		
	4. 压力释放阀良好,无喷油痕迹。不符合要求扣5分		
	5. 油泵状态良好。不符合要求扣5分		
	6. 用500 V兆欧表测量油泵三相绕组对地绝缘值(≥10 MΩ),通电转动正常。不符合要求扣5分		
	7. 油流继电器、电阻温度计状态良好,性能正常,接线牢固无松脱、折断。不符合要求扣5分		
	8. 高压A端子表面无放电痕迹。不符合要求扣5分		
	9. 油样检验(耐压及理化)符合 GB/T 7595—2017《运行中变压器油质量》要求。不符合要求扣5分		
	10. 油样检验(色谱)符合 DL/T 722—2014《变压器油中溶解气体分析和判断导则》要求。不符合要求扣5分		
工具设备使用(10分)	1. 开工前未检查工、量具及设备,收工时不整理扣2分		
	2. 工、量具及设备使用不当扣2分		
	3. 工、量具脱落扣2分		
	4. 工具、设备损坏扣4分		
考核时间(10分)	每超1 min扣1分,超过10 min失格		
作业安全(10分)	1. 未按规定着装扣2分		
	2. 工作场地不整洁扣2分		
	3. 工件、工具摆放不整齐扣2分		
	4. 违章或违反安全事项扣4分		
	5. 发生事故失格		
合计(100分)			

考评员签名: 认定人: 年 月 日

S18 HXD1 型电力机车 C1～C3 修冷却塔及冷却塔风机的检查

1. 考场准备

要求场地内准备检修作业平台、HXD_1 型电力机车、机车电工常用工具和相关配件及材料。

2. 材料工具准备

序 号	名 称	规 格	数 量	备 注
1	机车电工常用工具		1 套	
2	白布		1 块	
3	毛刷		1 个	
4	电气清洗剂		1 瓶	
5	数字万用表		1 块	
6	兆欧表	500 V	1 块	

3. 考核要求

(1)被认定人入考场后,首先由裁判告知题目,其次由被认定人检查准备工具,到实作场地确认作业环境,当被认定人告知裁判可以开始时,由裁判员开始计时。

(2)考核时间为 40 min,考核期间,被认定人可以对现场作业和工艺范围要求不符的情况进行说明。

(3)在被认定人检修作业期间,裁判可以依据考评项点向被认定人提问,以确认被认定人检修过程是否有依据。

(4)考核过程若被认定人出现配件、工装机具等毁坏情况和人身伤害时,终止考试,成绩为 0。

(5)考核完毕后,由被认定人在评分表上签字确认。

4. 考核评分

(1)考评人员 3 名以上。

(2)评分程序及规则:考评员根据考生操作情况对照计分标准在评分表上给予记录评分。

(3)算分方法:采用百分制,满分 100 分,60 分及以上为合格。

职业技能等级认定
铁路机车电工(高级工)实作技能考核评分记录表

单位:__________　姓名:__________　准考证号:__________　工种:__________　级别:__________

试题名称:HXD_1 型电力机车 C1～C3 修冷却塔及冷却塔风机的检查

考核时间:40 min

操作开始时间:　　时　　分　　　　　　　　操作结束时间:　　时　　分

项　目	考核内容及评分标准	扣分因素及扣分	得　分
作业程序(20 分)	1. 工序错乱扣 6 分		
	2. 工作中返工扣 10 分		
	3. 作业后未按要求恢复、整理扣 4 分		
作业质量(50 分)	1. 外观检查风道连接螺栓齐全、紧固,密封良好。不符合技术要求扣 5 分		
	2. 油路、水路、水箱无泄漏,水位表、油位表完好,液位正常;呼吸管完好,连接紧固。不符合技术要求扣 5 分		
	3. 清洁水过滤器。不符合要求扣 5 分		
	4. 冷却水泵完好,无泄漏,通电检查无异常。不符合要求扣 5 分		
	5. 除湿器完好,安装牢固,干燥剂可见部分变色不超过三分之二。不符合要求扣 5 分		
	6. 打开检查孔盖,吹扫散热器,清除表面杂物,检查通风机可见部分无异常,通电检查风机无异音。春鉴、秋整时测试风速须达到 9 m/s。不符合要求扣 5 分		
	7. 冷却塔风机轴承补油。28～30 g/套或轴承标注的注油量。不符合要求扣 5 分		
	8. 打开冷却风机及水泵接线盒盖,检查盒内清洁,接线板与引接线无松动、过热及烧损。不符合要求扣 5 分		
	9. 外观检查布赫继电器完整,无泄漏,接线良好,功能正常。不符合要求扣 5 分		
	10. 用 500 V 兆欧表检测冷却塔风机绕组对地绝缘电阻≥10 MΩ。不符合要求扣 5 分		
工具设备使用(10 分)	1. 开工前未检查工、量具及设备,收工时不整理扣 2 分		
	2. 工、量具及设备使用不当扣 2 分		
	3. 工、量具脱落扣 2 分		
	4. 工具、设备损坏扣 4 分		
考核时间(10 分)	每超 1 min 扣 1 分,超过 10 min 失格		
作业安全(10 分)	1. 未按规定着装扣 2 分		
	2. 工作场地不整洁扣 2 分		
	3. 工件、工具摆放不整齐扣 2 分		
	4. 违章或违反安全事项扣 4 分		
	5. 发生事故失格		
合计(100 分)			

考评员签名:　　　　　　　　　　　　认定人:　　　　　　　　　　　　年　　月　　日

S19　HXD2 型电力机车 6A 系统走行部监测子系统的外部和上电检查

1. 考场准备

要求场地内准备检修作业平台、HXD2 型电力机车、机车电工常用工具和相关配件及材料。

2. 材料工具准备

序　号	名　称	规　格	数　量	备　注
1	机车电工常用工具		1 套	
2	白布		1 块	
3	毛刷		1 个	
4	电气清洗剂		1 瓶	

3. 考核要求

(1)被认定人入考场后,首先由裁判告知题目,其次由被认定人检查准备工具,到实作场地确认作业环境,当被认定人告知裁判可以开始时,由裁判员开始计时。

(2)考核时间为 40 min,考核期间,被认定人可以对现场作业和工艺范围要求不符的情况进行说明。

(3)在被认定人检修作业期间,裁判可以依据考评项点向被认定人提问,以确认被认定人检修过程是否有依据。

(4)考核过程若被认定人出现配件、工装机具等毁坏情况和人身伤害时,终止考试,成绩为 0。

(5)考核完毕后,由被认定人在评分表上签字确认。

4. 考核评分

(1)考评人员 3 名以上。

(2)评分程序及规则:考评员根据考生操作情况对照计分标准在评分表上给予记录评分。

(3)算分方法:采用百分制,满分 100 分,60 分及以上为合格。

职业技能等级认定
铁路机车电工(高级工)实作技能考核评分记录表

单位:__________　姓名:__________　准考证号:__________　工种:__________　级别:__________

试题名称:HXD_2 型电力机车 6A 系统走行部监测子系统的外部和上电检查

考核时间:40 min

操作开始时间:　　时　　分　　　　　　　　操作结束时间:　　时　　分

项　目	考核内容及评分标准	扣分因素及扣分	得　分
作业程序(20分)	1. 工序错乱扣 6 分		
	2. 工作中返工扣 10 分		
	3. 作业后未按要求恢复、整理扣 4 分		
作业质量(50分)	1. 检查走行部监测子系统主机模块箱外观、安装固定状况状态良好。不符合要求扣 5 分		
	2. 检查电源复位开关动作是否可靠。不符合要求扣 5 分		
	3. 清洁插件面板(数码管等),检查插件紧固状态。不符合要求扣 5 分		
	4. 检查插件把手是否完整。不符合要求扣 5 分		
	5. 检查各传感器外观、安装固定状况,检查数据前置处理器的插头、插座紧固。不符合要求扣 5 分		
	6. 检查连接插头、插座及线缆有无破损,安装是否正确紧固。不符合要求扣 5 分		
	7. 检查连线外观是否完整,捆扎是否整齐、牢固。不符合要求扣 5 分		
	8. 传感器的外观、插头均无损伤,状态不良须更换。不符合要求扣 5 分		
	9. 检查自检过程和进入工作状态各指示灯显示是否正常。不符合要求扣 5 分		
	10. 音视频显示终端查看各测点温度信息正常,故障信息显示正常。不符合要求扣 5 分		
工具设备使用(10分)	1. 开工前未检查工、量具及设备,收工时不整理扣 2 分		
	2. 工、量具及设备使用不当扣 2 分		
	3. 工、量具脱落扣 2 分		
	4. 工具、设备损坏扣 4 分		
考核时间(10分)	每超 1 min 扣 1 分,超过 10 min 失格		
作业安全(10分)	1. 未按规定着装扣 2 分		
	2. 工作场地不整洁扣 2 分		
	3. 工件、工具摆放不整齐扣 2 分		
	4. 违章或违反安全事项扣 4 分		
	5. 发生事故失格		
合计(100分)			

考评员签名:　　　　　　　　认定人:　　　　　　　　年　　月　　日

S20 HXD3C 型电力机车 C1 修 6A 系统的检查

1. 考场准备

要求场地内准备检修作业平台、HXD3C 型电力机车、机车电工常用工具和相关配件及材料。

2. 材料工具准备

序 号	名 称	规 格	数 量	备 注
1	机车电工常用工具		1套	
2	白布		1块	
3	毛刷		1个	
4	电气清洗剂		1瓶	

3. 考核要求

(1)被认定人入考场后,首先由裁判告知题目,其次由被认定人检查准备工具,到实作场地确认作业环境,当被认定人告知裁判可以开始时,由裁判员开始计时。

(2)考核时间为 40 min,考核期间,被认定人可以对现场作业和工艺范围要求不符的情况进行说明。

(3)在被认定人检修作业期间,裁判可以依据考评项点向被认定人提问,以确认被认定人检修过程是否有依据。

(4)考核过程若被认定人出现配件、工装机具等毁坏情况和人身伤害时,终止考试,成绩为 0。

(5)考核完毕后,由被认定人在评分表上签字确认。

4. 考核评分

(1)考评人员 3 名以上。

(2)评分程序及规则:考评员根据考生操作情况对照计分标准在评分表上给予记录评分。

(3)算分方法:采用百分制,满分 100 分,60 分及以上为合格。

职业技能等级认定
铁路机车电工(高级工)实作技能考核评分记录表

单位:________　姓名:________　准考证号:________　工种:________　级别:________

试题名称:HXD_{3C}型电力机车 C1 修 6A 系统的检查

考核时间:40 min

操作开始时间:　　时　　分　　　　　　　　操作结束时间:　　时　　分

项　目	考核内容及评分标准	扣分因素及扣分	得　分
作业程序(20 分)	1. 工序错乱扣 6 分		
	2. 工作中返工扣 10 分		
	3. 作业后未按要求恢复、整理扣 4 分		
作业质量(50 分)	1. 清扫、检查漏流监测模块、电源线、通信线、插头表面清洁无积尘。不符合要求扣 5 分		
	2. 模块安装牢固,外观无过热、烧损,指示灯无裂损。不符合要求扣 5 分		
	3. 电源线、通信线外观无过热烧损,防护良好,插头连接安装牢固。不符合要求扣 5 分		
	4. 清扫、检查外部接口板(EXT 板)、供电监测板(AP 板)插件安装良好。不符合要求扣 5 分		
	5. 检查 6A 主机插头、线束插头连接牢固。不符合要求扣 5 分		
	6. 检查 6A 主机插头外观无过热、烧损。不符合要求扣 5 分		
	7. 检查 6A 主机线束外观良好,防护良好。不符合要求扣 5 分		
	8. 直供电试验时确认 6A 系统显示屏【列供】显示界面显示情况,【列供】显示界面显示正常。不符合要求扣 5 分		
	9. 操作 6A 系统显示屏查看故障记录并分析处理。不符合要求扣 5 分		
	10. 操作 6A 系统显示屏进行自检并打印自检报告。不符合要求扣 5 分		
工具设备使用(10 分)	1. 开工前未检查工、量具及设备,收工时不整理扣 2 分		
	2. 工、量具及设备使用不当扣 2 分		
	3. 工、量具脱落扣 2 分		
	4. 工具、设备损坏扣 4 分		
考核时间(10 分)	每超 1 min 扣 1 分,超过 10 min 失格		
作业安全(10 分)	1. 未按规定着装扣 2 分		
	2. 工作场地不整洁扣 2 分		
	3. 工件、工具摆放不整齐扣 2 分		
	4. 违章或违反安全事项扣 4 分		
	5. 发生事故失格		
合计(100 分)			

考评员签名:　　　　　　　　　　　　认定人:　　　　　　　　　　　　年　　月　　日

第四部分　技　　师

1. SS_{4G} 型电力机车“电子柜预备”灯不灭时,怎样处理?

答:(1)转换电源柜 A/B 组。

(2)控制电压不在 77～130 V 范围内,拉“负载”闸刀及蓄电池闸刀,合“重联”闸刀。

(3)检查“电子控制”自动开关。

(4)两节车电子柜 A、B 开关均置 A 组或 B 组。

(5)如果非操纵节电子柜预备灯不灭,将电子柜转换开关置零位维持运行。

2. 怎样检修高压电器柜的绝缘板、瓷件及接线柱?

答:绝缘板不许有炭化、裂损,当炭化深度不超过 1 mm 时,用锉刀、砂布打磨并涂刷绝缘漆,检查接线柱及绝缘板安装螺栓,要求紧固件齐全完好,检查铜排母线不许有裂纹,截面缺损不大于原形的 1/10,导线不许有烧痕、绝缘破损。

3. 怎样吊装 ZD105 型牵引电动机的电枢?

答:(1)用翻转台将定子机座翻转 180°,前端朝上竖立于检修基座上。

(2)将电枢前端装上吊升盘,吊环,用天车将电枢徐徐吊入定子内腔中,吊装时注意垂直、平稳,不得碰伤绝缘和轴承。

4. 怎样清扫、清洗或浸渍 ZD105 型牵引电动机解体后的电机?

答:(1)用 0.2～0.3 MPa 的干燥压缩空气吹扫电机定子、电枢各部,并用棉丝、汽油(换向器应用白布酒精)擦拭各部尘土和油垢,吹扫时风嘴距绝缘表面不小于 150 mm。

(2)对单次中修电机的定子,电枢应在专用清洗设备中按相关工艺进行清洗并烘干,清洁度符合有关标准,定子表面喷涂防潮覆盖漆。对双次中修电机的定子电枢除进行清洗外,还应按相关工艺进行整体浸渍并烘干。

5. HXD_1 型电力机车 C1～C3 修时,怎样检查仪表?

答:(1)各仪表显示正确,安装牢固,接线可靠,插头、插座连接良好。各仪表外壳、玻璃完整,刻度清晰,指针无弯曲、卡滞现象,照明良好,更换不良仪表。

(2)检查各种电表校验周期不超 12 个月,风压表校验周期不超 6 个月,校验后须有到验日期、检验单位名称的标记。检查仪表到验日期、检验单位名称的标记,须按国家计量部门的规定进行校验。

6. SS_{4G}型电力机车“原边过流”灯亮主断跳闸时，应怎样处理？

答：(1)转换电子柜A/B组。

(2)“原边过流”灯亮，某位牵引电机过载跳闸，切相应的电机。

(3)合闸就跳，“原边过流”灯亮，确认无异状，重合闸还跳，切除一节车。

(4)手柄离0或电压上升至500 V左右跳闸，原边过流灯亮，切除一节车。

7. SS_{4G}型电力机车A/B组两节窜车时，应怎样处理？

答：(1)主司控故障或司控插头松，紧司控插头无效，用副台维持。

(2)操纵节556KA卡滞，人为手动解锁。

(3)确认非操纵端钥匙已断，各司控在零位。

8. HXD_1型电力机车C1～C3修时，怎样对6A系统电源箱的外部进行检查？

答：(1)检查电源箱外观良好，安装紧固件齐全，防缓标识不许有错位。

(2)检查电源开关动作可靠。除作业需要关闭外，要保证电源开关在闭合位。

(3)检查电源板卡外观良好，表面清洁，各安装螺栓、卡子紧固。检查电源板卡助拔器完好。

9. 闭合劈相机扳钮后两节车“劈相机”灯均不亮时，怎样处理？

答：(1)反复活动几次劈相机扳钮。

(2)检查闭合605QA。

(3)将591QS自起位。

(4)如果劈相机扳钮故障时，可待升弓合闸后分别使567KA固定在吸合位，注意过分相前提前将567KA释放，过分相后再闭合567KA起动劈相机。

10. 闭合劈相机扳钮劈相机灯不灭时，怎样处理？

答：(1)显示3 s后灯不灭，立即断电关闭劈相机扳钮。

(2)劈相机起动电阻甩不开，起动劈相机3 s后，人为手动解锁566KA。若213KM焊接，切除该节车。

(3)如劈相机无声音，检查三相自动开关是否脱落，如脱落恢复后再重新起动。

11. HXD_1型电力机车C1～C3修时，怎样检查高压电缆总成？

答：(1)外观检查车顶穿墙套管清洁，无损坏、电蚀，电气连接状态良好，安装紧固无松动。

(2)外观检查高压电缆车顶和T型终端接地线外套无损坏，接地线与车体连接点连接可靠。螺栓的防缓标记无错位。车顶法兰垫圈不得漏水。

(3)清洁T型头外罩。

12. SS_{4G}型电力机车中修时，怎样检修位置转换开关的触片？

答：锉修打磨触片烧痕，更新烧损严重及到限触指。触片厚度要求不小于5 mm。触片接触面应光洁。检查沉头螺钉埋入触片量不小于1 mm。用钢片塞紧胶木座与转轴之间的间隙,要求各胶木座与转轴间不得松动。

13. HXD_2 型电力机车C1~C3修时,怎样对6A系统视频子系统进行上电检查?

答:(1)检查进入工作状态各指示灯显示是否正常。

(2)音视频显示终端无故障信息显示。

(3)检查所有摄像头显示画面,应能正常、清晰显示图像,图像角度符合要求。

(4)检查视频字幕叠加情况,时间、速度、公里标、车次、机车号、监控区域等信息应叠加正确。

14. HXD_{3C} 型电力机车C1修作业中,怎样对压力仪表语音组合模块进行检查?

答:(1)压力仪表语音组合模块清洁。

(2)安装牢固,各仪表及压力表玻璃完整,刻度清晰,指针无弯曲、卡滞、照明良好。

(3)仪表接口在与机车风管接口连接时,密封不泄漏。旋紧时扭力要均匀适当,避免接口的连接螺纹受损。

15. HXD_{3C} 型电力机车C1修作业中,怎样对隔离变压器进行检查?

答:(1)外观检查变压器安装牢固,变压器绕组、引出线及接线各部无裂损及过热现象,各接线紧固,线芯断股不超过原形的10%,绝缘胶木件无裂损及过热炭化现象。

(2)外罩安装良好且不得与变压器带电部分接触。

16. 当 HXD_2 型电力机车微波炉无电时,应怎样处理?

答:微波炉无电时,首先需确认闭合了A节操纵台中柜面板上的冰箱/微波炉转换开关,其次查看生活设备柜内微波炉断路器应闭合,第三查看辅助变流柜内380/220 V变压器断路器DJ-TFA-CVS及生活设施断路器CC-LA是否闭合。

17. 当 HXD_{3C} 型电力机车控制回路接地故障时,应怎样处理?

答:(1)重新闭合"控制回路接地"QA59及相应跳开的自动开关,正常后继续运行。

(2)如故障现象再次出现,不影响行车则只闭合QA59;影响走车断开QA59,继续运行,需加强机械间检查。

18. HXD_2 型电力机车C1~C3修时,怎样对6A系统防火子系统感温线缆及智能监视模块进行检查?

答:(1)检查感温线缆表皮无破损,与中间盒固定是否紧固。

(2)检查感温线缆中间盒、终端盒安装是否紧固。

(3)检查智能监视模块外观安装状态良好。

19. 当 HXD_2 型电力机车干燥器无电时,应怎样处理?

答:干燥器无电,首先需确认干燥器控制盒电源闭合,其次需到辅助变流柜查看 380/220 V 变压器断路器 DJ-TFA-CVS 及干燥器断路器 CC-SR 是否闭合。

20. 当 HXD_2 型电力机车窗加热无电时,应怎样处理?

答:窗加热无电,首先需确认闭合了操纵台中柜面板上的窗加热转换开关,其次需到辅助变流柜查看 380/220 V 变压器断路器 DJ-TFA-CVS 及窗加热断路器 CC(AB)是否闭合。

21. 怎样正确使用数字式万用表测量交流电压?

答:(1)将黑色表笔插入"COM"或"—"号的插孔,红色表笔插入标有符号"V"的插孔。

(2)将功能开关置于交流电压"ACV"量程范围;并将表笔并联接在电路被测部分。

(3)如果不知道被测信号有多大,则要选择最大量程测量。

22. HXD_1 型电力机车 C1～C3 修时,怎样检查电源柜?

答:(1)清洁屏柜各部,外观检查所有组件无破损、安装牢固,各配件齐全,指示灯完整,电气连接紧固到位。

(2)检查自动开关作用良好。

(3)风机、24 V 电源模块、监控单元模块性能正常。

(4)外观检查 AC/DC 各模块性能正常。

(5)通电检查散热风扇运转正常,无异音。

(6)所有组件安装和电气连接紧固到位。

23. HXD_1 型电力机车 C1～C3 修时,怎样对 6A 系统主机箱的外部进行检查?

答:(1)检查主机机柜、主机箱、接插件及线缆外观良好,安装紧固件齐全,防缓标识不许有错位。主机箱锁闭装置安装到位,无破损,锁闭功能正常。

(2)检查电源开关动作可靠,电源保险管安装紧固、状态良好。除作业需要关闭外,要保证电源开关在闭合位。

(3)检查各插件外观状态良好,紧固件齐全,不许有松动。

(4)检查各连接器状态良好,防松脱螺栓或扎带齐全,安装紧固无松动。

24. 怎样检查高压电器柜的插头、电线路?

答:插头不许有裂损、烧痕、过热现象、防尘圈须完好。插针不许歪斜、烧损、退针,压接良好;导线绝缘不许有老化、破损;防磨胶皮不老化,绑扎带完好,布线规范、美观。

25. 怎样检修 TCK7 型电空接触器的吹弧线圈及弧角?

答:检查铁芯外套绝缘管不许有过热、老化、破损等不良现象,否则应更新。吹弧线圈安装应牢固,不得有变形、短路、断路及裂损。灭弧角应清洁,不得有裂损、变形,灭弧角不能与动静触头接磨。测量吹弧线圈匝间距离不小于 0.5 mm。

26. HXD3C 型电力机车 C1 修作业中,怎样对 IPM 微机处理器进行检查?

答:(1)外观检查处理器安装紧固状态良好,电缆组件的电气接口连接正确,插头没有松动。电气接口没有出现如热负荷或绝缘损坏等损伤。

(2)检查 IPM 工作状态正常情况下,只有 CPU 和 POWER 两个绿灯亮。

(3)利用专业下载软件下载 IPM 故障记录并分析保存。

27. 两台机车连接后,怎样检查试验高压连接器?

答:(1)两台高压连接器对接后高低差不大于 30 mm;最大退程为 240 mm。

(2)对接后导电杆两端之间电阻值不大于 650 $\mu\Omega$。

(3)对接后母线接线端之间电阻值不大于 850 $\mu\Omega$。

28. HXD1 型电力机车 C1～C3 修时,怎样通电检查 6A 系统重联板卡(LCG)?

答:(1)将两台机车 6A 系统上电。观察 6A 系统主机箱 LCG 板卡各指示灯灯显应符合 6A 系统主机指示灯状态表的标准。

(2)点击【系统设置】—【平台版本】,检查 CPU 及音视频显示终端软件版本应为最新版本。

(3)在 LCG 板卡 D4 灯常亮后,最长不超过 10 min,6A 系统会进入双机重联工作模式,音视频显示终端上部显示由“主从”变为“重联”。点击屏幕下方【监控数据】,弹出车号列表,应显示全部重联机车车号。

29. 怎样检修 TCK1 型电空接触器的主动、静触头?

答:锉修主动、静触头,保持原有接触面弧度,动触头接触面为平面。静触头厚度不小于 2.5 mm,动触头厚度不小于 0.7 mm,接触线长不小于 20 mm。更换过热、疲劳、变形及圈距不均的压力弹簧。测量触头开距符合 3～8 mm。

30. 怎样检查硅机组元件的电阻?

答:用万用表二极管档测量整流管的阴极和阳极之间的电阻值正向导通、反向截止,晶闸管还要用 100 Ω 挡测量门极与阴极之间的电阻值,测量结果电阻小或为零则元件已降级或完全击穿。对于降级元件经元件反向测试仪确认。若晶闸管门极与阴极间电阻很大可能是门极开路(断线),而门极与阴极间电阻为零,则门极已经烧穿。

31. 怎样检查试验琴(扳)键开关?

答:(1)将琴(扳)键开关组装插头与试验台连接好,接通电源。

(2)依次检查各开关触点开断正常、接触良好,试验次数不少于 5 次。

(3)将接线端子短接，用 500 V 兆欧表测量插头引出线对地绝缘电阻值应不小于 2 MΩ，否则应查找故障、进行必要的处理。

32. 怎样检修电磁继电器的线圈？

答：(1)用万用表测线圈的电阻值。

JZ15 系列中间继电器 R(20 ℃)=1 000 Ω。

JT3 系列时间继电器 R(20 ℃)=644 Ω。

TJJ2 系列接地继电器 R(20 ℃)=120 Ω。

(2)检查绝缘包扎情况，破损者应用玻璃丝带包扎，并补漆，线圈引出端子牢固，清洁。

(3)检查各连接导线，导线应完好，断股大于原形的 1/10 者应更换。

33. SS_{4G} 型电力机车劈相机工作正常，各辅机不起动故障时，应怎样检查处理？

答：(1)故障原因：533KT 常闭触头不良或 533KT 卡在吸合位。

(2)故障现象：劈相机起动及工作正常，其他辅机不工作。

(3)故障处理：①短接劈相机时间继电器 533KT(1 号低压柜 561～577 号线)；②甩故障单节。

34. SS_{4G} 型电力机车小修时，怎样对辅助机组的定子进行检查？

答：(1)直流电机磁极铁芯固定螺栓不得松动，磁极绕组无松动、变形，绝缘良好；各连线固定可靠，绝缘良好，引线、连线及刷辫截面积缺损面积不大于 10%。

(2)直流电机刷架安装牢固，各部清洁无裂损，刷握、压指及弹簧作用良好。

(3)直流电机电刷在刷盒内无卡滞，电刷长度大于 20 mm，同一电机必须使用同一厂家同牌号的电刷。

35. SS_{4G} 型电力机车牵引无流故障时，怎样处理？

答：(1)换向手柄置前或后位，“预备”灯不灭，按照预备灯不灭故障处理。

(2)检查处理 532KT。

(3)两节车电子柜 A/B 组转换开关均置“B”组。

(4)确认其他司控在零位。

(5)确认非操纵节电钥匙开关 570QS 断开。

(6)使用辅台操纵，维持运行，注意移动手柄要慢。

36. SS_{4G} 型电力机车主台“辅助回路”、副台“辅接地”灯亮，主断跳闸时，怎样处理？

答：(1)切热饭电炉、取暖电炉、窗加热、空调。

(2)重合还跳，将“辅接地故障”开关置故障位。

(3)辅接地故障位无效，确认辅助回路无接地过载，285KE 不释放时，设法使其释放后切除故障节，加强巡视。

37. HXD_2 型电力机车 C3 修作业中,怎样对高压电流互感器进行检查和测量?

答:(1)检查:

①外观检查电流互感器浇注体表面清洁度良好,无积尘或污垢,无损伤。

②检查所有安装螺栓紧固。

③检查出线盒引线与接线端子的接触情况良好,出线夹和连接器的安装状态良好。

(2)测量:二次绕组对地的绝缘电阻不小于 500 MΩ;线圈不许有短路或断路。

38. HXD_2 型电力机车 C1~C3 修作业中,怎样对 6A 系统外部设备接口卡进行外部和上电检查?

答:(1)外部检查:

①检查外部设备接口卡外观良好、各安装螺栓紧固。

②检查各连接插头、插座安装紧固无松动。

(2)上电检查:

①系统上电后,在 6A 系统音视频显示终端【系统设置】【机车信息】界面查看 LKJ 系统和微机系统的信息显示,确认机车车号、车次、辆数、计长信息与 LKJ 显示屏上所显示一致。

②检查 EXT 插件工作状态指示灯显示正常。

39. HXD_{3C} 型电力机车 C1 修作业中,怎样对支持绝缘子、高压电缆、软连线进行检查?

答:(1)检查支持绝缘子安装须牢固、无裂损。

(2)检查高压电缆穿墙体各部完好,无裂损,密封良好,无漏雨现象,连接件齐全完好,连接紧固,电缆连接处无过热现象,穿墙体软连线辫紧固螺栓紧固力矩:655 N·m。

(3)检查高压电缆固定良好,外包绝缘层无破损、过热现象。

(4)检查各导电软连线安装牢固,无过热、烧损,断股不超过原型的 10%。

40. HXD_{3C} 型电力机车 C1 修作业中,怎样对空调进行检查?

答:(1)外观检查空调电源各部完好,紧固件齐全,安装牢固,无过热烧损现象。

(2)检查空调电源各接线紧固,无过热烧损现象。

(3)外观检查控制开关齐全、完好,转换动作灵活。

(4)试验空调工作正常,控制开关作用良好。

41. 怎样检测高压电器柜的绝缘电阻及进行耐压试验?

答:(1)用 2 500 V 兆欧表测量主电路对地绝缘电阻值不小于 5 MΩ。

(2)用 500 V 兆欧表测量控制电路对地绝缘电阻值不小于 5 MΩ。

(3)主电路对地耐电压试验,设定耐压试验台漏泄电流为 10 mA(3.8 kV,1 min)。

(4)控制电路对地耐电压试验:1.0 kV,1 min。

42. 怎样检修位置转换开关的低压控制部分?

答:(1)用汽油清洗各部。

(2)打磨触点烧痕,触点表面应光洁。更新烧损严重的触点。

(3)检查安装板、推杆滑块,不许有裂纹、损伤。

(4)测量辅助联锁超程应为 2~3 mm,检查联锁,动作灵活,无卡滞,与外罩不得相碰。

43. 怎样组装调整电磁继电器?

答:(1)衔铁的组装。将圆柱形衔铁装入孔内,盖上盖板,装上指示件,并轻轻按动指示件。要求:不许有卡滞现象,拉力弹簧弹性良好,各部螺钉紧固。

(2)调整触头开距、超程。JT3 型继电器,调整导杆滑动距离之长短,须符合限度表要求。检查 JZ15 型继电器拉力弹簧性能,调整其开距、超程,须符合限度表要求。

(3)触头的组装。用测力计检测继电器触头压力,要求压力适当。

44. SS4G 型电力机车小修时,怎样检查辅助机组辅助机械?

答:(1)通风机风叶与风筒应完好,无裂纹、变形,风筒安装牢固、密贴,轴流风机风叶与风筒不得摩擦,转动平稳、无异音。

(2)联轴器螺栓紧固良好,动作灵活、无卡滞。

(3)油泵各部及各管接头完好,不得漏油。

(4)冷风扇风叶无裂损,网罩无断条变形;外接电源无破损,绝缘良好。

45. HXD1 型电力机车 C1~C3 修时,高压试验中怎样对紧急按钮进行试验?

答:把方向开关转到向前位,把自动制动手柄置于运行位,制动管压力充到 500(600)kPa,按下紧急制动按钮,可以听到制动柜内的排气声,制动管压力为 0,控制显示器上的状态信息:紧急制动,微机显示屏显示:主断断开、受电弓降下。恢复紧急制动按钮,大闸在紧急位 60 s 后至运转位缓解大闸,拔出电钥匙,主控机车同时起惩罚制动,人为施加停发制动,试验结束。

46. SS4G 型电力机车小修时,怎样检查低压电器柜的继电器?

答:检查紧固各继电器及接线,各部应清洁。安装、按线牢固正确,线号齐全、清晰。触头无烧痕过热、变形、铜瘤,联锁、胶木架无裂损,外罩完好无损。过流继电器指示件及复原装置作用良好,与触头动作配合准确,各调整部分漆封完好。

47. SS4G 型电力机车小修时,怎样检查电子控制柜?

答:(1)电路板清洁,印刷电路清晰,不得有过热、变色。金属箔无脱起基板现象,框架安装牢固,不得松动。插件上元件无过热变色,电容无鼓包。

(2)检查各电子插件及冷却风扇信号灯显示正确。

(3)线束整洁,线号齐全,不得有短路过热现象,与机体无碰磨。接线端子完好。

(4)开盖检查清扫插件箱,背面连线无松脱、破损、互磨,清扫冷却风扇。

48. SS4G 型电力机车小修时,怎样检查 PFC 电容柜?

答:(1)检查装配螺栓、螺母,若发现松动,紧固。检查配线端子螺栓、母线固定螺栓等发现松动,紧固。检查电容发现漏油或外壳膨胀,更换。

(2)检查柜子内部各部件紧固件应清洁、牢固无松动。

(3)检查柜子内部各部件接线端子牢固无烧损现象,接线断股不超过 10%,外包绝缘无破损,铜母线无变形,线地、线间绝缘距离足够。

(4)测量各电容参数符合要求。

49. SS4G 型电力机车小修时,怎样检查空调机及暖风机?

答:(1)各紧固件紧固,空调机安装牢固,不漏雨。各部接线正确,无短路、断路现象。

(2)检查“冷、热”选择开关、风量选择开关、温度控制器等开关位置正确、作用良好。

(3)压缩机电机、冷凝风机电机、蒸发风机电机、暖风机工作正常、无异音。

(4)暖风机接线良好,外罩完好无损,开关、指示灯显示正常,取暖效果良好。

50. SS4G 型电力机车运行中(主断在闭合状态)受电弓自动落下并无法升起时,怎样检查处理?

答:(1)现象:主断路器跳开,显示屏显示零压,受电弓落下。

(2)处理:

①换弓运行。

②另一受电弓也无法升起时,应检查门联锁是否动作。

③若门联锁不动作,应检查两节车保护阀,发现保护阀不吸合时,人工闭合保护阀 287YV 维持运行。

④若人工闭合保护阀,某节门联锁仍不动作时,可用检点锤轻敲门联锁使之动作。若门联锁机械卡死,敲击无效时,可短接故障节 515KF 联锁(533～534 号线)。此时应注意:禁止进入故障节高压室。

51. SS4G 型电力机车闭合劈相机扳钮,某节劈相机无启动声音时,怎样检查处理?

答:(1)现象:闭合劈相机扳钮,某节显示屏“劈相机”灯长亮(或亮 8 s 后灭),各辅机时间继电器吸合正常。

(2)处理:

①启动劈相机时该节“劈相机”灯常亮,应在 3 s 内立即断开劈相机或主断扳钮(防止劈相机烧损)。

②检查该节劈相机三极自动开关 215QA 是否跳开,跳开时人工闭合(必须在主断分闸状

态下进行)。215QA 一时无法合上时,应急处理可立即转 1FD 位电容分相起动。

③闭合“劈相机”扳钮,检查故障节劈相机起动电阻接触器 213KM 未吸合时,可人工闭合 213KM,待劈相机启动 3～5 s 后松开。如 213KM 故障时,甩故障节处理。

④若 213KM 吸合正常而劈相机仍不能启动时,可将故障节劈相机开关 242QS 置通风机位、296QS 置电容位,改用一位牵引风机电容分相起动,在网压不低于 22 kV 时,即可投入其他辅机运行。

52. 怎样处理 SS_{4G} 型电力机车“原边过流”灯亮主断跳闸故障?

答:(1)转换电子柜 A/B 组。

(2)“原边过流”灯亮,某位牵引电机过载跳闸,切相应的电机。

(3)合闸就跳,“原边过流”灯亮,确认无异状,重合闸还跳,切除一节车。

(4)手柄离 0 或电压上升至 500 V 左右跳闸,原边过流灯亮,切除一节车。

53. SS_{4G} 型电力机车中修时,怎样正确更换牵引电机电刷?

答:更换牵引电机电刷时应注意:

(1)在同一台电机上不要混用不同牌号的电刷。

(2)电刷与刷握的间隙及电刷弹簧压力应符合规定。

(3)电刷不应有裂纹、掉角,刷辫不应松脱,刷辫紧固螺栓不应松动。

(4)电刷与换向器表面须经常保持干燥、清洁。

54. SS_{4G} 型电力机车中修时,怎样检修 AF 系列头灯电磁接触器?

答:(1)拆下灭弧罩的固定螺钉,卸下灭弧罩。

(2)用专用钢卡拉起触头支持架,取下动触头,检查触头不许有裂损,清理触头熔瘤。

(3)用 0.2～0.3 MPa 压缩空气吹扫接触器各部尘垢。并用汽油或用电器清洗剂,清洗接触器各部,清洁度符合有关标准。

(4)用砂布打磨灭弧罩内壁。有金属喷涂物、电弧灼伤变质无法清除或有裂损者,应更新。

(5)打开辅助联锁盒,用细锉整修触头烧痕及污垢,触头严重烧损过热者更换触片及压力弹簧。

(6)按解体相反顺序组装。

55. HXD_1 型电力机车 C1～C3 修时,怎样对 6A 系统音视频显示终端进行通电检查?

答:(1)检查屏幕亮度上下一致,字符、图形显示正确清晰。

(2)检查按键状态良好,触摸灵敏;背光调节、音量调节、触摸屏、复位按键功能正常。

(3)检查语音提示正确清晰。音视频显示终端与 6A 主机通信正常。

(4)以监控器时钟为准,调整时钟(误差不得大于 15 s)。

(5)检查各视频摄像头、防火探测器应定义准确,严禁屏蔽。

(6)对 6A 系统自检应状态良好,如有故障应及时提票处理。

56. HXD2 型电力机车 C1～C3 修时,怎样对 6A 系统电源箱进行外部和上电检查?

答:(1)外部检查:①检查电源箱外观良好、各安装螺栓、卡子紧固,清洁电源箱表面灰尘。②检查电源开关动作可靠。③检查电源箱后部各插件紧固状态良好,安装把手无丢失。

(2)上电检查:上电,检查系统自检正常,各板卡插件指示灯显示符合要求。检查风扇盘中风扇工作状态良好。

57. 当 HXD2 型电力机车冷却塔风机故障时,应怎样处理?

答:(1)当某个冷却塔风机发生故障时,相应的 2 个整流器、2 个逆变器、整流器对应的 1 个辅助变流器和 2 台牵引电机停止工作,其他电机可正常工作。

(2)若机车功率能满足牵引需要,应维持运行回段报修,不能满足时尽可能运行至站内停车处理;停车后,可在安全解锁后,打开辅变流柜,查看相应的冷却塔风机热继电器(Q-TH-VT-BM)是否跳开,如跳开可对其进行恢复,重新投入工作后如果热继电器仍跳开,需报修。

58. HXD3C 型电力机车 C1 修作业中,怎样对辅助压缩机进行检查?

答:(1)检查管路各部件安装紧固状态、气密性良好、无漏泄。

(2)检查滤清器安装紧固状态良好、气密性良好。

(3)检查安全阀安装紧固状态良好、气密性良好。

(4)检查散热器散热翅状态良好。

(5)检查压缩机油位及状态油质良好,油位在上下刻线之间。

(6)动作试验,辅助压缩机运行平稳无异音及振动过大。车上进行打风试验,打满 50 L 风缸压力达到(735±20)kPa 的时间不大于 10 min。

59. HXD3C 型电力机车 C1 修作业中,怎样对机车防火装置进行检查?

答:(1)检查板卡:①外观检查板卡安装牢固,螺钉无松动。②清洁面板外部。

(2)检查烟感:安装牢固,各螺栓无松动。

(3)检查温感:安装牢固,各螺栓无松动。

(4)检查感温电缆:安装牢固,各螺栓无松动。

(5)性能试验:①观察板卡面板指示灯显示正常。②观察音视频显示终端机车防火无语音报警,无故障报警记录。

60. 当 HXD2 型电力机车主电路回路故障且无法恢复,怎样进行切一节操作?

答:(1)仅在某节机车主电路回路故障且无法恢复的情况下,才需要进行切一节操作。

(2)确认机车停放在轨道上,断主断,降弓,在故障节按照操作步骤取下高压隔离开关绿钥匙。

(3)将绿钥匙插入故障节高压隔离开关的钥匙孔内并转动,解锁后将高压隔离开关手柄沿垂直于车顶线路方向向下拉动,使其由合位转至分位,取下绿钥匙,恢复高压联锁即可。

61. 怎样解体电压表、电流表?

答:(1)拆下表壳、表芯,拧下表壳固定螺钉,将表竖放,取出表芯。

(2)焊开游丝引线。用电烙铁焊开上、下游丝引线。

(3)将保护叉插入磁隙,拧下支架固定螺钉,再轻轻提出支架组合件,用软铁块短接磁极。

(4)分解支架组合件。用 25 W 电烙铁从焊片上焊下上、下游丝外端头。拧松锁紧螺母,将轴承拧松,取下动圈,再取下轴承、菊花垫、调零器、游丝焊片。

(5)分解指针组合件。用酒精溶开轴座上的粘胶,取下轴座。

62. HXD_1 型电力机车 C1～C3 修时,怎样对 6A 系统自动视频监控及记录子系统进行通电检查?

答:(1)自检过程和进入工作状态各指示灯显示正确。

(2)音视频显示终端不许有故障信息显示。

(3)所有摄像头显示画面正常、清晰,监控区域无偏移。

(4)音视频显示终端视频字幕时间、速度、公里标、车次、机车号、监控区域、硬盘录像标识(REC)等信息显示正确。

(5)检查拾音器外观完好,连接线缆无老化、破损,连接可靠;安装牢固无松动,清洁表面尘土及污物。检查视频外挂 U 盘装置紧固件齐全、安装牢固,延伸线连接紧固无破损;U 盘接口应无异物、无损坏。拾音器 MIC 孔处应清洁无异物。

(6)检查音视频数据转储装置外观良好,连接牢固。使用专用数据转储 U 盘进行音视频数据转储,转储功能须正常。检查试验拾音器录音功能应正常。检查试验 U 盘转储功能应正常。

63. SS_{4G} 型电力机车小修时,怎样检查牵引电动机的刷架装置?

答:(1)用高压风吹去刷握内的粉尘,并用干净的白布仔细擦拭。刷握、绝缘杆及聚四氟乙烯套管清洁,无松动、裂损及放电痕迹,固定可靠。

(2)压指与弹簧不得有断裂或疲劳现象,压指支承轴不许有松晃。

(3)检查弹簧作用正常。

(4)电刷应无裂纹,刷辫无过热、松脱;电刷接触面缺损小于 10%;电刷长度不小于 35 mm;电刷与换向器接触面积不小于 85%;同一副电刷两片长度差不大于 0.5 mm,同一刷握电刷长度差不大于 5 mm;同一电机必须使用同一厂家同牌号的电刷否则更换。

(5)刷握连线固定可靠、绝缘良好,不许有断裂;绑线杆齐全无断裂。

(6)刷架圈无松动,定位螺栓、胀紧螺栓、锁紧螺母紧固良好。

64. SS4G 型电力机车受电弓升不起故障,应怎样检查处理?

答:(1)故障原因:高压室门未关好、门联锁不良、琴键开关不良、风压低、143 塞门关闭、147 塞门关闭或 515KF 接点不良、587QS 在故障位、1YV 故障引起。

(2)故障现象:按升弓琴键开关后,网压表无网压显示,故障显示屏显示“零压”。

(3)故障处理:控制电压正常,换弓操作;(车顶部风管破损、琴键不良);检查高压室门,门联锁恢复位置;强迫升弓。(风压正常,风管完整)用专用卡子卡住 1YV(Ⅰ端电器室上部)、287YV(制动屏柜内)。

65. 怎样检查高压电器柜主接地保护装置的电阻、电容?

答:(1)外观检查电阻绕线管不许有破损、放电、烧损等不良现象,电阻表面珐琅不许有过热变色,剥离不超过原形的 1/10,否则应更新,有轻微剥离应用环氧树脂涂封处理,检查各引接线不许有破损、过热、老化,截面折损不大于原形的 1/20,检查各紧固件应齐全、可靠。

(2)外观检查电容不许有破损、放电烧痕及渗漏绝缘介质液,焊接及安装牢固可靠。

(3)分别用万用表及电容表测量电阻、电容值须符合下列要求:

电阻(191R、192R)阻值为 $500\times(1\pm10\%)\Omega$;

电阻(193R、194R)阻值为 $300\times(1\pm10\%)\Omega$;

电阻(195R、196R)阻值为 $7.5\times(1\pm10\%)k\Omega$;

电容(197C、198C)电容值为 $5\times(1\pm10\%)\mu F$。

66. 怎样对电压表、电流表进行电气性能检查?

答:(1)将被检电表按正、负极性接在专用仪表试验台上。

(2)接通电源,并逐渐增加输出,使指针指示满刻度,然后再退到零,反复三次,观察指针,要求指针动作灵活,不许有卡针、迟滞现象。

(3)选几个校正点(不少于 4 点)的读数与标准表相比,计算误差率,并在同一刻度点上计算其上升、下降之间的误差率。各刻度点上的误差率为:DY-604 型和 YS 型应小于 2.5%,44CZ 型应小于 1.5%,并记录。

(4)调整输出,使电表指针在额定位置,通断电源多次,观察指针,要求指针不许有卡滞现象,回零正常。

(5)调整输出,使指针停在某一刻度位置,用手轻敲仪表外壳,看指针变差,计算变差率并记录之。

67. SS4G 型电力机车小修时,怎样检查避雷器?

答:(1)检查瓷瓶表面应光洁,不许有裂纹,安装牢固。瓷釉表面缺损在 3 cm^2 以下时可涂快干绝缘漆处理。

(2)检查顶盖安装螺栓紧固、密封良好;避雷器单元与上下安装座安装良好,不许开裂;接地片安装牢固。

(3)避雷外露的铁质零件应除锈、涂漆处理。用 2 500 V 兆欧表测量绝缘电阻值应不小于 1 000 MΩ。

68. SS_{4G} 型电力机车小修时,怎样检查蓄电池?

答:(1)检查蓄电池门锁闭状态,应可靠。

(2)外观检查,应无破裂、鼓胀、漏液;擦去元件、绝缘板和铁箱上的灰尘。引出线无过热,绝缘无破损,固定良好。

(3)单节连线完好,线鼻齐全,无松动、过热,连接螺栓应无松动,若有松动应以 15 N·m 扭矩紧固,紧固后涂凡士林防护。

(4)测量各单节电压。若有两只电压低于 2.18 V 则需用均衡充电的方法进行充电,直至浮充电压恢复到 2.18 V。

(5)对整组电池进行均衡充电,(恒压限流)先按 17 A 充电至 115.2 V 恒定电压充电,应符合 106.6～115.2 V。

69. HXD_1 型电力机车 C1～C3 修时,怎样检查蓄电池?

答:(1)检查箱体安装牢固,无损坏,箱门能正常锁闭。

(2)检查各电池单节无积尘,蓄电池外观不许有破裂、鼓胀、漏液;壳体不许有裂纹、变色等现象。各连接螺栓牢固,不许有松动。

(3)检查各连接线连接紧固,无发热熔化、破裂剥落、烧痕割口。

(4)检查充电插座、接线端子状态良好。

(5)检查温度传感器、熔断器、接地断路器、隔离开关及连线作用良好。

(6)测量开路电压。用数字万用表测量各蓄电池单节的开路电压不小于 2.0 V,总电压不低于 96 V。

(7)用 500 V 兆欧表检测整体蓄电池组对地绝缘应不小于 1.5 MΩ。

(8)进行均衡充电。

70. HXD_1 型电力机车 C1～C3 修时,怎样检查牵引电机?

答:(1)安装牢固,各紧固件、防松标记状态良好。

(2)牵引电机机体无裂纹、损伤,电机出线连接紧固良好,线端标志及铭牌完好、清晰、牢固,接线盒无脱落、外观无过热、烧损,密封良好,电机外部连线无过热、烧损,引线夹无松脱。

(3)安装牢固,无破损、歪斜、变形,三相电缆引线夹、接线盒不许有脱落。

(4)检查牵引电机温度、速度传感器安装可靠无异常,连线无损坏,连接器连接牢固。

(5)检查牵引电机下部排水孔,不许堵塞。

(6)外观检查轴承附近区域不许有漏油。

(7)检查油嘴不许有松动及破损,油道畅通。

(8)根据前三趟机车车载安全防护系统(6A系统)地面专家诊断数据分析,轴承不许有异常。发现电机轴承有温升、冲击报警现象的要进行顶轮检测。

71. 怎样检修自动过分相的车感器?

答:(1)车感器从安装支架拆下清洁。

(2)用万用表测量车感器的内阻620×(1±5%)Ω,用500 V兆欧表测对外壳绝缘电阻大于等于500 MΩ。

(3)检查导线、电缆:绝缘导线清洁,不得有过热烧损,绝缘老化,油浸变质。线芯断股不得超过原形十分之一,导线压接良好。插针及插座体良好。

(4)检查感应器安装支架应无裂纹、无开焊。

(5)测量车感器中心位置距钢轨内侧工作面水平距离为335 mm,距钢轨表面110～120 mm。

72. 使用双臂电桥时应注意些什么?

答:(1)根据被测电阻的大小选择相应的倍率。

(2)电池电压不足及时更换,否则影响电桥灵敏度。

(3)在测量具有电感的电阻时,应先接通电源再接通检流计,断开时相反。

(4)电桥不用时将检流计锁住。

(5)接线:将被测电阻的一对电压端(P)接在一对电流端(C)的内侧,即:$C_1P_1—P_2C_2$。

73. SS4G型电力机车无显示跳主断路器,一合闸就跳故障时,怎样处理?

答:(1)转换电子柜A/B组转换开关。

(2)断开603QA。

(3)将零压、辅接地、主接地、故障开关置故障位。

(4)检查主断路器分合闸阀杆间隙是否符合标准做相应处理;检查分合闸阀是否窜风,如窜风关闭145塞门,人工合闸,运行中监视各仪表及显示的显示,如需断主断时降弓处理,过分相时降弓通过。

(5)检查各保护继电器是否吸合,相应处理。

74. SS4G型电力机车辅小修时,怎样检查牵引电机?

答:(1)整流子表面应无放电、烧伤痕迹,无过热现象。

(2)刷握及刷架圈安装位置正确、牢固,碳刷压力符合要求、无破损。

(3)各绝缘支柱应清洁,不得有放电现象,母线无破损,安装卡子无松动。

(4)电枢轴承、抱轴轴承密封良好,温升符合技术要求(55 K),抱轴油箱内润滑油量正常。

(5)电机的通风应良好,通风网无堵塞、无破损、无异物

75. 怎样检查试验控制电源柜?

答:(1)将电子板隔离,硅元件正负极短接,用500 V兆欧表测量输入、输出回路对地绝缘电阻值应大于2 MΩ。

(2)测试 110 V 电源的输入交流电压为 $396^{+25\%}_{-30\%}$ V。

(3)测试 110 V 电源的输出直流电压为 110×(1±5%)V(并联蓄电池运行)。

(4)测试 110 V 电源的额定输出直流电流为 50 A。

(5)测量 110 V 电源的静态电压脉动有效值小于 5 V(并联蓄电池运行)。

(6)测量 110 V 电源的限流额定值为 55×(1±10%)A。

76. 怎样组装 6C 系列电磁接触器?

答:(1)按解体相反顺序组装线圈组件,线圈引出线与桥式整流器插接紧固。

(2)用 4 mm 内六角扳手紧固静触头和减弧器。

(3)用专用钢卡提起动触头支持架,将桥形触头塞入支持架中,向后手动红色指示器,控制动触头动作,检查触头通断情况。检查触头开距、压力,并用复写纸检查动、静触头其接触线不小于 80%。

(4)将线圈组件装入接触器内,紧固好其固定螺钉。

(5)安装辅助触头时,要确认其触头支持件是否已正确插入主触头支持件传动孔中耦合良好。

(6)装上灭弧罩,紧固好固定螺钉。

77. HXD_2 型电力机车 C1～C3 修时,怎样对高压电流互感器进行检查和测量?

答:(1)检查:①检查箱体安装牢固,无损坏,箱门能正常锁闭。

②检查各电池单节无积尘,无鼓包,变色等现象。

③检查各连接线连接紧固,无发热熔化、破裂剥落、烧痕割口。

④检查充电插座、接线端子状态良好。

⑤检查温度传感器、熔断器、接地断路器、隔离开关及连线作用良好。

(2)测量:①测量开路电压。用数字万用表测量各蓄电池单节的开路电压不小于 2.1 V,总电压不低于 96 V。

②检查整体蓄电池组对地绝缘应大于 800 Ω。

③进行均衡充电。

78. 当 HXD_2 型电力机车主、辅电路发生接地现象时,应怎样处理?

答:机车主、辅电路发生接地现象时,机车的接地保护装置动作,微机显示屏会显示“×××接地保护”故障,可在条件允许的情况下,断主断后,对故障变流器进行相应断路器断电复位,如故障无法消除,机车会自动将故障支路的主、辅变流器隔离,若机车功率能满足牵引需要,应维持运行回段报修,不能满足时尽可能运行至站内停车处理。

79. HXD_{3C} 型电力机车 C1 修作业中,怎样对压力开关模块进行检查?

答:(1)P50.72 压力开关:安装紧固状态应良好,无松动,无压缩空气漏泄,接线良好,无破损。单台主压缩机起停控制压力开关(整定值 750～900 kPa),启动压缩机,当压力上升至(900±20)kPa 时,压缩机停机;当压力下降至(750±20)kPa 时,压缩机起机。

(2)P50.75 压力开关:安装紧固状态应良好,无松动,无压缩空气漏泄,接线良好,无破损。双台主压缩机起停控制压力开关(整定值 680～900 kPa),启动压缩机,当压力上升至(900±20)kPa 时,压缩机停机;当压力下降至(680±20)kPa 时,两台压缩机起机。

(3)P50.74 压力开关:安装紧固状态应良好,无松动,无压缩空气漏泄,接线良好,无破损。

80. HXD3C 型电力机车 C1 修作业中,怎样对制动显示器(LCDM)进行检查?

答:(1)外观检查显示器无变形、破损。

(2)检查制动显示器 RS422 及通信、电源接线及接地线紧固,无破损、接磨。

(3)检查各键动作是否有效,校准制动显示器与监控装置的日期、时间,以监控装置为准不超±15 s。超过±15 s 进行校时,校时必须调整和监控时间一致。

(4)查阅制动屏故障记录并分析处理。

81. SS4G 型电力机车辅小修时,应怎样检修变流装置?

答:(1)检查触发线、换相电阻、换相电容外接线,应无过热、放电痕迹,快速熔断器瓷件清洁、完整,指示器无跳出。

(2)检查各连接螺栓及母线紧固应无松动和发黑现象。

(3)检查脉冲输出集成块插套应无松动,输入(低压)与输出(高压)导线之间不应相磨,或摆放太近(距离大于 25 mm)。

(4)检查风速继电器动作应灵活可靠。

(5)检查护头、杆座连接可靠。清扫风道、元件、面板、各电阻、电容、触发脉冲模块,支持绝缘子等处的灰尘。

82. HXD1 型电力机车 C1～C3 修时,怎样检查低压电器柜?

答:(1)外观检查低压柜体盖板安装可靠,无松旷、变形;柜体两侧的插头、插座无破损、过热、烧损,紧固状态良好;接地线齐全紧固;滤尘板清洁无破损,冷风扇无破损,转动正常,无异音。

(2)继电器检查:外观检查各继电器无烧损、防尘罩无破损,指示件齐全,安装牢固;目测内部可见部分触片无变形,线圈无异常;各接线无过热、接磨、断股,紧固良好;各继电器应动作灵活可靠,无卡滞现象。

(3)接触器检查:检查灭弧罩清洁无裂损,基体无裂纹。开盖检查动静触头无熔瘤及严重烧痕,动触头托架及触片无裂纹、变形、开焊(独立式结构灭弧罩);接线无过热、脱落,安装牢固。

(4)辅助触头检查:检查各辅助触头组件安装牢固,外壳无破损、炭化,标识清晰。

(5)接线端子:各接线端子清洁、完好、无烧伤;支持绝缘子清洁完好,无灼伤;接线紧固,无过热、烧损，线鼻子及铜排无破损，过热。电缆线断股不许超过原截面的5%。

(6)开关：外观检查自动开关及三相开关、旋转开关完整，安装牢固，无破损、过热、烧损，动作灵活无卡滞，通断可靠，接线正确紧固。更换不合格的开关。

(7)外观检查各电阻、电容及二极管等无异常，接线及焊接牢靠。

(8)外观检查接地检测装置无破损，显示屏清洁显示清晰，表面无划伤，按钮(按键)完整，作用良好，接线(连接器)良好，无破损、过热，绝缘无老化。

(9)外观检查电度表清洁无破损，显示屏显示清晰，表面无划伤，接线(连接器)良好，无破损、过热，绝缘无老化。

(10)外观检查单项隔离逆变电源散热器清洁，无积垢、裂损及松动，安装螺栓齐全紧固；连接器良好，无破损及损伤、过热，绝缘无老化。

(11)自动过分相控制盒：外观检查无损坏，安装牢固，接线状态良好。

(12)自动过分相装置下车检查、试验。

83. 怎样检修试验避雷器?

答:(1)用2 500 V兆欧表测量避雷器对地绝缘电阻，应不小于5 000 MΩ。

(2)直流参考电压测定，当流过避雷器的电流达到规定的1 mA时，读取避雷器两端间的电压不小于58 kV。

(3)直流泄漏电流测定，在避雷器两端施加43.5 kV，读取流过避雷器的泄漏电流，其值不得超过50 μA。

(4)交流参考电压测定，对避雷器的阻性电流1 mA时，读取电压的峰值，其值不得小于56 kV。

(5)注意：试验时瓷瓶应该是干燥、清洁的。以上试验读取数值后应立即降低电压，切断电源。在读数时不允许长时间停留。测参考电压时不得超过1 min，测试过程应尽可能快。

84. 怎样检查ZD105型牵引电动机的电枢轴?

答:(1)电枢转轴锥面需经磁粉探伤，不许有裂纹。电枢轴颈及锥面表面应光洁，不得有超限拉伤(轻微拉伤面积不大于总面积的15%)和贯通拉伤，油槽处不许有轴向拉伤；轴端螺孔应光滑完整，油槽孔应畅通。检查轴端锥面跳动量不许超限(锥面圆跳动量不大于0.12 mm)，电枢轴不许焊修。

(2)轴承内圈与轴的配合：测量其接触电阻应小于90 μΩ，超差时检测轴颈尺寸，保证其过盈量应在0.027～0.077 mm限度内。

(3)必要时检查内油封安装处轴颈尺寸应符合图纸要求。

85. 怎样检修位置转换开关的触指组件?

答:(1)用汽油、毛刷清洗触指组件，清洁度符合有关规定。

(2)检查软连线，其折损截面积不大于原形的5%，否则应更新。检查弹簧，不许有变形、疲劳、裂损,否则应更新。检查触头弹簧螺杆及止钉,不许有开焊,止钉铆接牢固,不许有松动。

(3)锉修打磨触指烧痕,更新烧损严重及到限的触指,触指厚度不小于 6 mm,接触良好。每组两触指位置应与安装板垂直,相互间不应有卡滞与不平行现象。

86. 怎样检修轴温监测报警装置的网络线?

答:(1)各线外观无磨损、挤压等现象,否则更新。

(2)各航空插头(座)表面如有油污等异物应予以处理或更新。

(3)各航空插头(座)各插孔(针)应无腐蚀、氧化现象,否则予以更换。

(4)各线的导通性能应可靠,否则予以修复或更新。

(5)航空插件的各芯之间应互不相通。

(6)如网络线上的航空插件损坏更换时,应保证焊接质量装好尾部防水组件,确保其防水性能。

(7)网络连线的航空插头(座)的引脚定义同传感器插头,各引脚确保 1、2、3、4 脚之间不短路。

87. SS4G 型电力机车小修时,怎样检查互感器及一般变压器?

答:(1)擦拭高压瓷瓶,标准同"变压器"。

(2)检查高压电流互感器瓷瓶顶盖应密封良好,不得有漏雨,导电杆装配紧固。

(3)各部清洁,接线牢固,铁芯及安装螺栓不得松动。

(4)接线端子应清洁紧固,绝缘良好,线号清晰齐全。

(5)线圈无断路,外部绝缘无变色及破损。

(6)高压电压互感器油位总体应在上刻线(+40 ℃)与最低刻线(−25 ℃及−30 ℃)之间,夏季油位根据环境温度调整在上刻线(+40 ℃)与中间刻线(+20 ℃)之间,冬季油位根据环境温度调整在中刻线(+20 ℃)与最低刻线(−25 ℃及−30 ℃)之间,检查蓝色吸湿剂是否变色,当吸湿剂 2/3 变成白色或淡红色时,应进行干燥处理或更换。

(7)绝缘检测:用 2 500 V 兆欧表测量一、二次线圈对地绝缘,应符合一次线圈不小于 1 000 MΩ,二次线圈不小于 500 MΩ 的要求。

(8)高压电压互感器变压器油按规定进行化验。

88. SS4G 型电力机车牵引无流(预备灯灭)故障时,应怎样检查处理?

答:(1)故障现象:预备灯灭,手轮进级全车无牵引电流。

(2)故障处理:

①将两节车电子柜开关同时打 B 组。操纵时注意:牵引时无恒流限压,应缓慢进级,电阻制动时注意控制励磁电流过载和制动电流超过最大值。

②用辅台操纵(将两节车电子柜开关同时打 B 组)。

③运行监控记录器故障,短接 558～1558 线(操纵节司机室主机侧)。标准化司机室在 2 号

低压柜卸载中间继电器 668KA 上。

④零位延时继电器 532KT 故障，短接 503～531 号线。

⑤检查操纵节 569KA 应在失电状态，非操纵节 569KA 应在吸和状态。

89. 怎样组装主司机控制器？

答：(1)转鼓的组装。将各凸轮工作涂适量 SY1067—77 润滑油脂，然后按解体的反方向组装。要求位置正确，不许有松旷，螺钉紧固。

(2)底板的组装。将底板安装在转鼓上，要求安装牢固。

(3)主触指盒的组装。主触指盒的安装，要求安装牢固，滚轮应与凸轮片中心对正，触指在闭合位时，其弹簧不得压死。

(4)组装棘轮手柄。各棘轮和手柄必须用圆锥销连接，并用定位螺钉紧固，不许有松旷。

(5)电位器的组装调整。电位器常态电阻总阻值：250 Ω 允许差±5%。将电位器的 1 端接直流 15 V，3 端接地，然后测量 2、3 端的电压 V_{23}，调速手柄在零位时应为不大于 0.2 V，从零位到最大位时，电压应该平滑变化，调速手柄在最大位时，V_{23} 不低于 14.6 V。要求：阻值随手柄的转动而上升(向大)或下降(向小)时，电位器阻值上升或下降平稳，不许有冲击现象，且正常回零位。组装完毕后，在棘轮、轴承、齿轮等处适当涂润滑油脂。

90. 怎样清扫、检修空气干燥器的电控盒及加热装置？

答：(1)用汽油、棉丝擦去控制器表面的污垢。

(2)用毛刷清扫插座清洁，不许有烧痕、变形，插接牢固、定位装置良好，清扫导线、面板、印刷电路板上的灰尘，用汽油擦拭干净。

(3)检查布线。导线清洁，不许有过热、烧损、破损和绝缘老化现象；导线排列整齐，焊接良好，接线紧固，线号齐全，标识清晰、正确。

(4)保险管紧固，各部不许有裂损。用万用表检查保险管应良好。

(5)用万用表检查发光二极管。更换时注意极性。

(6)检查印刷电路板，印刷电路板座应清晰，不许有脱起，板面不许有大面积过热、变色，基板不许有炭化。

91. 怎样清洗检查逻辑控制单元(LCU)各插件？

答：(1)用毛刷和酒精清洗各电子插件，要求无灰尘、积垢，板面光洁。

(2)检查插件正面的元件，元件无烧损、虚焊、开焊及放电痕迹，管脚以及集成块的管座焊接牢固，集成芯片与插座接触良好，连接紧固。

(3)检查插件板上的紧固架，安装牢固，无变形及裂纹。

(4)检查插件各插针、插孔，要求不倾斜，不变形，无放电及烧损痕迹。

(5)检查各插件印刷电路板，要求线路清晰，无脱起，无大面积过热、变色现象，基板无炭化。

(6)在专用试验台上测试各插件性能符合技术要求。

92. 怎样切除SS_{4G}型电力机车故障节,单节车维持运行?

答:(1)切后节(非操纵节车)。

①确认主断路器断开后,将后节车的“零压保护故障”开关和“主断路器故障”开关分别置故障位。电源柜上的“重联”闸刀置重联位。电子柜 A/B 组开关置零位。

②安全事项:换端后,必须及时将该节车电子柜开关置 A/B 组(两节车)一致,劈相机故障开关置中间位,卡死 556KA。

(2)切前节(操纵节车)。

①确认主断路器断开后,将前节车的“零压保护故障”开关和“主断路器故障”开关分别置故障位。将前节车的预备中间继电器 556KA 强迫吸合并卡死。前节车的“劈相机故障”开关置试验位(中间位)。电源柜“重联”闸刀置重联位。

②注意:新型 556KA 无法采用卡死方式,可短接Ⅰ号端子排 557S、558S 接线。

93. 怎样清洗检查 DK-1 型制动机逻辑控制单元(DKL)的各插件?

答:(1)用毛刷和酒精清洗各电子插件,要求无灰尘、积垢,板面光洁。

(2)检查插件正面的元件,元件无烧损、虚焊、开焊及放电痕迹,管脚以及集成块的管座焊接牢固,集成芯片与插座接触良好,连接紧固。

(3)检查插件板上的紧固架,安装牢固,无变形及裂纹。

(4)检查插件各插针、示灯,要求不倾斜、变形,无放电及烧损痕迹。

(5)检查各插件印刷电路板,要求线路清晰,无脱起,无大面积过热、变色现象,基板无炭化。

(6)在专用试验台上测试各插件性能符合技术要求。

94. 怎样检查与试验劈相机起动继电器?

答:(1)绝缘电阻值的测量。用 500 V 兆欧表测量继电器 A、B 端和 C、N 端对地绝缘电阻值,应不小于 2 MΩ。

(2)继电器参数调整。将 110 V 直流稳压电源接到继电器的 DY 与 G 端(DY 接正)。这时,继电器指示灯应不亮,继电器不动作,用万用表直流电压挡测试 BG_3 管集电极(C)对地(G)电压应为 100 V 左右,BG_2 管集电极(C)对地(G)电压应为 4 V 左右,符合上述值,则可认为电路基本正常。用小螺丝刀调节电位器 DW(4.7K),先顺时针转到最后,然后反时针退回,使 DW 值逐渐减小到某一点,BG_1 管和 BG_2 管应翻转,继电器动作,指示灯应亮。然后,再将 DW 电位器顺时针使电阻增加一点,将继电器返回,指示灯灭为止,继电器调整完毕,可将 DW 封住。

(3)将继电器接到试验台上,在 DY 与 G 间依次加 115.5 V、110 V 和 77 V 三种直流稳压电源,然后在 C、N 间加交流 380 V 电压,在 A、B 间加约 340 V 交流电压,此时继电器应能吸合,否则应调整电位器,使继电器误差参数应符合标准。

95. SS_{4G}型电力机车小修时,怎样检查电源柜?

答:(1)检查各紧固件和接线端子应无松动、松线掉线现象。

(2)线束、铜排和导线应清洁，不许有过热、烧损和绝缘老化现象；线号齐全，清晰正确。线芯断股不得超过原形的10%，单股线芯不许有裂损。

(3)电源变压器、电抗器必须表面清洁。外部绝缘不许有变色、裂损、过热现象；接线须正确、紧固，线号清晰，无线圈短路、断路现象；铁芯及安装螺钉紧固。

(4)检查电压表和电流表，在无电状态下，电压表和电流表的指针均应在零位，如果不在零位，将指针调至零位。

(5)检查刀开关：刀片与刀夹光洁，压力适当，转动自如，接触线长度应在80%以上，夹力正常。刀片缺损宽度不大于原形的1/3。手柄不得松动。

(6)插座及端子排应清洁、完整，不许有裂损、烧伤，导线压接良好，接线紧固；插座插接牢靠，定位作用良好。

(7)检查电阻、电容，电阻不许有变形、裂损、短路、断路，接头应焊接牢固，不许有过热变色及严重剥离，否则必须更换。

(8)110 V电源控制箱检查。各电路板、电子插件洁净，插接可靠。20芯插头簧片无断裂、过热现象。

96. 怎样检修低压电器柜的电阻？

答：(1)不许有烧痕、放电现象。管形电阻珐琅有过热变色及剥离超过1/10者应更新。劈相机起动电阻不许有变形、裂损、短路、断路，抽头、接头焊接牢固，截面缺损不得超过原形的1/10。

(2)各电阻安装及紧固螺栓应良好，用电桥或万用表测量电阻值。

①劈相机起动电阻(263R)，在20 ℃的电阻值为0.79×(1±10%)Ω。

②辅助电路过压保护电阻(260R)，在20 ℃时的电阻值为5×(1±10%)Ω。

③分相起动电阻(264R)电阻值为1×(1±10%)kΩ。

④零压保护电阻(261R)电阻值为200×(1±10%)Ω。

⑤辅助接地电阻(262R)电阻值为200×(1±10%)Ω。

97. HXD_2型电力机车C3修作业中，怎样对主断路器进行开盖检查？

答：(1)检查各气动阀件安装螺栓紧固、防缓线标识清晰、无漏风现象。

(2)检查各电动阀件安装螺栓紧固、防缓线标识清晰。

(3)检查各电气线路布线规范、绝缘层无破损。

(4)检查各风管接头紧固、漆封标识清晰，无漏风现象，风管胶皮无龟裂、破损。

(5)联锁推板安装紧固、推板无裂损；联锁接线紧固，外观检查无裂损；联锁支架安装牢固，无断裂变形。

(6)检查调压阀安装螺栓紧固、调整手把无松动、漆封标识清晰；调压阀作用良好、无漏风现象。

(7)启动电磁阀安装螺栓紧固、防缓线标识清晰；线圈表面无裂纹、过热、烧损；电磁阀接线紧固，无松动。

(8)计数器应完好，动作灵活，显示正常。

98. 当 HXD3C 型电力机车提主手柄无牵引力输出时,应怎样处理?

答:(1)确认总风缸压力应在 470 kPa 以上,手动缓解停车制动,“停车制动”灭灯。

(2)制动显示屏如有“动力切除”显示,确认非操纵端大闸是否在重联位;警惕装置是否动作。

(3)制动显示屏显示“惩罚制动”时,大闸置抑制位 1 s,待惩罚制动消除后,继续运行。

(4)进入 TCMS 屏的风机状态画面,确认各风机启动完毕。

(5)进入 TCMS 屏查看油流继电器和水泵的继电器是否正常闭合,确认油泵和水泵的空气断路器正常闭合(若油泵空气断路器正常闭合,但 TCMS 中油流继电器显示仍无闭合的话,则需在车下确认油温表的一级动作指针)。

(6)过分相后,加载无牵引力,可将主手柄回零位后重新加载,但要注意手柄的级位与机车速度是否相符。

(7)上述处理无效,采取断电大复位的办法处理。

(8)仍无牵引力输出,请求救援。

99. HXD3C 型电力机车 C1 修作业中,怎样对制动柜辅助模块进行检查?

答:(1)所有接头、连接紧固件不漏风,紧固螺栓不松动,连接线及插座紧固。

(2)各模块安装紧固,标识清晰,无外壳变形、腐蚀或明显的污物等损伤。

(3)各隔离塞门安装紧固,作用良好,位置正确。

(4)检查 A24、S10.01、Z10.22、Z10.23、U43.13、U43.14,无动力回送塞门,N69(车长阀)铅封良好。

(5)升弓压力表安装良好,刻度清晰可见,指示正确。

(6)模块上各电磁阀安装良好,各塑料螺栓无松动,电磁阀无漏泄,电气线路状态良好,线缆无破损,脉冲电磁阀手动柱塞活动灵活,功能正常。

(7)各压力开关安装状态良好,无松动及漏泄,电气线路状态良好,线缆无破损。

(8)各单向阀、双向止回阀、减压阀、调压阀、安全阀安装状态良好,无漏泄。

(9)各模块上压力测试口安装良好,无漏泄。

100. HXD2 型电力机车发生辅助变流器隔离类故障时,应怎样正确处理?

答:发生“辅变流×隔离”或“ACU×××故障”类故障时,可按下述步骤对故障进行处理:

(1)在条件允许的情况下,断主断后,在微机显示屏“控制—隔离”界面中恢复隔离的辅助变流器或直接按微机复位按钮。

(2)如故障不消除,通常是出现“ACU×××永久故障”,此时需要对故障变流器进行相应断路器断电复位。

(3)经过上述操作后,相应变流器如仍然隔离,可依靠一台变流器工作在冗余模式继续维持运行,但一旦该节机车的两台辅助变流器均故障且无法恢复时,该节机车所有电机也会自动隔离,主断断开,如故障无法恢复时,只能进行切一节车操作后依靠另一节机车牵引,若单节机车功率能满足牵引需要时应维持运行回段报修,不能满足时尽可能运行至站内停车处理。

S1 司机控制器的检修

1. 考场准备

要求场地内准备检修作业平台、司机控制器、试验台、机车电工常用工具和相关配件及材料。

2. 材料工具准备

序 号	名 称	规 格	数 量	备 注
1	机车电工常用工具		1套	
2	万用表		1块	
3	毛刷		1个	
4	兆欧表	500 V	1块	
5	游标卡尺		1把	
6	测力计		1个	

3. 考核要求

(1)被认定人入考场后，首先由裁判告知题目，其次由被认定人检查准备工具，到实作场地确认作业环境，当被认定人告知裁判可以开始时，由裁判员开始计时。

(2)考核时间为 40 min，考核期间，被认定人可以对现场作业和工艺范围要求不符的情况进行说明。

(3)在被认定人检修作业期间，裁判可以依据考评项点向被认定人提问，以确认被认定人检修过程是否有依据。

(4)考核过程若被认定人出现配件、工装机具等毁坏情况和人身伤害时，终止考试，成绩为 0。

(5)考核完毕后，由被认定人在评分表上签字确认。

4. 考核评分

(1)考评人员 3 名以上。

(2)评分程序及规则：考评员根据考生操作情况对照计分标准在评分表上给予记录评分。

(3)算分方法：采用百分制，满分 100 分，60 分及以上为合格。

职业技能等级认定
铁路机车电工(技师)实作技能考核评分记录表

单位:________ 姓名:________ 准考证号:________ 工种:________ 级别:________

试题名称:司机控制器的检修

考核时间:40 min

操作开始时间: 时 分 操作结束时间: 时 分

项 目	考核内容及评分标准	扣分因素及扣分	得 分
作业程序(20分)	1. 工序错乱扣6分		
	2. 工作中返工扣10分		
	3. 作业后未按要求恢复、整理扣4分		
作业质量(50分)	1. 凸轮鼓清洁、各联锁开关接线良好。触头有烧痕扣5分		
	2. 凸轮鼓清洁、各联锁开关接线良好。触头压力、开距、厚度及圆鼓磨耗深度不符合技术要求扣5分		
	3. 机械各部不得有裂损、松旷及异常磨耗。各穿销配合良好。不符合要求扣2分		
	4. 机械各部不得有裂损、松旷及异常磨耗。定位螺栓不得有松动。不符合要求扣3分		
	5. 机械各部不得有裂损、松旷及异常磨耗。弹簧不得有断裂及永久变形。不符合要求扣5分		
	6. 各接线紧固,插头、插座清洁完整,不得有烧痕,插接良好。不符合要求扣5分		
	7. 各接线紧固,线号齐全、清晰,绝缘不得有破损、炭化。不符合要求扣5分		
	8. 电位器安装正确。阻值平滑变化、作用良好并符合限度规定。不符合要求扣5分		
	9. 通风机防频繁起动电子元件符合规定技术要求。不符合要求扣5分		
	10. 机械联锁锁闭正确,作用可靠,操作灵活、正确,不得有旷动、过位,并保证在规定的位置才能取出或插入。不符合要求扣5分		
	11. 各联锁开关对地绝缘电阻值不符合要求扣5分		
工具设备使用(10分)	1. 开工前未检查工、量具及设备,收工时不整理扣2分		
	2. 工、量具及设备使用不当扣2分		
	3. 工、量具脱落扣2分		
	4. 工具、设备损坏扣4分		
考核时间(10分)	每超1 min扣1分,超过10 min失格		
作业安全(10分)	1. 未按规定着装扣2分		
	2. 工作场地不整洁扣2分		
	3. 工件、工具摆放不整齐扣2分		
	4. 违章或违反安全事项扣4分		
	5. 发生事故失格		
合计(100分)			

考评员签名: 认定人: 年 月 日

S2 主断路器的检修

1. 考场准备

要求场地内准备检修作业平台、SS_4 型电力机车主断路器、真空主断路器试验台、75 kV 耐压试验台、回路电阻测试仪、真空断路器检测仪、77～110 V 可调直流电源、400～900 kPa 风源、机车电工常用工具和相关配件及材料。

2. 材料工具准备

序 号	名 称	规 格	数 量	备 注
1	兆欧表	2 500 V	1 块	
2	兆欧表	1 000 V	1 块	
3	机车电工常用工具		1 套	
4	清洗剂		1 瓶	
5	白布		1 块	

3. 考核要求

(1)被认定人入考场后，首先由裁判告知题目，其次由被认定人检查准备工具，到实作场地确认作业环境，当被认定人告知裁判可以开始时，由裁判员开始计时。

(2)考核时间为 30 min，考核期间，被认定人可以对现场作业和工艺范围要求不符的情况进行说明。

(3)在被认定人检修作业期间，裁判可以依据考评项点向被认定人提问，以确认被认定人检修过程是否有依据。

(4)考核过程若被认定人出现配件、工装机具等毁坏情况和人身伤害时，终止考试，成绩为 0。

(5)考核完毕后，由被认定人在评分表上签字确认。

4. 考核评分

(1)考评人员 3 名以上。

(2)评分程序及规则：考评员根据考生操作情况对照计分标准在评分表上给予记录评分。

(3)算分方法：采用百分制，满分 100 分，60 分及以上为合格。

职业技能等级认定
铁路机车电工(技师)实作技能考核评分记录表

单位:________ 姓名:________ 准考证号:________ 工种:________ 级别:________

试题名称:主断路器的检修

考核时间:30 min

操作开始时间: 时 分 操作结束时间: 时 分

<table>
<tr><th>项 目</th><th>考核内容及评分标准</th><th>扣分因素及扣分</th><th>得 分</th></tr>
<tr><td rowspan="3">作业程序(20分)</td><td>1. 工序错乱扣6分</td><td rowspan="3"></td><td rowspan="3"></td></tr>
<tr><td>2. 工作中返工扣10分</td></tr>
<tr><td>3. 作业后未按要求恢复、整理扣4分</td></tr>
<tr><td rowspan="7">作业质量(50分)</td><td>1. 灭弧室检修:动静触头表面光洁,相互接触线长度、接触电阻值符合限度规定。操作、检查、测量、调整方法不当或错误每次扣2分(总计10分)</td><td rowspan="7"></td><td rowspan="7"></td></tr>
<tr><td>2. 灭弧室检修:动静触头动作灵活,符合工艺技术要求。违反工艺技术要求,每项扣2分(总计10分)</td></tr>
<tr><td>3. 隔离开关检修。各零部件工艺要求、质量要求不符合规定每次扣2分(总计10分),零部件脱落、损伤扣2分(总计10分)</td></tr>
<tr><td>4. 隔离开关检修。零部件脱落、损伤扣5分</td></tr>
<tr><td>5. 瓷瓶检修:表面光洁,安装牢固,密封良好。错检、漏检扣5分</td></tr>
<tr><td>6. 控制机构检修:零部件不得有裂损、变形、拉伤及磨耗,错检、漏检扣5分</td></tr>
<tr><td>7. 控制机构检修:压力继电器及压力表检修符合技术规程要求。否则扣5分</td></tr>
<tr><td rowspan="4">工具设备使用(10分)</td><td>1. 开工前未检查工、量具及设备,收工时不整理扣2分</td><td rowspan="4"></td><td rowspan="4"></td></tr>
<tr><td>2. 工、量具及设备使用不当扣2分</td></tr>
<tr><td>3. 工、量具脱落扣2分</td></tr>
<tr><td>4. 工具、设备损坏扣4分</td></tr>
<tr><td>考核时间(10分)</td><td>每超1 min扣1分,超过10 min失格</td><td></td><td></td></tr>
<tr><td rowspan="5">作业安全(10分)</td><td>1. 未按规定着装扣2分</td><td rowspan="5"></td><td rowspan="5"></td></tr>
<tr><td>2. 工作场地不整洁扣2分</td></tr>
<tr><td>3. 工件、工具摆放不整齐扣2分</td></tr>
<tr><td>4. 违章或违反安全事项扣4分</td></tr>
<tr><td>5. 发生事故失格</td></tr>
<tr><td>合计(100分)</td><td colspan="3"></td></tr>
</table>

考评员签名: 认定人: 年 月 日

S3　低压电器屏配线

1. 考场准备

要求场地内准备检修作业平台、SS_4 型电力机车低压电器屏柜、电器屏原理图、电器屏接线图、机车电工常用工具和相关配件及材料。

2. 材料工具准备

序　号	名　称	规　格	数　量	备　注
1	机车电工常用工具		1 套	
2	线端子及线号		若干	
3	导线		若干	
4	布线用品		1 套	
5	试灯		若干	
6	剥线钳		1 把	
7	压线钳		1 把	
8	万用表		1 块	

3. 考核要求

(1)被认定人入考场后，首先由裁判告知题目，其次由被认定人检查准备工具，到实作场地确认作业环境，当被认定人告知裁判可以开始时，由裁判员开始计时。

(2)考核时间为 60 min，考核期间，被认定人可以对现场作业和工艺范围要求不符的情况进行说明。

(3)在被认定人检修作业期间，裁判可以依据考评项点向被认定人提问，以确认被认定人检修过程是否有依据。

(4)考核过程若被认定人出现配件、工装机具等毁坏情况和人身伤害时，终止考试，成绩为 0。

(5)考核完毕后，由被认定人在评分表上签字确认。

4. 考核评分

(1)考评人员 3 名以上。

(2)评分程序及规则：考评员根据考生操作情况对照计分标准在评分表上给予记录评分。

(3)算分方法：采用百分制，满分 100 分，60 分及以上为合格。

职业技能等级认定
铁路机车电工(技师)实作技能考核评分记录表

单位:________ 姓名:________ 准考证号:________ 工种:________ 级别:________

试题名称:低压电器屏配线

考核时间:60 min

操作开始时间: 时 分 操作结束时间: 时 分

<table>
<tr><th>项 目</th><th>考核内容及评分标准</th><th>扣分因素及扣分</th><th>得 分</th></tr>
<tr><td rowspan="3">作业程序(20分)</td><td>1. 工序错乱扣6分</td><td rowspan="3"></td><td rowspan="3"></td></tr>
<tr><td>2. 工作中返工扣10分</td></tr>
<tr><td>3. 作业后未按要求恢复、整理扣4分</td></tr>
<tr><td rowspan="9">作业质量(50分)</td><td>1. 检查电器屏上各件外观质量。不检查扣5分</td><td rowspan="9"></td><td rowspan="9"></td></tr>
<tr><td>2. 检查清点作业导线、线端子、线号、插座、防尘套、插针等的数量与质量,检查作业用工具的质量。不检查扣5分;漏一项扣2分</td></tr>
<tr><td>3. 放线方法正确,长度合适,导线敷设先后顺序合理;每有一次(处)操作不合理扣3分</td></tr>
<tr><td>4. 扎线杆包扎符合要求,不符合要求扣2～5分</td></tr>
<tr><td>5. 线号套装方法正确,线端子压线良好,接线紧固牢靠。每发现一处不符合要求扣3分</td></tr>
<tr><td>6. 走线整齐、美观、线路绑扎符合要求。走线不合理每处扣3分;线路绑扎不良扣3～5分</td></tr>
<tr><td>7. 剥线、压插针、插座套装等操作方法正确。操作不按工艺每次扣2分</td></tr>
<tr><td>8. 插芯安装无错芯。错芯一个扣5分</td></tr>
<tr><td>9. 用试灯校线。不校线扣10分;校线有漏者一项扣2分</td></tr>
<tr><td rowspan="4">工具设备使用(10分)</td><td>1. 开工前未检查工、量具及设备,收工时不整理扣2分</td><td rowspan="4"></td><td rowspan="4"></td></tr>
<tr><td>2. 工、量具及设备使用不当扣2分</td></tr>
<tr><td>3. 工、量具脱落扣2分</td></tr>
<tr><td>4. 工具、设备损坏扣4分</td></tr>
<tr><td>考核时间(10分)</td><td>每超1 min扣2分,超过10 min失格</td><td></td><td></td></tr>
<tr><td rowspan="5">作业安全(10分)</td><td>1. 未按规定着装扣2分</td><td rowspan="5"></td><td rowspan="5"></td></tr>
<tr><td>2. 工作场地不整洁扣2分</td></tr>
<tr><td>3. 工件、工具摆放不整齐扣2分</td></tr>
<tr><td>4. 违章或违反安全事项扣4分</td></tr>
<tr><td>5. 发生事故失格</td></tr>
<tr><td>合计(100分)</td><td colspan="3"></td></tr>
</table>

考评员签名: 认定人: 年 月 日

S4　机车劈相机不能正确启动故障的排除

1. 考场准备

要求场地内准备检修作业平台、SS_4型电力机车、机车电气原理图、机车布线图、劈相机启动继电器、劈相机启动继电器原理图、启动继电器试验台、机车电工常用工具和相关配件及材料。

2. 材料工具准备

序　号	名　称	规　格	数　量	备　注
1	机车电工常用工具		1套	
2	兆欧表		1块	
3	导线		若干	
4	电烙铁		1个	
5	锡焊用料		若干	
6	万用表		1块	

3. 考核要求

(1)被认定人入考场后，首先由裁判告知题目，其次由被认定人检查准备工具，到实作场地确认作业环境，当被认定人告知裁判可以开始时，由裁判员开始计时。

(2)考核时间为 60 min，考核期间，被认定人可以对现场作业和工艺范围要求不符的情况进行说明。

(3)在被认定人检修作业期间，裁判可以依据考评项点向被认定人提问，以确认被认定人检修过程是否有依据。

(4)考核过程若被认定人出现配件、工装机具等毁坏情况和人身伤害时，终止考试，成绩为 0。

(5)考核完毕后，由被认定人在评分表上签字确认。

4. 考核评分

(1)考评人员 3 名以上。

(2)评分程序及规则：考评员根据考生操作情况对照计分标准在评分表上给予记录评分。

(3)算分方法：采用百分制，满分 100 分，60 分及以上为合格。

职业技能等级认定
铁路机车电工(技师)实作技能考核评分记录表

单位:__________ 姓名:__________ 准考证号:__________ 工种:__________ 级别:__________

试题名称:机车劈相机不能正确启动故障的排除

考核时间:60 min

操作开始时间:　　时　　分　　　　操作结束时间:　　时　　分

项　目	考核内容及评分标准	扣分因素及扣分	得　分
作业程序(20分)	1. 工序错乱扣6分		
	2. 工作中返工扣10分		
	3. 作业后未按要求恢复、整理扣4分		
作业质量(50分)	1. 能回答劈相机启动控制过程。不能回答劈相机启动控制过程扣5分		
	2. 根据控制电路的动作判断控制电路故障,判断方法有误或不到位扣5分;找不出故障所在扣10分;判断过程损坏元件扣10分;分析过程反复一次扣3分		
	3. 通过分析故障情况及检查启动继电器来判断控制电路故障。判断方法有误扣5分;找不出故障所在扣10分;判断过程损坏元件扣10分;分析过程反复一次扣3分		
	4. 控制继电器故障排除方法正确、完善。故障点判断不到位,盲目处理一次扣5分;故障点处理不完善扣2分		
	5. 启动继电器故障排除方法正确、完善。故障点判断不到位,盲目处理一次扣5分;故障点处理不完善扣2分		
	6. 机车送电试验,劈相机可正常启动。乱调整相关参数扣3分		
工具设备使用(10分)	1. 备齐电气原理图、布线图及需用的设备、工具。图纸、文件、仪器、仪表、工装缺一件扣2分		
	2. 仪表正确使用。不正确使用扣2分		
	3. 电工工具的正确使用。不正确使用扣2分		
	4. 工具、仪表损坏扣4分		
考核时间(10分)	每超1 min扣2分,超过10 min失格		
作业安全(10分)	1. 未按规定着装扣2分		
	2. 工作场地不整洁扣2分		
	3. 工件、工具摆放不整齐扣2分		
	4. 违章或违反安全事项扣4分		
	5. 发生事故失格		
合计(100分)			

考评员签名:　　　　认定人:　　　　年　　月　　日

S5　PFC开关柜的检修

1. 考场准备

要求场地内准备检修作业平台、PFC开关柜、压缩空气装置、可调电源、机车电工常用工具和相关配件及材料。

2. 材料工具准备

序　号	名　称	规　格	数　量	备　注
1	机车电工常用工具		1套	
2	兆欧表	2 500 V	1块	
3	兆欧表	500 V	1块	
4	电容表		1块	
5	万用表		1块	

3. 考核要求

(1)被认定人入考场后，首先由裁判告知题目，其次由被认定人检查准备工具，到实作场地确认作业环境，当被认定人告知裁判可以开始时，由裁判员开始计时。

(2)考核时间为30 min，考核期间，被认定人可以对现场作业和工艺范围要求不符的情况进行说明。

(3)在被认定人检修作业期间，裁判可以依据考评项点向被认定人提问，以确认被认定人检修过程是否有依据。

(4)考核过程若被认定人出现配件、工装机具等毁坏情况和人身伤害时，终止考试，成绩为0。

(5)考核完毕后，由被认定人在评分表上签字确认。

4. 考核评分

(1)考评人员3名以上。

(2)评分程序及规则：考评员根据考生操作情况对照计分标准在评分表上给予记录评分。

(3)算分方法：采用百分制，满分100分，60分及以上为合格。

职业技能等级认定
铁路机车电工(技师)实作技能考核评分记录表

单位:________ 姓名:________ 准考证号:________ 工种:________ 级别:________

试题名称:PFC 开关柜的检修

考核时间:30 min

操作开始时间: 时 分 操作结束时间: 时 分

<table>
<tr><th>项 目</th><th>考 核 内 容</th><th>扣分因素及扣分</th><th>得 分</th></tr>
<tr><td rowspan="3">作业程序(10 分)</td><td>1. 考核前未检查安全防护设施,扣 2 分</td><td rowspan="3"></td><td rowspan="3"></td></tr>
<tr><td>2. 程序错误,不会口述程序及要求,每次扣 2 分</td></tr>
<tr><td>3. 错呼部件状态,未呼被检查部件名称,每次扣 2 分</td></tr>
<tr><td rowspan="7">作业质量(60 分)</td><td>1. 解体:5 分,漏、错一项扣 1 分</td><td rowspan="7"></td><td rowspan="7"></td></tr>
<tr><td>2. 清洗:5 分,漏、错一项扣 1 分</td></tr>
<tr><td>3. 检测:10 分,漏、错一项扣 2 分</td></tr>
<tr><td>4. 修复:10 分,漏、错一项扣 2 分</td></tr>
<tr><td>5. 组装:10 分,漏、错一项扣 2 分</td></tr>
<tr><td>6. 调试:10 分,漏、错一项扣 2 分</td></tr>
<tr><td>7. 记录的填写:10 分,漏、错一项扣 1 分</td></tr>
<tr><td rowspan="3">工具设备使用(10 分)</td><td>1. 工具乱放,每次扣 2 分</td><td rowspan="3"></td><td rowspan="3"></td></tr>
<tr><td>2. 设备使用不正确,每次扣 2 分</td></tr>
<tr><td>3. 损坏工具扣 10 分</td></tr>
<tr><td rowspan="3">考核时间(10 分)</td><td>1. 超过规定时间每超 1 min,扣 2 分</td><td rowspan="3"></td><td rowspan="3"></td></tr>
<tr><td>2. 超过规定时间 3 min 以上(不包括 3 min),每分钟扣 5 分</td></tr>
<tr><td>3. 超过规定时间 5 min 以上(不包括 5 min),停止考试</td></tr>
<tr><td rowspan="3">作业安全(10 分)</td><td>1. 违反安全作业规定,每次扣 2 分,严重者失格</td><td rowspan="3"></td><td rowspan="3"></td></tr>
<tr><td>2. 考试中碰伤,失格</td></tr>
<tr><td>3. 未按规定佩戴防护用品,失格</td></tr>
<tr><td>合计(100 分)</td><td colspan="3"></td></tr>
</table>

考评员签名: 认定人: 年 月 日

S6　高压连接器的检修

1. 考场准备

要求场地内准备检修作业平台、SS_4型电力机车高压连接器，机车电工常用工具和相关配件及材料。

2. 材料工具准备

序　号	名　称	规　格	数　量	备　注
1	机车电工常用工具		1套	
2	直尺		1把	
3	油盘		1个	
4	毛刷		1把	

3. 考核要求

(1)被认定人入考场后，首先由裁判告知题目，其次由被认定人检查准备工具，到实作场地确认作业环境，当被认定人告知裁判可以开始时，由裁判员开始计时。

(2)考核时间为 30 min，考核期间，被认定人可以对现场作业和工艺范围要求不符的情况进行说明。

(3)在被认定人检修作业期间，裁判可以依据考评项点向被认定人提问，以确认被认定人检修过程是否有依据。

(4)考核过程若被认定人出现配件、工装机具等毁坏情况和人身伤害时，终止考试，成绩为 0。

(5)考核完毕后，由被认定人在评分表上签字确认。

4. 考核评分

(1)考评人员 3 名以上。

(2)评分程序及规则：考评员根据考生操作情况对照计分标准在评分表上给予记录评分。

(3)算分方法：采用百分制，满分 100 分，60 分及以上为合格。

职业技能等级认定
铁路机车电工(技师)实作技能考核评分记录表

单位：＿＿＿＿＿　姓名：＿＿＿＿＿　准考证号：＿＿＿＿＿　工种：＿＿＿＿＿　级别：＿＿＿＿＿

试题名称：高压连接器的检修

考核时间：30 min

操作开始时间：　时　分　　　　操作结束时间：　时　分

项　目	考核内容及评分标准	扣分因素及扣分	得　分
作业程序(20分)	1. 工序错乱扣6分		
	2. 工作中返工扣10分		
	3. 作业后未按要求恢复、整理扣4分		
作业质量(50分)	1. 支持瓷瓶表面光洁，不许有裂纹。不符合要求扣5分		
	2. 支持瓷瓶安装牢固。不符合要求扣5分		
	3. 支持瓷瓶如有缺陷，必须进行绝缘处理，缺损面积大于3 cm^2 时，必须进行75 kV的高压耐压实验。未按规定进行更换，错检或漏检扣20分		
	4. 支持瓷瓶如有缺陷，必须进行绝缘处理缺陷面积大于30 cm^2 时应更新。未进行更新失格		
	5. 各种弹簧不许有断裂及疲劳现象。质量不符合规定扣5分		
	6. 顶杆不得有裂损，连接线不许过热，组装后动作灵活、可靠、接触良好。不符合要求扣5分		
	7. 高压连接器对接后电阻值及高低差必须符合限度要求。超限扣10分		
工具设备使用(10分)	1. 开工前未检查工、量具及设备，收工时不整理扣2分		
	2. 工、量具及设备使用不当扣2分		
	3. 工、量具脱落扣2分		
	4. 工具、设备损坏扣4分		
考核时间(10分)	每超1 min扣1分，超过10 min失格		
作业安全(10分)	1. 未按规定着装扣2分		
	2. 工作场地不整洁扣2分		
	3. 工件、工具摆放不整齐扣2分		
	4. 违章或违反安全事项扣4分		
	5. 发生事故失格		
合计(100分)			

考评员签名：　　　　　　认定人：　　　　　　年　月　日

S7 小型直流电机的检修

1. 考场准备

要求场地内准备检修作业平台、小型直流电机、压缩空气装置、可调直流电源、电机短路测试仪、百分表及磁性表座、定温电热油槽、机车电工常用工具和相关配件及材料。

2. 材料工具准备

序号	名称	规格	数量	备注
1	机车电工常用工具		1套	
2	轴承拔出器		1瓶	
3	套筒扳手		1把	
4	开口扳手		1把	
5	兆欧表	500 V	1块	
6	毫伏表		1块	
7	电桥		1个	
8	毛刷		1把	
9	手锤		1把	
10	钢板尺		1把	
11	黄铜棒		1把	
12	外径千分尺		1把	
13	木锤		1把	
14	游标卡尺		1把	
15	弹簧秤		1个	
16	内径百分表		1个	
17	石棉手套		1副	
18	塞尺		1把	

3. 考核要求

(1)被认定人入考场后，首先由裁判告知题目，其次由被认定人检查准备工具，到实作场地确认作业环境，当被认定人告知裁判可以开始时，由裁判员开始计时。

(2)考核时间为 60 min，考核期间，被认定人可以对现场作业和工艺范围要求不符的情况进行说明。

(3)在被认定人检修作业期间，裁判可以依据考评项点向被认定人提问，以确认被认定人检修过程是否有依据。

(4)考核过程若被认定人出现配件、工装机具等毁坏情况和人身伤害时，终止考试，成绩为 0。

(5)考核完毕后，由被认定人在评分表上签字确认。

4. 考核评分

(1)考评人员 3 名以上。

(2)评分程序及规则：考评员根据考生操作情况对照计分标准在评分表上给予记录评分。

(3)算分方法：采用百分制，满分 100 分，60 分及以上为合格。

职业技能等级认定
铁路机车电工(技师)实作技能考核评分记录表

单位:__________ 姓名:__________ 准考证号:__________ 工种:__________ 级别:__________

试题名称:小型直流电机的检修

考核时间:60 min

操作开始时间:　　时　　分　　　　　　　　操作结束时间:　　时　　分

项　目	考核内容及评分标准	扣分因素及扣分	得　分
作业程序(20分)	1. 工序错乱扣6分		
	2. 工作中返工扣10分		
	3. 作业后未按要求恢复、整理扣4分		
作业质量(50分)	1. 电动机机座、端盖、轴承检修:机座、端盖不得有裂损、变形,油管及油堵齐全畅通。不符合要求扣3分		
	2. 电动机机座、端盖、轴承检修:接线板清洁,不得有裂损。接线柱不得松动、歪斜及过热烧痕,螺栓完好。不符合要求扣5分		
	3. 电动机机座、端盖、轴承检修:接线柱间及接线柱对地绝缘电阻符合限度要求。超限扣5分		
	4. 电动机机座、端盖、轴承检修:轴承转动灵活、平稳、无异音。滚道及滚道体不得有裂损、剥离、碾堆、麻面及锈蚀现象。不符合要求扣3分		
	5. 电动机机座、端盖、轴承检修:轴承内外圈分别与轴、端盖轴承室的配合及端盖与机座的配合不得有松旷,松旷时严禁以滚花或加垫方式处理。不符合要求扣3分		
	6. 电动机定子检修:定子铁芯不得有松动、移位、裂损。各主极之间的距离相互偏差不许超限。不符合要求扣2分		
	7. 电动机定子检修:绕组清洁、紧固、绝缘状态良好。引接线固定可靠,折损面积不许超限,连接状态良好。不符合要求扣2分		
	8. 电动机定子检修:定子绕组对地绝缘值和对地耐电压实验应符合限度固定。不符合要求扣2分		
	9. 电枢检修:电枢铁芯与轴不得有松弛、移位。不符合要求扣2分		
	10. 电枢检修:电枢轴配合面光洁。不符合要求扣2分		
	11. 电枢检修:电枢绕组端部绝缘清洁、完好,绑线不得拉伤、松动。不符合要求扣3分		
	12. 电枢检修:换向器表面光滑。有拉伤扣3分		
	13. 电枢检修:换向器片间不得有短路、断路。不符合要求扣2分		
	14. 刷架检修:刷架各部分清洁,无裂纹。不符合要求扣3分		

续上表

项　目	考核内容及评分标准	扣分因素及扣分	得　分
作业质量（50分）	15. 刷架检修:电刷各零部件符合规定技术限度要求。不符合要求扣3分		
	16. 组装:机组内外清洁,标记正确、清晰,附件齐全,各紧固件紧固,接线正确、牢固。不符合要求扣2分		
	17. 组装:电枢转动灵活,轴伸部分中点的圆跳动量不得超限。不符合要求扣2分		
	18. 组装:电刷与换向器的接触面积必须符合工艺要求。不符合要求扣3分		
	19. 同一电机必须使用同一牌号的电刷。否则失格		
工具设备使用（10分）	1. 开工前未检查工、量具及设备,收工时不整理扣2分		
	2. 工、量具及设备使用不当扣2分		
	3. 工、量具脱落扣2分		
	4. 工具、设备损坏扣4分		
考核时间（10分）	每超1 min扣1分,超过10 min失格		
作业安全（10分）	1. 未按规定着装扣2分		
	2. 工作场地不整洁扣2分		
	3. 工件、工具摆放不整齐扣2分		
	4. 违章或违反安全事项扣4分		
	5. 发生事故失格		
合计（100分）			

考评员签名：　　　　　　　　认定人：　　　　　　　　年　　月　　日

S8　受电弓的检修

1. 考场准备

要求场地内准备检修作业平台、机车受电弓、电工常用工具和相关配件及材料。

2. 材料工具准备

序　号	名　称	规　格	数　量	备　注
1	机车电工常用工具		1套	
2	直尺		1把	
3	油盘		1个	
4	钢丝刷		1个	
5	扳手		1套	
6	高度尺	0～2 600 mm	1个	
7	游标卡尺		1把	
8	塞尺		1把	
9	钢板尺	300 mm	1把	
10	测力用重锤	60 N、70 N、80 N	各1块	
11	秒表		1块	

3. 考核要求

(1)被认定人入考场后,首先由裁判告知题目,其次由被认定人检查准备工具,到实作场地确认作业环境,当被认定人告知裁判可以开始时,由裁判员开始计时。

(2)考核时间为60 min,考核期间,被认定人可以对现场作业和工艺范围要求不符的情况进行说明。

(3)在被认定人检修作业期间,裁判可以依据考评项点向被认定人提问,以确认被认定人检修过程是否有依据。

(4)考核过程若被认定人出现配件、工装机具等毁坏情况和人身伤害时,终止考试,成绩为0。

(5)考核完毕后,由被认定人在评分表上签字确认。

4. 考核评分

(1)考评人员3名以上。

(2)评分程序及规则:考评员根据考生操作情况对照计分标准在评分表上给予记录评分。

(3)算分方法:采用百分制,满分100分,60分及以上为合格。

职业技能等级认定
铁路机车电工(技师)实作技能考核评分记录表

单位：__________　姓名：__________　准考证号：__________　工种：__________　级别：__________

试题名称：受电弓的检修

考核时间：60 min

操作开始时间：　时　分　　　　　　操作结束时间：　时　分

项　目	考核内容及评分标准	扣分因素及扣分	得　分
作业程序(20分)	1. 工序错乱扣6分		
	2. 工作中返工扣10分		
	3. 作业后未按要求恢复、整理扣4分		
作业质量(50分)	1. 各连杆机构检查、测量、调整方法不当或错误每次扣2分(总计10分)		
	2. 滑板及支架检查、测量、调整方法不当或错误每次扣2分(总计10分)		
	3. 瓷瓶检修：表面光洁，无裂纹，安装牢固。表面有缺陷未进行绝缘处理扣5分		
	4. 弹簧检修：不允许有裂损、锈蚀，自由高度符合要求。不符合要求扣5分		
	5. 升弓弹簧的调整螺杆、螺纹完好。质量不符合规定扣5分		
	6. 风动机构检修：符合工艺技术要求。风缸、活塞、传动杆及缓冲阀有裂损、变形、拉伤扣5分		
	7. 风动机构检修：符合工艺技术要求。风管及接头有漏泄扣5分		
	8. 外漏铁质零件未进行除锈、涂漆处理扣5分		
工具设备使用(10分)	1. 开工前未检查工、量具及设备，收工时不整理扣2分		
	2. 工、量具及设备使用不当扣2分		
	3. 工、量具脱落扣2分		
	4. 工具、设备损坏扣4分		
考核时间(10分)	每超1 min扣1分，超过10 min失格		
作业安全(10分)	1. 未按规定着装扣2分		
	2. 工作场地不整洁扣2分		
	3. 工件、工具摆放不整齐扣2分		
	4. 违章或违反安全事项扣4分		
	5. 发生事故失格		
合计(100分)			

考评员签名：　　　　　　　　　　认定人：　　　　　　　　　　年　月　日

S9 位置转换开关的检修

1. 考场准备

要求场地内准备检修作业平台、位置转换开关、压缩空气装置、机车电工常用工具和相关配件及材料。

2. 材料工具准备

序号	名称	规格	数量	备注
1	机车电工常用工具		1套	
2	弹簧秤	0～98 N	1个	
3	钢板尺		1把	
4	毛刷		1把	
5	兆欧表	2 500 V	1块	
6	紫铜棒	300 mm	1根	
7	塞尺		1把	

3. 考核要求

(1)被认定人入考场后,首先由裁判告知题目,其次由被认定人检查准备工具,到实作场地确认作业环境,当被认定人告知裁判可以开始时,由裁判员开始计时。

(2)考核时间为60 min,考核期间,被认定人可以对现场作业和工艺范围要求不符的情况进行说明。

(3)在被认定人检修作业期间,裁判可以依据考评项点向被认定人提问,以确认被认定人检修过程是否有依据。

(4)考核过程若被认定人出现配件、工装机具等毁坏情况和人身伤害时,终止考试,成绩为0。

(5)考核完毕后,由被认定人在评分表上签字确认。

4. 考核评分

(1)考评人员3名以上。

(2)评分程序及规则:考评员根据考生操作情况对照计分标准在评分表上给予记录评分。

(3)算分方法:采用百分制,满分100分,60分及以上为合格。

职业技能等级认定
铁路机车电工(技师)实作技能考核评分记录表

单位:_________ 姓名:_________ 准考证号:_________ 工种:_________ 级别:_________

试题名称:位置转换开关的检修

考核时间:60 min

操作开始时间: 时 分 操作结束时间: 时 分

项 目	考核内容及评分标准	扣分因素及扣分	得 分
作业程序(20分)	1. 工序错乱扣6分		
	2. 工作中返工扣10分		
	3. 作业后未按要求恢复、整理扣4分		
作业质量(50分)	1. 转鼓及方轴检修:各触头表面状态良好,接触位置正确并符合工艺技术要求。操作、检查、测量、调整方法不当或错误扣5分		
	2. 转鼓及方轴检修:绝缘板不得有烧痕及过热、变色。不符合要求扣5分		
	3. 转鼓及方轴检修:板后接线正确、牢固、标记清晰。不符合要求扣5分		
	4. 转鼓及方轴检修:鼓形转换开关的动触头片及胶木座不得松动,转鼓外径符合限度要求。不符合要求扣5分		
	5. 传动风缸检修:风缸、活塞不得有裂损、变形及拉伤。皮碗不许有裂损、老化及永久变形。工艺要求、质量不符合规定扣5分		
	6. 辅助联锁装置检修:触头不得有烧痕、松动、断裂、接触应良好,超程符合限度规定。不符合要求扣5分		
	7. 辅助联锁装置检修:超程符合限度规定。不符合要求扣5分		
	8. 位置开关动作正常,转动灵活。有阻滞现象扣5分		
	9. 绝缘电阻值符合限度规定。否则扣5分		
	10. 耐压实验值符合限度规定。否则扣5分		
工具设备使用(10分)	1. 开工前未检查工、量具及设备,收工时不整理扣2分		
	2. 工、量具及设备使用不当扣2分		
	3. 工、量具脱落扣2分		
	4. 工具、设备损坏扣4分		
考核时间(10分)	每超1 min扣1分,超过10 min失格		
作业安全(10分)	1. 未按规定着装扣2分		
	2. 工作场地不整洁扣2分		
	3. 工件、工具摆放不整齐扣2分		
	4. 违章或违反安全事项扣4分;发生较大事故取消成绩		
合计(100分)			

考评员签名: 认定人: 年 月 日

S10 TCK7 型电空接触器的检修

1. 考场准备

要求场地内准备检修作业平台、TCK7 型电空接触器、压缩空气装置、可调直流电源、机车电工常用工具和相关配件及材料。

2. 材料工具准备

序 号	名 称	规 格	数 量	备 注
1	机车电工常用工具		1 套	
2	兆欧表		1 块	
3	专用扳手		1 把	
4	什锦锉		1 把	
5	测力计		1 个	
6	毛刷		1 把	

3. 考核要求

(1)被认定人入考场后,首先由裁判告知题目,其次由被认定人检查准备工具,到实作场地确认作业环境,当被认定人告知裁判可以开始时,由裁判员开始计时。

(2)考核时间为 60 min,考核期间,被认定人可以对现场作业和工艺范围要求不符的情况进行说明。

(3)在被认定人检修作业期间,裁判可以依据考评项点向被认定人提问,以确认被认定人检修过程是否有依据。

(4)考核过程若被认定人出现配件、工装机具等毁坏情况和人身伤害时,终止考试,成绩为 0。

(5)考核完毕后,由被认定人在评分表上签字确认。

4. 考核评分

(1)考评人员 3 名以上。

(2)评分程序及规则:考评员根据考生操作情况对照计分标准在评分表上给予记录评分。

(3)算分方法:采用百分制,满分 100 分,60 分及以上为合格。

职业技能等级认定
铁路机车电工(技师)实作技能考核评分记录表

单位：__________　姓名：__________　准考证号：__________　工种：__________　级别：__________

试题名称：TCK7 型电空接触器的检修

考核时间：60 min

操作开始时间：　时　分　　　　操作结束时间：　时　分

项　目	考 核 内 容	扣分因素及扣分	得　分
作业程序(10 分)	1. 考核前未检查安全防护设施扣 2 分		
	2. 程序错误,不会口述程序及要求,每次扣 2 分		
	3. 错呼部件状态,未呼被检查部件名称,每次扣 2 分		
作业质量(60 分)	1. 解体:5 分,漏、错一项扣 1 分		
	2. 清洗:5 分,漏、错一项扣 1 分		
	3. 检测:10 分,漏、错一项扣 2 分		
	4. 修复:10 分,漏、错一项扣 2 分		
	5. 组装:10 分,漏、错一项扣 2 分		
	6. 调试:10 分,漏、错一项扣 2 分		
	7. 记录的填写:10 分,漏、错一项扣 1 分		
工具设备使用(10 分)	1. 工具乱放,每次扣 2 分		
	2. 设备使用不正确,每次扣 2 分		
	3. 损坏工具扣 10 分		
考核时间(10 分)	1. 超过规定时间每超 1 min,扣 2 分		
	2. 超过规定时间 3 min 以上(不包括 3 min),每分钟扣 5 分		
	3. 超过规定时间 5 min 以上(不包括 5 min),停止考试		
作业安全(10 分)	1. 违反安全作业规定,每次扣 2 分,严重者失格		
	2. 考试中碰伤,失格		
	3. 未按规定佩戴防护用品,失格		
合计(100 分)			

考评员签名：　　　　认定人：　　　　年　月　日

S11 TCK1 型电空接触器(磁削)的检修

1. 考场准备

要求场地内准备检修作业平台、SS_4 型电力机车 TCK1 型电空接触器、压缩空气装置、可调直流电源、机车电工常用工具和相关配件及材料。

2. 材料工具准备

序 号	名 称	规 格	数 量	备 注
1	机车电工常用工具		1套	
2	毛刷		1把	
3	专用扳手		1套	
4	测力计		1个	
5	什锦锉		1把	

3. 考核要求

(1)被认定人入考场后,首先由裁判告知题目,其次由被认定人检查准备工具,到实作场地确认作业环境,当被认定人告知裁判可以开始时,由裁判员开始计时。

(2)考核时间为 60 min,考核期间,被认定人可以对现场作业和工艺范围要求不符的情况进行说明。

(3)在被认定人检修作业期间,裁判可以依据考评项点向被认定人提问,以确认被认定人检修过程是否有依据。

(4)考核过程若被认定人出现配件、工装机具等毁坏情况和人身伤害时,终止考试,成绩为 0。

(5)考核完毕后,由被认定人在评分表上签字确认。

4. 考核评分

(1)考评人员 3 名以上。

(2)评分程序及规则:考评员根据考生操作情况对照计分标准在评分表上给予记录评分。

(3)算分方法:采用百分制,满分 100 分,60 分及以上为合格。

职业技能等级认定
铁路机车电工(技师)实作技能考核评分记录表

单位:__________　姓名:__________　准考证号:__________　工种:__________　级别:__________

试题名称:TCK1 型电空接触器(磁削)的检修

考核时间:60 min

操作开始时间:　　时　　分　　　　操作结束时间:　　时　　分

项　目	考 核 内 容	扣分因素及扣分	得　分
作业程序(10分)	1. 考核前未检查安全防护设施扣 2 分		
	2. 程序错误,不会口述程序及要求,每次扣 2 分		
	3. 错呼部件状态,未呼被检查部件名称,每次扣 2 分		
作业质量(60分)	1. 解体:5 分,漏、错一项扣 1 分		
	2. 清洗:5 分,漏、错一项扣 1 分		
	3. 检测:10 分,漏、错一项扣 2 分		
	4. 修复:10 分,漏、错一项扣 2 分		
	5. 组装:10 分,漏、错一项扣 2 分		
	6. 调试:10 分,漏、错一项扣 2 分		
	7. 记录的填写:10 分,漏、错一项扣 1 分		
工具设备使用(10分)	1. 工具乱放,每次扣 2 分		
	2. 设备使用不正确,每次扣 2 分		
	3. 损坏工具扣 10 分		
考核时间(10分)	1. 超过规定时间每超 1 min,扣 2 分		
	2. 超过规定时间 3 min 以上(不包括 3 min),每分钟扣 5 分		
	3. 超过规定时间 5 min 以上(不包括 5 min),停止考试		
作业安全(10分)	1. 违反安全作业规定,每次扣 2 分,严重者失格		
	2. 考试中碰伤,失格		
	3. 未按规定佩戴防护用品,失格		
合计(100分)			

考评员签名:　　　　　　认定人:　　　　　　年　　月　　日

S12　低压电器柜的检修

1. 考场准备

要求场地内准备检修作业平台、SS_4 型电力机车低压电器柜、综合试验台、压缩空气装置、机车电工常用工具和相关配件及材料。

2. 材料工具准备

序　号	名　称	规　格	数　量	备　注
1	机车电工常用工具		1套	
2	兆欧表	2 500 V	1块	
3	喷枪		1把	
4	万用表		1把	
5	电容表		1个	
6	电桥		1个	

3. 考核要求

(1)被认定人入考场后,首先由裁判告知题目,其次由被认定人检查准备工具,到实作场地确认作业环境,当被认定人告知裁判可以开始时,由裁判员开始计时。

(2)考核时间为 60 min,考核期间,被认定人可以对现场作业和工艺范围要求不符的情况进行说明。

(3)在被认定人检修作业期间,裁判可以依据考评项点向被认定人提问,以确认被认定人检修过程是否有依据。

(4)考核过程若被认定人出现配件、工装机具等毁坏情况和人身伤害时,终止考试,成绩为 0。

(5)考核完毕后,由被认定人在评分表上签字确认。

4. 考核评分

(1)考评人员 3 名以上。

(2)评分程序及规则:考评员根据考生操作情况对照计分标准在评分表上给予记录评分。

(3)算分方法:采用百分制,满分 100 分,60 分及以上为合格。

职业技能等级认定
铁路机车电工(技师)实作技能考核评分记录表

单位:________　姓名:________　准考证号:________　工种:________　级别:________

试题名称:低压电器柜的检修

考核时间:60 min

操作开始时间:　　时　　分　　　　　　　　操作结束时间:　　时　　分

项　目	考 核 内 容	扣分因素及扣分	得　分
作业程序(10分)	1. 考核前未检查安全防护设施扣2分		
	2. 程序错误,不会口述程序及要求,每次扣2分		
	3. 错呼部件状态,未呼被检查部件名称,每次扣2分		
作业质量(60分)	1. 解体:5分,漏、错一项扣1分		
	2. 清洗:5分,漏、错一项扣1分		
	3. 检测:10分,漏、错一项扣2分		
	4. 修复:10分,漏、错一项扣2分		
	5. 组装:10分,漏、错一项扣2分		
	6. 调试:10分,漏、错一项扣2分		
	7. 记录的填写:10分,漏、错一项扣1分		
工具设备使用(10分)	1. 工具乱放,每次扣2分		
	2. 设备使用不正确,每次扣2分		
	3. 损坏工具扣10分		
考核时间(10分)	1. 超过规定时间每超1 min,扣2分		
	2. 超过规定时间3 min以上(不包括3 min),每分钟扣5分		
	3. 超过规定时间5 min以上(不包括5 min),停止考试		
作业安全(10分)	1. 违反安全作业规定,每次扣2分,严重者失格		
	2. 考试中碰伤,失格		
	3. 未按规定佩戴防护用品,失格		
合计(100分)			

考评员签名:　　　　　　　　　　认定人:　　　　　　　　　　年　　月　　日

S13 劈相机的检修

1. 考场准备

要求场地内准备检修作业平台、SS_4 型电力机车劈相机、压缩空气设备、专用试验台、轴承清洗设备、清洗专用设备、浸渍设备、电热设备、电热烘箱、检修支架、感应加热器、机车电工常用工具和相关配件及材料。

2. 材料工具准备

序　号	名　称	规　格	数　量	备　注
1	机车电工常用工具		1套	
2	兆欧表	500 V	1块	
3	点温计		1把	
4	引入转子工具		1个	
5	轴承拔出机具		1个	
6	外径千分尺		1把	
7	厚纸		若干	
8	卡环钳		1把	

3. 考核要求

(1)被认定人入考场后，首先由裁判告知题目，其次由被认定人检查准备工具，到实作场地确认作业环境，当被认定人告知裁判可以开始时，由裁判员开始计时。

(2)考核时间为 60 min，考核期间，被认定人可以对现场作业和工艺范围要求不符的情况进行说明。

(3)在被认定人检修作业期间，裁判可以依据考评项点向被认定人提问，以确认被认定人检修过程是否有依据。

(4)考核过程若被认定人出现配件、工装机具等毁坏情况和人身伤害时，终止考试，成绩为 0。

(5)考核完毕后，由被认定人在评分表上签字确认。

4. 考核评分

(1)考评人员 3 名以上。

(2)评分程序及规则：考评员根据考生操作情况对照计分标准在评分表上给予记录评分。

(3)算分方法：采用百分制，满分 100 分，60 分及以上为合格。

职业技能等级认定
铁路机车电工(技师)实作技能考核评分记录表

单位:__________　姓名:__________　准考证号:__________　工种:__________　级别:__________

试题名称:劈相机的检修

考核时间:60 min

操作开始时间:　　时　　分　　　　　　　　　操作结束时间:　　时　　分

项　目	考核内容	扣分因素及扣分	得　分
作业程序(10分)	1. 考核前未检查安全防护设施,扣2分		
	2. 程序错误,不会口述程序及要求,每次扣2分		
	3. 错呼部件状态,未呼被检查部件名称,每次扣2分		
作业质量(60分)	1. 解体:5分,漏、错一项扣1分		
	2. 清洗:5分,漏、错一项扣1分		
	3. 检测:10分,漏、错一项扣2分		
	4. 修复:10分,漏、错一项扣2分		
	5. 组装:10分,漏、错一项扣2分		
	6. 调试:10分,漏、错一项扣2分		
	7. 记录的填写:10分,漏、错一项扣1分		
工具设备使用(10分)	1. 工具乱放,每次扣2分		
	2. 设备使用不正确,每次扣2分		
	3. 损坏工具扣10分		
考核时间(10分)	1. 超过规定时间每超1 min,扣2分		
	2. 超过规定时间3 min以上(不包括3 min),每分钟扣5分		
	3. 超过规定时间5 min以上(不包括5 min),停止考试		
作业安全(10分)	1. 违反安全作业规定,每次扣2分,严重者失格		
	2. 考试中碰伤,失格		
	3. 未按规定佩戴防护用品,失格		
合计(100分)			

考评员签名:　　　　　　　　　　　　认定人:　　　　　　　　　　　年　　月　　日

S14　电磁继电器的检修

1. 考场准备

要求场地内准备检修作业平台、SS_4 型电力机车电磁继电器、压缩空气装置、电磁继电器综合试验台、机车电工常用工具和相关配件及材料。

2. 材料工具准备

序　号	名　称	规　格	数　量	备　注
1	机车电工常用工具		1套	
2	毛刷		1把	
3	兆欧表		1块	
4	测力计		1个	
5	万用表		1块	

3. 考核要求

(1)被认定人入考场后,首先由裁判告知题目,其次由被认定人检查准备工具,到实作场地确认作业环境,当被认定人告知裁判可以开始时,由裁判员开始计时。

(2)考核时间为 60 min,考核期间,被认定人可以对现场作业和工艺范围要求不符的情况进行说明。

(3)在被认定人检修作业期间,裁判可以依据考评项点向被认定人提问,以确认被认定人检修过程是否有依据。

(4)考核过程若被认定人出现配件、工装机具等毁坏情况和人身伤害时,终止考试,成绩为 0。

(5)考核完毕后,由被认定人在评分表上签字确认。

4. 考核评分

(1)考评人员 3 名以上。

(2)评分程序及规则:考评员根据考生操作情况对照计分标准在评分表上给予记录评分。

(3)算分方法:采用百分制,满分 100 分,60 分及以上为合格。

职业技能等级认定
铁路机车电工(技师)实作技能考核评分记录表

单位:________ 姓名:________ 准考证号:________ 工种:________ 级别:________

试题名称:电磁继电器的检修

考核时间:60 min

操作开始时间: 时 分 操作结束时间: 时 分

项 目	考 核 内 容	扣分因素及扣分	得 分
作业程序(10分)	1. 考核前未检查安全防护设施扣2分		
	2. 程序错误,不会口述程序及要求,每次扣2分		
	3. 错呼部件状态,未呼被检查部件名称,每次扣2分		
作业质量(60分)	1. 解体:5分,漏、错一项扣1分		
	2. 清洗:5分,漏、错一项扣1分		
	3. 检测:10分,漏、错一项扣2分		
	4. 修复:10分,漏、错一项扣2分		
	5. 组装:10分,漏、错一项扣2分		
	6. 调试:10分,漏、错一项扣2分		
	7. 记录的填写:10分,漏、错一项扣1分		
工具设备使用(10分)	1. 工具乱放,每次扣2分		
	2. 设备使用不正确,每次扣2分		
	3. 损坏工具扣10分		
考核时间(10分)	1. 超过规定时间每超1 min,扣2分		
	2. 超过规定时间3 min以上(不包括3 min),每分钟扣5分		
	3. 超过规定时间5 min以上(不包括5 min),停止考试		
作业安全(10分)	1. 违反安全作业规定,每次扣2分,严重者失格		
	2. 考试中碰伤,失格		
	3. 未按规定佩戴防护用品,失格		
合计(100分)			

考评员签名: 认定人: 年 月 日

S15 压力继电器的检修

1. 考场准备

要求场地内准备检修作业平台、压力继电器、机车电工常用工具和相关配件及材料。

2. 材料工具准备

序号	名称	规格	数量	备注
1	机车电工常用工具		1套	
2	油盘		1个	
3	毛刷		1个	
4	挡圈钳		1把	

3. 考核要求

(1)被认定人入考场后,首先由裁判告知题目,其次由被认定人检查准备工具,到实作场地确认作业环境,当被认定人告知裁判可以开始时,由裁判员开始计时。

(2)考核时间为 60 min,考核期间,被认定人可以对现场作业和工艺范围要求不符的情况进行说明。

(3)在被认定人检修作业期间,裁判可以依据考评项点向被认定人提问,以确认被认定人检修过程是否有依据。

(4)考核过程若被认定人出现配件、工装机具等毁坏情况和人身伤害时,终止考试,成绩为 0。

(5)考核完毕后,由被认定人在评分表上签字确认。

4. 考核评分

(1)考评人员 3 名以上。

(2)评分程序及规则:考评员根据考生操作情况对照计分标准在评分表上给予记录评分。

(3)算分方法:采用百分制,满分 100 分,60 分及以上为合格。

职业技能等级认定
铁路机车电工(技师)实作技能考核评分记录表

单位:________ 姓名:________ 准考证号:________ 工种:________ 级别:________

试题名称:压力继电器的检修

考核时间:60 min

操作开始时间: 时 分 操作结束时间: 时 分

项目	考核内容	扣分因素及扣分	得分
作业程序(10分)	1. 考核前未检查安全防护设施扣2分		
	2. 程序错误,不会口述程序及要求,每次扣2分		
	3. 错呼部件状态,未呼被检查部件名称,每次扣2分		
作业质量(60分)	1. 解体:5分,漏、错一项扣1分		
	2. 清洗:5分,漏、错一项扣1分		
	3. 检测:10分,漏、错一项扣2分		
	4. 修复:10分,漏、错一项扣2分		
	5. 组装:10分,漏、错一项扣2分		
	6. 调试:10分,漏、错一项扣2分		
	7. 记录的填写:10分,漏、错一项扣1分		
工具设备使用(10分)	1. 工具乱放,每次扣2分		
	2. 设备使用不正确,每次扣2分		
	3. 损坏工具扣10分		
考核时间(10分)	1. 超过规定时间每超1 min,扣2分		
	2. 超过规定时间3 min以上(不包括3 min),每分钟扣5分		
	3. 超过规定时间5 min以上(不包括5 min),停止考试		
作业安全(10分)	1. 违反安全作业规定,每次扣2分,严重者失格		
	2. 考试中碰伤,失格		
	3. 未按规定佩戴防护用品,失格		
合计(100分)			

考评员签名: 认定人: 年 月 日

S16　逻辑控制单元(LCU)的检修

1. 考场准备

要求场地内准备检修作业平台、SS_4型电力机车逻辑控制单元(LCU)、LCU试验台、机车电工常用工具和相关配件及材料。

2. 材料工具准备

序　号	名　称	规　格	数　量	备　注
1	机车电工常用工具		1套	
2	毛刷		1把	
3	电烙铁		1个	
4	测力计		1个	
5	万用表		1块	

3. 考核要求

(1)被认定人入考场后,首先由裁判告知题目,其次由被认定人检查准备工具,到实作场地确认作业环境,当被认定人告知裁判可以开始时,由裁判员开始计时。

(2)考核时间为60 min,考核期间,被认定人可以对现场作业和工艺范围要求不符的情况进行说明。

(3)在被认定人检修作业期间,裁判可以依据考评项点向被认定人提问,以确认被认定人检修过程是否有依据。

(4)考核过程若被认定人出现配件、工装机具等毁坏情况和人身伤害时,终止考试,成绩为0。

(5)考核完毕后,由被认定人在评分表上签字确认。

4. 考核评分

(1)考评人员3名以上。

(2)评分程序及规则:考评员根据考生操作情况对照计分标准在评分表上给予记录评分。

(3)算分方法:采用百分制,满分100分,60分及以上为合格。

职业技能等级认定
铁路机车电工(技师)实作技能考核评分记录表

单位:________　姓名:________　准考证号:________　工种:________　级别:________

试题名称:逻辑控制单元(LCU)的检修

考核时间:60 min

操作开始时间:　　时　　分　　　　　　操作结束时间:　　时　　分

项　目	考核内容	扣分因素及扣分	得　分
作业程序(10分)	1. 考核前未检查安全防护设施扣2分		
	2. 程序错误,不会口述程序及要求,每次扣2分		
	3. 错呼部件状态,未呼被检查部件名称,每次扣2分		
作业质量(60分)	1. 解体:5分,漏、错一项扣1分		
	2. 清洗:5分,漏、错一项扣1分		
	3. 检测:10分,漏、错一项扣2分		
	4. 修复:10分,漏、错一项扣2分		
	5. 组装:10分,漏、错一项扣2分		
	6. 调试:10分,漏、错一项扣2分		
	7. 记录的填写:10分,漏、错一项扣1分		
工具设备使用(10分)	1. 工具乱放,每次扣2分		
	2. 设备使用不正确,每次扣2分		
	3. 损坏工具扣10分		
考核时间(10分)	1. 超过规定时间每超1 min,扣2分		
	2. 超过规定时间3 min以上(不包括3 min),每分钟扣5分		
	3. 超过规定时间5 min以上(不包括5 min),停止考试		
作业安全(10分)	1. 违反安全作业规定,每次扣2分,严重者失格		
	2. 考试中碰伤,失格		
	3. 未按规定佩戴防护用品,失格		
合计(100分)			

考评员签名:　　　　　　　　　　认定人:　　　　　　　　　　年　　月　　日

S17　DK-1型制动机逻辑控制单元(DKL)的检修

1. 考场准备

要求场地内准备检修作业平台、DK-1型制动机逻辑控制单元(DKL)、DKL逻辑控制单元试验台、机车电工常用工具和相关配件及材料。

2. 材料工具准备

序　号	名　称	规　格	数　量	备　注
1	机车电工常用工具		1套	
2	毛刷		1把	
3	电烙铁		1个	
4	焊锡		若干	
5	万用表		1块	

3. 考核要求

(1)被认定人入考场后,首先由裁判告知题目,其次由被认定人检查准备工具,到实作场地确认作业环境,当被认定人告知裁判可以开始时,由裁判员开始计时。

(2)考核时间为60 min,考核期间,被认定人可以对现场作业和工艺范围要求不符的情况进行说明。

(3)在被认定人检修作业期间,裁判可以依据考评项点向被认定人提问,以确认被认定人检修过程是否有依据。

(4)考核过程若被认定人出现配件、工装机具等毁坏情况和人身伤害时,终止考试,成绩为0。

(5)考核完毕后,由被认定人在评分表上签字确认。

4. 考核评分

(1)考评人员3名以上。

(2)评分程序及规则:考评员根据考生操作情况对照计分标准在评分表上给予记录评分。

(3)算分方法:采用百分制,满分100分,60分及以上为合格。

职业技能等级认定
铁路机车电工(技师)实作技能考核评分记录表

单位：__________　姓名：__________　准考证号：__________　工种：__________　级别：__________

试题名称：DK-1 型制动机逻辑控制单元(DKL)的检修

考核时间：60 min

操作开始时间：　　时　　分　　　　　　　　操作结束时间：　　时　　分

项　目	考 核 内 容	扣分因素及扣分	得　分
作业程序(10 分)	1. 考核前未检查安全防护设施扣 2 分		
	2. 程序错误，不会口述程序及要求，每次扣 2 分		
	3. 错呼部件状态，未呼被检查部件名称，每次扣 2 分		
作业质量(60 分)	1. 解体：5 分，漏、错一项扣 1 分		
	2. 清洗：5 分，漏、错一项扣 1 分		
	3. 检测：10 分，漏、错一项扣 2 分		
	4. 修复：10 分，漏、错一项扣 2 分		
	5. 组装：10 分，漏、错一项扣 2 分		
	6. 调试：10 分，漏、错一项扣 2 分		
	7. 记录的填写：10 分，漏、错一项扣 1 分		
工具设备使用(10 分)	1. 工具乱放，每次扣 2 分		
	2. 设备使用不正确，每次扣 2 分		
	3. 损坏工具扣 10 分		
考核时间(10 分)	1. 超过规定时间每超 1 min，扣 2 分		
	2. 超过规定时间 3 min 以上(不包括 3 min)，每分钟扣 5 分		
	3. 超过规定时间 5 min 以上(不包括 5 min)，停止考试		
作业安全(10 分)	1. 违反安全作业规定，每次扣 2 分，严重者失格		
	2. 考试中碰伤，失格		
	3. 未按规定佩戴防护用品，失格		
合计(100 分)			

考评员签名：　　　　　　　　　　　　认定人：　　　　　　　　　　　　年　　月　　日

S18 电阻制动柜的检修

1. 考场准备

要求场地内准备检修作业平台、电阻制动柜、吹扫清洗间、焊接机、绝缘介电强度试验台、机车电工常用工具和相关配件及材料。

2. 材料工具准备

序号	名称	规格	数量	备注
1	机车电工常用工具		1套	
2	兆欧表	1 000 V	1块	
3	毛刷		1把	
4	双臂电桥		1个	
5	万用表		1块	
6	电气清洗剂		1瓶	
7	棉布		1块	

3. 考核要求

(1)被认定人入考场后,首先由裁判告知题目,其次由被认定人检查准备工具,到实作场地确认作业环境,当被认定人告知裁判可以开始时,由裁判员开始计时。

(2)考核时间为60 min,考核期间,被认定人可以对现场作业和工艺范围要求不符的情况进行说明。

(3)在被认定人检修作业期间,裁判可以依据考评项点向被认定人提问,以确认被认定人检修过程是否有依据。

(4)考核过程若被认定人出现配件、工装机具等毁坏情况和人身伤害时,终止考试,成绩为0。

(5)考核完毕后,由被认定人在评分表上签字确认。

4. 考核评分

(1)考评人员3名以上。

(2)评分程序及规则:考评员根据考生操作情况对照计分标准在评分表上给予记录评分。

(3)算分方法:采用百分制,满分100分,60分及以上为合格。

职业技能等级认定
铁路机车电工(技师)实作技能考核评分记录表

单位:________ 姓名:________ 准考证号:________ 工种:________ 级别:________

试题名称:电阻制动柜的检修

考核时间:60 min

操作开始时间: 时 分 操作结束时间: 时 分

项 目	考 核 内 容	扣分因素及扣分	得 分
作业程序(10分)	1. 考核前未检查安全防护设施扣2分		
	2. 程序错误,不会口述程序及要求,每次扣2分		
	3. 错呼部件状态,未呼被检查部件名称,每次扣2分		
作业质量(60分)	1. 解体:5分,漏、错一项扣1分		
	2. 清洗:5分,漏、错一项扣1分		
	3. 检测:10分,漏、错一项扣2分		
	4. 修复:10分,漏、错一项扣2分		
	5. 组装:10分,漏、错一项扣2分		
	6. 调试:10分,漏、错一项扣2分		
	7. 记录的填写:10分,漏、错一项扣1分		
工具设备使用(10分)	1. 工具乱放,每次扣2分		
	2. 设备使用不正确,每次扣2分		
	3. 损坏工具扣10分		
考核时间(10分)	1. 超过规定时间每超1 min,扣2分		
	2. 超过规定时间3 min以上(不包括3 min),每分钟扣5分		
	3. 超过规定时间5 min以上(不包括5 min),停止考试		
作业安全(10分)	1. 违反安全作业规定,每次扣2分,严重者失格		
	2. 考试中碰伤,失格		
	3. 未按规定佩戴防护用品,失格		
合计(100分)			

考评员签名: 认定人: 年 月 日

S19 琴(扳)键开关的检修

1. 考场准备

要求场地内准备检修作业平台、琴(扳)键开关、机车电工常用工具和相关配件及材料。

2. 材料工具准备

序 号	名 称	规 格	数 量	备 注
1	机车电工常用工具		1套	
2	毛刷		1把	
3	电烙铁		1个	
4	焊锡		若干	
5	万用表		1块	

3. 考核要求

(1)被认定人入考场后,首先由裁判告知题目,其次由被认定人检查准备工具,到实作场地确认作业环境,当被认定人告知裁判可以开始时,由裁判员开始计时。

(2)考核时间为 60 min,考核期间,被认定人可以对现场作业和工艺范围要求不符的情况进行说明。

(3)在被认定人检修作业期间,裁判可以依据考评项点向被认定人提问,以确认被认定人检修过程是否有依据。

(4)考核过程若被认定人出现配件、工装机具等毁坏情况和人身伤害时,终止考试,成绩为 0。

(5)考核完毕后,由被认定人在评分表上签字确认。

4. 考核评分

(1)考评人员 3 名以上。

(2)评分程序及规则:考评员根据考生操作情况对照计分标准在评分表上给予记录评分。

(3)算分方法:采用百分制,满分 100 分,60 分及以上为合格。

职业技能等级认定
铁路机车电工(技师)实作技能考核评分记录表

单位:__________　姓名:__________　准考证号:__________　工种:__________　级别:__________

试题名称:琴(扳)键开关的检修

考核时间:60 min

操作开始时间:　　时　　分　　　　　　　　操作结束时间:　　时　　分

项　目	考 核 内 容	扣分因素及扣分	得　分
作业程序(10分)	1. 考核前未检查安全防护设施扣2分		
	2. 程序错误,不会口述程序及要求,每次扣2分		
	3. 错呼部件状态,未呼被检查部件名称,每次扣2分		
作业质量(60分)	1. 解体:5分,漏、错一项扣1分		
	2. 清洗:5分,漏、错一项扣1分		
	3. 检测:10分,漏、错一项扣2分		
	4. 修复:10分,漏、错一项扣2分		
	5. 组装:10分,漏、错一项扣2分		
	6. 调试:10分,漏、错一项扣2分		
	7. 记录的填写:10分,漏、错一项扣1分		
工具设备使用(10分)	1. 工具乱放,每次扣2分		
	2. 设备使用不正确,每次扣2分		
	3. 损坏工具扣10分		
考核时间(10分)	1. 超过规定时间每超1 min,扣2分		
	2. 超过规定时间3 min以上(不包括3 min),每分钟扣5分		
	3. 超过规定时间5 min以上(不包括5 min),停止考试		
作业安全(10分)	1. 违反安全作业规定,每次扣2分,严重者失格		
	2. 考试中碰伤,失格		
	3. 未按规定佩戴防护用品,失格		
合计(100分)			

考评员签名:　　　　　　　　　　　　认定人:　　　　　　　　　　　　年　　月　　日

S20 自动过分相装置的检修

1. 考场准备

要求场地内准备检修作业平台、自动过分相装置、机车电工常用工具和相关配件及材料。

2. 材料工具准备

序 号	名 称	规 格	数 量	备 注
1	机车电工常用工具		1套	
2	毛刷		1把	
3	电烙铁		1个	
4	万用表		1块	

3. 考核要求

(1)被认定人入考场后,首先由裁判告知题目,其次由被认定人检查准备工具,到实作场地确认作业环境,当被认定人告知裁判可以开始时,由裁判员开始计时。

(2)考核时间为 30 min,考核期间,被认定人可以对现场作业和工艺范围要求不符的情况进行说明。

(3)在被认定人检修作业期间,裁判可以依据考评项点向被认定人提问,以确认被认定人检修过程是否有依据。

(4)考核过程若被认定人出现配件、工装机具等毁坏情况和人身伤害时,终止考试,成绩为 0。

(5)考核完毕后,由被认定人在评分表上签字确认。

4. 考核评分

(1)考评人员 3 名以上。

(2)评分程序及规则:考评员根据考生操作情况对照计分标准在评分表上给予记录评分。

(3)算分方法:采用百分制,满分 100 分,60 分及以上为合格。

职业技能等级认定
铁路机车电工(技师)实作技能考核评分记录表

单位:________　姓名:________　准考证号:________　工种:________　级别:________

试题名称:自动过分相装置的检修

考核时间:30 min

操作开始时间:　　时　　分　　　　　　　操作结束时间:　　时　　分

项　目	考 核 内 容	扣分因素及扣分	得　分
作业程序(10分)	1. 考核前未检查安全防护设施扣2分		
	2. 程序错误,不会口述程序及要求,每次扣2分		
	3. 错呼部件状态,未呼被检查部件名称,每次扣2分		
作业质量(60分)	1. 解体:5分,漏、错一项扣1分		
	2. 清洗:5分,漏、错一项扣1分		
	3. 检测:10分,漏、错一项扣2分		
	4. 修复:10分,漏、错一项扣2分		
	5. 组装:10分,漏、错一项扣2分		
	6. 调试:10分,漏、错一项扣2分		
	7. 记录的填写:10分,漏、错一项扣1分		
工具设备使用(10分)	1. 工具乱放,每次扣2分		
	2. 设备使用不正确,每次扣2分		
	3. 损坏工具扣10分		
考核时间(10分)	1. 超过规定时间每超1 min,扣2分		
	2. 超过规定时间3 min以上(不包括3 min),每分钟扣5分		
	3. 超过规定时间5 min以上(不包括5 min),停止考试		
作业安全(10分)	1. 违反安全作业规定,每次扣2分,严重者失格		
	2. 考试中碰伤,失格		
	3. 未按规定佩戴防护用品,失格		
合计(100分)			

考评员签名:　　　　　　　　　　认定人:　　　　　　　　　　年　　月　　日

第五部分　高级技师

1. SS4G 型电力机车 A/B 组两节窜车时，应怎样处理？

答：(1)主司控故障或司控插头松，紧司控插头无效，用副台维持。

(2)操纵节 556KA 卡滞，人为手动解锁。

(3)确认非操纵端钥匙已断，各司控在 0 位。

2. HXD1 型电力机车 C1～C3 修时，怎样对 6A 系统高压绝缘检测子系统进行外部检查？

答：(1)检查高压绝缘检测箱外观良好，紧固件齐全，不许有松动。

(2)检查高压绝缘检测箱面板上的显示屏及安全警示标签不许有破损。保险管安装紧固，状态良好。

(3)检查高压绝缘检测箱钥匙开关动作可靠。

3. HXD1 型电力机车 C1～C3 修时，怎样对 6A 系统停放制动非正常施加监测模块进行检查？

答：(1)音视频显示终端显示各传感器状态良好。

(2)检查 AB 插件工作状态指示灯显示正确。

(3)检查 AB 插件面板指示灯 D8 应正常秒闪(折角塞门关闭模块心跳灯)。

4. HXD1 型电力机车 C1～C3 修时，怎样对 6A 系统折角塞门关闭监测模块进行检查？

答：(1) 检查 AB 插件面板指示灯 D8 应正常秒闪(折角塞门关闭模块心跳灯)。

(2)检查音视频显示终端上【监控数据】【制动】界面的"数据存储器""压力变送器""流量变送器"均显示"正常"。

(3)保持机车无充、排风操作，稳定 30 s 后，在音视频显示终端【监控数据】【制动】界面，当前状态为"无充排风"，当前流量为 0～5 L/s。

5. HXD1 型电力机车 C1～C3 修时，怎样对 6A 系统走行部故障监测子系统进行通电检查？

答：(1)自检过程和进入工作状态各指示灯显示正确。

(2)音视频显示终端【监控数据】【走行 1】界面显示各测点温度信息和状态信息正常。使用专用维护器查看子系统记录的车型、车号、端号与 CPU 记录信息一致，车载软件版本、配置文件版本为规定使用版本。下载、上传子系统记录数据，数据下载功能正常，分析数据如有报警信息及时下票处理。

6. SS4G 型电力机车小修时，怎样检查辅助机组的接线盒？

答：(1)打开接线盒盖，接线板清洁、无裂损，接线柱无松动，固定可靠。

(2)内外接线端子紧固、防缓件齐全，无过热；接线绝缘良好，导线折损面积不大于原形的10%。接线盒盖齐全、完好，螺栓紧固良好。

7. SS4G 型电力机车小修时，怎样检查变流装置？

答：(1)检查触发线、换相电阻、换相电容外接线，应无过热、放电痕迹，快速熔断器瓷件清洁、完整，指示器无跳出。检查各连接螺栓及母线紧固应无松动和发黑现象。

(2)检查脉冲输出集成块插套应无松动，输入(低压)与输出(高压)导线之间不应相磨，或摆放太近(距离大于 25 mm)。

8. SS4G 型电力机车"电子柜预备"灯不灭故障时，怎样处理？

答：(1)转换电源柜 A/B 组。

(2)控制电压不在 77～130 V 范围内，拉"负载"闸刀及蓄电池闸刀，合"重联"闸刀。

(3)检查"电子控制"自动开关。

(4)两节车电子柜 A、B 开关均置 A 组或 B 组。

(5)如果非操纵节电子柜预备灯不灭，将电子柜转换开关置零位维持运行。

9. HXD1 型电力机车 C1～C3 修时，怎样对 CMD 系统无动力数据回传进行功能测试？

答：(1)将 LDP 电源控制开关拨至闭合位。合上低压柜上的 LDP 控制电源开关，查看北斗电源插件上的指示灯 A01、B01、B02 灯常亮，A03 灯闪烁。

(2)将 LDP 电源控制开关拨至断开位。查看北斗电源插件上的指示灯 A01、A04 灯灭，B01、B02 灯常亮，A03 灯闪烁。

10. SS4G 型电力机车"原边过流"灯亮，主断跳闸故障时，该怎样处理？

答：(1)转换电子柜 A/B 组。

(2)"原边过流"灯亮，某位牵引电机过载跳闸，切相应的电机。

(3)合闸就跳，"原边过流"灯亮，确认无异状，重合闸还跳，切除一节车。

(4)手柄离 0 或电压上升至 500 V 左右跳闸，原边过流灯亮，切除一节车。

11. SS4G 型电力机车中修时，怎样检修位置转换开关的触片？

答：锉修打磨触片烧痕，更新烧损严重及到限触指。触片厚度要求不小于 5 mm。触片接触面应光洁。检查沉头螺钉埋入触片量不小于 1 mm。用钢片塞紧胶木座与转轴之间的间隙，要求各胶木座与转轴间不得松动。

12. 怎样检查检修高压电器柜的插头、电线路？

答：插头不许有裂损、烧痕、过热现象、防尘圈须完好。插针不许歪斜、烧损、退针，压接良好;导线绝缘不许有老化、破损;防磨胶皮不老化,绑扎带完好,布线规范、美观。

13. SS_{4G} 型电力机车中修时,怎样检查轮轨润滑控制箱的面板?

答:(1)保险管紧固,各部不许有裂损,用万用表检查保险管应良好。

(2)检查前进、后退试验按钮,动作应灵活,用万用表检查触点通断情况。

(3)用万用表检查发光二极管,更换时注意极性。

14. SS_{4G} 型电力机车中修时,怎样对控制电源柜进行组装后的检查试验?

答:(1)将电子板隔离,硅元件正负极短接,用 500 V 兆欧表测量输入、输出回路对地绝缘电阻值应大于 2 MΩ。

(2)测试 110 V 电源的输入交流电压为 $396^{+25\%}_{-30\%}$ V。

(3)测试 110 V 电源的输出直流电压为 110×(1±5%)V(并联蓄电池运行)。

(4)测试 110 V 电源的额定输出直流电流为 50 A。

(5)测量 110 V 电源的静态电压脉动有效值小于 5 V(并联蓄电池运行)。

(6)测量 110 V 电源的限流额定值为 55×(1±10%)A。

15. HXD_1 型电力机车 C1～C3 修时,怎样对 CMD 系统 TAX 数据通信进行功能试验?

答:给 LKJ、LDP 装置上电,查看 LDP 装置网络接口插件上的指示灯 A02 应是闪亮状态:表示 LDP 已接收到 TAX 的数据;主处理器插件上的指示灯 B03 应是闪亮状态:表示与主处理器接收 TAX2 信息正常。

16. SS_{4G} 型电力机车中修时,怎样组装 TCK7 型电空接触器的动静触头?

答:装上动、静触头及弧角,静触头组装后应尽量贴靠上端,检查与安装座下方伸出距离为 3～4 mm,并应保证让齿面啮合良好。手控开闭 10～20 次,检查触头间接触偏差不大于 1 mm。动静触头接触线不小于 31 mm,动、静触头闭合后前后相差不允许大于 4 mm。在额定工作风压下测量开距、超程及接触压力应符合开距 19～23 mm,超程 7～14 mm,接触压力 196～275 N。

17. HXD_2 型电力机车 C1～C3 修时,怎样对司机室各照明灯进行检查?

答:(1)外观检查前照灯、副灯、标志灯等照明灯正常,确认亮灯、减光工作正常。

(2)外观检查各照明灯安装状态良好,接线良好,工作正常(含仪表灯)。

18. 当 HXD_{3C} 型电力机车主回路接地故障时,应怎样处理?

答:(1)将司机控制器主手柄位置零位,换向手柄置零位。

(2)按复位按钮,重新闭合主断。

(3)切除相应的故障 CI 单元。

19. HXD_{3C} 型电力机车 C1 修作业中，怎样对 RIM 继电器接口模块进行检查？

答：(1)继电器接口模块 RIM 固定状态，检查各接线状态，紧固性检查各插头、插座的连接状态。

(2)检查 RIM 的接地线及连接紧固，无破损、接磨。

20. 当 HXD_2 型电力机车操作台 220 V 插座无电时，应怎样处理？

答：操纵台 220 V 插座无电，需到辅助变流柜查看 380/220 V 变压器断路器 DJ-TFA-CVS 及司机室插座断路器 CC-PC-CAB 是否闭合。

21. 怎样检修电磁继电器的线圈？

答：(1)用万用表测线圈的电阻值。

①JZ15 系列中间继电器，R(20 ℃)＝1 000 Ω；

②JT3 系列时间继电器，R(20 ℃)＝644 Ω；

③TJJ2 系列接地继电器，R(20 ℃)＝120 Ω。

(2)检查绝缘包扎情况，破损者应用玻璃丝带包扎，并补漆，线圈引出端子牢固，清洁。

(3)检查各连接导线，导线应完好，断股大于原形的 1/10 者应更换。

22. 怎样检修电压表、电流表的轴尖？

答：(1)用 60 倍的实体放大镜观察轴尖表面状态。圆锥部分与圆柱部分的轴线应重合，顶部对公共轴线偏差不超过 0.02 mm，圆锥外形轮廓线不许有圆弧、凹凸、椭圆，顶部呈球形，球面与圆锥面连接应圆滑。

(2)对不合格的轴尖用油石进行磨修，然后在涂有氧化铬的软牛皮上进行抛光，在涂有氧化铬的柳木断面上成形。

(3)更换无法修理的轴尖。

23. 怎样对硅机组元件进行电压测试？

答：(1)用反向测试仪对变流柜的晶闸管、整流管进行断态(反向)重复峰值电压测试。

(2)主整流管和主晶闸管测试电压 U_{RRM} 为 2 800 V 时断态(反向)重复峰值电流 I_{RRM} 不大于 10 mA(室温条件下)。

(3)励磁晶闸管测试电压 U_{RRM} 为 1 000 V 时断态(反向)重复峰值电流 I_{RRM} 不大于 10 mA(室温条件下)。

24. SS_{4G} 型电力机车小修时，怎样检查高压电器柜的接地继电器？

答：(1)外观检查；各部清洁、安装螺栓，接线紧固，联锁作用良好；衔铁动作灵活，无卡滞，整定值符合段规要求，指示件作用可靠，整定值调整螺杆之防缓帽齐全紧固。弹簧无变形，漆封良好。

(2)清扫、打磨触头,触头无变形、过热、熔瘤,接触良好,开距不小于 4 mm,超程不小于 1.5 mm;线圈无过热、断路、短路,试验时,恢复线圈通电时间不超过 1 min;外罩完整。

(3)测量:

恢复线圈:阻值 190～216 Ω;吸合线圈:阻值 110～125 Ω。

25. SS_{4G} 型电力机车小修时,怎样检查 PFC 开关柜?

答:(1)外观检查骨架、各电器设备应无损坏及灰尘附着。

(2)检查柜子内部各部件紧固应牢固无松动。

(3)检查柜子内部各部件接线端子牢固无烧损现象,接线断股不超过 10%,外包绝缘无破损,铜母线无变形,线地、线间绝缘距离足够,满足要求则用毛刷及棉丝沾汽油清洗外表,否则进行调整及更换。

26. SS_{4G} 型电力机车电阻制动灯不亮,电制无流故障时,怎样检查处理?

答:(1)故障原因:制动缸压力高或 516KF 接点不良、线路接触器未吸合、制动风机未工作或 209KM,210KM 常开联锁不良、91KM 或 92KM 本身故障、559KA 常闭不良、91KM 常开不良造成。

(2)故障现象:主台显示屏预备灯不灭,电阻制动无制动无流电阻制动灯不亮,电阻制动无制动无流。

(3)故障处理:检查两位置开关到位情况下,手动 556KA;观察制动缸压力,如过高及时缓解。

27. HXD_1 型电力机车 C1～C3 修时,怎样检查司机室防护罩?

答:检查警惕隔离防护罩、微机大复位防护罩、监控隔离防护罩、紧急制动防护罩、定速按钮防护罩、自动换端按钮防护罩、受电弓扳键防护罩、电钥匙挡板、安全联锁箱防关闭装置、电空转换阀防护罩,安装牢固、外观良好、功能正常、无破损变形。

28. 怎样检修电压表、电流表的动圈?

答:(1)检查动圈,要求不许有变形、短路、断路、烧损等现象,对轻度变形者用手细心矫正。

(2)动圈外部断路可用电烙铁进行焊接,焊接后在焊接部位下部垫电容纸,再涂绝缘漆处理。

(3)对短路、烧损等无法修理和电阻值不合格的线圈重绕或更换。

29. 怎样检查 ZD105 型牵引电动机机座、磁极绕组及其连线?

答:(1)检查机座不得有裂损,机座各螺孔状态应良好,抱轴承孔不许有变形,键槽须完好,磁极固定螺栓不许松动。

(2)检查主极、换向极及补偿绕组应清洁,不许有松动及变形,外包绝缘良好;端箍不许有开裂、过热现象,绑扎须牢固;补偿绕组槽楔不许松动、裂纹。不许有与转子接磨迹象,补偿绕组端部应低于铁芯 3～5 mm。

(3)检查绕组各部分连线及引线须良好；软连线部分不许过热，接头端子平整，搪锡完好。断股不许超过原形的 1/20，否则应换新；测量引出线与引线孔距离换向端不小于 10 mm；主极连线及连线接头与机座距离不小于 5 mm；固定卡子应牢固。

30. HXD1 型电力机车 C1～C3 修时，怎样对 6A 系统重联板卡（LCG）进行通电检查？

答：(1)将两台机车 6A 系统上电。观察 6A 系统主机箱 LCG 板卡各指示灯灯显应符合 6A 系统主机指示灯状态表的标准。

(2)点击【系统设置】【平台版本】，检查 CPU 及音视频显示终端软件版本应为最新版本。

(3)在 LCG 板卡 D4 灯常亮后，最长不超过 10 min，6A 系统会进入双机重联工作模式，音视频显示终端上部显示由主从变为重联。点击屏幕下方【监控数据】，弹出车号列表，应显示全部重联机车车号。

31. HXD1 型电力机车 C1～C3 修时，怎样对 6A 系统主机箱进行通电检查？

答：(1)通电，系统自检应正常，各板卡指示灯显示符合要求。CPU 插件面板显示屏显示正常。检查各散热风扇应转动正常、无异音，如有异音则开盖检查。

(2)检查音视频显示终端通信正常，无故障信息报警。

(3)6A 系统音视频显示终端【系统设置】【机车信息】界面上的机车车号、运用车次、辆数、计长等信息与列车运行监控装置（LKJ）显示屏一致。检查中央处理平台（CPU）、各子系统软件版本，软件版本必须为最新规定使用的系统软件版本。

(4)下载 CPU 数据并上传至 6A 系统地面服务器进行分析，如有报警信息及时下票处理。

32. 怎样检修自动过分相的车感器？

答：(1)车感器从安装支架拆下清洁。

(2)用万用表测量车感器的内阻 620×(1±5%)Ω，用 500 V 兆欧表测对外壳绝缘电阻大于等于 500 MΩ。

(3)检查导线、电缆：绝缘导线清洁，不得有过热烧损，绝缘老化，油浸变质。线芯断股不得超过原形十分之一，导线压接良好。插针及插座体良好。

(4)检查感应器安装支架应无裂纹、无开焊。

(5)测量车感器中心位置距钢轨内侧工作面水平距离为 335 mm，距钢轨表面 110～120 mm。

33. SS4G 型电力机车中修时，怎样检查辅助电路库用开关及电阻转换开关？

答：刀片、刀夹应光洁，刀片的缺损宽度不大于原形的 1/10，缺损厚度不大于原形的 1/3；动刀片的紧固压力适当，转动灵活，动刀片与刀夹接触良好，其接触线长度应大于 80%，夹力正常；检查手柄不许有破损，紧固手柄；检查后部接线应紧固，不许有烧痕，紧固安装螺栓；用万用表检查辅助联锁通断情况。

34. 怎样对弹簧管式压力表的外观进行检查?

答:(1)用棉丝将外壳擦干净,用毛刷及汽油清洗表接头油垢。要求:表面清洁,不许有油垢。

(2)目视检查表玻璃、表壳不许有裂损,玻璃与表壳密封良好。

(3)用手轻轻摇动连接嘴,检查表壳与连接嘴不许有松动。

(4)外观检查表针不松动,不许有不回零现象,油漆完好;表盘刻度清晰,油漆不许有脱落。

35. SS_{4G} 型电力机车中修时,如何对主司控器电位器进行组装调整?

答:(1)电位器常态电阻总阻值:250 Ω 允许差±5%。将电位器的 1 端接直流 15 V,3 端接地,然后测量 2、3 端的电压 V_{23},调速手柄在零位时应为不大于 0.2 V,从零位到最大位时,电压应该平滑变化,调速手柄在最大位时,V_{23} 不低于 14.6 V。

(2)要求:阻值随手柄的转动而上升(向大)或下降(向小)时,电位器阻值上升或下降平稳,不许有冲击现象,且正常回零位。组装完毕后,在棘轮、轴承、齿轮等处适当涂润滑油脂。

36. HXD_2 型电力机车 C1~C3 修时,怎样检查高压连接器?

答:(1)检查各紧固螺栓无松动、灼伤、缺失、锈蚀现象;绝缘子表面清洁,无电蚀及裂纹,表面有可见明显缺陷则更换;软连线、波纹管无断裂、破损、腐蚀现象,软连线断股不超过原形的 5%。

(2)检查高压连接器分开后叉形件无回弹现象,各部无变形、烧损、锈蚀及裂纹。

(3)检查上下摆动机构、左右摆动机构各部无锈蚀、破损、松旷、灼伤及非正常磨损,紧固件齐全无松脱。各弹簧件性能良好,无锈蚀、折损及失效情况。手动检查摆动无阻滞现象。

(4)半环及叉型件接触部分补润滑油脂 5 g。

37. HXD_2 型电力机车 C1~C3 修作业中,怎样对 6A 系统绝缘检测箱进行外部和上电检查?

答:(1)外部检查:①检查机箱外观良好、各安装螺栓,清洁机箱表面灰尘。

②检查检测箱保险管紧固状态良好。

③检查检测箱各插件紧固状态良好,安装把手无丢失。

④检查检测箱各连接插头、插座安装紧固无松动。

⑤检查绝缘检测箱电钥匙动作正常。

(2)上电检查:加电启动后,检查自检正常,各工作指示灯显示正常。

38. HXD_{3C} 型电力机车 C1 修作业中,怎样对电子制动阀 EBV 进行检查?

答:(1)检查试验大小闸各位置准确,动作灵活,无卡滞,手柄无松旷。

(2)检查定位销安装牢固,作用可靠。

(3)检查下部接线插头紧固良好,接线、插头无破损。

(4)检查下部风管接头紧固、连接可靠,无漏泄。

39. HXD3C 型电力机车 C1 修作业中，怎样对空压机电机进行检查？

答：(1)电机外观检查良好，各安装螺栓紧固。

(2)电机开接线盒检查接线无松动，接线柱、线鼻子无过热变色。

(3)辅助压缩机运行平稳无异音及振动过大，打风试验正常。

40. HXD2 型电力机车运行中受电弓非正常降下故障时，应怎样处理？

答：受电弓非正常降下后，应立即停车，检查弓网状态，并检查微机柜上是否有断路器跳开，如没有断路器跳开，应关闭故障节机车顶盖上受电弓隔离塞门，在微机显示屏上隔离该受电弓，使用另一台受电弓继续维持运行，回段后再做处理。

41. HXD1 型电力机车 C1～C3 修时，怎样检查主变压器？

答：(1)外观检查各部位可见部分安装、连接紧固件齐全、无松动；所有密封件、箱体、放油阀及管路无泄漏；出线套管、蝶阀及其他连接件可见部分无松动、破损、渗油、过热及烧损；压力释放阀良好，无喷油痕迹；油泵状态良好，用 500 V 兆欧表测量油泵三相绕组对地绝缘值(≥10 MΩ)，通电转动正常；油流继电器、电阻温度计状态良好，性能正常，接线牢固无松脱、折断。高压 A 端子表面无放电痕迹。

(2)油样检验(耐压及理化)符合 GB/T 7595—2017《运行中变压器油质量》的相关要求。

(3)油样检验(色谱)符合 DL/T 722—2014《变压器油中溶解气体分析和判断导则》的相关要求。

42. HXD1 型电力机车 C1～C3 修时，怎样对 6A 系统音视频显示终端进行通电检查？

答：(1)检查屏幕亮度上下一致，字符、图形显示正确清晰。

(2)检查按键状态良好，触摸灵敏；背光调节、音量调节、触摸屏、复位按键功能正常。

(3)检查语音提示正确清晰。音视频显示终端与 6A 主机通信正常。

(4)以监控器时钟为准，调整时钟(误差不得大于 15 s)。

(5)检查各视频摄像头、防火探测器应定义准确，严禁屏蔽。

(6)对 6A 系统自检应状态良好，如有故障应及时提票处理。

43. 怎样检修电压表、电流表的游丝？

答：(1)用酒精清洗游丝，外观检查游丝不许有弹性疲劳损坏，表面不得有腐蚀斑点、氧化痕迹及其他缺陷。

(2)用镊子和拔针对变形的游丝进行矫正。要求：游丝应平整，各圈间隔均匀，且垂直于螺旋中心线的同一平面。

(3)游丝端部不宜过长，有损坏可采用剪掉处理。

(4)不合要求的游丝用相同型号、规格的更换。

44. HXD_1 型电力机车 C1～C3 修时,高压试验中怎样对紧急按钮进行试验?

答:把方向开关转到向前位,把自动制动手柄置于运行位,制动管压力充到 500(600)kPa,按下紧急制动按钮,可以听到制动柜内的排气声,制动管压力为 0,控制显示器上的状态信息:紧急制动,微机显示屏显示:主断断开、受电弓降下。恢复紧急制动按钮,大闸在紧急位 60 s 后至运转位缓解大闸,拔出电钥匙,主控机车同时起惩罚制动,人为施加停发制动,试验结束。

45. SS_{4G} 型电力机车小修时,怎样检查低压电器柜的其他配件?

答:(1)检查自动开关绝缘不许有裂损,手动断开和闭合正常。

(2)检查行灯插座、接线排、各电容、二极管座清洁紧固良好,导线压接牢固,线号齐全,标志清晰;外壳无裂损;插接牢靠,簧片压力正常;无短路、断路现象,绝缘瓷件清洁完好。

(3)检查、紧固各电阻、各整流器、控制变压器、电容器、万能转换开关及接线应清洁,无烧痕、断裂及变形,接线良好,安装牢固。万能转换开关动作灵活,无卡滞。

46. SS_{4G} 型电力机车小修时,怎样检查司机控制器?

答:(1)用干净的干棉布擦除司机控制器的污垢,直观检查应状态良好,各操作手柄应灵活,无过紧、卡滞或松旷现象。

(2)用 0.2～0.3 MPa 的压缩空气吹扫各部及用毛刷清扫各部灰尘。检查各紧固件应无松动,外表面镀层、油漆无脱落,绝缘件无裂纹。检查定位簧片和定位杠杆应无松动变形,定位凸轮应无磨损过度。

(3)检查主轴和换向轴凸轮应无裂纹、变形或脱落。检查辅助触头盒应无烧损,插件应无异常。检查电位器上的联轴器应无松动、脱落。

(4)检查各连接线,接线应牢固,接线端子、线号齐全,标牌完整清晰,导线不得与其他机件碰磨,绝缘无破损。

47. SS_{4G} 型电力机车小修时,怎样检查 PFC 电容柜?

答:(1)检查装配螺栓、螺母,若发现松动,紧固。检查配线端子螺栓、母线固定螺栓等发现松动,紧固。检查电容发现漏油或外壳膨胀,更换。

(2)检查柜子内部各部件紧固件应清洁、牢固无松动。

(3)检查柜子内部各部件接线端子牢固无烧损现象,接线断股不超过 10%,外包绝缘无破损,铜母线无变形,线地、线间绝缘距离足够。

(4)测量各电容参数符合要求。

48. 怎样对弹簧管式压力表进行外观检查?

答:(1)用棉丝将外壳擦干净,用毛刷及汽油清洗表接头油垢。要求:表面清洁,不许有油垢。

(2)目视检查表玻璃、表壳不许有裂损,玻璃与表壳密封良好。

(3)用手轻轻摇动连接嘴,检查表壳与连接嘴不许有松动。

(4)外观检查表针不松动,不许有不回零现象,油漆完好;表盘刻度清晰,油漆不许有脱落。

49. SS4G 型电力机车小修时,怎样检查空调机及暖风机?

答:(1)各紧固件紧固,空调机安装牢固,不漏雨。各部接线正确,无短路、断路现象。

(2)检查"冷、热"选择开关、风量选择开关、温度控制器等开关位置正确、作用良好。

(3)压缩机电机、冷凝风机电机、蒸发风机电机、暖风机工作正常、无异音。

(4)暖风机接线良好,外罩完好无损,开关、指示灯显示正常,取暖效果良好。

50. SS4G 型电力机车小修时,怎样检查辅助机组的辅助机械?

答:(1)通风机风叶与风筒应完好,无裂纹、变形,风筒安装牢固、密贴,轴流风机风叶与风筒不得摩擦,转动平稳、无异音。

(2)联轴器螺栓紧固良好,动作灵活、无卡滞。

(3)油泵各部及各管接头完好,不得漏油。

(4)冷风扇风叶无裂损,网罩无断条变形;外接电源无破损,绝缘良好。

51. SS4G 型电力机车小修时,怎样检查低压电器柜的继电器?

答:检查紧固各继电器及接线,各部应清洁。安装、按线牢固正确,线号齐全、清晰。触头无烧痕过热、变形、铜瘤,联锁、胶木架无裂损,外罩完好无损。过流继电器指示件及复原装置作用良好,与触头动作配合准确,各调整部分漆封完好。

52. SS4G 型电力机车小修时,怎样检查电子控制柜?

答:(1)电路板清洁,印刷电路清晰,不得有过热、变色。金属箔无脱起基板现象,框架安装牢固,不得松动。插件上元件无过热变色,电容无鼓包。

(2)检查各电子插件及冷却风扇信号灯显示正确。

(3)线束整洁,线号齐全,不得有短路过热现象,与机体无碰磨,接线端子完好。

(4)开盖检查清扫插件箱,背面连线无松脱、破损、互磨,清扫冷却风扇。

53. 怎样检修自动过分相的车感器?

答:(1)车感器从安装支架拆下清洁。

(2)用万用表测量车感器的内阻 620×(1±5%)Ω,用 500 V 兆欧表测对外壳绝缘电阻大于等于 500 MΩ。

(3)检查导线、电缆:绝缘导线清洁,不得有过热烧损,绝缘老化,油浸变质。线芯断股不得超过原形十分之一,导线压接良好。插针及插座体良好。

(4)检查感应器安装支架应无裂纹、无开焊。

(5)测量车感器中心位置距钢轨内侧工作面水平距离为 335 mm,距钢轨表面 110～120 mm。

54. 怎样检修电磁继电器的线圈?

答:(1)用万用表测线圈的电阻值。

①JZ15 系列中间继电器,R(20 ℃)=1 000 Ω;

②JT3 系列时间继电器,R(20 ℃)=644 Ω;

③TJJ2 系列接地继电器,R(20 ℃)=120 Ω。

(2)检查绝缘包扎情况,破损者应用玻璃丝带包扎,并补漆,线圈引出端子牢固,清洁。

(3)检查各连接导线,导线应完好,断股大于原形的 1/10 者应更换。

55. SS_{4G} 型电力机车中修时,怎样检修、检测自动降弓装置?

答:将自动降弓阀外部清扫干净后解体,用酒精清扫内部,检查弹簧无永久变形,膜板无破裂、老化,内部风道平衡孔无堵塞、异物,阀体不裂损,无变形。检测由两人进行(一人在司机室内而另一人在车顶),打开检测阀受电弓应能自动降下。

(1)一人登上车顶,关好车顶门。

(2)通知司机室内一人将受电弓升起(注意:任何人都不可在升弓和降弓的范围之内)。

(3)升起后,车顶的工作者用手将升起的受电弓拉到 1 000 mm 处,然后将检测阀调至 TEXT 位,升弓机械装置内的压力应立即下降,自动降弓装置动作,并在自动降弓装置的压力开关处伴有明显的排气声,受电弓在 1 s 内迅速降到降弓位。如果以上操作不能达到标准,则对自动降弓装置进行检查,排除故障。

56. SS_{4G} 型电力机车中修时,怎样检测 PFC 开关柜的绝缘强度?

答:(1)主电路部分系统对地绝缘电阻≥2 MΩ(2.5 kV 兆欧表)。

(2)主电路部分系统对地耐压值为工频 3.8 kV,1 min,无击穿及闪络现象。

(3)控制电路电路部分系统对地绝缘电阻≥1.5 MΩ(0.5 kV 兆欧表)。

(4)控制电路电路部分系统对地耐压值为工频 1.0 kV,1 min,无击穿及闪络现象。

57. HXD_2 型电力机车需要将制动机从备用模式转正常模式时,该怎样正确操作?

答:(1)将操作端大闸手柄置紧急位,在制动显示屏上按压【设置】进入下一级菜单。

(2)按压 F4 键选择正常模式——按压【确认】键。

(3)将本节制动柜上的平均管切换塞门 RB-EQ 恢复至主控位,它节制动柜上的平均管切换塞门 RB-EQ 恢复至从控位。

(4)大闸手柄置抑制位解锁,确认制动显示屏显示正常模式,即可在正常模式下进行操作。

58. HXD_2 型电力机车 C1~C3 修时,怎样对 6A 系统防火子系统的防火探测器进行检查?

答:(1)检查安装牢固,清洁表面。

(2)检查连接插头、插座及线缆有无破损。

(3)使用专用的防火探头测试工具,依次测试所有火灾探头,火灾探头均能正确报警,音视频显示终端主界面显示报警信息，按动 AF 板卡上的【复位】按钮，所有报警恢复，音视频显示终端主界面的报警信息消失。

(4)清洗烟温复合探测器、感烟探测器。

59. HXD2 型电力机车 C1～C3 修时，怎样对通用柜进行检查？

答：(1)外观检查：通用柜柜体外观应无缺陷，门锁可灵活使用。

(2)柜内清洁，各电器件外观无破损。

(3)检查钥匙机械部分灵活，钥匙可顺利插拔，无卡滞现象，测试黄色钥匙和绿色钥匙具有互锁功能。

(4)各紧固件齐全，无松动现象。连接器及电缆连接可靠，无松动现象。

(5)检查各连接器及电气连接部位无烧损、破损。

60. 当 HXD3C 型电力机车主变压器原边过流时，应怎样处理？

答：(1)重新闭合主断路器，正常后，维持运行。

(2)若无效则降低手柄级位维持运行。

(3)手柄离开零位，即发生原边过流，则属 KC1 故障。打开控制电源柜后面方形的盖门；将 KC1 的旋钮调至最大或拆除 435 号线，做好绝缘处理，维持进站。

61. 怎样对弹簧管式压力表进行误差校验？

答：(1)将表安装在标准压力计上。

(2)缓慢施加压力，观察指针。要求：指针不得有细微跳动和迟滞现象。

(3)逐渐增压，观察指针。要求：指针在整个刻度范围内不得有跳动和迟滞现象。

(4)压力降为 0，指针应回 0。

(5)在整个刻度范围内，选定几个校验点，往复增压或减压，观察指针。要求：每次在各校验点的误差率和两次在同一校验点的差值率均应小于 1.5%，并记录。

(6)轻敲表壳，观察指针产生的位移(差值)。要求：指针产生的位移小于基本误差绝对值之半，并记录。

62. HXD1 型电力机车 C1～C3 修时，怎样检查蓄电池？

答：(1)检查箱体安装牢固，无损坏，箱门能正常锁闭。

(2)检查各电池单节无积尘，蓄电池外观不许有破裂、鼓胀、漏液；壳体不许有裂纹、变色等现象。各连接螺栓牢固，不许有松动。

(3)检查各连接线连接紧固，无发热熔化、破裂剥落、烧痕割口。

(4)检查充电插座、接线端子状态良好。

(5)检查温度传感器、熔断器、接地断路器、隔离开关及连线作用良好。

(6)测量开路电压。用数字万用表测量各蓄电池单节的开路电压不小于 2.0 V，总电压不低于 96 V。

(7)用 500 V 兆欧表检测整体蓄电池组对地绝缘应不小于 1.5 MΩ。

(8)进行均衡充电。

63. 怎样正确使用空载试验台?

答:(1)接好所需试验负荷。

(2)呼唤应答。

(3)合上闸刀绿灯亮,表示电源接通。

(4)按所测负载按钮。

(5)启动电机,辅助电机需测三相电流,牵引电机需观察换向是否良好。

(6)试验结束后应断开电源。

64. 怎样清扫检修高压连接器?

答:(1)用汽油清扫检查羊角和喇叭形头部,表面清洁,不许有裂损。

(2)用汽油清扫顶杆和轴套、限位键。要求各部件不许有变形、裂损。

(3)用汽油清扫盖板装配,检查盖板、喉箍不许有变形、裂损,弹簧不许有疲劳现象。

(4)用汽油清扫支承座体,检查各部不许有变形、裂损,作用良好。

(5)检查锁止器,不许有变形、裂损。

(6)清扫检查连接线、分流线,不许有过热、氧化及断股现象,否则应更新。

(7)更新波纹管和不良圆弹簧。

(8)支持瓷瓶按相关工艺检修。

(9)检查各外露铁件,如有脱漆现象,应重新涂刷瓷漆。

65. 怎样检修位置转换开关的触指组件?

答:(1)用汽油、毛刷清洗触指组件,清洁度符合有关规定。

(2)检查软连线,其折损截面积不大于原形的 5%,否则应更新。检查弹簧,不许有变形、疲劳、裂损,否则应更新。检查触头弹簧螺杆及止钉,不许有开焊,止钉铆接牢固,不许有松动。

(3)锉修打磨触指烧痕,更新烧损严重及到限的触指,触指厚度不小于 6 mm,接触良好。每组两触指位置应与安装板垂直,相互间不应有卡滞与不平行现象。

66. 怎样检修空气主断路器灭弧室的静触头?

答:(1)检修静触头座连接板齿纹应完好、平整,用铁刷子清除齿纹内异物,触板轻微烧痕可修复(原形厚度 10 mm,中修限度不少于 8.4 mm),严重烧损时应更新。

(2)更新密封圈(静触头座与风道接头连接处、风道接头与灭弧瓷瓶连接处、风道接头与支持瓷瓶连接处),更换弹性销。

(3)检查套筒、挡圈应良好。

(4)检查压指无烧损、变形,弹簧片应安装牢固,触头杆应平直、表面光洁。

(5)更新主静触头。

67. 怎样检修试验避雷器?

答:(1)用 2 500 V 兆欧表测量避雷器对地绝缘电阻,应不小于 5 000 MΩ。

(2)直流参考电压测定,当流过避雷器的电流达到规定的 1 mA 时,读取避雷器两端间的电压不小于 58 kV。

(3)直流泄漏电流测定,在避雷器两端施加 43.5 kV,读取流过避雷器的泄漏电流,其值不得超过 50 μA。

(4)交流参考电压测定,对避雷器的阻性电流 1 mA 时,读取电压的峰值,其值不得小于 56 kV。

(5)注意:试验时瓷瓶应该是干燥、清洁的。以上试验读取数值后应立即降低电压,切断电源。在读数时不允许长时间停留。测参考电压时不得超过 1 min,测试过程应尽可能快。

68. 怎样清洗、检修压力继电器?

答:(1)用汽油清洗各部件(橡胶件除外)用 0.2～0.3 MPa 干燥的压缩空气吹干,用白绸布擦净。

(2)更新微动开关。

(3)更新不良橡胶膜板。

(4)外观检查活塞、压板、不许有裂损、变形、锈蚀。

(5)外观检查弹簧状态良好,不许有疲劳及断裂现象,否则应更新。

(6)检查压力开关的通风孔道应畅通,否则清除堵塞物。

69. HXD_1 型电力机车 C1～C3 修时,怎样检查牵引电机?

答:(1)安装牢固,各紧固件、防松标记状态良好。

(2)牵引电机机体无裂纹、损伤,电机出线连接紧固良好,线端标志及铭牌完好、清晰、牢固,接线盒无脱落,外观无过热、烧损,密封良好,电机外部连线无过热、烧损,引线夹无松脱。

(3)安装牢固,无破损、歪斜、变形,三相电缆引线夹、接线盒不许有脱落。

(4)检查牵引电机温度、速度传感器安装可靠无异常,连线无损坏,连接器连接牢固。

(5)检查牵引电机下部排水孔,不许堵塞。

(6)外观检查轴承附近区域不许有漏油。

(7)检查油嘴不许有松动及破损,油道畅通。

(8)根据前三趟机车车载安全防护系统(6A 系统)地面专家诊断数据分析,轴承不许有异常。发现电机轴承有温升、冲击报警现象的要进行顶轮检测。

70. 怎样检查试验控制电源柜?

答:(1)将电子板隔离,硅元件正负极短接,用500 V兆欧表测量输入、输出回路对地绝缘电阻值应大于2 MΩ。

(2)测试110 V电源的输入交流电压为$396^{+25\%}_{-30\%}$ V。

(3)测试110 V电源的输出直流电压为110×(1±5%)V(并联蓄电池运行)。

(4)测试110 V电源的额定输出直流电流为50 A。

(5)测量110 V电源的静态电压脉动有效值小于5 V(并联蓄电池运行)。

(6)测量110 V电源的限流额定值为55×(1±10%)A。

71. HXD_1型电力机车C1~C3修时,怎样对6A系统自动视频监控及记录子系统进行通电检查?

答:(1)自检过程和进入工作状态各指示灯显示正确。

(2)音视频显示终端不许有故障信息显示。

(3)所有摄像头显示画面正常、清晰,监控区域无偏移。

(4)音视频显示终端视频字幕时间、速度、公里标、车次、机车号、监控区域、硬盘录像标识(REC)等信息显示正确。

(5)检查拾音器外观完好,连接线缆无老化、破损,连接可靠;安装牢固无松动,清洁表面尘土及污物。检查视频外挂U盘装置紧固件齐全、安装牢固,延伸线连接紧固无破损;U盘接口应无异物、无损坏。拾音器MIC孔处应清洁无异物。

(6)检查音视频数据转储装置外观良好,连接牢固。使用专用数据转储U盘进行音视频数据转储,转储功能须正常。检查试验拾音器录音功能应正常。检查试验U盘转储功能应正常。

72. SS_{4G}型电力机车中修时,怎样对辅助司机控制器进行组装后的检查与试验?

答:(1)机械性能检查。检查调速手柄是否能正常操作,对其机械定位的可靠性和正确性进行检查。

(2)电性能检查。检查各个级位时,辅助触头的开闭状态是否与图纸所给的闭合表符合。

(3)WDD65S-2A型电位器的检查。将电位器的1端接直流15 V,3端接地,然后测量2、3端的电压V_{23}。调速手柄在零位时,V_{23}不大于0.2 V,从零位到最大位时,电压应该是平滑变化,调速手柄在最大位时,V_{23}不低于4.8 V。调整好电位器后,拧紧紧定螺钉,并涂上红油漆封。

(4)通电试验。将司机控制器安装在试验台上,按规定的程序进行各项试验,要求各部动作正确、可靠,给定电路正确。

73. 怎样对控制电源柜移相环节进行测试,须符合什么要求?

答:(1)用示波器测试同步电压超前主电路的角度为90°。

(2)用示波器从测试孔 CS1、CS2 测试正负半波脉冲波形。

(3)脉冲峰值电压≥22 V,宽度约为 200 μs。

(4)调整电位器,校定 α 角的对称性,要求良好,换向角限制角度最小为 10°左右。

(5)测试 U_C 在 +7～−3 V 变化,ε 角度应在 170°～10°间变化,U_d 相应在零到最大间变化。

(6)调整电位器,使输出电压为 110×(1±5%)V。

(7)当输出电流为 55×(1±10%)A 时,I_m 限制环节作用良好。

74. SS4G 型电力机车中修时,怎样清扫、检修 6C 系列电磁接触器?

答:(1)用 0.2～0.3 MPa 压缩空气吹扫接触器各部尘垢。并用汽油或用电器清洗剂,清洗接触器各部,清洁度符合有关标准。

(2)用砂布打磨灭弧罩内壁。有金属喷涂物、电弧灼伤变质无法清除或有裂损者,应更新。

(3)锉修触头金属熔瘤和烧损处,并保持静触片为平面,动触片为弧面,触片厚度小于 0.5 mm 时更新。

(4)检查静触头底盘。用砂布打磨清除电弧烧痕,底盘裂损者应更新。

(5)外观检查线圈各部,不许有过热、烧损现象,引出线焊接良好。用万用表测量控制线圈电阻值,对闭合线圈为 R(20 ℃)=46 Ω;保持线圈 R(20 ℃)=1 240 Ω,允差±5%。检查线圈保护器不许有过热、变形、裂损。

(6)检查桥式整流器插针固定应良好,跨接线连接紧固,防缓件弹性良好。用万用表检测 2 号与 3 号端子,正常时导通,按下机械联锁后断开。

(7)用电器清洗剂清洗衔铁各部。

(8)打开辅助联锁盒,用细锉整修触头烧痕及污垢,触头严重烧损过热者更换触片及压力弹簧。

75. SS4G 型电力机车中修时,怎样对制动电阻装置进行组装后的检查?

答:(1)检查上、下两电阻元件框架之间距离应 4～5 mm 之间;同层二个电阻元件之间距离不小于 14 mm,与电阻带端部对两端侧封板距离不小于 18 mm,或电阻带端部对两端侧封板瓷垫距离不小于 10 mm。

(2)检查各电阻元件之间接线应符合图纸要求,连线接触面接触良好。

(3)检查出风口密封圈状态,石棉绳应装入槽内,状态良好。

(4)检查通风机组、过渡风道安装位置应正确,不许有相擦现象;风速继电器安装良好。

(5)检查各紧固螺栓紧固应牢固,各部分之间及封板安装应密封良好。

(6)检查高度方向对安装底面倾斜不大于 5 mm,允许用 2 mm 石棉板在适当连接处进行调整。装车后检查车顶百叶窗应落入制动电阻柜的槽内,各部密封良好。

76. SS4G 型电力机车中修时,怎样解体、检修琴(扳)键开关?

答:(1)拆下各琴(扳)键开关接线、用螺丝刀和开口扳手松开各紧固螺钉,拆下防尘板、拆下面板、拆下主台钥匙门开关、取下各琴(扳)键开关。用汽油清洗琴(扳)键开关及面板。

(2)检查标签应清晰、正确,铆钉应坚固到位。面板油漆是否有脱落,各固定支柱及固定夹板不许有变形和裂纹,如有变形时应整修,如有裂纹应消除后焊修,并打磨平整。

(3)检查各琴(扳)键开关绝缘件不得有破损、烧损,外壳完好、接线柱及弹簧状态良好,触指清洁,不得有烧痕、断裂及变形,触指压力正常。

(4)解体检查主台钥匙转换开关,各触点是否烧损,轻微烧痕可用细砂纸打磨,并用酒精清洗,再用绸布擦拭干净。检查各触点厚度不少于原形的2/3,严重烧痕应更新。

(5)检查插座及连线:插头各部不许有裂损,定位和锁扣作用良好,导线焊接牢固,插针不缩孔、外包绝缘良好,绝缘套管齐全。

(6)检查各琴(扳)键开关扳手是否牢固,损坏者应更新。

77. HXD_2 型电力机车 C1～C3 修时,怎样对 6A 系统主机进行外部检查?

答:(1)检查系统机柜、主机箱外观良好、各安装螺栓、卡子紧固,清洁机箱表面灰尘。

(2)检查电源开关动作可靠。

(3)检查主机电源保险管紧固状态良好。

(4)检查各插件紧固状态良好,各插件把手良好无丢失。

(5)检查各连接插头、插座安装紧固无松动。

(6)检查主机上的液晶屏无破损、显示完整。

78. HXD_{3C} 型电力机车 C1 修作业中,怎样对制动柜 EPCU 进行检查?

答:(1)所有接头、连接紧固件不漏风,紧固螺栓不松动,连接线及插座紧固。

(2)EPCU 的过滤器进行排水。

(3)检查模块接地线紧固,无破损及接磨。

(4)支架安装六角螺栓没有松动、缺失。支承板无变形、腐蚀或明显的污物等损伤,支承板背面空气管路连接密封性良好,无漏泄。

(5)单个设备和支承板之间连接状态良好,无漏泄。

(6)各模块安装紧固状态良好,无外壳变形、腐蚀或明显的污物等损伤。电缆组件的电气接口连接正确。卡口型插头没有松动。电气接口没有出现如热负荷或绝缘损坏等损伤。

(7)制动机自检及性能试验正常。

79. HXD_2 型电力机车发生主变流器隔离类故障时,应怎样处理?

答:发生“整流器×隔离”或“逆变器×隔离”或“四象限×××”或“TCU×××故障”类故障时,可按下述步骤对故障进行处理:

(1)可将调速手柄回零后,直接按操纵台上的微机复位按钮或在微机显示屏“控制—隔离”界面中恢复隔离的变流器。

(2)如果故障不消除,可在条件允许的情况下,断主断后,再按微机复位按钮并通过微机显示屏"控制—隔离"界面中恢复隔离的变流器。

(3)如故障仍不消除,可对故障变流器进行断电复位,TCU 断路器在相应变流柜上部可打开的玻璃门或小柜门内。

(4)经过上述操作后,相应变流器如仍然隔离,若机车功率能满足牵引需要,应维持运行回段报修,不能满足时尽可能运行至站内停车处理。

80. HXD$_2$ 型电力机车受电弓无法升起故障时,应怎样处理?

答:请按如下步骤进行检查:

(1)检查风压不低于 550 kPa。

(2)受电弓隔离塞门(车顶)位置正确。

(3)检查控制管路阀(气动柜)的位置是否正确。

(4)检查微机柜上断路器在正常位、库用转换开关 Z-QUAI 在正常位。

(5)检查接地开关 H(O-M)在正常位、高压隔离开关 H(HT)在正常位。

(6)检查通用柜上库用断路器 DJ-QUAI 在断开位。

(7)检查受电弓未隔离、主断未隔离。

(8)检查主界面提示栏,按提示进行相关操作。

(9)如完成以上检查和操作后仍无法升弓,请进行整车断电,再上电重复操作,如仍无法升弓,请隔离故障受电弓,使用另一台受电弓。

81. HXD$_1$ 型电力机车 C1～C3 修时,怎样检查冷却塔及冷却塔风机?

答:(1)外观检查风道连接螺栓齐全、紧固,密封良好;油路、水路、水箱无泄漏,水位表、油位表完好,液位正常;呼吸管完好,连接紧固;除湿器完好,安装牢固,干燥剂可见部分变色不超过三分之二;冷却水泵完好,无泄漏,通电检查无异常。

(2)清洗水过滤器。

(3)打开检查孔盖,吹扫散热器,清除表面杂物,检查通风机可见部分无异常,通电检查风机无异音。春鉴、秋整时测试风速须达到 9 m/s。

(4)冷却塔风机轴承补油,28～30 g/套或轴承标注的注油量。

(5)打开冷却风机及水泵接线盒盖,检查盒内清洁,接线板与引接线无松动、过热及烧损。

(6)外观检查布赫继电器完整,无泄漏,接线良好,功能正常。

(7)用 500 V 兆欧表检测冷却塔风机绕组对地绝缘电阻≥10 MΩ。

82. HXD$_1$ 型电力机车 C1～C3 修时,怎样检查变流器?

答:(1)外观检查变流柜体盖板安装可靠,无松旷、变形;柜体两侧的插头、插座无破损、过热、烧损,紧固状态良好;接地线齐全紧固。

(2)确认中间直流电压、冷却水温度及压力值显示正常,高压指示灯显示正常。

(3)外部冷却回路不许有渗漏。

(4)检查冷却风扇工作正常,无异音。

(5)外观检查充电电阻、固定放电电阻状态良好,电容无鼓胀、漏液,连接端子不许有松动。

(6)接触器外观良好,不许有机械损伤和金属堆积物;无烧损、阻滞现象;辅助触头动作灵活无松动。

(7)检查接触器主触头状态良好,无烧损、阻滞现象。

(8)外观检查各部件、电线路及连接器可见部分无过热、烧损。各部位及零部件紧固件齐全无松动。

(9)更新门盖板不良密封条,清洁内部灰尘。

(10)检查控制机箱及电子插件、电缆插头无松动,配件齐全;各整流、逆变模块接线牢固,输入输出铜排连接部位无烧损,门极驱动板、光纤、连接器无松动。

(11)外观检查同步变压器、风机隔离变压器无变色、变形、烧损等异常现象。

(12)外观检查电压、电流传感器无破损、开裂,各线路连接状态良好;电流检测板器件功能正常,插头不许有松动。

(13)外观检查水压、温度传感器无破损、开裂。

(14)清洁斩波风机,检查斩波风机紧固可靠,转动正常,无异音。

83. 怎样检查试验控制电源柜?

答:(1)将电子板隔离,硅元件正负极短接,用 500 V 兆欧表测量输入、输出回路对地绝缘电阻值应大于 2 MΩ。

(2)测试 110 V 电源的输入交流电压为 $396^{+25\%}_{-30\%}$ V。

(3)测试 110 V 电源的输出直流电压为 110×(1±5%)V(并联蓄电池运行)。

(4)测试 110 V 电源的额定输出直流电流为 50 A。

(5)测量 110 V 电源的静态电压脉动有效值小于 5 V(并联蓄电池运行)。

(6)测量 110 V 电源的限流额定值为 55×(1±110%)A。

84. SS_{4G} 型电力机车小修时,怎样检查互感器及一般变压器?

答:(1)擦拭高压瓷瓶,标准同“变压器”。

(2)检查高压电流互感器瓷瓶顶盖应密封良好,不得有漏雨,导电杆装配紧固。

(3)各部清洁,接线牢固,铁芯及安装螺栓不得松动。

(4)接线端子应清洁紧固,绝缘良好,线号清晰齐全。

(5)线圈无断路,外部绝缘无变色及破损。

(6)高压电压互感器油位总体应在上刻线(+40 ℃)与最低刻线(−25 ℃及−30 ℃)之间,夏季油位根据环境温度调整在上刻线(+40 ℃)与中间刻线(+20 ℃)之间,冬季油位根据环境温度调整在中刻线(+20 ℃)与最低刻线(−25 ℃及−30 ℃)之间,检查蓝色吸湿剂是否变色,当吸湿剂 2/3 变成白色或淡红色时,应进行干燥处理或更换。

(7)绝缘检测:用 2 500 V 兆欧表测量一、二次线圈对地绝缘,应符合一次线圈不小于

1 000 MΩ,二次线圈不小于 500 MΩ 的要求。

(8)高压电压互感器变压器油按规定进行化验。

85. 怎样清洗检查逻辑控制单元(LCU)的各插件?

答:(1)用毛刷和酒精清洗各电子插件,要求无灰尘、积垢,板面光洁。

(2)检查插件正面的元件,元件无烧损、虚焊、开焊及放电痕迹,管脚以及集成块的管座焊接牢固,集成芯片与插座接触良好,连接紧固。

(3)检查插件板上的紧固架,安装牢固,无变形及裂纹。

(4)检查插件各插针、插孔,要求不倾斜,不变形,无放电及烧损痕迹。

(5)检查各插件印刷电路板,要求线路清晰,无脱起,无大面积过热、变色现象,基板无炭化。

(6)在专用试验台上测试各插件性能符合技术要求。

86. 怎样对劈相机起动继电器进行检查与试验?

答:(1)绝缘电阻值的测量。用 500 V 兆欧表测量继电器 A、B 端和 C、N 端对地绝缘电阻值,应不小于 2 MΩ。

(2)继电器参数调整。将 110 V 直流稳压电源接到继电器的 DY 与 G 端(DY 接正)。这时,继电器指示灯应不亮,继电器不动作,用万用表直流电压挡测试 BG_3 管集电极(C)对地(G)电压应为 100 V 左右,BG_2 管集电极(C)对地(G)电压应为 4 V 左右。符合上述值,则可认为电路基本正常。用小螺丝刀调节电位器 DW(4.7K),先顺时针转到最后,然后反时针退回,使 DW 值逐渐减小到某一点,BG_1 管和 BG_2 管应翻转,继电器动作,指示灯应亮。然后,再将 DW 电位器顺时针使电阻增加一点,将继电器返回,指示灯灭为止,继电器调整完毕,可将 DW 封住。

(3)将继电器接到试验台上,在 DY 与 G 间依次加 115.5 V、110 V 和 77 V 三种直流稳压电源,然后在 C、N 间加交流 380 V 电压,在 A、B 间加约 340 V 交流电压,此时继电器应能吸合,否则应调整电位器,使继电器误差参数应符合标准。

87. 怎样清洗检查 DK-1 型制动机逻辑控制单元(DKL)的各插件?

答:(1)用毛刷和酒精清洗各电子插件,要求无灰尘、积垢,板面光洁。

(2)检查插件正面的元件,元件无烧损、虚焊、开焊及放电痕迹,管脚以及集成块的管座焊接牢固,集成芯片与插座接触良好,连接紧固。

(3)检查插件板上的紧固架,安装牢固,无变形及裂纹。

(4)检查插件各插针、示灯,要求不倾斜,不变形,无放电及烧损痕迹。

(5)检查各插件印刷电路板,要求线路清晰,无脱起,无大面积过热、变色现象,基板无炭化。

(6)在专用试验台上测试各插件性能符合技术要求。

88. SS_{4G} 型电力机车小修时,怎样检查空气主断路器?

答:(1)检查瓷瓶无破损,清洁瓷瓶表面。瓷瓶表面破损面积小于 3 cm^2,涂快干绝缘漆处理,否则下车检修。

(2)隔离开关动作灵活,触头接触良好,动触杆安装牢固无裂纹、松动及变形,动、静触头中心轴线接触偏差、接触长度、隔离开关动静触头厚度,隔离开关闭合位时两动触头的间隙,均应符合要求。

(3)风缸、主阀及各管接头无泄漏,各密封圈无裂损、老化及变形。

(4)外观检查法兰盘与轴配合无松旷,鼠尾销安装牢固,弹簧无断裂现象。

(5)连接插座及辅助联锁各部清洁,无裂纹、变形,传动机构作用良好,触头接触良好。

(6)分、合闸线圈安装及接线无松动,绝缘无破损及过热,衔铁动作灵活无卡滞,衔铁与起动阀阀杆的间隙为 5～10 mm。

89. SS_{4G} 型电力机车牵引无流(预备灯灭)故障时,应怎样检查处理?

答:(1)故障现象:预备灯灭,手轮进级全车无牵引电流。

(2)故障处理:①将两节车电子柜开关同时打 B 组。操纵时注意:牵引时无恒流限压,应缓慢进级,电阻制动时注意控制励磁电流过载和制动电流超过最大值。

②用辅台操纵(将两节车电子柜开关同时打 B 组)。

③运行监控记录器故障,短接 558～1558 号线(操纵节司机室主机侧)。标准化司机室在 2 号低压柜卸载中间继电器 668KA 上。

④零位延时继电器 532KT 故障,短接 503～531 号线。

⑤检查操纵节 569KA 应在失电状态,非操纵节 569KA 应在吸和状态。

90. HXD_1 型电力机车 C1～C3 修时,怎样检查低压电器柜?

答:(1)外观检查低压柜体盖板安装可靠,无松旷、变形;柜体两侧的插头、插座无破损、过热、烧损,紧固状态良好;接地线齐全紧固;滤尘板清洁无破损,冷风扇无破损,转动正常,无异音。

(2)继电器检查:外观检查各继电器无烧损、防尘罩无破损,指示件齐全,安装牢固;目测内部可见部分触片无变形,线圈无异常;各接线无过热、接磨、断股,紧固良好;各继电器应动作灵活可靠,无卡滞现象。

(3)接触器检查:检查灭弧罩清洁无裂损,基体无裂纹。开盖检查动静触头无熔瘤及严重烧痕,动触头托架及触片无裂纹、变形、开焊(独立式结构灭弧罩);接线无过热、脱落,安装牢固。

(4)辅助触头检查:检查各辅助触头组件安装牢固,外壳无破损、炭化,标识清晰。

(5)接线端子:各接线端子清洁、完好、无烧伤;支持绝缘子清洁完好,无灼伤;接线紧固,无过热、烧损,线鼻子及铜排无破损,过热。电缆线断股不许超过原截面的 5%。

(6)开关:外观检查自动开关及三相开关、旋转开关完整,安装牢固,无破损、过热、烧损,动作灵活无卡滞,通断可靠,接线正确紧固。更换不合格的开关。

(7)外观检查各电阻、电容及二极管等无异常,接线及焊接牢靠。

(8)外观检查接地检测装置无破损,显示屏清洁显示清晰,表面无划伤,按钮(按键)完整,作用良好,接线(连接器)良好,无破损、过热,绝缘无老化。

(9)外观检查电度表清洁无破损,显示屏显示清晰,表面无划伤,接线(连接器)良好,无破损、过热,绝缘无老化。

(10)外观检查单项隔离逆变电源散热器清洁,无积垢、裂损及松动,安装螺栓齐全紧固;连接器良好,无破损及损伤、过热,绝缘无老化。

(11)自动过分相控制盒:外观检查无损坏,安装牢固,接线状态良好。

(12)自动过分相装置下车检查、试验。

91. SS4G 型电力机车小修时,怎样检查高压电器柜的电空接触器?

答:(1)各部应清洁,牢固,接线无松动,绝缘件不得有裂损及烧痕,触头压力弹簧无裂损及疲劳现象,外观检查良好。接线紧固,灭弧角及触头上无烧痕及铜瘤。

(2)检查各触头限度。TCK7 型符合下述限度:动、静触头左、右接触偏移≤1 mm,主触头(触片)厚度≥1 mm,禁用≤0.5 mm,原形:3 mm,开距:19～23 mm。TCK1 型符合下述限度:动、静触头左、右接触偏移≤1 mm,主触头(触片)厚度:动≥0.7 mm,静≥2.5 mm,禁用:动≤0.4 mm,静≤1 mm,开距:4～6 mm。

(3)联锁接线紧固,接触良好,联锁胶木滑块不得松动、歪斜,作用良好。灭弧罩不得有裂纹和严重缺损,壁厚不小于原形的 1/2,并安装牢固。灭弧线圈安装牢固,不得有短路、断路及裂纹。风缸及管路不得泄漏,电空阀安装、接线牢固,线鼻子、线号齐全、清晰,外接电压抑制器清洁,无断线、元件脱焊、烧损。

92. SS4G 型电力机车中修时,怎样解体低压电器柜?

答:将整柜吊至工作场地。

(1)拆除时间继电器联锁及线圈的接线,拆下其固定安装螺栓,取下时间继电器,按相关工艺检修。

(2)拆除中间继电器接线,再拆除其安装螺栓,取下中间继电器,按相关工艺检修。

(3)拆下Ⅰ端低压柜的劈相机起动继电器、电子时间继电器的接线及固定螺栓,取下继电器,分别按相关工艺检修。

(4)拆下低压柜三相断路器,按相关工艺检修。

(5)拆除电磁接触器联锁连线及线圈接线,再拆下辅助电路连线,拆除接触器安装螺栓,取下各电磁接触器按相关工艺检修。

(6)拆下Ⅰ端低压柜风压继电器、电空阀连线,松开风管,拆除安装螺栓,取下风压继电器、电空阀,按相关工艺检修。

93. SS4G 型电力机车中修时,怎样进行整柜绝缘电阻的测定?

答:(1)测量低压电器柜辅助回路对地绝缘电阻值。用过渡插头短接各接插件插头引出线并接地,用细铜丝短接各辅助电路接线端子,用 500 V 兆欧表测量辅助回路对地绝缘电阻值应不小于5 MΩ。如若有接地或绝缘低时应查找故障处所,进行必要的处理。

(2)测量控制回路对地绝缘电阻值。将控制回路接线端子短接,用500 V兆欧表测量插头引出线对地绝缘电阻值应不小于2 MΩ,否则应查找故障、进行必要的处理。

(3)将屏柜与试验台装置相连接,按规定的程序进行下列试验:

①各部件逻辑动作性能检查,其逻辑关系正确。

② 最低工作电压(88 V)下的动作性能应符合有关技术要求。

③ 时间继电器延时值的测定,延时值应正确。

④各联锁接触电阻测试与判定,其值应在规定范围之内。

94. SS4G型电力机车中修时,怎样检查主司机控制器机械联锁性能?

答:操纵各手轮,观察机械联锁作用情况,要求作用正确锁闭可靠。

(1)换向手柄在零位时,调速手轮被锁住而不能推动。

(2)换向手柄在前或后位时,调速手柄可推向“牵引”区域。

(3)换向手柄制位时,调速手柄推向“制动”区域。

(4)调速手柄在零位时,换向手柄可在所有位置任意转换。

(5)调速手柄在“牵引”区域时,换向手柄被锁在前或后位。

(6)调速手柄在“制动”区域时,换向手柄被锁在制位。

95. SS4G型电力机车中修时,怎样对劈相机进行检测试验?

答:(1)检查轴承牌号结构是否正确,加热温度不超过100 ℃,装配中应保持清洁并操作正确。

(2)检查装配好的电机,转动应灵活,不许有不正常的摩擦声。

(3)检查铭牌标记清晰、正确,各紧固螺栓、挡风板应紧固牢靠;接线板应完好,接线正确。

(4)用500 V兆欧表测量电机定子绕组对地(机壳)绝缘电阻值应大于50 MΩ,用1 700 V工频电1 min不许击穿。如若绕组更新,须进行匝间绝缘试验,绕组匝间绝缘应能承受$4.6U_{e}+$1 000 V波高值的脉冲电压试验(允许采用其他等效考核匝间绝缘方法),并记录。

(5)在专用试验台上进行单相空载试验,电机应连续启动十次以上无异常,电机无剧烈振动,轴承应平稳轻快,无停滞现象。声音均匀和谐而无任何不正常的杂音,并测量电压及三相空载电流,空载电流与出厂值相比不大于15%。必要时,用点温计测量额定工况下轴承稳定温升不得超过55K。

(6)凡对劈相机定子或转子进行更换后,重新装配的劈相机应进行单相空载电压为最低的低压启动试验(即270 V相当于网压19 kV),启动时间应不超过15 s(若设备有限,可暂用三相对称交流电压65 V进行)。

(7)必要时作电机振动考核:电机安装在试验台上作空载运行,如果电机在整个转速范围内均能平稳运行,则认为电机达到平衡的要求,必要时电机作振动定量测试。

96. SS4G型电力机车中修时,怎样对走行部车载监测装置进行清扫、检查?

答:(1)清扫、检查温度、复合传感器无变形、裂损,接线牢固,传感器连线无磨损、挤压;传感器插头无腐蚀、松动、油污，接触可靠，接线盒插头良好，接线盒标牌良好。

(2)打开接线盒及插头、插座并清扫、检查，各接线盒作用良好，接线紧固；接线盒无变形、密封良好；插座合格无油污、异物，插针无氧化、腐蚀、变形。

(3)各插头、插座无变形，内部无烧痕，插针表面无氧化或折断，插针的接线牢固，插针不内缩，插座上的接线线套、线号齐全清晰。

(4)网络线外观无磨损、挤伤、压伤；插头、座无油污、插针无腐蚀、氧化。

(5)总线、通信线及其他连接导线无过热、烧损、破损和绝缘老化现象，线芯断股数不超过原截面的10%。

(6)主机外观检查壳体无裂损，面板字迹清晰，按键作用可靠，U盘插口良好，自复开关作用良好；拆下主机后盖，用皮老虎、毛刷吹扫机内尘土；内部各插头、插座接触可靠，各连接排线作用良好，电子元器件无过热烧损且焊接牢固，印制板清晰，印刷线无过热、断裂，检查后，盖上后盖，安装固定螺栓。

97. HXD3C型电力机车C1修作业中，怎样对供电柜进行检查?

答:(1)检查各电器设备安装牢固，外观无过热变色。

(2)检查各导线、接线柱接线牢固无过热变色。

(3)控制箱安装牢固，插座插接良好，插件安装紧固，转换开关外观良好。保险座安装良好、外观良好。接地隔离、集控隔离钮子开关置于投入位。

(4)电度表、保护显示灯状态良好，显示正确。空开安装良好，外观良好，置于闭合位。

(5)供电插座、集控插座安装良好，防水罩转动灵活、锁闭装置良好，内部无水迹，插座无裂损，各插孔良好，无锈蚀、退针、烧损。

(6)性能试验:进行直供电负载试验，供电电压600×(1±5%)V。对提报过正常供电无法供出使用强迫供电正常的机车及提报过直供电故障信息(如:供电接地、供电电压、电流波动、电压掉0)的机车必须用直供电试验台对供电端进行负载试验。

98. 当HXD2型电力机车主断无法闭合时，应怎样处理?

答:可按照如下条件进行检查处理:

(1)主断路器无法进入预备状态时，无法闭合主断，根据主界面提示栏，按提示进行相关操作，当主断进入预备条件后，可通过操纵台扳键开关闭合主断。

(2)检查受电弓已升起。

(3)检查控制管路风压(360～650 kPa)。

(4)检查微机柜断路器、开关在正常位。

(5)检查操纵台电控紧急按钮BP-URG-E在正常位。

(6)检查原边过流继电器、主变压力释放阀没有动作。

(7)检查牵引变流器及辅变流是否正常。

(8)检查手柄是否在中立位。

(9)检查主界面提示栏,按提示进行相关操作。

(10)如完成以上检查和操作后仍无法闭合主断,请进行整车断电,再上电重复操作。

(11)一节主断故障无法闭合后,应将故障节的受电弓隔离,升另一节的受电弓,闭合另一节的主断。

99. HXD_2 型电力机车 C1～C3 修时,怎样对主变流柜进行检查?

答:(1)外观检查柜体无损坏,漆面无损伤,铭牌完好、清晰,安装牢固,各紧固螺栓紧固到位,各柜门紧固锁扣锁闭到位(内四方开口和外圆开口对齐为锁闭到位)。

(2)检查安全保护锁外观良好,无变形。

(3)进、出水管安装牢固,无泄漏,接头状态良好,各塞门状态良好,在正常位。

(4)检查吹扫变流器和逆变器模块及控制单元(TCU)无松动,接线完好。检修过程中严禁手触光电转换板。

(5)检查内循热交换器组件、交流轴流通风机等,各部件状态良好。

(6)检查主接触器各部状态良好,灭弧腔无过热烧损,各辅助联锁接线良好,动作灵活。

(7)检查短接、充电接触器各部状态良好,灭弧腔无过热烧损,各辅助联锁接线良好,动作灵活。

(8)检查斩波电流,输入电流,电流电压,压力、温度传感器,各部状态良好。

(9)检查网压互感器各部状态良好。

(10)检查各电阻和电容器,各部状态良好,电容外观无漏液、鼓包。

(11)检查各接线端子、接头、接口及插座,无松动,接线完好。

(12)检查进出线缆无变色绑扎到位,与各处无接磨。

(13)检查冷却回路无泄漏现象,冷却剂在刻度范围内。

100. 怎样正确设置 HXD_2 型电力机车的无动力回送模式?

答:(1)将两端司机室小闸推至全制位,大闸推至运转位,然后断两节机车的 DC 110 V 电源,等待列车管完全停止排风。

(2)将两端制动柜的无动力回送塞门(RB-MV)均切换至从控位。

(3)确认两端制动柜的一次/阶段缓解塞门 RB(IS)RC 均处于正常位(一次缓解位)。

(4)将两端制动柜的平均管塞门(RB-EQ)均切换至主控位。

(5)将两端制动柜的停放制动隔离塞门 RB(IS)FS 均切换至隔离状态,然后再等待 30 s 使停放缸内压力排空。

(6)连接本务机车和该无动力回送机车之间的制动软管,然后打开列车管折角塞门,通过本务机车将列车管压力缓解到定压。确认停放制动指示器为红色,常用制动指示器为绿色。

(7)将所有手动缓解手柄往回拉到最大位置,并在此位置保持 3 s 后松开。以保证停放缸内部的机械机构有足够的时间复位,实现停放制动的完全缓解。操作完成后,需确认闸瓦完全离开车轮。

(8)在本务机车上进行制动缓解操作,确认无动力回送机车与本务机车的制动和缓解状态一致(无动力回送机车的闸缸压力低于本务机车的闸缸压力为正常现象)。

S1　司机控制器的检修

1. 考场准备

要求场地内准备检修作业平台、司机控制器、试验台、机车电工常用工具和相关配件及材料。

2. 材料工具准备

序　号	名　称	规　格	数　量	备　注
1	机车电工常用工具		1套	
2	万用表		1块	
3	毛刷		1个	
4	兆欧表	500 V	1块	
5	游标卡尺		1把	
6	测力计		1个	

3. 考核要求

(1)被认定人入考场后，首先由裁判告知题目，其次由被认定人检查准备工具，到实作场地确认作业环境，当被认定人告知裁判可以开始时，由裁判员开始计时。

(2)考核时间为 60 min，考核期间，被认定人可以对现场作业和工艺范围要求不符的情况进行说明。

(3)在被认定人检修作业期间，裁判可以依据考评项点向被认定人提问，以确认被认定人检修过程是否有依据。

(4)考核过程若被认定人出现配件、工装机具等毁坏情况和人身伤害时，终止考试，成绩为 0。

(5)考核完毕后，由被认定人在评分表上签字确认。

4. 考核评分

(1)考评人员 3 名以上。

(2)评分程序及规则：考评员根据考生操作情况对照计分标准在评分表上给予记录评分。

(3)算分方法：采用百分制，满分 100 分，60 分及以上为合格。

职业技能等级认定
铁路机车电工(高级技师)实作技能考核评分记录表

单位:________ 姓名:________ 准考证号:________ 工种:________ 级别:________

试题名称:司机控制器的检修

考核时间:60 min

操作开始时间: 时 分 操作结束时间: 时 分

项目	考核内容及评分标准	扣分因素及扣分	得分
作业程序(20分)	1. 工序错乱扣6分		
	2. 工作中返工扣10分		
	3. 作业后未按要求恢复、整理扣4分		
作业质量(50分)	1. 凸轮鼓清洁、各联锁开关接线良好。触头有烧痕扣5分		
	2. 凸轮鼓清洁、各联锁开关接线良好。触头压力、开距、厚度及圆鼓磨耗深度不符合技术要求扣5分		
	3. 机械各部不得有裂损、松旷及异常磨耗。各穿销配合良好。不符合要求扣2分		
	4. 机械各部不得有裂损、松旷及异常磨耗。定位螺栓不得有松动。不符合要求扣3分		
	5. 机械各部不得有裂损、松旷及异常磨耗。弹簧不得有断裂及永久变形。不符合要求扣5分		
	6. 各接线紧固,插头、插座清洁完整,不得有烧痕,插接良好。不符合要求扣5分		
	7. 各接线紧固,线号齐全、清晰,绝缘不得有破损、炭化。不符合要求扣5分		
	8. 电位器安装正确。阻值平滑变化、作用良好并符合限度规定。不符合要求扣5分		
	9. 通风机防频繁起动电子元件符合规定技术要求。不符合要求扣5分		
	10. 机械联锁锁闭正确,作用可靠,操作灵活、正确,不得有旷动、过位,并保证在规定的位置才能取出或插入。不符合要求扣5分		
	11. 各联锁开关对地绝缘电阻值不符合要求扣5分		
工具设备使用(10分)	1. 开工前未检查工、量具及设备,收工时不整理扣2分		
	2. 工、量具及设备使用不当扣2分		
	3. 工、量具脱落扣2分		
	4. 工具、设备损坏扣4分		
考核时间(10分)	每超1 min扣1分,超过10 min失格		
作业安全(10分)	1. 未按规定着装扣2分		
	2. 工作场地不整洁扣2分		
	3. 工件、工具摆放不整齐扣2分		
	4. 违章或违反安全事项扣4分		
	5. 发生事故失格		
合计(100分)			

考评员签名: 认定人: 年 月 日

S2　主断路器的检修

1. 考场准备

要求场地内准备检修作业平台、SS_4 型电力机车主断路器、真空主断路器试验台、75 kV 耐压试验台、回路电阻测试仪、真空断路器检测仪、77～110 V 可调直流电源、400～900 kPa 风源、机车电工常用工具和相关配件及材料。

2. 材料工具准备

序　号	名　称	规　格	数　量	备　注
1	兆欧表	2 500 V	1 块	
2	兆欧表	1 000 V	1 块	
3	机车电工常用工具		1 套	
4	清洗剂		1 瓶	
5	白布		1 块	

3. 考核要求

(1)被认定人入考场后，首先由裁判告知题目，其次由被认定人检查准备工具，到实作场地确认作业环境，当被认定人告知裁判可以开始时，由裁判员开始计时。

(2)考核时间为 60 min，考核期间，被认定人可以对现场作业和工艺范围要求不符的情况进行说明。

(3)在被认定人检修作业期间，裁判可以依据考评项点向被认定人提问，以确认被认定人检修过程是否有依据。

(4)考核过程若被认定人出现配件、工装机具等毁坏情况和人身伤害时，终止考试，成绩为 0。

(5)考核完毕后，由被认定人在评分表上签字确认。

4. 考核评分

(1)考评人员 3 名以上。

(2)评分程序及规则：考评员根据考生操作情况对照计分标准在评分表上给予记录评分。

(3)算分方法：采用百分制，满分 100 分，60 分及以上为合格。

职业技能等级认定
铁路机车电工(高级技师)实作技能考核评分记录表

单位:________ 姓名:________ 准考证号:________ 工种:________ 级别:________

试题名称:主断路器的检修

考核时间:60 min

操作开始时间:　　时　　分　　　　操作结束时间:　　时　　分

项　目	考核内容及评分标准	扣分因素及扣分	得　分
作业程序(20分)	1. 工序错乱扣6分		
	2. 工作中返工扣10分		
	3. 作业后未按要求恢复、整理扣4分		
作业质量(50分)	1. 灭弧室检修:动静触头表面光洁,相互接触线长度、接触电阻值符合限度规定。操作、检查、测量、调整方法不当或错误,每次扣2分(总计10分)		
	2. 灭弧室检修:动静触头动作灵活,符合工艺技术要求。违反工艺技术要求,每项扣2分(总计10分)		
	3. 隔离开关检修。各零部件工艺要求、质量要求不符合规定每次扣2分(总计10分),零部件脱落、损伤扣2分(总计10分)		
	4. 隔离开关检修。零部件脱落、损伤扣5分		
	5. 瓷瓶检修:表面光洁,安装牢固,密封良好。错检、漏检扣5分		
	6. 控制机构检修:零部件不得有裂损、变形、拉伤及磨耗。错检、漏检扣5分		
	7. 控制机构检修:压力继电器及压力表检修符合技术规程要求。否则扣5分		
工具设备使用(10分)	1. 开工前未检查工、量具及设备,收工时不整理扣2分		
	2. 工、量具及设备使用不当扣2分		
	3. 工、量具脱落扣2分		
	4. 工具、设备损坏扣4分		
考核时间(10分)	每超1 min扣1分,超过10 min失格		
作业安全(10分)	1. 未按规定着装扣2分		
	2. 工作场地不整洁扣2分		
	3. 工件、工具摆放不整齐扣2分		
	4. 违章或违反安全事项扣4分		
	5. 发生事故失格		
合计(100分)			

考评员签名:　　　　　　认定人:　　　　　　年　　月　　日

S3　6C 系列电磁接触器的检修

1. 考场准备

要求场地内准备检修作业平台、SS_4 型电力机车 6C 系列电磁接触器、压缩空气装置、可调直流电源、机车电工常用工具和相关配件及材料。

2. 材料工具准备

序　号	名　称	规　格	数　量	备　注
1	机车电工常用工具		1 套	
2	万用表		1 块	
3	内六角扳手		1 把	
4	什锦锉		1 把	
5	测力计		1 个	
6	毛刷		1 把	
7	专用钢卡		1 个	

3. 考核要求

(1)被认定人入考场后，首先由裁判告知题目，其次由被认定人检查准备工具，到实作场地确认作业环境，当被认定人告知裁判可以开始时，由裁判员开始计时。

(2)考核时间为 40 min，考核期间，被认定人可以对现场作业和工艺范围要求不符的情况进行说明。

(3)在被认定人检修作业期间，裁判可以依据考评项点向被认定人提问，以确认被认定人检修过程是否有依据。

(4)考核过程若被认定人出现配件、工装机具等毁坏情况和人身伤害时，终止考试，成绩为 0。

(5)考核完毕后，由被认定人在评分表上签字确认。

4. 考核评分

(1)考评人员 3 名以上。

(2)评分程序及规则：考评员根据考生操作情况对照计分标准在评分表上给予记录评分。

(3)算分方法：采用百分制，满分 100 分，60 分及以上为合格。

职业技能等级认定
铁路机车电工(高级技师)实作技能考核评分记录表

单位:________ 姓名:________ 准考证号:________ 工种:________ 级别:________

试题名称:6C 系列电磁接触器的检修

考核时间:40 min

操作开始时间: 时 分 操作结束时间: 时 分

项　目	考核内容及评分标准	扣分因素及扣分	得　分
作业程序(20 分)	1. 工序错乱扣 6 分		
	2. 工作中返工扣 10 分		
	3. 作业后未按要求恢复、整理扣 4 分		
作业质量(50 分)	1. 各部清洁,安装、接线牢固,触头接触良好。不符合要求扣 5 分		
	2. 触桥不得有过热现象。触头不得有熔瘤、裂损,其厚度、压力、开距、超程均符合工艺技术要求。不符合规定扣 5 分		
	3. 电磁机构良好,线圈不得有短路、断路。不符合规定扣 5 分		
	4. 电磁机构良好。衔铁支持稳固、动作灵活。不符合规定扣 5 分		
	5. 杠杆、底座及弹簧盒良好,符合工艺要求。有裂损扣 5 分		
	6. 杠杆、底座及弹簧盒良好,符合工艺要求。弹簧有断裂或疲劳现象扣 5 分		
	7. 灭弧罩不得有裂损及严重缺陷。不符合要求扣 5 分		
	8. 灭弧栅可靠,开距及超程符合限度规定。超限扣 5 分		
	9. 辅助联锁不得有变形、过热现象。不符合要求扣 5 分		
	10. 辅助联锁接触可靠。开距及超程符合限度规定。超限扣 5 分		
工具设备使用(10 分)	1. 开工前未检查工、量具及设备,收工时不整理扣 2 分		
	2. 工、量具及设备使用不当扣 2 分		
	3. 工、量具脱落扣 2 分		
	4. 工具、设备损坏扣 4 分		
考核时间(10 分)	每超 1 min 扣 1 分,超过 10 min 失格		
作业安全(10 分)	1. 未按规定着装扣 2 分		
	2. 工作场地不整洁扣 2 分		
	3. 工件、工具摆放不整齐扣 2 分		
	4. 违章或违反安全事项扣 4 分		
	5. 发生事故失格		
合计(100 分)			

考评员签名: 认定人: 年 月 日

S4　小型直流电机的检修

1. 考场准备

要求场地内准备检修作业平台、小型直流电机、压缩空气装置、可调直流电源、电机短路测试仪、百分表及磁性表座、定温电热油槽、机车电工常用工具和相关配件及材料。

2. 材料工具准备

序　号	名　称	规　格	数　量	备　注
1	机车电工常用工具		1套	
2	轴承拔出器		1瓶	
3	套筒扳手		1把	
4	开口扳手		1把	
5	兆欧表	500 V	1块	
6	毫伏表		1块	
7	电桥		1个	
8	毛刷		1把	
9	手锤		1把	
10	钢板尺		1把	
11	黄铜棒		1把	
12	外径千分尺		1把	
13	木锤		1把	
14	游标卡尺		1把	
15	弹簧秤		1个	
16	内径百分表		1个	
17	石棉手套		1副	
18	塞尺		1把	

3. 考核要求

(1)被认定人入考场后，首先由裁判告知题目，其次由被认定人检查准备工具，到实作场地确认作业环境，当被认定人告知裁判可以开始时，由裁判员开始计时。

(2)考核时间为 60 min，考核期间，被认定人可以对现场作业和工艺范围要求不符的情况进行说明。

(3)在被认定人检修作业期间，裁判可以依据考评项点向被认定人提问，以确认被认定人检修过程是否有依据。

(4)考核过程若被认定人出现配件、工装机具等毁坏情况和人身伤害时，终止考试，成绩为 0。

(5)考核完毕后，由被认定人在评分表上签字确认。

4. 考核评分

(1)考评人员 3 名以上。

(2)评分程序及规则：考评员根据考生操作情况对照计分标准在评分表上给予记录评分。

(3)算分方法：采用百分制，满分 100 分，60 分及以上为合格。

职业技能等级认定
铁路机车电工(高级技师)实作技能考核评分记录表

单位:＿＿＿＿＿　姓名:＿＿＿＿＿　准考证号:＿＿＿＿＿　工种:＿＿＿＿＿　级别:＿＿＿＿＿

试题名称:小型直流电机的检修

考核时间:60 min

操作开始时间:　　时　　分　　　　　　操作结束时间:　　时　　分

项　目	考核内容及评分标准	扣分因素及扣分	得　分
作业程序(20分)	1. 工序错乱扣6分		
	2. 工作中返工扣10分		
	3. 作业后未按要求恢复、整理扣4分		
作业质量(50分)	1. 电动机机座、端盖、轴承检修:机座、端盖不得有裂损、变形,油管及油堵齐全畅通。不符合要求扣3分		
	2. 电动机机座、端盖、轴承检修:接线板清洁,不得有裂损。接线柱不得松动、歪斜及过热烧痕,螺栓完好。不符合要求扣5分		
	3. 电动机机座、端盖、轴承检修:接线柱间及接线柱对地绝缘电阻符合限度要求。超限扣5分		
	4. 电动机机座、端盖、轴承检修:轴承转动灵活、平稳、无异音。滚道及滚道体不得有裂损、剥离、碾堆、麻面及锈蚀现象。不符合要求扣3分		
	5. 电动机机座、端盖、轴承检修:轴承内外圈分别与轴、端盖轴承室的配合及端盖与机座的配合不得有松旷,松旷时严禁以滚花或加垫方式处理。不符合要求扣3分		
	6. 电动机定子检修:定子铁芯不得有松动、移位、裂损。各主极之间的距离相互偏差不许超限。不符合要求扣2分		
	7. 电动机定子检修:绕组清洁、紧固、绝缘状态良好。引接线固定可靠,折损面积不许超限,连接状态良好。不符合要求扣2分		
	8. 电动机定子检修:定子绕组对地绝缘值和对地耐电压实验应符合限度固定。不符合要求扣2分		
	9. 电枢检修:电枢铁芯与轴不得有松弛、移位。不符合要求扣2分		
	10. 电枢检修:电枢轴配合面光洁。不符合要求扣2分		
	11. 电枢检修:电枢绕组端部绝缘清洁、完好,绑线不得拉伤、松动。不符合要求扣3分		

续上表

项　目	考核内容及评分标准	扣分因素及扣分	得　分
作业质量（50分）	12. 电枢检修：换向器表面光滑。有拉伤扣3分		
	13. 电枢检修：换向器片间不得有短路、断路。不符合要求扣2分		
	14. 刷架检修：刷架各部分清洁，无裂纹。不符合要求扣3分		
	15. 刷架检修：电刷各零部件符合规定技术限度要求。不符合要求扣3分		
	16. 组装：机组内外清洁，标记正确、清晰，附件齐全，各紧固件紧固，接线正确、牢固。不符合要求扣2分		
	17. 组装：电枢转动灵活，轴伸部分中点的圆跳动量不得超限。不符合要求扣2分		
	18. 组装：电刷与换向器的接触面积必须符合工艺要求。不符合要求扣3分		
	19. 同一电机必须使用同一牌号的电刷。否则失格		
工具设备使用（10分）	1. 开工前未检查工、量具及设备，收工时不整理扣2分		
	2. 工、量具及设备使用不当扣2分		
	3. 工、量具脱落扣2分		
	4. 工具、设备损坏扣4分		
考核时间（10分）	每超1 min扣1分，超过10 min失格		
作业安全（10分）	1. 未按规定着装扣2分		
	2. 工作场地不整洁扣2分		
	3. 工件、工具摆放不整齐扣2分		
	4. 违章或违反安全事项扣4分		
	5. 发生事故失格		
合计（100分）			

考评员签名：　　　　　　　　认定人：　　　　　　　　年　　月　　日

S5 受电弓的检修

1. 考场准备

要求场地内准备检修作业平台、机车受电弓、电工常用工具和相关配件及材料。

2. 材料工具准备

序号	名称	规格	数量	备注
1	机车电工常用工具		1套	
2	直尺		1把	
3	油盘		1个	
4	钢丝刷		1个	
5	扳手		1套	
6	高度尺	0～2 600 mm	1个	
7	游标卡尺		1把	
8	塞尺		1把	
9	钢板尺	300 mm	1把	
10	测力用重锤	60 N、70 N、80 N	各1块	
11	秒表		1块	

3. 考核要求

(1)被认定人入考场后,首先由裁判告知题目,其次由被认定人检查准备工具,到实作场地确认作业环境,当被认定人告知裁判可以开始时,由裁判员开始计时。

(2)考核时间为 60 min,考核期间,被认定人可以对现场作业和工艺范围要求不符的情况进行说明。

(3)在被认定人检修作业期间,裁判可以依据考评项点向被认定人提问,以确认被认定人检修过程是否有依据。

(4)考核过程若被认定人出现配件、工装机具等毁坏情况和人身伤害时,终止考试,成绩为 0。

(5)考核完毕后,由被认定人在评分表上签字确认。

4. 考核评分

(1)考评人员 3 名以上。

(2)评分程序及规则:考评员根据考生操作情况对照计分标准在评分表上给予记录评分。

(3)算分方法:采用百分制,满分 100 分,60 分及以上为合格。

职业技能等级认定
铁路机车电工(高级技师)实作技能考核评分记录表

单位:__________　姓名:__________　准考证号:__________　工种:__________　级别:__________

试题名称:受电弓的检修

考核时间:60 min

操作开始时间:　　时　　分　　　　　　　　　　操作结束时间:　　时　　分

项　目	考核内容及评分标准	扣分因素及扣分	得　分
作业程序(20分)	1. 工序错乱扣6分		
	2. 工作中返工扣10分		
	3. 作业后未按要求恢复、整理扣4分		
作业质量(50分)	1. 各连杆机构检查、测量、调整方法不当或错误,每次扣2分(总计10分)		
	2. 滑板及支架检查、测量、调整方法不当或错误,每次扣2分(总计10分)		
	3. 瓷瓶检修:表面光洁,无裂纹,安装牢固。表面有缺陷未进行绝缘处理扣5分		
	4. 弹簧检修:不允许有裂损、锈蚀,自由高度符合要求。不符合要求扣5分		
	5. 升弓弹簧的调整螺杆、螺纹完好。质量不符合规定扣5分		
	6. 风动机构检修:符合工艺技术要求。风缸、活塞、传动杆及缓冲阀有裂损、变形、拉伤扣5分		
	7. 风动机构检修:符合工艺技术要求。风管及接头有漏泄扣5分		
	8. 外漏铁质零件未进行除锈、涂漆处理扣5分		
工具设备使用(10分)	1. 开工前未检查工、量具及设备,收工时不整理扣2分		
	2. 工、量具及设备使用不当扣2分		
	3. 工、量具脱落扣2分		
	4. 工具、设备损坏扣4分		
考核时间(10分)	每超1 min扣1分,超过10 min失格		
作业安全(10分)	1. 未按规定着装扣2分		
	2. 工作场地不整洁扣2分		
	3. 工件、工具摆放不整齐扣2分		
	4. 违章或违反安全事项扣4分		
	5. 发生事故失格		
合计(100分)			

考评员签名:　　　　　　　　　　　　　认定人:　　　　　　　　　　　　年　　月　　日

S6 位置转换开关的检修

1. 考场准备

要求场地内准备检修作业平台、位置转换开关、压缩空气装置、机车电工常用工具和相关配件及材料。

2. 材料工具准备

序 号	名 称	规 格	数 量	备 注
1	机车电工常用工具		1套	
2	弹簧秤	0～98 N	1个	
3	钢板尺		1把	
4	毛刷		1把	
5	兆欧表	2 500 V	1块	
6	紫铜棒	300 mm	1根	
7	塞尺		1把	

3. 考核要求

(1)被认定人入考场后，首先由裁判告知题目，其次由被认定人检查准备工具，到实作场地确认作业环境，当被认定人告知裁判可以开始时，由裁判员开始计时。

(2)考核时间为 60 min，考核期间，被认定人可以对现场作业和工艺范围要求不符的情况进行说明。

(3)在被认定人检修作业期间，裁判可以依据考评项点向被认定人提问，以确认被认定人检修过程是否有依据。

(4)考核过程若被认定人出现配件、工装机具等毁坏情况和人身伤害时，终止考试，成绩为 0。

(5)考核完毕后，由被认定人在评分表上签字确认。

4. 考核评分

(1)考评人员 3 名以上。

(2)评分程序及规则：考评员根据考生操作情况对照计分标准在评分表上给予记录评分。

(3)算分方法：采用百分制，满分 100 分，60 分及以上为合格。

职业技能等级认定
铁路机车电工(高级技师)实作技能考核评分记录表

单位:_________ 姓名:_________ 准考证号:_________ 工种:_________ 级别:_________

试题名称:位置转换开关的检修

考核时间:60 min

操作开始时间: 时 分 操作结束时间: 时 分

项目	考核内容及评分标准	扣分因素及扣分	得分
作业程序(20分)	1. 工序错乱扣6分		
	2. 工作中返工扣10分		
	3. 作业后未按要求恢复、整理扣4分		
作业质量(50分)	1. 转鼓及方轴检修:各触头表面状态良好,接触位置正确并符合工艺技术要求。操作、检查、测量、调整方法不当或错误扣5分		
	2. 转鼓及方轴检修:绝缘板不得有烧痕及过热、变色。不符合要求扣5分		
	3. 转鼓及方轴检修:板后接线正确、牢固、标记清晰。不符合要求扣5分		
	4. 转鼓及方轴检修:鼓形转换开关的动触头片及胶木座不得松动,转鼓外径符合限度要求。不符合要求扣5分		
	5. 传动风缸检修:风缸、活塞不得有裂损、变形及拉伤。皮碗不许有裂损、老化及永久变形。工艺要求、质量不符合规定扣5分		
	6. 辅助联锁装置检修:触头不得有烧痕、松动、断裂、接触应良好,超程符合限度规定。不符合要求扣5分		
	7. 辅助联锁装置检修:超程符合限度规定。不符合要求扣5分		
	8. 位置开关动作正常,转动灵活。有阻滞现象扣5分		
	9. 绝缘电阻值符合限度规定。否则扣5分		
	10. 耐压实验值符合限度规定。否则扣5分		
工具设备使用(10分)	1. 开工前未检查工、量具及设备,收工时不整理扣2分		
	2. 工、量具及设备使用不当扣2分		
	3. 工、量具脱落扣2分		
	4. 工具、设备损坏扣4分		
考核时间(10分)	每超1 min扣1分,超过10 min失格		
作业安全(10分)	1. 未按规定着装扣2分		
	2. 工作场地不整洁扣2分		
	3. 工件、工具摆放不整齐扣2分		
	4. 违章或违反安全事项扣4分;发生较大事故取消成绩		
合计(100分)			

考评员签名: 认定人: 年 月 日

S7　TCK7 型电空接触器的检修

1. 考场准备

要求场地内准备检修作业平台、TCK7 型电空接触器、压缩空气装置、可调直流电源、机车电工常用工具和相关配件及材料。

2. 材料工具准备

序　号	名　称	规　格	数　量	备　注
1	机车电工常用工具		1套	
2	兆欧表		1块	
3	专用扳手		1把	
4	什锦锉		1把	
5	测力计		1个	
6	毛刷		1把	

3. 考核要求

(1)被认定人入考场后,首先由裁判告知题目,其次由被认定人检查准备工具,到实作场地确认作业环境,当被认定人告知裁判可以开始时,由裁判员开始计时。

(2)考核时间为 40 min,考核期间,被认定人可以对现场作业和工艺范围要求不符的情况进行说明。

(3)在被认定人检修作业期间,裁判可以依据考评项点向被认定人提问,以确认被认定人检修过程是否有依据。

(4)考核过程若被认定人出现配件、工装机具等毁坏情况和人身伤害时,终止考试,成绩为 0。

(5)考核完毕后,由被认定人在评分表上签字确认。

4. 考核评分

(1)考评人员 3 名以上。

(2)评分程序及规则:考评员根据考生操作情况对照计分标准在评分表上给予记录评分。

(3)算分方法:采用百分制,满分 100 分,60 分及以上为合格。

职业技能等级认定
铁路机车电工（高级技师）实作技能考核评分记录表

单位：________　姓名：________　准考证号：________　工种：________　级别：________

试题名称：TCK7 型电空接触器的检修

考核时间：40 min

操作开始时间：　时　分　　　　操作结束时间：　时　分

项　目	考 核 内 容	扣分因素及扣分	得　分
作业程序（10 分）	1. 考核前未检查安全防护设施扣 2 分		
	2. 程序错误，不会口述程序及要求，每次扣 2 分		
	3. 错呼部件状态，未呼被检查部件名称，每次扣 2 分		
作业质量（60 分）	1. 解体：5 分，漏、错一项扣 1 分		
	2. 清洗：5 分，漏、错一项扣 1 分		
	3. 检测：10 分，漏、错一项扣 2 分		
	4. 修复：10 分，漏、错一项扣 2 分		
	5. 组装：10 分，漏、错一项扣 2 分		
	6. 调试：10 分，漏、错一项扣 2 分		
	7. 记录的填写：10 分，漏、错一项扣 1 分		
工具设备使用（10 分）	1. 工具乱放，每次扣 2 分		
	2. 设备使用不正确，每次扣 2 分		
	3. 损坏工具扣 10 分		
考核时间（10 分）	1. 超过规定时间每超 1 min，扣 2 分		
	2. 超过规定时间 3 min 以上（不包括 3 min），每分钟扣 5 分		
	3. 超过规定时间 5 min 以上（不包括 5 min），停止考试		
作业安全（10 分）	1. 违反安全作业规定，每次扣 2 分，严重者失格		
	2. 考试中碰伤，失格		
	3. 未按规定佩戴防护用品，失格		
合计（100 分）			

考评员签名：　　　　认定人：　　　　年　月　日

S8 低压电器柜的检修

1. 考场准备

要求场地内准备检修作业平台、SS_4 型电力机车低压电器柜、综合试验台、压缩空气装置、机车电工常用工具和相关配件及材料。

2. 材料工具准备

序 号	名 称	规 格	数 量	备 注
1	机车电工常用工具		1套	
2	兆欧表	2 500 V	1块	
3	喷枪		1把	
4	万用表		1把	
5	电容表		1个	
6	电桥		1个	

3. 考核要求

(1)被认定人入考场后，首先由裁判告知题目，其次由被认定人检查准备工具，到实作场地确认作业环境，当被认定人告知裁判可以开始时，由裁判员开始计时。

(2)考核时间为 60 min，考核期间，被认定人可以对现场作业和工艺范围要求不符的情况进行说明。

(3)在被认定人检修作业期间，裁判可以依据考评项点向被认定人提问，以确认被认定人检修过程是否有依据。

(4)考核过程若被认定人出现配件、工装机具等毁坏情况和人身伤害时，终止考试，成绩为 0。

(5)考核完毕后，由被认定人在评分表上签字确认。

4. 考核评分

(1)考评人员 3 名以上。

(2)评分程序及规则：考评员根据考生操作情况对照计分标准在评分表上给予记录评分。

(3)算分方法：采用百分制，满分 100 分，60 分及以上为合格。

职业技能等级认定
铁路机车电工(高级技师)实作技能考核评分记录表

单位:________ 姓名:________ 准考证号:________ 工种:________ 级别:________

试题名称:低压电器柜的检修

考核时间:60 min

操作开始时间: 时 分 操作结束时间: 时 分

项 目	考 核 内 容	扣分因素及扣分	得 分
作业程序(10分)	1. 考核前未检查安全防护设施扣2分		
	2. 程序错误,不会口述程序及要求,每次扣2分		
	3. 错呼部件状态,未呼被检查部件名称,每次扣2分		
作业质量(60分)	1. 解体:5分,漏、错一项扣1分		
	2. 清洗:5分,漏、错一项扣1分		
	3. 检测:10分,漏、错一项扣2分		
	4. 修复:10分,漏、错一项扣2分		
	5. 组装:10分,漏、错一项扣2分		
	6. 调试:10分,漏、错一项扣2分		
	7. 记录的填写:10分,漏、错一项扣1分		
工具设备使用(10分)	1. 工具乱放,每次扣2分		
	2. 设备使用不正确,每次扣2分		
	3. 损坏工具扣10分		
考核时间(10分)	1. 超过规定时间每超1 min,扣2分		
	2. 超过规定时间3 min以上(不包括3 min),每分钟扣5分		
	3. 超过规定时间5 min以上(不包括5 min),停止考试		
作业安全(10分)	1. 违反安全作业规定,每次扣2分,严重者失格		
	2. 考试中碰伤,失格		
	3. 未按规定佩戴防护用品,失格		
合计(100分)			

考评员签名: 认定人: 年 月 日

S9 变压器油泵的检修

1. 考场准备

要求场地内准备检修作业平台、变压器油泵、专用试验台、电热烘箱、机车电工常用工具和相关配件及材料。

2. 材料工具准备

序 号	名 称	规 格	数 量	备 注
1	机车电工常用工具		1套	
2	轴承润滑脂		若干	
3	白布		1块	
4	砂布		1块	
5	绝缘漆		1瓶	
6	电气清洗剂		1瓶	
7	轴承拔出器		1个	
8	电工纸板		若干	
9	毛刷		1把	

3. 考核要求

(1)被认定人入考场后,首先由裁判告知题目,其次由被认定人检查准备工具,到实作场地确认作业环境,当被认定人告知裁判可以开始时,由裁判员开始计时。

(2)考核时间为60 min,考核期间,被认定人可以对现场作业和工艺范围要求不符的情况进行说明。

(3)在被认定人检修作业期间,裁判可以依据考评项点向被认定人提问,以确认被认定人检修过程是否有依据。

(4)考核过程若被认定人出现配件、工装机具等毁坏情况和人身伤害时,终止考试,成绩为0。

(5)考核完毕后,由被认定人在评分表上签字确认。

4. 考核评分

(1)考评人员3名以上。

(2)评分程序及规则:考评员根据考生操作情况对照计分标准在评分表上给予记录评分。

(3)算分方法:采用百分制,满分100分,60分及以上为合格。

职业技能等级认定
铁路机车电工(高级技师)实作技能考核评分记录表

单位:＿＿＿＿　姓名:＿＿＿＿　准考证号:＿＿＿＿　工种:＿＿＿＿　级别:＿＿＿＿

试题名称:变压器油泵的检修

考核时间:60 min

操作开始时间:　　时　　分　　　　操作结束时间:　　时　　分

<table>
<tr><th>项　目</th><th>考 核 内 容</th><th>扣分因素及扣分</th><th>得　分</th></tr>
<tr><td rowspan="3">作业程序(10分)</td><td>1. 考核前未检查安全防护设施扣2分</td><td rowspan="3"></td><td rowspan="3"></td></tr>
<tr><td>2. 程序错误,不会口述程序及要求,每次扣2分</td></tr>
<tr><td>3. 错呼部件状态,未呼被检查部件名称,每次扣2分</td></tr>
<tr><td rowspan="7">作业质量(60分)</td><td>1. 解体:5分,漏、错一项扣1分</td><td rowspan="7"></td><td rowspan="7"></td></tr>
<tr><td>2. 清洗:5分,漏、错一项扣1分</td></tr>
<tr><td>3. 检测:10分,漏、错一项扣2分</td></tr>
<tr><td>4. 修复:10分,漏、错一项扣2分</td></tr>
<tr><td>5. 组装:10分,漏、错一项扣2分</td></tr>
<tr><td>6. 调试:10分,漏、错一项扣2分</td></tr>
<tr><td>7. 记录的填写:10分,漏、错一项扣1分</td></tr>
<tr><td rowspan="3">工具设备使用(10分)</td><td>1. 工具乱放,每次扣2分</td><td rowspan="3"></td><td rowspan="3"></td></tr>
<tr><td>2. 设备使用不正确,每次扣2分</td></tr>
<tr><td>3. 损坏工具扣10分</td></tr>
<tr><td rowspan="3">考核时间(10分)</td><td>1. 超过规定时间每超1 min,扣2分</td><td rowspan="3"></td><td rowspan="3"></td></tr>
<tr><td>2. 超过规定时间3 min以上(不包括3 min),每分钟扣5分</td></tr>
<tr><td>3. 超过规定时间5 min以上(不包括5 min),停止考试</td></tr>
<tr><td rowspan="3">作业安全(10分)</td><td>1. 违反安全作业规定,每次扣2分,严重者失格</td><td rowspan="3"></td><td rowspan="3"></td></tr>
<tr><td>2. 考试中碰伤,失格</td></tr>
<tr><td>3. 未按规定佩戴防护用品,失格</td></tr>
<tr><td>合计(100分)</td><td colspan="3"></td></tr>
</table>

考评员签名:　　　　　　　　认定人:　　　　　　　　年　　月　　日

S10 劈相机的检修

1. 考场准备

要求场地内准备检修作业平台、SS4 型电力机车劈相机、压缩空气设备、专用试验台、轴承清洗设备、清洗专用设备、浸渍设备、电热设备、电热烘箱、检修支架、感应加热器、机车电工常用工具和相关配件及材料。

2. 材料工具准备

序　号	名　称	规　格	数　量	备　注
1	机车电工常用工具		1套	
2	兆欧表	500 V	1块	
3	点温计		1把	
4	引入转子工具		1个	
5	轴承拔出机具		1个	
6	外径千分尺		1把	
7	厚纸		若干	
8	卡环钳		1把	

3. 考核要求

(1)被认定人入考场后,首先由裁判告知题目,其次由被认定人检查准备工具,到实作场地确认作业环境,当被认定人告知裁判可以开始时,由裁判员开始计时。

(2)考核时间为 60 min,考核期间,被认定人可以对现场作业和工艺范围要求不符的情况进行说明。

(3)在被认定人检修作业期间,裁判可以依据考评项点向被认定人提问,以确认被认定人检修过程是否有依据。

(4)考核过程若被认定人出现配件、工装机具等毁坏情况和人身伤害时,终止考试,成绩为 0。

(5)考核完毕后,由被认定人在评分表上签字确认。

4. 考核评分

(1)考评人员 3 名以上。

(2)评分程序及规则:考评员根据考生操作情况对照计分标准在评分表上给予记录评分。

(3)算分方法:采用百分制,满分 100 分,60 分及以上为合格。

职业技能等级认定

铁路机车电工(高级技师)实作技能考核评分记录表

单位:＿＿＿＿＿　姓名:＿＿＿＿＿　准考证号:＿＿＿＿＿　工种:＿＿＿＿＿　级别:＿＿＿＿＿

试题名称:劈相机的检修

考核时间:60 min

操作开始时间:　　时　　分　　　　　　　　操作结束时间:　　时　　分

项　目	考 核 内 容	扣分因素及扣分	得　分
作业程序(10分)	1. 考核前未检查安全防护设施扣2分		
	2. 程序错误,不会口述程序及要求,每次扣2分		
	3. 错呼部件状态,未呼被检查部件名称,每次扣2分		
作业质量(60分)	1. 解体:5分,漏、错一项扣1分		
	2. 清洗:5分,漏、错一项扣1分		
	3. 检测:10分,漏、错一项扣2分		
	4. 修复:10分,漏、错一项扣2分		
	5. 组装:10分,漏、错一项扣2分		
	6. 调试:10分,漏、错一项扣2分		
	7. 记录的填写:10分,漏、错一项扣1分		
工具设备使用(10分)	1. 工具乱放,每次扣2分		
	2. 设备使用不正确,每次扣2分		
	3. 损坏工具扣10分		
考核时间(10分)	1. 超过规定时间每超1 min,扣2分		
	2. 超过规定时间3 min以上(不包括3 min),每分钟扣5分		
	3. 超过规定时间5 min以上(不包括5 min),停止考试		
作业安全(10分)	1. 违反安全作业规定,每次扣2分,严重者失格		
	2. 考试中碰伤,失格		
	3. 未按规定佩戴防护用品,失格		
合计(100分)			

考评员签名:　　　　　　　　　　　认定人:　　　　　　　　　　　年　　月　　日

S11　逻辑控制单元(LCU)的检修

1. 考场准备

要求场地内准备检修作业平台、SS_4型机车逻辑控制单元(LCU)、LCU试验台、机车电工常用工具和相关配件及材料。

2. 材料工具准备

序　号	名　称	规　格	数　量	备　注
1	机车电工常用工具		1套	
2	毛刷		1把	
3	电烙铁		1个	
4	测力计		1个	
5	万用表		1块	

3. 考核要求

(1)被认定人入考场后,首先由裁判告知题目,其次由被认定人检查准备工具,到实作场地确认作业环境,当被认定人告知裁判可以开始时,由裁判员开始计时。

(2)考核时间为60 min,考核期间,被认定人可以对现场作业和工艺范围要求不符的情况进行说明。

(3)在被认定人检修作业期间,裁判可以依据考评项点向被认定人提问,以确认被认定人检修过程是否有依据。

(4)考核过程若被认定人出现配件、工装机具等毁坏情况和人身伤害时,终止考试,成绩为0。

(5)考核完毕后,由被认定人在评分表上签字确认。

4. 考核评分

(1)考评人员3名以上。

(2)评分程序及规则:考评员根据考生操作情况对照计分标准在评分表上给予记录评分。

(3)算分方法:采用百分制,满分100分,60分及以上为合格。

职业技能等级认定
铁路机车电工(高级技师)实作技能考核评分记录表

单位：__________　姓名：__________　准考证号：__________　工种：__________　级别：__________

试题名称：逻辑控制单元(LCU)的检修

考核时间：60 min

操作开始时间：　　时　　分　　　　　　　　操作结束时间：　　时　　分

项　目	考 核 内 容	扣分因素及扣分	得　分
作业程序(10分)	1. 考核前未检查安全防护设施扣2分		
	2. 程序错误，不会口述程序及要求，每次扣2分		
	3. 错呼部件状态，未呼被检查部件名称，每次扣2分		
作业质量(60分)	1. 解体：5分，漏、错一项扣1分		
	2. 清洗：5分，漏、错一项扣1分		
	3. 检测：10分，漏、错一项扣2分		
	4. 修复：10分，漏、错一项扣2分		
	5. 组装：10分，漏、错一项扣2分		
	6. 调试：10分，漏、错一项扣2分		
	7. 记录的填写：10分，漏、错一项扣1分		
工具设备使用(10分)	1. 工具乱放，每次扣2分		
	2. 设备使用不正确，每次扣2分		
	3. 损坏工具扣10分		
考核时间(10分)	1. 超过规定时间每超1 min，扣2分		
	2. 超过规定时间3 min以上(不包括3 min)，每分钟扣5分		
	3. 超过规定时间5 min以上(不包括5 min)，停止考试		
作业安全(10分)	1. 违反安全作业规定，每次扣2分，严重者失格		
	2. 考试中碰伤，失格		
	3. 未按规定佩戴防护用品，失格		
合计(100分)			

考评员签名：　　　　　　　　　　　　认定人：　　　　　　　　　　　　年　　月　　日

S12　DK-1 型制动机逻辑控制单元(DKL)的检修

1. 考场准备

要求场地内准备检修作业平台、DK-1 型制动机逻辑控制单元(DKL)、DKL 逻辑控制单元试验台、机车电工常用工具和相关配件及材料。

2. 材料工具准备

序　号	名　称	规　格	数　量	备　注
1	机车电工常用工具		1 套	
2	毛刷		1 把	
3	电烙铁		1 个	
4	焊锡		若干	
5	万用表		1 块	

3. 考核要求

(1)被认定人入考场后,首先由裁判告知题目,其次由被认定人检查准备工具,到实作场地确认作业环境,当被认定人告知裁判可以开始时,由裁判员开始计时。

(2)考核时间为 60 min,考核期间,被认定人可以对现场作业和工艺范围要求不符的情况进行说明。

(3)在被认定人检修作业期间,裁判可以依据考评项点向被认定人提问,以确认被认定人检修过程是否有依据。

(4)考核过程若被认定人出现配件、工装机具等毁坏情况和人身伤害时,终止考试,成绩为 0。

(5)考核完毕后,由被认定人在评分表上签字确认。

4. 考核评分

(1)考评人员 3 名以上。

(2)评分程序及规则:考评员根据考生操作情况对照计分标准在评分表上给予记录评分。

(3)算分方法:采用百分制,满分 100 分,60 分及以上为合格。

职业技能等级认定
铁路机车电工(高级技师)实作技能考核评分记录表

单位:__________ 姓名:__________ 准考证号:__________ 工种:__________ 级别:__________

试题名称:DK-1 型制动机逻辑控制单元(DKL)的检修

考核时间:60 min

操作开始时间: 时 分 操作结束时间: 时 分

项 目	考 核 内 容	扣分因素及扣分	得 分
作业程序(10分)	1. 考核前未检查安全防护设施扣 2 分		
	2. 程序错误,不会口述程序及要求,每次扣 2 分		
	3. 错呼部件状态,未呼被检查部件名称,每次扣 2 分		
作业质量(60分)	1. 解体:5 分,漏、错一项扣 1 分		
	2. 清洗:5 分,漏、错一项扣 1 分		
	3. 检测:10 分,漏、错一项扣 2 分		
	4. 修复:10 分,漏、错一项扣 2 分		
	5. 组装:10 分,漏、错一项扣 2 分		
	6. 调试:10 分,漏、错一项扣 2 分		
	7. 记录的填写:10 分,漏、错一项扣 1 分		
工具设备使用(10分)	1. 工具乱放,每次扣 2 分		
	2. 设备使用不正确,每次扣 2 分		
	3. 损坏工具扣 10 分		
考核时间(10分)	1. 超过规定时间每超 1 min,扣 2 分		
	2. 超过规定时间 3 min 以上(不包括 3 min),每分钟扣 5 分		
	3. 超过规定时间 5 min 以上(不包括 5 min),停止考试		
作业安全(10分)	1. 违反安全作业规定,每次扣 2 分,严重者失格		
	2. 考试中碰伤,失格		
	3. 未按规定佩戴防护用品,失格		
合计(100分)			

考评员签名: 认定人: 年 月 日

S13 电子控制柜的检修

1. 考场准备

要求场地内准备检修作业平台、集成块起拨器、电子柜试验台、数字双踪示波器、二极管特性测试仪、运算放大器测试仪、稳压电源、机车电工常用工具和相关配件及材料。

2. 材料工具准备

序 号	名 称	规 格	数 量	备 注
1	机车电工常用工具		1 套	
2	毛刷		1 把	
3	电烙铁		1 个	
4	焊锡		若干	
5	万用表		1 块	
6	电容表		1 块	
7	镊子		1 个	
8	小刀		1 个	

3. 考核要求

(1)被认定人入考场后,首先由裁判告知题目,其次由被认定人检查准备工具,到实作场地确认作业环境,当被认定人告知裁判可以开始时,由裁判员开始计时。

(2)考核时间为 60 min,考核期间,被认定人可以对现场作业和工艺范围要求不符的情况进行说明。

(3)在被认定人检修作业期间,裁判可以依据考评项点向被认定人提问,以确认被认定人检修过程是否有依据。

(4)考核过程若被认定人出现配件、工装机具等毁坏情况和人身伤害时,终止考试,成绩为 0。

(5)考核完毕后,由被认定人在评分表上签字确认。

4. 考核评分

(1)考评人员 3 名以上。

(2)评分程序及规则:考评员根据考生操作情况对照计分标准在评分表上给予记录评分。

(3)算分方法:采用百分制,满分 100 分,60 分及以上为合格。

职业技能等级认定
铁路机车电工(高级技师)实作技能考核评分记录表

单位:＿＿＿＿＿　姓名:＿＿＿＿＿　准考证号:＿＿＿＿＿　工种:＿＿＿＿＿　级别:＿＿＿＿＿

试题名称:电子控制柜的检修

考核时间:60 min

操作开始时间:　　时　　分　　　　　　操作结束时间:　　时　　分

项　目	考 核 内 容	扣分因素及扣分	得　分
作业程序(10 分)	1. 考核前未检查安全防护设施,扣 2 分		
	2. 程序错误,不会口述程序及要求,每次扣 2 分		
	3. 错呼部件状态,未呼被检查部件名称,每次扣 2 分		
作业质量(60 分)	1. 解体:5 分,漏、错一项扣 1 分		
	2. 清洗:5 分,漏、错一项扣 1 分		
	3. 检测:10 分,漏、错一项扣 2 分		
	4. 修复:10 分,漏、错一项扣 2 分		
	5. 组装:10 分,漏、错一项扣 2 分		
	6. 调试:10 分,漏、错一项扣 2 分		
	7. 记录的填写:10 分,漏、错一项扣 1 分		
工具设备使用(10 分)	1. 工具乱放,每次扣 2 分		
	2. 设备使用不正确,每次扣 2 分		
	3. 损坏工具扣 10 分		
考核时间(10 分)	1. 超过规定时间每超 1 min,扣 2 分		
	2. 超过规定时间 3 min 以上(不包括 3 min),每分钟扣 5 分		
	3. 超过规定时间 5 min 以上(不包括 5 min),停止考试		
作业安全(10 分)	1. 违反安全作业规定,每次扣 2 分,严重者失格		
	2. 考试中碰伤,失格		
	3. 未按规定佩戴防护用品,失格		
合计(100 分)			

考评员签名:　　　　　　　　　　认定人:　　　　　　　　　　年　　月　　日

S14　控制电源柜的检修

1. 考场准备

要求场地内准备检修作业平台、SS_4 型电力机车控制电源柜、电子板试验台、二极管图示仪、稳压电源(0～110 V)、可控硅测试仪、二极管测试仪、双踪示波器、机车电工常用工具和相关配件及材料。

2. 材料工具准备

序　号	名　称	规　格	数　量	备　注
1	机车电工常用工具		1 套	
2	毛刷		1 把	
3	万用表		1 块	
4	环氧树脂		若干	
5	电气清洗剂		1 瓶	
6	白布		1 块	
7	电烙铁		1 个	
8	焊锡		若干	

3. 考核要求

(1)被认定人入考场后，首先由裁判告知题目，其次由被认定人检查准备工具，到实作场地确认作业环境，当被认定人告知裁判可以开始时，由裁判员开始计时。

(2)考核时间为 60 min，考核期间，被认定人可以对现场作业和工艺范围要求不符的情况进行说明。

(3)在被认定人检修作业期间，裁判可以依据考评项点向被认定人提问，以确认被认定人检修过程是否有依据。

(4)考核过程若被认定人出现配件、工装机具等毁坏情况和人身伤害时，终止考试，成绩为 0。

(5)考核完毕后，由被认定人在评分表上签字确认。

4. 考核评分

(1)考评人员 3 名以上。

(2)评分程序及规则：考评员根据考生操作情况对照计分标准在评分表上给予记录评分。

(3)算分方法：采用百分制，满分 100 分，60 分及以上为合格。

职业技能等级认定
铁路机车电工(高级技师)实作技能考核评分记录表

单位:＿＿＿＿＿　姓名:＿＿＿＿＿　准考证号:＿＿＿＿＿　工种:＿＿＿＿＿　级别:＿＿＿＿＿

试题名称:控制电源柜的检修

考核时间:60 min

操作开始时间:　　时　　分　　　　　　操作结束时间:　　时　　分

项　目	考 核 内 容	扣分因素及扣分	得　分
作业程序(10分)	1. 考核前未检查安全防护设施,扣2分		
	2. 程序错误,不会口述程序及要求,每次扣2分		
	3. 错呼部件状态,未呼被检查部件名称,每次扣2分		
作业质量(60分)	1. 解体:5分,漏、错一项扣1分		
	2. 清洗:5分,漏、错一项扣1分		
	3. 检测:10分,漏、错一项扣2分		
	4. 修复:10分,漏、错一项扣2分		
	5. 组装:10分,漏、错一项扣2分		
	6. 调试:10分,漏、错一项扣2分		
	7. 记录的填写:10分,漏、错一项扣1分		
工具设备使用(10分)	1. 工具乱放,每次扣2分		
	2. 设备使用不正确,每次扣2分		
	3. 损坏工具扣10分		
考核时间(10分)	1. 超过规定时间每超1 min,扣2分		
	2. 超过规定时间3 min以上(不包括3 min),每分钟扣5分		
	3. 超过规定时间5 min以上(不包括5 min),停止考试		
作业安全(10分)	1. 违反安全作业规定,每次扣2分,严重者失格		
	2. 考试中碰伤,失格		
	3. 未按规定佩戴防护用品,失格		
合计(100分)			

考评员签名:　　　　　　　　　　认定人:　　　　　　　　　　年　　月　　日

S15　轮轨润滑装置电空阀的检修

1. 考场准备

要求场地内准备检修作业平台、SS_4 型电力机车轮轨润滑装置电空阀、电空阀试验台、压缩空气装置、台钳、机车电工常用工具和相关配件及材料。

2. 材料工具准备

序　号	名　称	规　格	数　量	备　注
1	机车电工常用工具		1套	
2	毛刷		1把	
3	兆欧表	500 V	1块	
4	万用表		1块	

3. 考核要求

(1)被认定人入考场后,首先由裁判告知题目,其次由被认定人检查准备工具,到实作场地确认作业环境,当被认定人告知裁判可以开始时,由裁判员开始计时。

(2)考核时间为 30 min,考核期间,被认定人可以对现场作业和工艺范围要求不符的情况进行说明。

(3)在被认定人检修作业期间,裁判可以依据考评项点向被认定人提问,以确认被认定人检修过程是否有依据。

(4)考核过程若被认定人出现配件、工装机具等毁坏情况和人身伤害时,终止考试,成绩为 0。

(5)考核完毕后,由被认定人在评分表上签字确认。

4. 考核评分

(1)考评人员 3 名以上。

(2)评分程序及规则:考评员根据考生操作情况对照计分标准在评分表上给予记录评分。

(3)算分方法:采用百分制,满分 100 分,60 分及以上为合格。

职业技能等级认定
铁路机车电工(高级技师)实作技能考核评分记录表

单位:________ 姓名:________ 准考证号:________ 工种:________ 级别:________

试题名称:轮轨润滑装置电空阀的检修

考核时间:30 min

操作开始时间: 时 分 操作结束时间: 时 分

项 目	考 核 内 容	扣分因素及扣分	得 分
作业程序(10分)	1. 考核前未检查安全防护设施,扣2分		
	2. 程序错误,不会口述程序及要求,每次扣2分		
	3. 错呼部件状态,未呼被检查部件名称,每次扣2分		
作业质量(60分)	1. 解体:5分,漏、错一项扣1分		
	2. 清洗:5分,漏、错一项扣1分		
	3. 检测:10分,漏、错一项扣2分		
	4. 修复:10分,漏、错一项扣2分		
	5. 组装:10分,漏、错一项扣2分		
	6. 调试:10分,漏、错一项扣2分		
	7. 记录的填写:10分,漏、错一项扣1分		
工具设备使用(10分)	1. 工具乱放,每次扣2分		
	2. 设备使用不正确,每次扣2分		
	3. 损坏工具扣10分		
考核时间(10分)	1. 超过规定时间每超1 min,扣2分		
	2. 超过规定时间3 min以上(不包括3 min),每分钟扣5分		
	3. 超过规定时间5 min以上(不包括5 min),停止考试		
作业安全(10分)	1. 违反安全作业规定,每次扣2分,严重者失格		
	2. 考试中碰伤,失格		
	3. 未按规定佩戴防护用品,失格		
合计(100分)			

考评员签名: 认定人: 年 月 日

S16 琴(扳)键开关的检修

1. 考场准备

要求场地内准备检修作业平台、琴(扳)键开关、机车电工常用工具和相关配件及材料。

2. 材料工具准备

序 号	名 称	规 格	数 量	备 注
1	机车电工常用工具		1套	
2	毛刷		1把	
3	电烙铁		1个	
4	焊锡		若干	
5	万用表		1块	

3. 考核要求

(1)被认定人入考场后,首先由裁判告知题目,其次由被认定人检查准备工具,到实作场地确认作业环境,当被认定人告知裁判可以开始时,由裁判员开始计时。

(2)考核时间为 50 min,考核期间,被认定人可以对现场作业和工艺范围要求不符的情况进行说明。

(3)在被认定人检修作业期间,裁判可以依据考评项点向被认定人提问,以确认被认定人检修过程是否有依据。

(4)考核过程若被认定人出现配件、工装机具等毁坏情况和人身伤害时,终止考试,成绩为 0。

(5)考核完毕后,由被认定人在评分表上签字确认。

4. 考核评分

(1)考评人员 3 名以上。

(2)评分程序及规则:考评员根据考生操作情况对照计分标准在评分表上给予记录评分。

(3)算分方法:采用百分制,满分 100 分,60 分及以上为合格。

职业技能等级认定
铁路机车电工(高级技师)实作技能考核评分记录表

单位:________ 姓名:________ 准考证号:________ 工种:________ 级别:________

试题名称:琴(扳)键开关的检修

考核时间:50 min

操作开始时间: 时 分 操作结束时间: 时 分

项 目	考 核 内 容	扣分因素及扣分	得 分
作业程序(10分)	1. 考核前未检查安全防护设施,扣2分		
	2. 程序错误,不会口述程序及要求,每次扣2分		
	3. 错呼部件状态,未呼被检查部件名称,每次扣2分		
作业质量(60分)	1. 解体:5分,漏、错一项扣1分		
	2. 清洗:5分,漏、错一项扣1分		
	3. 检测:10分,漏、错一项扣2分		
	4. 修复:10分,漏、错一项扣2分		
	5. 组装:10分,漏、错一项扣2分		
	6. 调试:10分,漏、错一项扣2分		
	7. 记录的填写:10分,漏、错一项扣1分		
工具设备使用(10分)	1. 工具乱放,每次扣2分		
	2. 设备使用不正确,每次扣2分		
	3. 损坏工具扣10分		
考核时间(10分)	1. 超过规定时间每超1 min,扣2分		
	2. 超过规定时间3 min以上(不包括3 min),每分钟扣5分		
	3. 超过规定时间5 min以上(不包括5 min),停止考试		
作业安全(10分)	1. 违反安全作业规定,每次扣2分,严重者失格		
	2. 考试中碰伤,失格		
	3. 未按规定佩戴防护用品,失格		
合计(100分)			

考评员签名: 认定人: 年 月 日

S17 高压连接器的检修

1. 考场准备

要求场地内准备检修作业平台、SS_4型电力机车高压连接器,机车电工常用工具和相关配件及材料。

2. 材料工具准备

序号	名称	规格	数量	备注
1	机车电工常用工具		1套	
2	直尺		1把	
3	油盘		1个	
4	毛刷		1把	

3. 考核要求

(1)被认定人入考场后,首先由裁判告知题目,其次由被认定人检查准备工具,到实作场地确认作业环境,当被认定人告知裁判可以开始时,由裁判员开始计时。

(2)考核时间为40 min,考核期间,被认定人可以对现场作业和工艺范围要求不符的情况进行说明。

(3)在被认定人检修作业期间,裁判可以依据考评项点向被认定人提问,以确认被认定人检修过程是否有依据。

(4)考核过程若被认定人出现配件、工装机具等毁坏情况和人身伤害时,终止考试,成绩为0。

(5)考核完毕后,由被认定人在评分表上签字确认。

4. 考核评分

(1)考评人员3名以上。

(2)评分程序及规则:考评员根据考生操作情况对照计分标准在评分表上给予记录评分。

(3)算分方法:采用百分制,满分100分,60分及以上为合格。

职业技能等级认定
铁路机车电工(高级技师)实作技能考核评分记录表

单位：__________　姓名：__________　准考证号：__________　工种：__________　级别：__________

试题名称：高压连接器的检修

考核时间：40 min

操作开始时间：　　时　　分　　　　　　　　操作结束时间：　　时　　分

项　目	考核内容及评分标准	扣分因素及扣分	得　分
作业程序(20分)	1. 工序错乱扣6分		
	2. 工作中返工扣10分		
	3. 作业后未按要求恢复、整理扣4分		
作业质量(50分)	1. 支持瓷瓶表面光洁，不许有裂纹。不符合要求扣5分		
	2. 支持瓷瓶安装牢固。不符合要求扣5分		
	3. 支持瓷瓶如有缺陷，必须进行绝缘处理，缺损面积大于3 cm^2 时，必须进行75 kV的高压耐压实验。未按规定进行更换，错检或漏检扣20分		
	4. 支持瓷瓶如有缺陷，必须进行绝缘处理缺陷面积大于30 cm^2 时应更新。未进行更新失格		
	5. 各种弹簧不许有断裂及疲劳现象。质量不符合规定扣5分		
	6. 顶杆不得有裂损，连接线不许过热，组装后动作灵活、可靠、接触良好。不符合要求扣5分		
	7. 高压连接器对接后电阻值及高低差必须符合限度要求。超限扣10分		
工具设备使用(10分)	1. 开工前未检查工、量具及设备，收工时不整理扣2分		
	2. 工、量具及设备使用不当扣2分		
	3. 工、量具脱落扣2分		
	4. 工具、设备损坏扣4分		
考核时间(10分)	每超1 min扣1分，超过10 min失格		
作业安全(10分)	1. 未按规定着装扣2分		
	2. 工作场地不整洁扣2分		
	3. 工件、工具摆放不整齐扣2分		
	4. 违章或违反安全事项扣4分		
	5. 发生事故失格		
合计(100分)			

考评员签名：　　　　　　　　　　　　认定人：　　　　　　　　　　年　　月　　日

S18　机车电器试验

1. 考场准备

要求场地内准备检修作业平台、机车、电气原理图、机车布线图、机车电工常用工具和相关配件及材料。

2. 材料工具准备

序　号	名　称	规　格	数　量	备　注
1	机车电工常用工具		1套	
2	导线		若干	
3	万用表		1块	

3. 考核要求

(1)被认定人入考场后,首先由裁判告知题目,其次由被认定人检查准备工具,到实作场地确认作业环境,当被认定人告知裁判可以开始时,由裁判员开始计时。

(2)考核时间为60 min,考核期间,被认定人可以对现场作业和工艺范围要求不符的情况进行说明。

(3)在被认定人检修作业期间,裁判可以依据考评项点向被认定人提问,以确认被认定人检修过程是否有依据。

(4)考核过程若被认定人出现配件、工装机具等毁坏情况和人身伤害时,终止考试,成绩为0。

(5)考核完毕后,由被认定人在评分表上签字确认。

4. 考核评分

(1)考评人员3名以上。

(2)评分程序及规则:考评员根据考生操作情况对照计分标准在评分表上给予记录评分。

(3)算分方法:采用百分制,满分100分,60分及以上为合格。

职业技能等级认定
铁路机车电工(高级技师)实作技能考核评分记录表

单位：＿＿＿＿＿　姓名：＿＿＿＿＿　准考证号：＿＿＿＿＿　工种：＿＿＿＿＿　级别：＿＿＿＿＿

试题名称：机车电器试验

考核时间：60 min

操作开始时间：　时　分　　　　操作结束时间：　时　分

项　目	考核内容及评分标准	扣分因素及扣分	得　分
作业程序(20分)	1. 工序错乱扣6分		
	2. 工作中返工扣10分		
	3. 作业后未按要求恢复、整理扣4分		
作业质量(50分)	1. 电气原理图、布线图、自检记录等准备齐全。图纸文字准备不全扣5分		
	2. 备好试验所需仪器、仪表、工装并检查状态良好。准备仪器、仪表、工具设备有漏项扣5分		
	3. 试验过程组织符合工艺程序。试验程序有一处不符合工艺扣5分		
	4. 人员分工明确，操作要求具体，协调良好。分工不明确使作业受影响一次扣5分		
	5. 遇到问题思路清晰，处理方法正确、果断。处理问题不当一次扣5分		
	6. 各项试验方法正确，数据记录完整、规范。试验方法不当造成误判断，每次扣10分；试验数据记录不全扣10分		
	7. 试验仪器、仪表、工装等使用操作指挥正确。每发现一次指挥不当(含发现错误不及时阻止、更正)扣5分		
工具设备使用(10分)	1. 开工前未检查工具、仪表及设备，收工时不整理扣2分		
	2. 万用表的正确选用、使用。不正确使用扣2分		
	3. 工、量具脱落扣2分		
	4. 工具、设备及仪表损坏扣4分		
考核时间(10分)	每超1 min扣2分，超过10 min失格		
作业安全(10分)	1. 未按规定着装扣2分		
	2. 工作场地不整洁扣2分		
	3. 工件、工具摆放不整齐扣2分		
	4. 违章或违反安全事项扣4分		
	5. 发生事故失格		
合计(100分)			

考评员签名：　　　　　　　　认定人：　　　　　　　　年　月　日

S19 高压电器柜的检修

1. 考场准备

要求场地内准备检修作业平台、SS_4 型电力机车高压电器柜、高压柜综合试验台、压缩空气装置、耐电压试验设备、传感器试验台、机车电工常用工具和相关配件及材料。

2. 材料工具准备

序　号	名　称	规　格	数　量	备　注
1	机车电工常用工具		1套	
2	兆欧表	2 500 V	1块	
3	喷枪		1把	
4	电气清洗剂		1瓶	
5	环氧树脂		若干	
6	焊锡		若干	
7	万用表		1块	
8	电容表		1块	
9	毛刷		1把	
10	电桥		1个	
11	砂布		1块	
12	白布		1块	
13	绝缘漆		1瓶	
14	塑料绑带		若干	
15	电烙铁		1个	

3. 考核要求

(1)被认定人入考场后,首先由裁判告知题目,其次由被认定人检查准备工具,到实作场地确认作业环境,当被认定人告知裁判可以开始时,由裁判员开始计时。

(2)考核时间为 60 min,考核期间,被认定人可以对现场作业和工艺范围要求不符的情况进行说明。

(3)在被认定人检修作业期间,裁判可以依据考评项点向被认定人提问,以确认被认定人检修过程是否有依据。

(4)考核过程若被认定人出现配件、工装机具等毁坏情况和人身伤害时,终止考试,成绩为 0。

(5)考核完毕后,由被认定人在评分表上签字确认。

4. 考核评分

(1)考评人员 3 名以上。

(2)评分程序及规则:考评员根据考生操作情况对照计分标准在评分表上给予记录评分。

(3)算分方法:采用百分制,满分 100 分,60 分及以上为合格。

职业技能等级认定
铁路机车电工(高级技师)实作技能考核评分记录表

单位：＿＿＿＿＿　姓名：＿＿＿＿＿　准考证号：＿＿＿＿＿　工种：＿＿＿＿＿　级别：＿＿＿＿＿

试题名称：高压电器柜的检修

考核时间：60 min

操作开始时间：　时　分　　　　　　操作结束时间：　时　分

项　目	考 核 内 容	扣分因素及扣分	得　分
作业程序(10分)	1. 考核前未检查安全防护设施扣2分		
	2. 程序错误，不会口述程序及要求，每次扣2分		
	3. 错呼部件状态，未呼被检查部件名称，每次扣2分		
作业质量(60分)	1. 解体：5分，漏、错一项扣1分		
	2. 清洗：5分，漏、错一项扣1分		
	3. 检测：10分，漏、错一项扣2分		
	4. 修复：10分，漏、错一项扣2分		
	5. 组装：10分，漏、错一项扣2分		
	6. 调试：10分，漏、错一项扣2分		
	7. 记录的填写：10分，漏、错一项扣1分		
工具设备使用(10分)	1. 工具乱放，每次扣2分		
	2. 设备使用不正确，每次扣2分		
	3. 损坏工具扣10分		
考核时间(10分)	1. 超过规定时间每超1 min，扣2分		
	2. 超过规定时间3 min以上(不包括3 min)，每分钟扣5分		
	3. 超过规定时间5 min以上(不包括5 min)，停止考试		
作业安全(10分)	1. 违反安全作业规定，每次扣2分，严重者失格		
	2. 考试中碰伤，失格		
	3. 未按规定佩戴防护用品，失格		
合计(100分)			

考评员签名：　　　　　　　　认定人：　　　　　　　　年　　月　　日

S20　电流表、电压表的检修

1. 考场准备

要求场地内准备检修作业平台、标准表、仪表试验台、方盘、电气动圈支持架、机车电工常用工具和相关配件及材料。

2. 材料工具准备

序　号	名　称	规　格	数　量	备　注
1	机车电工常用工具		1套	
2	仪表榔头		1个	
3	实体放大镜		1个	
4	铁镦		1个	
5	专用冲子		1个	
6	焊丝		若干	
7	万用表		1块	
8	电烙铁		1个	
9	研磨膏		1盒	
10	白布		1块	
11	绸布		1块	
12	绝缘漆		若干	
13	胶布		1卷	
14	钟表油		若干	
15	柳木签		若干	
16	剪刀		1把	
17	斜口叉		1把	
18	保护叉		1把	

3. 考核要求

(1)被认定人入考场后,首先由裁判告知题目,其次由被认定人检查准备工具,到实作场地确认作业环境,当被认定人告知裁判可以开始时,由裁判员开始计时。

(2)考核时间为60 min,考核期间,被认定人可以对现场作业和工艺范围要求不符的情况进行说明。

(3)在被认定人检修作业期间,裁判可以依据考评项点向被认定人提问,以确认被认定人检修过程是否有依据。

(4)考核过程若被认定人出现配件、工装机具等毁坏情况和人身伤害时,终止考试,成绩为0。

(5)考核完毕后,由被认定人在评分表上签字确认。

4. 考核评分

(1)考评人员3名以上。

(2)评分程序及规则:考评员根据考生操作情况对照计分标准在评分表上给予记录评分。

(3)算分方法:采用百分制,满分100分,60分及以上为合格。

职业技能等级认定
铁路机车电工(高级技师)实作技能考核评分记录表

单位:________　姓名:________　准考证号:________　工种:________　级别:________

试题名称:电流表、电压表的检修

考核时间:60 min

操作开始时间:　　时　　分　　　　　　操作结束时间:　　时　　分

项　目	考 核 内 容	扣分因素及扣分	得　分
作业程序(10分)	1. 考核前未检查安全防护设施,扣2分		
	2. 程序错误,不会口述程序及要求,每次扣2分		
	3. 错呼部件状态,未呼被检查部件名称,每次扣2分		
作业质量(60分)	1. 解体:5分,漏、错一项扣1分		
	2. 清洗:5分,漏、错一项扣1分		
	3. 检测:10分,漏、错一项扣2分		
	4. 修复:10分,漏、错一项扣2分		
	5. 组装:10分,漏、错一项扣2分		
	6. 调试:10分,漏、错一项扣2分		
	7. 记录的填写:10分,漏、错一项扣1分		
工具设备使用(10分)	1. 工具乱放,每次扣2分		
	2. 设备使用不正确,每次扣2分		
	3. 损坏工具扣10分		
考核时间(10分)	1. 超过规定时间每超1 min,扣2分		
	2. 超过规定时间3 min以上(不包括3 min),每分钟扣5分		
	3. 超过规定时间5 min以上(不包括5 min),停止考试		
作业安全(10分)	1. 违反安全作业规定,每次扣2分,严重者失格		
	2. 考试中碰伤,失格		
	3. 未按规定佩戴防护用品,失格		
合计(100分)			

考评员签名:　　　　　　　　　　认定人:　　　　　　　　　　年　　月　　日